山西省人民政府文史馆员文集

文史撷萃

舒乙题

《文史撷萃》编委会

主　　编：胡安平

编　　委：周敬飞　景占魁

　　　　　辛　昱

封面题字：舒　乙

序 XU

　　文化是一个民族的灵魂,是人民的精神家园。文化对一个国家发展进程的影响，比经济和政治的影响更深刻、更久远。深厚的历史文化底蕴，成为我们民族赖以生存和繁衍发展的精神沃土；丰富的历史文化遗产，成为我们民族取之不尽的宝贵精神财富。只有加强文史研究、保存历史记忆、洞悉历史规律，才能鉴古知今、融古铸今，开辟新的未来。总结提炼民族文化历史的精华，古为今用，增强民族自信心和凝聚力是文史研究工作者的使命。

　　山西历史文化脉络清晰，框架完整，其文明进程从未间断，影响深远，具有不断变革和进步的鲜明特色，始终走在时代的前列。在中华文明发展总根系中，山西的地域文化处于"直根"地位，这是其个性特征的突出表现。山西地区的历史演进，贯通了上下五千年的华夏文明，使之成为世人了解和欣赏华夏文明的"主题公园"。

　　山西省文史馆成立于1953年。六十一甲子，耕耘写春秋。多年来始终秉持"敬老崇文、存史资政"的宗旨，历任馆员均属耆年硕学，造诣高深的"德、才、望"兼备之士。他们在撰写文史资料、整理文史文献、编史修志、著书立说以及海外联谊等方面，取得了不平凡的业绩，为推动山西的文化发展做出了积极贡献。在馆庆六十周年之际，我们编辑出版了山西省人民政府文史馆员文集《文史撷萃》，本文集辑录的22位新老馆员的34篇文稿（包括两位已故馆员的遗作），都从不同层面和不同角度记录和展现了山西地域文化的特征。他们推开凝重斑驳的历史大门，吹开尘屑，探寻着古昆仑与析城山，唐叔虞的封地，古都太原之"城龄"；从三晋之赵国的兴衰、魏晋山西豪族的那些事儿，清代的赋税的特征，虽遥远却可鉴今；司马迁、孔尚任、高僧法显、董其武、阎锡山等与山西这片热土相关的人物栩栩如生；晋商驼帮的铃声还让我们回味，那抗日救国的烽火已扑面而来；还有耐人品味的诗论、书论和画论。这些文稿，大都言之成理，持之有据，有一定的学术价值和以古鉴今的意义，是每位新老馆员文化积累、思想积累的凝聚和升华。

《文史撷萃》幸即付梓，我们希望她能对弘扬民族文化有益，能对山西的文化建设有益，能成为文史馆的形象窗口，能成为馆员们交流的平台。鉴于此，《文史撷萃》，只是开端。

中央文史研究馆馆员，著名学者舒乙，百忙中为本文集题写书名，特致谢忱！

胡安平

2013 年 8 月

目　录

"扫荡"与反"扫荡"

卫逢祺

　　说起"扫荡"与反"扫荡"，是抗日战争时期每一个在根据地生活和工作过的同志都熟悉的事。日本帝国主义向我国发起进攻，目的在于侵占全中国。可我国地大人多，敌人不可能同时都占领，得一步一步地推进。他们每前进一步，都要遭到我国军民的抵抗，都要付出相当代价。同时他们每占领一个城市和一片地方，就得派兵留守，越是前进，后方就越大，需要留守后方的兵力就越多，从而就减少了继续向前进攻的兵力，这是日本侵略者无法解决的矛盾。而我们呢，处境是敌强我弱，以弱对强，根据党中央和毛泽东同志的指示，要靠开展游击战争。这就是，敌人向我们的大后方进攻，我们同时也向敌人的后方前进。在敌后，我们发动群众、组织群众、武装群众、建立抗日根据地，开展游击战争，拖住敌人的腿，打击消灭他们，使其头尾不能兼顾。所谓扫荡，就是敌人为了巩固其后方，从前方抽调兵力，回过头来，向我抗日根据地发起进攻，企图彻底摧毁我抗日根据地。

　　1940年冬，日军第一次对太岳区进行大规模的频繁"扫荡"，实行惨绝人寰的杀光、烧光、抢光的"三光"政策，仅太岳腹地沁源一县，这次"扫荡"被残杀的群众就有两千六百九十六人，烧毁房屋十一万二千三百间，烧毁粮食十万余石，枪杀牲畜一千八百多头。真是村村冒烟，户户挂孝，惨不忍睹。为了粉碎日军"扫荡"，根据敌军先合击、后分散清剿的规律，我太岳军民除了在内线展开游击战，机动灵活地袭扰清剿之敌外，还在向外线转移途中寻机打击敌人。这次反"扫荡"，最后击毙日军五百余人、伪军六十余人。我太岳部队在反"扫荡"中英勇奋战，进行大小战斗二十三次，负伤一百三十五人，牺牲七十五人。此后几年，不分春夏秋冬，日军频繁"扫荡"，战术花样越来越翻新，破坏手段也愈来愈毒辣。从三次治安强化运

1

动到"三光"政策、囚笼政策、铁壁合围、车轮"扫荡"、篦梳战术、远距离奔袭、铁滚战术等等。不论如何变化,最后结果只有一个,即垂头丧气地抬着日本人的伤兵和尸体,夹着尾巴逃回据点去。

我们根据地军民对付敌人的办法越来越多,有空室清野、游击战、麻雀战、破袭战、石雷战、围困战等等。每次敌人气势汹汹杀来根据地的时候,却找不见我们的部队,连老百姓也难见到。粮食埋藏了,家禽、家畜都转移出去了。不能转移的东西,像水井,就加上盖子,埋在土里,这就叫空室清野,而迎接敌人的都是一颗颗石雷和手榴弹。道路、门顶、井边,凡是敌人可能到达的地方,都安上了石雷和手榴弹,只要敌人一接触,就要挨炸。当敌人休息和夜间宿营的时候,游击队和民兵就在周围山头打冷枪,引起敌人也盲目地乱打枪,消耗其大量弹药。开头敌人摸不清真相,听到枪声就乱一阵,后来知道游击队和民兵没有机关枪,于是只要是步枪声,敌人就说是土八路,不予理睬。可后来土八路也有了机关枪,敌人就分不清了。有时把主力军当做游击队和民兵,也有时把游击队、民兵当做主力军,常常上当挨揍。敌人清剿搜山时是到处扑空,可当敌人返巢时,沿途要受到游击队和民兵的骚扰袭击。遇到机会,主力部队就借有利地形和时机,来个突然袭击,打敌人的埋伏,或者从屁股上消灭其一股。

围困沁源城,就是一个著名的典型。1940年敌人的冬季"扫荡"结束之后,大部分撤回了据点,留下一个大队驻在沁源城,妄图要建立什么"剿共实验区"。太岳军区发出指示,要求沁源军民断绝其补给线和水源,用石雷封锁敌人,加强袭扰,使敌人无法存在,创造一个我方围困敌人的实验区。为此,在沁源县委统一领导下,由部队主力配合,组成围困指挥部,以下由二百名民兵组成战斗队,昼夜不停地用麻雀战、打冷枪、埋地雷等袭扰敌人,使敌人始终处于恐慌不安状态中。我主力部队和游击队则在沿途阻截敌人运输线,夺其给养,使敌人每次收到补给都要付出很大的代价。城内缺水,军马用水要到城外河边,敌人经常受到我民兵的冷枪射击。县指挥部动员城内和附近群众搬到城外远处去,敌人则以每人拨给十亩地、一头牲畜为饵诱骗群众返城,结果无一人回去。沁源城的敌人曾奔袭霍东村,要成立维持会,无一人出面,当场被杀二十九人,仍无人理睬。截至1944年底,围困沁源城的沁源军民,共作战二千七百多次,毙伤日伪军三百七十八人,地雷爆炸五百八十九次,炸死炸伤日伪军九百四十人,解放被俘群众一千七百四十五人,夺回牲畜两千多头。同时还缴获大量武器,迫使敌人两易防务、三次收缩阵地,被围困于沁源城西山头上不到半公里的圈子里垂死挣扎。

到1945年3月,沁源县全体军民对困守沁源城的日伪军发动了总围困战。县围困指挥部对全县军民进行了大动员,除正规军和游击队外,民兵组织了几十个铺地组和十多个爆炸队,把城关周围地区,用灰土柴草统统铺了一层,使大地整个改变了面貌。仅据点附近就埋石雷四千颗,使日伪军不敢出营门一步。在此情况下,被围困的日伪军在沁县日军的接应下狼狈逃窜到沁县,沁源军民在追击中相继收复了交口和圣佛岭、漫水等敌据点。我沁源八万军民,从1942年开始,坚持了两年之久的围困战最终胜利结束,沁源县城光复。新华社曾发表了题为"沁源人民的胜利"的社论,赞其为历史的奇迹。

抗日战争初期，我曾在部队工作，以后长期做地方工作。八年抗战中，敌人的每次"扫荡"，我都经过。曾经有位年轻朋友问我：你们根据地遇到敌人"扫荡"，扛枪的军队要打仗，你们地方工作人员干什么，不就是躲避敌人，逃个命吗?这个话是对的，但也不完全对。战争毕竟是战争，就是你死我活。敌人来"扫荡"，就是要置我们于死地，我们反"扫荡"，就是要动员根据地的全体军民投入战斗，用各种办法来杀伤敌人，击败敌人，保护根据地，保护人民不受伤害，当然也包括个人。沁源县有位民兵筱彦明，与三个敌人遭遇，徒手夺枪，毙一伤一，胜利而还，被授予"战斗英雄"称号。凡遇到敌人"扫荡"，根据地各级机关团体，一般都成立反"扫荡"指挥部，指挥当地游击队、民兵和地方工作人员等，全力投身于反"扫荡"工作。敌人进攻之前，就要到群众中去，动员组织群众做好空室清野，民兵要做好埋地雷等各项准备工作。敌人到来时，地方工作人员要和民兵一起，掩护群众向安全地方转移。民兵还要监视敌人，及时地把敌情报告给县、区指挥部。当敌人分兵搜山时，民兵要趁机杀伤敌人，保护群众。遇到主力部队和敌人开火，要主动做好后勤工作。敌人宿营和撤退时，要带领民兵进行袭扰。

同时，慰问群众、了解群众损失、组织救济工作等等。总之，在反"扫荡"中，地方干部不是无事可做，而是有大量工作要做。

作者简介

卫逢祺，男，1912 年出生，山西闻喜人。1934 年参加反帝大同盟。1936 年参加牺盟会。次年加入中国共产党。曾任陵川县牺盟会特派员，山西青年抗敌决死队第一纵队团政治部主任，长子、屯留、夏县、闻喜等县县长，太岳行署秘书长。新中国成立后，历任山西省人民政府秘书长、华北行政委员会办公厅副主任。1963 年当选为山西省副省长兼省政府秘书长，1962 年至 1966 年曾兼任省文史馆第二任馆长。

海 内 最 富

华而实

——晋商。塞外商路。西帮票号。票号创始人雷履泰。票号巨族祁县渠氏。一山突起的二甲进士、山西票商最早转化为民族工业家的渠本翘。

上 篇

（一）

伏思天下之广，不乏富庶之省，而富庶之省莫过广东、山西为最。风闻近数月以来，在京贸易之山西商民报官歇业回籍者，已携数千万两白银，则山西省之富庶可见矣。

《惠亲王绵愉等密陈曾见预筹帑项奏折》，咸丰三年四月十一日，军机处录副。

晋省前后捐输已至五六次，数逾千万。

徐继畬《松龛先生全集》卷三，文成咸丰初叶。

自咸丰二年二月起，截至三年正月止……其中绅商士民捐输银两，则山西……为最多，计共捐银一百五十九万九千三百余两。

《管理户部事务大学士祁寯藻为遵旨报上捐输情形的奏折》，咸丰三年正月二十六日，军机处录副。

山西太谷县之孙姓，富约二百万；曹姓、贾姓富各四五百万；平遥县之侯姓、介休县之张姓富各三四百万；榆次县之许姓、王姓聚族而居计合族家资约各千万，介休县百万之家以十计，祁县百万之家以数十计。

《广西道监察御史章嗣衡奏折》，咸丰三年十月十三日，军机处录副。

山西富室多以经商起家。亢氏号称数千万两，实为最巨。今以光绪时资产上七八百万两至三十万者，列表如次：

姓	资产额	住址
侯	七八百万两	介休县
曹	六七百万两	太谷县
乔	四五百万两	祁县
渠	三四百万两	祁县
常	百数十万两	榆次县
刘	百万两内外	太谷县

……下略

《清稗类钞》第5册，光绪初叶。

几通资料、表格，不过是浩如烟海的官私文书记载中的涓滴而已。而且，我有意侧重于太平天国起事后晋商在长江流域的经营活动大为受挫的咸丰、同治、光绪朝的清末叶，说起来，已经不是晋商大展贸易长才的鼎盛春秋了。所谓"自经东南兵燹，生意亏折；富者立贫，元气大伤。"何止如此，陷于内忧外患的绝境，在财政上更是危机深重的清廷以捐输、报效之类的名目"乱摊派"的目标和猎获物首先是晋商。惹不起躲得起，但想躲开树大招风、财大招祸的京都也办不到，吃大户吃定了你！不少年份山西商人比山西省级政权"上缴中央"赋税饷馈总项的金额大得多得多。照现在的语汇，明白无误地该算是"企业负担过重"了。然则，晋商自有应变之术、开拓之途、生财之道，那就是开风气之先的西帮票号，不过这是比较晚出的现象了。语云：水从远处流。寻寻根、溯溯源的话，山西商业在战国时代就很具规模了。赵的初期都城就在太原。赵武灵王胡服骑射，是改制，也是民族政治、经济、文化的一种融合。

地扼北方游牧民族和中原农业、手工业发达地区的要冲，山西商人被历史铸造出塞外贸易家的性格和风貌。和林（今哈尔和林）附近匈奴遗址发掘出的瓷器，是早在汉朝把太原至和林古代商道联系起来的一个物证。历代史籍文献中关于山西商人出塞贸易的记载就更多了。《后汉书·独行传》载："太原人王烈，曾避地辽东，经商作贾。"《太平广记》载："唐代有太原人石宪以商为业，常货于代北。"《新五代史·四夷附录》载："上京（即临潢府）所谓西楼也……有邑屋市肆，交易无钱而用布……而并汾幽蓟之人尤多。"《宋史·张永德传》载："永德……并州阳曲人，家世饶财……尝令亲吏贩茶规利，阑出缴外市羊。"这则记载见于正史，体例严谨，行文洗练而精确，信息量大，涵蓄性强，从中至少可以看出来宋代山西商人的：①相当资本规模和经营规模；②商业集团内都资本拥有者与经营者的主从关系、依附关系，③贸易的商道与商品主要种类——内地的茶与塞外的羊。这种模式或曰特征隐隐然有上下千年的传承性。此君塞外买卖做得太大，有"资敌'之嫌，被人告发，受到处分。他手眼通天，在宋太宗大婚时"出婚钱金帛数千"，也就破财消灾，反而"恩渥不绝"了。

"并刀如水"语出宋词。山西的铁器早享盛名了。金朝统治北方时，以发达的冶炼业为依托，太原又成了与塞外进行铁器贸易的重要基地。元朝时全国出现空前规模的统一局面，中原与游牧民族地区贸易也以空前规模扩大，太原与西安、涿州、临清成为黄河流域较大的商业城市，山西商人的口外商道直入漠北。明初，对北边游牧民族地区采取了严密的军事防御体制，但随着贡市贸易的进行和边饷供应的需求，逐渐形成了北边粮食市场，山西商人以"极临边境"的地理优势和塞外贸易的深厚传统，或屯田，或贩运粮食换取盐引经营盐业，集粮、盐商于一身，遂以北边贸易为舞台扮演了天下瞩目的"站中间"要角。明中叶，随着帝国内商品经济的发展，明政府把纳粟"开中制"改为以盐卖银、以盐济边后，山西商人遇时而驾，进而向全国大市场进军。

又是引文，但不妨作晋商进军图看："凡商人外出经商者，西到秦、隰、甘、凉、瓜诸郡，东南达淮海扬域，西南则蜀。"

"晋俗以商贾为重……"太原汾州所称饶沃之数大县，及关北之忻州，皆服贾于京畿、三江、两湖、岭表、东西北三口，致富在数千里或万余里外。"

（二）

致富在万余里外！多壮观，多气派！足以证明时起晋商以盐业力主，步步为营扩大经营项目和区域，就此形成了后来人数多、行业分布广、活动领域宽、资本雄厚的商帮。与之双峰对峙、二水交流者为徽帮。域内多财善贾者，"江以南皆徽人，江以北皆晋人。"

清代盐业实行专卖制，由政府特许的盐商凭引远销到指定地区。这种贩运特权使盐商获利极丰。在几大盐场中又以淮盐居首，淮盐集散地的扬州是两淮盐商聚财和斗富之区。富闻天下的平阳亢氏在小秦淮营造亢园，其开阔精美为扬州诸园之冠。

当然，晋商在扬州者不尽如亢氏拥巨资多过数千万两，资产百万两数百万两者那就颇不乏人了。如清代著名考据学家阎若璩，其学博大精深，开朴学一代风气，他潜研二十年成《古文尚书疏证》8卷，广征博引，列出证据128条，确认其为伪作，震古烁今。其五世祖阎居阎原为山西盐商，于明正德初举家南迁。寄寓淮扬，经营数世，积贮丰盈，置产造宅，为西帮盐商的巨子。阎若璩之父阎修龄明末贡士,阎若璩与其兄阎若琛都是"商籍"淮安府学生,阎若琛以商籍于清顺治十三年登进士第,授兵部主事。商籍者,是两淮、两浙盐商的一种特权。在府县学中特设额外名额以接受盐商子弟。这也反映了经济地位极高的盐商在政治上的进取要求,而太原阎氏"科第二百余年",参与了各级政权,这是以其两淮盐业的经济实力为支点的。

两淮盐商的凭借是"引",这个命根子怎能任由晋商攫取?我从一则奏疏中窥见了个中消息:"两淮之浮引不革,故正引壅,淮浙之私盐不清,故官盐淹;土商不能待,则重贷晋商之银。晋商乘其急,则贱博土商之引。"土商的凭藉是"引",晋商的凭藉是雄厚的资本、敏锐的目光和灵活的手段,你的凭藉合法地变成我的凭藉,于是晋商占有了和扩充了"盐引"(即指定的两淮盐专卖区域)。在两淮财富之区,土商消乏着,晋商成长着。

书此不觉掷笔长喟:今日之晋商也不无四方之志,可一旦跻身沿海,涉足域外,往往铩羽而归,吃亏受骗,亏钱折本。是不是可以从前辈晋商那里学点适应力、扩张力、辐射力呢?

(三)

"通事"是往时对翻译人员的称呼,"通事行"是什么?切勿望文生义,误认是提供口头或书面翻译服务的行会。这是一个在特定历史条件下产生的特定的垄断性商事行业和机构,为山西所独有。

入清以来,满族统治者成功地确立了满蒙一家、满蒙联姻的国策,与蒙古贵族结成稳定的政治联盟。北方边境200余年烽燧不起,为口外贸易提供了比任何前朝都宽松的外部环境。而蒙古族以放牧为业,鄙弃商事,生产、生活资料和畜群、畜产品的买进卖出全赖汉族商人。于是"跑草地"的通事行应运而生,晋中太谷、祁县三个肩挑小贩"丹门庆"(蒙语,货郎)开办的"大盛魁"崛起于康雍之际,盛衰交替的周期凡二百三十余年。极盛时,有职工674人,商队拴骆驼近10万头。业务重心在内外蒙古各盟旗,活动地区包括喀尔喀四大部、唐努乌梁海、科布多、乌里雅苏台、库伦、恰克图和新疆乌鲁木齐、库车、伊犁、塔巴尔巴哈台和俄国西伯利亚、莫斯科等地。他们以一支支由职员驮工20多人、马匹骆驼200多匹组成的人称"货房子"的骆驼队,深入草地,载运去自北京、山西、山东、河北、湖北、湖南、广东各省组织加工的茶叶、烟丝、绸缎、布匹、铁器、银器、白酒、食糖、炒米、糕点、木桶、木碗、药物、蒙靴、蒙鞍等项,换回牛、马、骆驼、羊皮、绒毛、药材……大盛魁仅在外蒙的资本周转额就达1000万两白银以上,它的全部资产约在3000万两以上,据时人计算"可以用五十两重的银元宝,从库伦到北京铺一条路"。这且不谈,晋商确有过人之处,也不妨说手段"黑"得可以,大盛魁把整个草原上至蒙古王公下至牧民通通变成自己的债务人。越该他欠他就越离不开他。这也在他们采用的交易方式、支付办法盘算到了家家不收现金,全部赊销,货价折合为牲畜、皮张,用实物还本付息,既获得了商业利润,又增收了信贷入息。

与大盛魁可以称为并世瑜亮的则有祁县乔家在包头开的"复"字号商号。

乔氏起家于乾隆十年左右,到民国初年在包头拥有19处门面、四五百职员,基本垄断了此城的银钱、粮油、绸缎、布匹、蔬菜、杂货各行，进出口总值达到过大洋 2000 多万元。口外相传的"先有复盛公，后有包头城"之谚，是凝聚了生动历史内容的民间提炼。

谓予不信，还有物化的铁证。从太原驱车南行 70 余公里，就到了祁县乔家堡。现为祁县民俗博物馆，旧称乔家大院的在中堂宅院，其宏丽、精美的建筑群和砖木雕工艺在北方民宅中无出其右者。

1991 年，中国电影合拍公司与台湾时代影业公司以乔家大院为景地联合摄制了由张艺谋导演、巩俐主演的影片《大红灯笼高高挂》，祖籍山东济宁的台湾电影导演观摩此片后对大陆同行称羡不已：大陆真是处处有奇观。他相信，自己若是在大陆拍片会是锦上添花。英雄所见略同，据我所知，近年来在乔家大院取景的国产影视片不下十来部了，如《新星》、《评梅女士》，都得情景交融之妙。

山西旅蒙商号分据重要集镇者，呈星罗棋布之势，光库伦就有 12 家。

牧区市场所引发的广泛的商品交换，对内地市场也产生了不可低估的影响。于是晋商"足迹半天下"，那辐射力真令人神往。

时至 20 世纪与 21 世纪之交，依然困陟于自然经济形态所派生的"娘子关意识"的今晋商，不妨想想看有什么关隘能挡住前辈晋商经营扩张想象力？

（四）

这里要再提一提以山西为枢纽，北越长城，贯穿蒙古，经西伯利亚延伸到欧洲腹地的那条于清代兴起的国际茶叶商路。

雍正时，中俄签订《恰克图条约》后，中俄贸易扩大，乾隆时恰克图城为与广州相互辉映的南北两大水陆码头。而以晋商为主体的恰克图中国商人，光货店就开办了 30 多家。榆次常氏的"玉"字号有四家，太谷曹家在恰克图设锦泰亨、锦泉涌，并在莫斯科设了分号。由俄国商人付给中国商人各种皮毛、羔皮、呢绒、棉线、上等山羊革、山羊皮、黑色和红色的多脂革、各种畜皮、麝香、马鹿角等等。换回来的主要是各种茶叶及一部分中国丝织品。茶叶交易曾达到过 30 万普特，金额约在 2000 万卢布以上。在朔漠大荒、气候无常的茶叶商路上，晋商的驼队累为盈千，首尾相望，驼铃之声数里可闻。何等恢宏的晋商之旅！

讲求经世致用之学，也长于西北地理的清代大思想家、大诗人龚自珍（1792—1841）于道光元年（1822）30 岁时完成了他的《西域置行省议》，"议屯议撤，撤屯编户，尽地也以济中国之民，实经画边陲至计。"他主张向西疆大举移民，很多省份的"游食"者、失业者包括驻防旗人多在他规划的"西徙"之列。独于山西，"无庸议"，理由呢，斩钉截铁："山西称海内最富。"

海内最富！海内最富！

山西在全国经济结构中曾经占据过这样一个显赫的地位！

很遥远了吗？晋商的鼎盛春秋长达数百年，它的衰落也不过是近几十年的事。

何况，作为贸易商帮的山西商人因历史的播弄逐渐式微之后，从 19 世纪 20 年代起，把握住历史契机，山西又孕育了、催生了、发育了被大经济学家马寅初论定为"吾国银行业发轫于山西"的西帮票号。

今日之晋商，如果稍微涉猎一下晋商史，在深感"先前阔多了"的与有荣焉之余，恐怕会不大情愿做小打小闹、小来小去、小进小出、小胜辄喜的不肖子孙吧？

中　篇

（一）

京师芦草园之街北，旧有平遥会馆，乃吾乡颜料一行祀神之所。创建年月有碑记可考，无庸赘述焉。

嘉庆二十四年岁次己卯季甲申浣谷旦立

西裕成银壹佰贰拾两

东义和银壹佰贰拾两

万盛义银捌拾两

……

这则《重修仙翁庙碑记》，据已考证出的平遥县颜料行会馆始建年代的出处，是乾隆六年《建修戏台罩棚碑记》，上镌："自明代以至国朝百有余年矣。"

从建修戏台罩棚到重修仙翁庙，中间隔了 78 年（1741—1819），再加上上溯的"百有余年"可以测算出作为同乡性兼同业性的平遥颜料业行会组织深固不摇地根植于北京至少有 200 来年——以嘉庆二十四年为时间坐标。

还可以窥见：旅京平遥籍颜料庄三十六家及通州三十六家，也未妨扩大到保定十一家、天津四家、汉口两家中的首户当属西裕成。

西裕成老号设在平遥县西大街路南，分号设在北京崇文门外草场十条南口，以买卖铜碌为营业。

铜碌的化学成分好像近于硫酸铜，是比较贵重的颜料。西裕成、东义和两庄都是以经营手工业作坊为商业活动的根本的。

离山西平遥县四十里的达蒲村，有两三千人口，村中大部分人口除农业外，其余为操制碌的手工业的工人，有两个很不小的作坊，一个是东义和赵记，一个是西裕成李记。制碌的法子，是拿了铜片，装在木匣子里，上面盖以醋糟，加热，使之酸化，过了两天之后，取出来，把铜片生出来的铜碌剥下，再加精制而成。现在北平打磨厂的元盛合颜料庄，我在前十年参观过一次，还是拿这个老法子制碌的工作场。它便是从山西平遥移到北平的一家。

（高叔康《山西票号的起源及其成立年代》，《食货半月刊》1937 年）

西裕成东家为达蒲村之李正华（箴视），"经理雷履泰久驻北京，为人诚直，擅长交际。"另据一位票号业耆宿王之淦在他的未刊稿《票庄实事论》中对雷氏的评语为"人才超众，眼光远大"，似乎更贴切。他执掌京都分号，实际上兼辖天津、沈阳、四川各地分号。到嘉庆、道光二朝嬗变之际，早已不仅往中南、西南销运本庄自产"铜碌"一项了，"由川采办颜料，运往京、津、沈阳等处销售"，是来回脚。四川商业与汉口关系密切，雷氏往来于天津、汉口之间，以汉口为中心，沟通东西、南北间的贸易，甚得地利之便。

其时山西商帮在活动范围、经营品种及资金吞吐各方面正臻于极盛，银子铺路，无远弗届。晋商"之迹几遍行省，东北至燕、赵、奉、蒙、俄，西达秦陇，内抵吴越、川楚……"以太原为枢纽的那条远达亚欧的茶叶商路上，通事行祁县大盛魁"一年三百六十日，天天路上有骆驼"。榆次巨商家族常氏分"北常"、"南常"二支，分隶"十大玉"、"十大昌"多家商号，分号星罗棋布于长江流域，塞外前哨延伸到多伦诺尔和中俄边境的恰克图。恰克图的中国市圈买卖城，于道光初年开设茶店竟达 30 多家。祁县乔家堡乔氏在包头经营粮、油、茶、酒、菜、绸、布各业百年，屡兴屡败，备极艰辛，终成大器，不但开发了本族数世的商业才能，也开发了这个原本是荒寒村聚的塞外名城。正如俗称："先有复盛公，后有包头城。"乔氏家族的商号在京、津、东北和长江流域都有分号，资本聚集数百万两，其中大德兴茶庄渐成骨干商号。再如祁县城内渠氏也在包头经营菜园、粮油、茶叶，清初设庄长源厚，乾嘉年间渠映璜增设长源川、长顺川两大茶庄，从两湖采办红茶，远销于西北及蒙古、俄国，遂成巨富。总之资本最雄厚、最有经营活力、最善于把握机遇和拓宽局面的北方商人集团中，晋商无可争议地居执牛耳的盟主地位。

雷履泰以同府乡谊、经济实力、交际手段和往来南北的信息积累，在晋商中自然可得人和之美。

蒙古、俄国的牧畜、皮毛、呢绒、麝香等物交换大宗茶叶及布匹、绸缎、手工制品，晋商的活动舞台固定地呈数千里长的线性。茶叶多产于福建、湖北、安徽，汉口是集散地和转运点，货物出入，银钱往来无算。"商人办货用款，动非起镖运现别无他法。"慢说汉口至武夷山或买卖城，即便是近在咫尺的"北京商人贩运货物至天津销售，所卖款项时受滞，每逢行市时受阻滞，咸不能济急"。马克思说："商品的流通是资本的起点，商品生产和发达的商品流通，即贸易，是资本产生的历史前提。"晋商所推动、发展的商品货币经济，是孕育着金融资本的母体，也是对汇兑业的召唤。嘉庆后期的白莲教起义，这次波及山东、河南、山西及南方数省的大动荡，导致"道路不靖，风险迭出"，使起镖运现变成不测的险业。滞阻必须打破，资本亟待流通。旧式的钱铺、账局及近距离小数额的原始"会票"万难适应了。

风云际会，风虎云龙。"有非常之业必得非常之人，其事万举"。而把握住历史契机和时代需要率先创造出票号，并定名为日升昌的原西裕成颜料庄经理雷履泰，怎么说也算得上是个驾驭风云的人杰，西帮票号业的龙虎之姿！

（二）

山西平遥县城人雷履泰，生于乾隆盛世，殁于道光末年（约1770—1849）。他寿数很长，按虚岁算兴许过了八十大寿，至少"庆"了"九"。终其一生，正好亲历了乾、嘉、道三帝间盛极而衰、由治到乱的清朝嬗变期，迭经撼动了清廷统治基础的白莲教起义和使中国开始了半殖民地化的鸦片战争，蔓延18省、持续14年的太平天国革命运动也仅在他身后一二年间爆发。本是天崩地裂、万事维艰的封建衰世，他却禀赋着前辈晋商的开拓性格和冒险精神，以鹰隼般的敏锐目光、霹雳般的迅捷手段，设计和组织了适应手工业、商业高度发展，带有近代银行某些特质的金融机构。平遥西裕成老号财东李箴视为其所动，毅然为改业日升昌票号投资30万两，一方面足证对雷氏信赖之深、付托之重，一方面也透露出从商业活动中积累了大量财富的晋商急于避免资金沉淀、谋求合理流向的心理动机。而雷氏本人也以积年俸金和身股分红所得之两万两占有约6%的投资份额，取得财东、经理集于一身的稳固的决策地位。按清代晋商股份制的通例，"出资者为银股，出力者为身股，银股所有者享有永久利益，对盈亏负无限责任；身股只参加分红，不承担亏赔责任。"他却承担了，也是个破例、破格的创举：经理人与投资人一起进入了风险机制。

雷履泰孤注一掷，义无反顾了。日升昌票号挂牌了。标志着商业资本向生息资本的新兴行业西帮票号面世了。时为道光四年（1824），下距鸦片战争16年，雷履泰约五十三四岁。

日升昌票号成立后专营汇兑和存放款业务，其发展速度和扩充规模至今犹令人惊叹不已。很可能是在一两年之内"设立分号二十四处之多，各省几无不有日升昌招牌，其中坚在汉口，盖以经营于南而不在北也"。这段引文出自王之淦的《票庄实事论》，与陈其田的《山西票庄考略》所叙略同："以汉口为中心沟通东西贸易，甚为便利，且汇票必须两地对兑，天津汉口执其两端，为山西票号发源地，颇近情理。"初期的日升昌以汉口为中心，是与母业颜料庄川、汉、津、京、晋间的银货往来路线及晋商塞外贸易的大宗货物出入及汇兑、借贷相对集中于汉口相合拍。雷氏对晋商所经营的茶叶、药材、布匹、绸缎、京广杂物进销网点了如指掌，分派可靠干练伙友分赴各地设庄，经由信局联络调度，承揽汇兑业务，以百分之一上下的汇水。此地一经收银，彼处如期提款，手续简便，信用卓著，万无一失。这为晋商开展境内外贸易疏解了资金周转靠长途起镖运现的繁难。雷掌柜名满天下了。

日升昌又决不把手脚捆到晋商在"汉口巨额茶叶成交"之一端，它的辐射力因其通汇的覆盖面和运营的可靠性而不断强化。外省人所开的各业商号及沿海丝帮、米帮、盐商也乐与往来。"这些山西票号几乎对中国任何地方都签发或出售汇票"，"山西人差不多垄断了所有汇兑业务"。

日升昌票号资本为白银36万两，但常年流水十倍、数十倍于此。以月息二三厘吸收存款，月息七八厘放款，存放汇结合，是培植银根、运用资金之要诀。当时各地市面流通的碎银、锭银、宝银很不划一，日升昌以自家各号统一的"平"（即分量）、"色"（即纯度）规制，为客户换算收兑，两项也有约1%的盈余。学者黄鉴晖说："他们在实践中创造总结了一套经验，叫'酌盈济虚，抽疲转快'。这是它经营业务的原则，有的也把它叫做联络的原则。所谓'酌盈济虚'，就用现银多（包括存款）的地方的钱，去接济缺钱的地方。票号总分号几十处，但存款多的地方向属京师、平遥、祁县、太谷和后来的上海，这些地方将存款调到其他地方去放账、支付，故有'北存南放'之说。'抽疲转快'是把其分号放不出去或支付不出去的现银（存款）抽走，使银根的疲势转为快势。"试看一例：

九月初一日，汉口收庐足银三千两，咱在年（正月）、四（四月）两标分交，自收银之日，各依各标口规与伊行息外，每千两贴伊银六两。

（《日升昌票号张家口分号信》，1850年2月）

从中可以看出：存款与汇兑结合的业务，不仅是票号用作解决某地现银短缺的权宜之计，而且是一种科学化的调拨与运筹。在年初二月就预计到十月五日（九月初一）汉口的收款生意。这可以视为秋冬间北方茶商向汉口大量汇款提银采办茶叶作支付准备的。

酌盈济虚、抽疲转快原则与预提倒款、切忌底空的防范原则，照顾顾客、方便存取的服务原则，任人唯贤、晋升顶股的重才原则，以及调节投资人、经理人、职工之间关系，培植敬业精神和向心力的物质利益原则，经过不断完善构成了日升昌的经营管理体系，并为继起的西帮票号业所传承。

时至20世纪90年代，改善经济结构，提高企业效益，增强企业活力，从根本上说要靠深化改革、加强管理和技术改造。从企业自身说要积极改革内部机制。一个半世纪以前的日升昌票号的某些探索和实践，我倒觉得还有几分触手生温的热度。这也是我向山西企业界诸君建言，不妨涉猎一下山西票号史的初衷之一端。当然我们是社会主义企业，应该比雷履泰更高出一筹才是啦。

私人资本再优也是私人资本，获利最丰的头一个是并不参与经营的大财东李箴视。每回一个标期的批红数总不下三四十万两，相当或超出于投资票号30个银股30万两总额。

往下数是负责经营的二财东雷履泰，占银股二个、身股一个，为银股、身股总数60个中的5%，每个标期每股分红利一般四五千两至七八千两，最多达到过16000到17000千两，以平均万两计算，雷履泰从创办经理日升昌到逝世，前后25年，6个标期，也成了拥资20万两的平遥富户。卫聚贤在《山西票号史》中说其财产"观住宅之富丽可知"。

（三）

"汇通天下"的日升昌票号的巨大成功，使重商趋利的平遥舆论十分艳羡，时谚曰："人养好儿子，只要有三个，大子雷履泰，次子毛鸿翙（协理，二柜），三子无出息，也是程大佩（程清泮，内事，三柜）。"

山西票庄发达之后，饮水思源，各号联合送给雷氏子孙一个匾额"拔乎其萃"，藉以纪念雷氏创业的功绩。这个匾，以前高悬雷氏故里……可是山西票庄不像木匠崇拜鲁班，没有敬奉雷履泰作业祖。相传雷家自得这块匾以后，门第逐渐衰落，因为一个商人，不配受人尊崇，与圣贤并列……话虽近乎于迷信，但票庄中人公认雷履泰为该业创始人，毫无疑义了。

（陈其田：《山西票庄考略》商务印书馆 1937 年版）

恩格斯在《路德维希·费尔巴哈和德国古典哲学的终结》里说过："实际上，每一个阶级，甚至每一个行业，都各有各的道德。"各行各业都有自己的行话、市语，自己供奉的神祇。中国本土文化的行业神有其庞杂性、行业性、虚幻性、附会性特征。南方银钱业奉"正乙玄坛赵元帅"，即财神赵公明为祖师。据京剧前辈艺人，以演红净著称的李洪春在《京剧长谈》中说到行会戏时，以见闻所及证实汇票庄奉关公为祖师爷。中国的关帝庙所在多有，但奉关公为祖师的怕只有汇票庄。关羽是山西人，票号从业者也是山西人呀，何况也提倡义气。票号多财，成了票号的祖师爷也就兼职财神爷了，这大概是道光年以后的事。从造型上看，赤面长髯、秉烛读春秋的关公与铁面虬须、手执长鞭、身跨黑虎的赵公明分别被奉为文武财神倒也相映成趣，很富于形象直观性。雷履泰再拔乎其萃，也是个决不虚幻也无法附会的人，没有神的资格，只能当做山西票号的创始人被感知、被剖析、被纪念、被尊崇——至少我算一个尊崇者。

确乎有太多的过人之处，至于这个人的机谋权变、不落后手的作风中深深渗透着的对权利和权力的追逐和把持，应该归入优点类还是缺点类，就超乎我的判断能力了。

先是雷履泰患病在号修养，然号中之事还得向其请示而后行之。一日毛鸿翙向东家李箴视曰：经理在号养病不甚安静，可暂请回家调养。李东家遂请雷经理回家养病。雷曰：吾早有此意，今天就回。过时不久，东家去看雷病，见案头写下许多撤回各码头分庄的书信，便惊问其故。雷曰：字号是你的，各码头分庄是我安的，撤回来我要交待你。李东家再三请求收回此命，雷只是不允，东家跪曰：你不答应我的请求，就不起来了。雷见此情形不得不允曰：起来吧，让我回家谅非你的主意。雷虽答应不再收撤庄，但久不至号视事。东家每日派伙计送酒席一桌，银子五十两。毛鸿翙看此情形，便辞日升昌票号，就蔚泰厚布庄。

（《平遥票号史（新抄本）》石生泉供稿）

上制财东，下压副手，雷履泰以退为进，稳操全算。外号李二魔子的李箴视并不魔，认头甘言厚币，还下了一跪，于是"大儿子"风光占尽，顶门立户；二儿子脸上无光，不安其位了。

然则毛鸿翙（1787—1865）其人虽比雷小了十几岁也并非弱者。他也善于以退为进，颇有几分"此处不留爷,自有留爷处"的摽劲儿。他一跺脚辞号,另谋高就,就到哪儿?还在平遥西街上,与日升昌只隔了一间小烧饼铺的蔚泰号绸缎店。

康熙年间就有侯百万之誉的介休城东北贾村侯万瞻,以平遥为基地,偕其二子经营绸缎,南贩北运,逐渐开设分号数十处。四传至侯培余,副榜出身却非腐儒,很心安理得地把儒学义理和商业精神协调起来。50 多年前冀孔瑞先生曾在其故宅的大厅上见到过当时有名书法家徐润写的一副对联:

> 读书好经商好学好便好
>
> 创业难守成难知难不难

这是副成联,出于徽商世家非其所撰,然而可以从中窥见此公的处世态度和家训主旨。

嘉庆末年,他为了纪念其父侯兴域(字蔚观),把平遥开设的商号改名为蔚泰厚、蔚丰厚、蔚盛长、新泰厚。蔚字号虽是绸缎业巨子,富甲一方,侯兴域不满足于守成,他于道光四年后目睹近邻日升昌票号"日丽中天万宝精华同耀彩,升临福地八方辐辏独居奇"的长足发展、增殖迅猛之势态,闻猎心喜,见贤思齐,暗萌涉足票号业之志,惜不得其人,无从措手。正赶上雷毛分袂,天赐良机,人弃我取,他手疾眼快,一把拉过来毛鸿翙,东伙一拍即合,果断地把多年经营绸缎业的蔚字号改组为票号。侯财东用人不疑,礼遇极隆,委毛鸿翙掌管全号,并在二家字号内一下子给他顶了两个身股。

毛鸿翙由屈居人下到大权独揽,自然踌躇满志,大展其才,一上手就亮出带点报复色彩的狠招,把日升昌两个精明干练伙友挖到麾下,分委以方面重任。他三人轻车熟路,只用了一年多时间便见了起色。

雷履泰与之交恶益深,写信给各分庄骂道:"蔚丰厚勾了我号小卒二名,乃汤官(澡堂业工役)之子郝名扬,皂隶之子杨永安。"日升昌、蔚泰厚二号的矛盾久难化解,互不相让,蔚泰厚苏州分号有一信报告京师分号说:"苏地钱店和功名(指汇兑捐生捐纳银两)两项生意,由于日升昌揽做,咱号概不能做分文。"

然而蔚字号不甘雌伏,毛鸿翙苦心孤诣,在商战中出奇制胜,礼聘德望甚高的平遥超山书院山长徐松龛,帮助制订了一套严密、完整的规章制度,计十款,在东伙责权利关系、经营管理、人事任用升迁调动、盈亏报告、总分号及分号之间联络方法,会计簿记,红利分配诸方面立了法,而且有很强的可操作性。这大大促进蔚字号的营业走上轨道,有了章法,保持了突飞猛进的势头。这号规为后来者提供了一个行业管理的成功模式,功不可没。

蔚字号改业票号的年代,芟除了显然舛误的传说记载之后,今尚存二说:一为道光十四年(1834),一为道光六年(1826),尚难遽断。然而蔚泰厚起步稍迟,隐有后来居上之势。开继起西帮各号之先河,确是不易之论。

蔚字号敢与本业鼻祖日升昌对垒交锋,打破其"独居奇"的垄断,在激烈的斗争中求得生存与发展，声势日隆，给了晋商一个启示，成为过剩的商业资本向生息资本转化的动因之一。

积累到相当程度并占有了相当市场份额的商业资本自发地、内在地产生着流向一个更有利于资本增值领域的欲望，与之相对应，不太雄厚的商业资本也渴求着金融资本的挹注和合作。雷履泰手大捂不过天来，就算他有容人雅量，当初不逼毛鸿翙跳槽，票号业也不是他所能"独居奇"的。历史的召唤太强了，雷履泰客观上也是历史的一部分。

于是步武着先行者日升昌和蔚泰厚，由商号转业为专营或兼营票号成为一股大潮。"自是争相仿效，凡长江各埠之茶庄、典当、绸缎、丝布及京津一带营皮毛杂货之晋人，群起仿办，（或）往往于本号附设票庄。"

金融资本与商业资本互惠共生，一种"经济生态"形成了。

设想一下，如果不是帝国主义从 19 世纪 40 年代起多次发动侵华战争，腐烂到骨子里的清廷屡战屡败，被迫接受断丧国脉、连失利权的无数不平等条约的话，中国社会缓步地向资本主义过渡和成长，是有着民族、民间经济的相当基础的。

幸而早了一步，以平遥、太谷、祁县三县为主体的西帮票号作为一种全国性的专门经营汇兑和存放款业务的金融机构，从 19 世纪 20 年代初到 50 年代末，步履维艰而又矫健非凡地走完了自己的创业期。据 1860 年的统计，三县票号已经发展到 15 家，如果加上各自的几十家分庄，西帮票号"汇通天下"、"九府利赖"就不是徒托空言的溢美之词了。

然而，八大票号资本家族富可敌国。西帮票号的鼎盛春秋还在后头。

八面来风，面忧丛集，左搪右拒的焦劳岁月也在后头。

下　篇

（一）

汇兑庄是汇兑银行的意思，是以汇兑为本业兼营银行业务的。和汇兑庄有区别的叫山西票号，是山西人开设的，所以社会上就把汇兑庄做为西帮票号。

（日）岸根佶：《清国商业兑览》·东亚同文会 1906 年版

这位日本学者的话有点费解，概念模糊。到底没有从时空间和性质上"区别"开汇兑庄和票号。事实上西帮票号启始几十年后，南帮票号继起，除云南的天顺祥称票号外，长江流域通称钱庄。如 1863—1865 年间创设的阜康，亦称钱庄。

阜康主人为号称财神的"红顶商人"胡光墉（字雪岩）。此公原籍安徽绩溪，寄寓杭州也就被看做杭州人了。他初在一家字号叫信和的钱庄当伙友，因资助潦倒的冗吏王有龄加捐，以致自身失业，王有龄感其恩，遂结为生死之交。后胡雪岩利用王有龄在仕途上的腾达，开设钱庄。王于太平军破杭州后死于巡抚任。胡以办省垣善后受湘军大将左宗棠赏识擢拔，在"湖湘子弟满天山"的西征之役中，被任为上海转运局布政使衔道员，算是从二品，戴上红顶子。他开设乾泰公司，与外国银行团、公司、洋行多次谈判，交涉借洋款、购置枪炮机械，因而论者每每斥其为买办。但治史稍精者不能无视他对支应西征大军平息叛乱、巩固边防、维护祖国领土和主权完整所做的无可替代的贡献。

尽管有出将入相的左宗棠为靠山，阜康钱庄也没逃得开倒闭的噩运。这发生在1884年，距阜康开办也不过20年。其影响之巨，牵连被累的公私款项只阜康京庄就有1200万两，"人心摇惑，市井哗然"。上海、镇江一带的钱庄、商号受累歇业者数以百计。"京外仕宦商贾互索现银，商无现银者相率倒闭"。因赔巨额洋款白银流失本就很紧的银根，"因之愈紧，市面令人不寒而栗"。唯有西帮票号处变不惊，存放款出入虽大，靠稳健的方针、作风和手段渡过了这次金融风潮。20多年后，杰出的票号业经营家和理论家、平遥蔚泰厚经理李宏龄惴惴然而又不无得意地追述道："从前阜康歇业，凡我同帮皆受其累，幸而其时市西尚稳，得以保全。"阜康的破产如果只是从胡雪岩广置姬妾、屡筑园林、交游过广、手面过大这些方面去找原因，或是归咎为"经理不善"，都是皮相之谈。

应该往深层看：

江浙丝茧向为出口大宗，夷商把持，无能为竞，光墉以一人之力垄断居奇，市值涨落国外不能操纵，农民咸利赖之，国库支出有时常通有无，颇恃以为缓急之计。

（刘体仁：《异辞录》）

于无能为竞之中，行打破夷商把持之计，此公不愧财大气大心胸大的商界健将。然则他的背水一战的全线出击，招致的是全军覆没的全线崩溃。是不自量力，还是虽败犹荣？如果不以成败论英雄，胡雪岩挑起的这场丝茧大战斗很有苍凉悲劲的史诗气息：

胡伊时为丝茧交易感于外商挑剔抑价之种种侵略，愤然思有以抵制之。则举江浙二省之育蚕村镇而一律给予定钱，令勿售外人，完全售与胡氏。一面在伦敦组织机关，欲打破此一种过渡洋行之朘削。各（洋）行闻而大恐，电告伦敦抑价一成有半，而上海之各洋行且完全停顿不吸新茧，一时茧价大跌，胡不得已而折本售出其所收之茧，然已亏耗至一千万两以上。全号因而倒闭，胡亦郁郁不得志而殁。

（《中国之托拉斯——论胡雪岩》。《海光》卷二，1930年8月）

胡雪岩的悲剧是历史铸成的。

鸦片战争打破了封建文化的旧格局，从海上来了殖民者，他们早已进入了资本主义阶段。拥有殖民特权的资本主义经济势力与中国新型的但仍带有封建性的商人在短兵相接、志在必得的敏感战区相接触、相撞击，处于劣势地位的是哪一方，不言而喻。

如果说胡雪岩在代借洋款、代购洋炮的中间人活动中有买办色彩，那么在他最重要的也是终端的经济行为中也散射着民族性光点。

一对矛盾的统一体。一个人身上的对立统一。

还有一个细节不容遮盖：阜康倒闭的导火线不过是沪庄有区区数十万两应解出银无从调补，一时周转不灵。可叹胡雪岩枉自与官场交游如此宽，周旋如此久，雪上加霜、顺风扬土的竟是官场。"上海道台邵小村观察本有应缴西饷，勤不之予"，该还的积欠公款不还，卡脖子，坐视外人得逞，连所辖地区的市面好赖都置于不顾，有这样的地方大员吗？居然有！怪！但置于特定的政治三棱镜下去透视，也就大可见怪不怪，视为必然了。原来邵道台是李鸿章的亲信，胡道台是左宗棠的门下，左、李原就分湘、淮军的畛域，又各为其治军事集团的魁首，在筹议海防、陆防的大论争中更因政见不同而交恶。李伯相断然不肯把视为自家地盘儿的上海，变成接济左侯相的饷源。

李鸿章很乐意看到左宗棠财务上的臂膀折断。

真也不易，在封建主义与帝国主义双重压迫的夹缝中讨生活、求发展的 19 世纪末叶的中国商人。

离题太远了吧？也不太远，对西帮票号发生、发展、危机、衰落的剖析研究，不单单要着眼于它自身内部，还必须有比较学的目光。钱庄、钱庄巨子胡雪岩都不失为很有价值的参照数。

在清朝咸丰七年英商麦加利银行设分行于上海之前，全国金融事业上为两个集团所掌握，商业上的术语称为"帮"。北方是山西帮，南方是宁绍帮。所业不尽相同，其名更有差异，前者称为票号，后者称为钱庄。

山西票庄之应运而起，已如前述。其相继而起者，则如本地钱庄。

本地钱庄崛起之后，在表面视之，似与山西票庄立于反对之地位，大有两雄对峙，势不两立之概，但实际上相处正善，毫无冲突之虞。推厥原因，则本地钱庄资力薄弱，有赖于票庄之供给。而票庄于各省人情风俗，亦诸多隔阂，极愿与之往来以通声气。于是互相提携，共营斯业。然感情虽已联络，而营业究不一致，不免日久发生冲突。于是划分界限不相侵犯，本地之事以钱庄任之；各省间之事，以票庄任之。日后海禁既开，中外贸易蒸蒸日上，各省间之通商，因日趋于繁忙；本地之商务，亦日见旺盛。商务既盛，则票庄、钱庄各有分内之事，尤当分道扬镳，不容自相侵犯。

（马寅初，《吾国银行业历史上之色采》，《银行杂志》第一卷第一号，1923 年）

成此文时，马先生正在银行界居要冲，又是知名教授，而 20 年代初叶，劫后余生的票号尚存几家，钱庄亦多，见闻所及之论有权威性。至于各自的"分内之事"，另有说：

票庄与钱庄的性质、组织和营生不同，不但并行不背（悖）。且可互相利益。钱庄的性质是兑换，票庄是汇兑。钱庄的营业范围只限于本地方，外埠不设分店，票庄的分号遍满全国。钱庄发达之后，势力范围以长江以南为中心，票庄则以黄河流域为大本营，兼及长江一带。……票庄的存款以官款为大宗，放款只借给钱庄、官吏及殷实商家；钱庄的存放款，则以一般商人为对象。……票庄交结官吏，发行纸币。钱庄注重社会信用，不发纸币，这是票庄与钱庄互相分野、互相衔接的地方。

（陈其田：《山西票庄考略》）

这种既有分野又相衔接的共存性使"票庄乐意养育钱庄，藉以容纳各地的公款，钱庄依赖票庄为后盾，可以取得民间信用，便于经营各种事业"。证之日本学者贺黻露于1910年编译出版的《中国经济全书》，二者之层次阶梯确乎可以提炼为公式似的一个断语：盖票庄以钱庄为贷付之机关，而钱庄则以票庄为金融之机关。

从各种关系中可以看出，就实力、规模、作用各方面看，钱庄逊于票号。

钱庄多为宁绍帮所经营，而镇江帮有后来居上之势，但在同治到光绪初年，全国最大的一家钱庄阜康号，其规模、声势几欲凌驾票号而上之，同时它的主人也不属于宁绍帮或镇江帮，是为当时金融业中的一个特例。

胡雪岩本人精于谋划，手段灵活，在清廷大员、漕帮领袖、洋商买办之间左右逢源，起家杭州，立足上海，由市井布衣跻身于巨贾显宦之列。从这个半封建半殖民地社会中特定历史产物周旋官场、操纵商场、由商而官、暴起暴落，最终在外国资本的围剿下由事业峰巅坠入破产绝境的经历为参照，有益于对在同样历史条件下开百余年不败之基的西帮票号的稳健性、适应性、应变性和强韧性加深了解。

尤其值得大书特书的是：西帮票号以殷实、雄厚、团结的群体力量挫败帝国主义者侵夺山西路矿的阴谋，阳泉无恙！三晋无恙！这显示了山西工商业者从经济斗争上升到政治斗争的爱国反帝精神，汇入了中国近代史的主流。这是别的商帮不能望其项背的。阜康钱庄主人杭州胡雪岩在与英商的丝茧大战中一败涂地，一蹶不振。三晋源票号主人祁县渠本翘在与英商的争矿交锋中一山突起，一呼百应。

（二）

山西票庄大小几十家，联成一系统，并无什么严密的组织，这也是中国旧式经济制度的一种反映，纯粹以地方色彩及利益关系，形成平遥、祁县、太谷三帮。……平常票庄中人对"帮"的解释是以总号的所在地为"帮"的区别：总号设在平遥就是平帮，总号设在祁县就属祁帮，总号设在太谷称为太帮或谷帮。平、祁、太三帮里面，平遥帮最早，票庄的先锋日升昌和蔚泰厚都在平遥，其次是祁县帮，太谷帮最新。

（陈其田：《山西票庄考略》）

祁县始业票号的是由茶庄改业的合盛元，时约为道光十七年。三晋源继起已到1862—1865年间的同治初叶，算来比平遥日升昌晚出了40年，与胡雪岩在杭州开设阜康钱庄几乎同时。但二者的根基、背景、作风及经营取向却迥然不同，形成强烈反差。

祁帮票号营业范围初时以西北和东北为主，兼及各处。这是基于祁县商帮累世从事塞外贸易，活动于归化、包头一带，到清乾嘉时已形成规模。渠本翘的曾祖渠映璜，继承父业土地十余顷和经营菜园、油面、茶叶并兼作钱业生意的字号长源厚，又增设长源川、长顺川两大茶庄，从两湖采办红茶，运销于西北各地及蒙古、俄国。至此，渠家已经积累了大量资本，发展成为数得着的巨商了。

渠氏家族与乔家堡乔氏家族不但同里、同业，而且经济活动的走向、轨迹乃至创业到起家的年代几乎是同步，堪称双璧。"先有复盛公，后有包头城"之谚，不但是乔氏的荣耀，也凝聚着汉蒙同胞对祁县商帮传承数代开发西北的历史功绩的肯定。

大德通、大德恒票号系由乔家三堂（德星堂、保和堂、在中堂）开设，其时也在同治初叶；保和堂、德星堂另开大德隆钱庄，其重心在东北。

渠氏家族与乔氏家族还有极为相似的一端：经过辛亥革命，清政权覆亡，官僚官族丧失了偿还能力，西帮票号放款被倒者计一千多万两；同时存款逼提，无法应付，相率倒闭，即便是投资票号业百年，虽称源远流长、根深蒂固的日升昌财东，平遥达蒲村李氏也一筹莫展，民国三年搁浅清理后连私产也被封管。这是一个威压在全行业顶上的历史宿命！安然渡过危机的微乎其微，平遥帮无一幸免，太谷帮延命片时，而生命力、应变力最强的当属祁帮二杰。乔氏大德通直到1940年才从容改业银号，全国解放后最后清理停业；渠氏三晋源也到了1934年才歇业。歇业时账面正本数额仍保持二十万两白银。

渠氏的票号生意满了七十年，也就是说比胡氏的钱庄营生多存活了半个世纪，历史波涛最为跌宕诡谲的半个世纪。

从渠源祯、渠源潮一代开始，渠氏步入了极盛期。他们与出身市井、平地暴发的胡雪岩不同，从其祖辈总数达一百二十万两的商业蓄积中各分得遗产份额三十万两。与资本一起继承下来的还有弥足珍贵的经商经验和理财方法。在咸同之交，渠源祯独资开设了三晋源票号，渠源潮是长盛川票号的专东，他们亲兄弟还和堂兄弟渠源淦、渠源洛合组百川通票号，投资存义公票号。而渠氏世业的遍布各口的茶、盐、钱、当、药材诸庄并未收歇，与票号相辅而行。票号业并不从商业中分离出来，票号资本与商业资本相互结合、相互转化是渠氏家族最明显的特征之一。

渠氏票号诸庄除办理汇兑、存放款等常规金融业务外，当然也丰润了"聚散国家金融之权，而能使之川流不息"的利源：代清政府筹措汇解京饷，军饷、协饷，垫还洋债，收存中央及各省、关（海关）官款，俨然代理部（国）库和藩（省）库；同时"功名生意"即承揽捐纳官吏候补及贡、监生虚衔及朝廷封典等名目，也为大宗收入之一。西帮票号对于应酬官场极为注意，京庄经理常出入于王公大臣之门，省庄经理也往来于督抚藩臬之署，如蔚盛长之交好庆亲王、袁世凯，协同庆之交好董福祥，志成信之交好粤海关监督某氏，百川通未能免俗，与当过山西巡抚、后出任湖广总督最后入阁拜相的张之洞共事多年，三晋源也相与李鸿章系的洋务派大官僚盛宣怀。不过渠源祯与平、祁、太三帮同业票东的方针、作风及处世准则同中有异。"票号日所依赖者或为政府机关，或为满清官僚，一入民国，旧政府之机关一倒，旧官僚去职，讵堪作靠？"这位"旺财主"本身也捐有顶戴虚衔，与官场交接却是若即若离。决不像胡雪岩之于左宗棠那样背靠大树，更不屑一棵树上吊死。从没有换个红顶子戴，"弄件黄马褂子穿"的虚荣与热衷。他的字号放款不图厚利，但求稳妥与活动，最忌冒险与迟滞。"业务范围由经理与财东议定，专理汇兑、存款、放款一切金融事业，若中间羡他业利厚而欲兼营，为号章例禁。近来稍为活动。亦须向财东预先声明，经理人确有认识，方可小试。否则虽获大利，财东不取。盖恐盲干涉险，营私舞弊也。"这原是票号的通则，渠氏则掌握更严，从不背离稳妥的宗旨。有一则十分有名记载典型地印证了渠源祯的取舍与进退准则：庚子后合股的百川通开帐最多的是光绪二十八年（1902）账期，每股分红利近三万两银子，四年间获利率近300%。合股股东渠源祯面对超额利润并未大喜过望。反而出人意料地说："有赚必有赔，今天赚得多，明天赔得多。"分红后马上抽了股。

据考查，十九世纪与二十世纪之交正当国内产业资本初步发展，民族资本家办的近代工矿企业已达七八十家的时候，渠源桢从商从资本与生息资本聚集起来的巨额财富并未杀向工业企业，甚至急骤收缩原有的商业投资，转入原始货币窖藏。祁县城里的天合源钱铺主要业务就是为渠源桢将各地解缴的白银铸成元宝。渠源桢在其住宅和三晋源老号各建银窖一座。他死后，其后人在住宅一窖就挖出白银三百万两。

经济史界一向认为渠源桢的理财方法是山西旧式商业的典型，最具有保守性特征，这无可争议。但如果反照"风月宝鉴"呢？当清朝乃至数千年封建帝制政体行将最终消逝之际——

无如保泰持盈、识机知微者寥寥无几。庞然自大坐享其成之票庄，适又遇辛亥革命，武汉一呼，四方响应。各票庄于此，既无事先之准备，亦无处变之胆识。

（山西商业专门学校：《晋商盛衰记》）

各省票号毫无准备，放出之款一时无法收回，存款皆纷纷来提，周转不灵。

（《山西票商盛衰之调查》）

京中王公大臣的放款，因清廷覆亡很难清理。

（陈其田：《山西票庄考略》）

未及三年，辛亥事起，……独我西帮票商外欠则处处倒账，欠外则人人提款。

（李宏龄：《山西票商成败记》）

近百年来把本业本号的繁荣依附于清廷及其中央和地方官僚，这也确实是利源之所在。如1881年票号共汇京协饷款5334217两；1884年票号供给户部和数省当局1240000两，月息七厘。1906年为票号汇兑各项公款数字最大的一年，达22567499两。一旦这个政权从根本上动摇直至崩溃，票号失去凭依，自然不能存在。"乃各庄执事者私心自卫，不顾全局，而财东尤茫无所知，一筹莫展"。养成一种骄满颓腐、全无新识"的财东们以为"辛亥政潮也不过像太平（天国）和庚子的变乱而已。谁能料到失败至于此极"！于是负无限责任的财东"昔之以豪富自雄，至时悉遭破产，变卖家产及贵重物件以偿还债务，不足则为阶下之囚，受缧绁之辱"。平帮首富日升昌的结局不用说了，太谷一家信用昭著、煊赫一时的票号大约有两百万两贷给清朝官吏，随着清朝的灭亡遭到困难，（民国）政府派代表对该号进行抄查，有二十四家门上已被贴上封条。

龚自珍有个隐喻封建末世沉痛而独具形象特征的名句："将萎之华，惨于槁木。"

烈火烹油，鲜花着锦的百年票号，平、祁、太八大票号资本家家族，大都立地化为槁木！死灰槁木！

酷似南帮票号东号胡雪岩的历史宿命，在胡雪岩身后三十年又威压在西帮票号诸东头上。辛丑条约签订后，通过借款和赔款，通过入超，通过外人在华企业盈余，帝国主义每年从中国掠夺走白银折合银元二亿元左右。中国财政、金融命脉都为其控制，"财币外溢，利源内竭，民生困敝，物力日以艰难，市面败坏，巨商倒闭"；外国银行无孔不入，《大公报》民初载《山西之沧海桑田观》一文，简直是声泪俱下："瞪眼看他正金、德华、汇丰、汇理之证券纸币，延腾国中。实非至痛之事耶！"而依附于封建性、寄生性、腐朽性极强的清政权的旧式民族金融资本焉能抗衡？已与清廷退出政治舞台一起，西帮票号退出金融舞台，腾出地方留待新的角色，势所必至，理有固然。

有一位专攻山西经济史的朋友不久前对我谈起：发展阶段上的晋商帮在义利观、经营方法、人际关系各方面兼糅、吸收了儒、法、兵诸家学说的精髓，并举数例作为论证。对之，我是服膺的。然而，似乎还不止于此。

中华民族的优良传统是刚健有为，自强不息，这是儒家《易》学的真谛，儒家主张怀义去利，又主张国民之所而利，为民制产；法家义利论在现实感上强烈而突出，揭示出利欲在社会变革中的作用；兵家的知己知彼、审时度势、扬长避短、人弃我取的诸多谋略原则也有商业实践价值。从渠源桢一生的生财、聚财、理财之道看，除了奉行上述价值标准、价值导向之外，似乎也可以感知到道家贵柔守雌、以静制动、安时处顺的宝贵传统。人们在处于劣势时运用这些原则得以转危为安。渠源桢的举措暗合道家学说，收到奇功。他有他的政治敏感和以退为进的对策。

渠源桢深藏若虚，精气内敛，"善居积""心精力果"，历史地为渠氏家族下一代代表人物渠本翘向近代民族工业转化蓄积了不容低估的经济实力；看似沉淀的数百万两白银为渠本翘保矿争路的壮举，为三晋源票号与得力于经理人高钰"预作保守主义，实行收敛"的乔氏的大德通一起处变不惊、屹然而立准备了准备金！

（三）

明清时期，由于商品经济的发展和资本主义的萌芽，商帮林立，陕西商人、吴越商人、闽商、粤商等，都在商业竞争中致力于自身的发展。在道光年以前能与晋商相颉颃者应属徽商。徽商有一个鲜明的特点是"先儒后贾"，或"儒而兼贸"，或"亦儒亦贾"，或"先贾后儒"。宗族、缙绅、商贾兴办的私塾遍及各地，"远山深谷，居民之处，莫不有学有师""十户之村，无废诵读"。"凡遇族人子弟肆习举业……厚加作兴……殷商者每月给以灯油、笔札之类，量力而助之"。

徽帮巨商将大量财富流入徽州，促进了徽州社会繁荣和文化教育的发展，府县学、书院社学和私塾呈梯形结构，是培养科举人才的摇篮。经由科举之路，徽商使其子弟步入仕途，与封建官吏相结合。

据《北京歙县会馆观光堂题名榜》记载，有清一代，仅徽州府歙县一个县中进士者即达296人。清代总共点过114个状元，多数省份"剃光头"，而徽州一府六县就出了18个状元，占全国总数的15.7%。

山西的风气、晋商的取向大不相同。

山右积习，重利之念甚于重名。子弟之俊秀者多入贸易一途，其次宁为胥吏；至中材以下，方使之读书应试。

（《刘于义奏疏》。雍正二年五月九日）

隔了三天，雍正皇帝大有同感地硃批曰：山右大约富贾居首，其次犹肯力农，再其次者谋入营伍，最下者方令读书。

往后一百来年票号兴起后，"社会间认汇票庄为求取富贵之唯一捷径，有子弟者群思代之在各庄觅一位置，奔走情托于各庄主持者之门"。

票号各资本家族主事人通常都捐有顶戴官衔在身，算是衣冠中人物；也大都在宅院设学馆家塾，乔家堡在中堂还专门辟了"书房院"，但对科举仕途都不大热衷。太原富商阎氏号称：科甲二百余年不断，但早占了淮安府学"商籍"名额；榆次常氏从咸丰年起有人步入仕途，当过主事、员外郎之类的小京官；太谷曹氏于清末叶有曹培德、曹中裕、曹克让中举；介休张兰天成亨马家的马铸于光绪二十年点了翰林，算是高中，清贵得很了。

积累了巨额商业资本，却未积累了高度文化素养的祁县渠氏，到了同治初年源字辈一代手中，开设了三晋源、百川通、长盛川票号；大致同时，"旺财主"渠源祯举一子，名本翘，字楚南，幼时循例读私塾。超出渠源祯为其子设计的生活道路与希冀，渠本翘二十六岁中举，居全省第一名，称"五经魁"；越四年，即光绪十四年（1888）连捷成进士。殿试钦点一甲第三名。这一年渠本翘整三十岁，可以说是春风得意。山西全省中如此高第者凤毛麟角，商界子弟绝无仅有，在渠氏家族中更是一山突起了。

尤为难得的是他既非腐儒，又非禄蠹，入仕得内阁中书后，又以外务部司员身份东渡日本，任驻横滨领事，因之于"外国商务亦有体会"。宣统二年任典礼院值学士，是晋籍在朝的有名"京卿"，实际上是冷署闲曹，不耽误社会活动。

1900 年，山西商务局经办的晋升火柴公司赔累不堪，渠本翘以 5000 两白银把这座公司盘过来，又注入资金，更名为双福火柴公司，官办改为商办。在渠本翘经营下，十几年后，双福公司总值积累到 20 万元，与另一股东先后分红利 40 万元。渠本翘开了山西民族资本工业的先河，他本人虽有官吏身份，但从经济地位上看是山西最早的民族工业家。

光绪二十四年（1898），英商福公司秘密勾结山西巡抚胡聘之，订立包办山西平、孟、潞、泽及平阳各属矿产的开采合同，经清政府总理各国事务衙门批准，以六十年为期，名曰包办，实为出卖。1905 年，福公司积极筹划矿产开采事宜。山西民众群情激奋，晋籍留日学生函电交驰，力表抗议，阳高县李培仁身怀遗书，蹈海而死，以励国人。省垣各校学生为李培仁烈士开追悼大会，游行讲演，誓死保卫省产。

次年英商福公司派代表两人来晋筹备开采，山西商务局在海子边公宴代表，学生当面向英人申述反对意见，立向巡抚请愿，巡抚允向清廷力争。后各界推举代表进京交涉，并诉诸英伦敦法院。

全省同心、历经两年，到 1907 年方以赔偿福公司银 275 万两，经清政府批准，撤销合同，赎回自办。集商、官、绅于一体的渠本翘"乡望甚孚"，"顾全乡梓，亦以公义为重"，出面向山西各票号筹借了第一期赎矿银 150 万两。

> 交款之日，福公司暗托与有往来银行，收集在外之财，以困票庄。而票庄当日竟不动声色，不爽时刻，纯然以彼外国银行所周转之票相交付。于此外商固惊讶不置，而晋商金融界活动之力若何，亦可以观矣。使当日票商不为助力，吾恐今之矿区犹在福公司之手，而英商势力早已横行我山西之境内矣。
>
> （严慎修：《晋商盛衰记书后》）

这感叹并不空泛。今人应该想到，山西矿藏没有在 19 世纪末期如开滦落入英人之手，如井陉落入德人之手，以渠本翘为代表的票号业诸前辈功不可没！平、祁、太三帮在这一反帝爱国、维护主权的争矿壮举中的"和衷共济，固结团体"，也为山西人增光生色！

与此同时，"渠本翘经营保晋公司，隐为抵制（外商）之计"。1908 年 4 月 1 日《大公报》刊载了《山西商办保晋公司招股广告》：本公司于光绪三十三年禀准工商部开采山西全省各种矿产，现拟招集股本银三百万两，每股五两，分三期匀收……惟只收华股，不收洋股。特此布告！

只收华股，不收洋股！山西票号资本家在民族危亡之际的深刻民族精神以一种特别方式外化为公司章程。

票号为公司在各埠招股，收存公司股金，借给贷款，并从事投资。

山西保晋公司现已渐次成立，股本已集三分之二，异常踊跃。计太谷认六万股，各票庄二十万股，平遥二万股……祁县四万股……集款已抵二百万云云。

（《保晋公司集股之踊跃》。《大公报》1908年1月16日）

"渠楚南京卿，人品财产合格之至"，众望所归地被推举为保晋矿务公司总经理。

从此，山西省有了私人资本性质的近代机器采矿业。

奈何中国的社会性质决定了民族资本荆棘丛生、步履维艰的坎坷道路。山西当局违背了赎矿合同中签字画押的明文规定，截留了渠木翘向票号筹借赎矿银的抵押——地亩捐，抵赖了本利总计一百万两，迫使渠本翘把保晋公司吸收到的资本挪借归还了原借票号之银。他的实业救国计划受挫于封建政权！

山西票号业对他信赖倚重极深。1908年慈禧太后、光绪同时崩沮，银市动摇，平遥蔚泰厚票庄北京分号经理李宏龄力主改革，倡议西帮票号筹办山西汇业银行，与"渠楚南观察面商，楚南甚为欣允"。此议一出，社会舆论寄予厚望，京都祁、太、平票帮屡向山西各总号经理呈递公启，营口、奉天、汉口、西安、广东、沙市、成都、重庆、兰州、济南各帮分号无不致函附议，并公举渠本翘出任总经理。渠本翘专程到平遥讲演，推动此议的实现。票号业大老，蔚泰厚票东之一兼总经理毛鸿翙昧于时势，于巨变之时行不变之计，设词阻挠，事遂搁浅。山西票号业与历史契机擦肩而过，失之交臂。

山西票号业的衰落，不是渠本翘所能挽回的。武昌首义后，山西响应，辛亥十月二十九日成立了军政府。清朝在山西的统治结束了。十一月十四日，袁世凯受命进京组阁，派张锡銮为山西巡抚，率军入晋。渠木翘受命为山西宣慰使，力主和平解决。他行文给袁世凯说：

"昨得山西咨议局暨阎锡山复函，派宣慰一节，尚无拒意。"并附上阎锡山给他的原信——楚南先生大鉴：昨接赐函，谆谆以和平劝谕，甚慰……兵连祸结，实非中国之福，诚中先生所患者……并门缙绅之士皆盲，非先生归来，断难释种种之疑团。今同人望先生远来，如大旱之望蝚蛛千祈速赐回示，以便派员欢迎先生于井陉郊上，然后聚议太原，共决和平之策。后学阎锡山顿。"

接着北洋军进攻娘子关，阎锡山弃太原出雁门，渠本翘始终没来。在阎锡山分兵北上出师大同之前。听景梅九献策，派学生军到祁县渠家借到军饷20万两白银，"兵心为之一振"，后又借生金20锭。阎锡山说：这1万金可当10万金用。

渠氏对辛亥起义、对地方也算出了力。"假三十万于军政府，以抒军用之竭厥，一以免钜室之诛求，尤为晋绅富中绝无仅有者"。

袁世凯称帝后，渠本翘避居天津，从此不再出仕。他五十三岁时病逝于天津，后人又惨淡经营三晋源十五年，1934 年歇业。

渠本翘是西帮票号八大资本家族中最杰出也是最后的代表人物。他有不同凡响的一生，他没有再生票号业这朵将萎之华。

然而，西帮票号的兴与衰、成与败、经验与教训同样弥足珍贵，晋商文化的精粹部分及其深层价值，将会更多地被认识和传承。

1992 年 8 月定稿

1995 年 8 月校定

作者简介

华而实，原名潘耀麟。男，祖籍山东济宁市，1932 年出生于北京。一级编剧。早年即从事戏剧和电影创作，1956 年发表和出版了电影文学剧本《汉衣冠》，获中央文化部和中国作协颁发的优秀电影剧本奖。主要作品有：电影《知音》、戏曲艺术影片《智收姜维》、电影文学剧本《梅兰芳与程砚秋》《赛金花绿皮书》，晋剧《红娘子》、京剧《海王魂》、《蔡锷与小凤仙》、《湖畔双碑》，电视剧《上党战役》、《评梅女士》、《大敌当前》、《鲜卑骄子》栏目剧《宝贝保卫战》等，曾在全国及省内多次获奖。1991 年 7 月曾任山西省文史研究馆馆长。

"中国历史之父"司马迁

周敬飞

在中国的史学典籍中，有两颗璀璨的明珠。

一颗是被称为"史家之绝唱，无韵之离骚"的《史记》；一颗是与《史记》齐名青史的《资治通鉴》。前者是司马迁编纂，后者是司马光编著。司马迁与司马光都是山西河东人，被人们誉为"华夏两司马"。

被尊为"史圣"、"中国历史之父"、"世界历史文化名人"的司马迁，不仅以坚韧不拔之志，忍人所不能忍，做人所不能做，为我国的史学和文学树立了一座历史的丰碑；而且，他刚直不阿、幽而发愤的伟大精神，也成了中华民族传统美德的重要组成部分，成了炎黄子孙千百年来生生不息的脊梁。

这座高大的历史丰碑，这座丰盈的精神文化宝库，永远需要我们去仰视，去传承，并去深深地思索……

第一节 "迁生龙门"

华夏两司马 "迁生龙门" 河山之阳

司马迁，字子长，生于汉景帝中元五年（前145）。其卒年约为汉武帝征和二年末（前91年底）。

当年，山西大学文学院曾悬挂着著名学者张贯三撰写的一副楹联："史学冠中华汉宋以来双司马，经传昭万世商周而上两尚书。"

此联高睨雅驯，气势磅礴，广为传颂。其上联是说，山西是冠绝中华的史学巨著《史记》与《资治通鉴》的作者司马迁、司马光的故乡。下联是说，山西是《尚书》中的《尧典》与《舜典》两篇光昭万世的经典诞生之地。

司马光籍贯在山西夏县，这是没有疑义的。从多方面的记载看，司马迁籍贯在山西河津市，也是有根有据的。

在《史记·太史公自序》中，司马迁在论述自己的先祖时载有："司马氏世典周史。惠襄之间，司马氏去周适晋，分散，或在卫，或在赵，或在秦。"这说明，在周惠王、周襄王之时，司马氏一族就离开东周，来到晋地，后分散了，有的到卫国，有的到赵国，有的到秦国。

明万历元年（1573）版《河津县志》"艺文"卷中，收录有东汉太尉牟融的《司马迁墓》一诗，诗曰："一代高风留异国，百年遗迹剩残碑。经过祠客空惆怅，落日寒烟赋黍离。"这说明，早在东汉之前河津就有司马迁墓，比建于公元1067年韩城芝川镇司马迁的衣冠冢早800年或者更长一点时间。

晋怀帝永嘉四年（310），汉阳太守殷济奏请皇帝恩准，来到河津为司马迁墓建造了石室，并立碑树垣。此举亦比韩城太史祠早700余年。这说明，在晋代司马迁再一次被朝廷明确列为河津籍人士。

到元代，至治进士、拜监察御史王思诚，在《河津县总图记》中载有："司马迁墓前有庙，庙前有碑，永嘉四年（310），汉阳太守殷济为之建石室，立碑树垣。《太史公自叙》曰：'迁生龙门'，居于太和坊，是其坟墟所在矣。"①

到明代，著名文学家、思想家李贽，在纪传体《藏书》（亦称《李氏藏书》）中，更明确地记载："司马谈，绛州龙门人，谈为太史公……有子迁，生龙门，耕牧河山之阳。"文中说的"绛州龙门"，正是现今的山西河津。李贽是福建人，不会有地域偏见。

还是在明代，理学大师、河津籍人士薛瑄，在《秋日家山杂咏》五首七言律诗中，有两处写到司马迁。一处是第二首中有"子安诗在名犹盛，太史书成志已劳"句。一处是第三首中有"龙门献策文中子，麟趾成书太史公"句。《秋日家山杂咏》是薛瑄歌咏家乡山水人物的杂咏诗，他为家乡有司马迁这样的乡贤而感到自豪。

清康熙年间，孔子六十四代孙孔尚任（国子监博士、户部主事、户部员外郎）编纂的《平阳府志》卷二十三"人物"篇中，更明确地载有司马谈、司马迁父子："司马谈，龙门人，建元中为太史令。学天官于唐都，受益于杨何，习道论于黄子仕，愍学者不达其意，乃论六家要旨，明其同异。""司马迁，字子长。十岁诵古文，弱冠游江、淮，浮元、湘，涉汶、泗，过梁、楚以归。太初中，为太史令，因论李陵得罪，幽而发愤，修《史记》。刘向、杨雄皆称其有良史之才。"

在《平阳府志》卷三十二"陵墓"篇"河津县"部分中，亦明确载有："汉太史公墓，县西十五里。《水经注》曰：'司马子长墓，墓前有庙，庙前有碑。永嘉四年，汉阳太守殷济瞻仰遗文，大其功德，遂建石室、立碑、树柏'"。

在清乾隆《河津县志》中，黄鹤龄曰："余自束发授书，读《禹贡》导河积石，至于龙门，神往者久之。继览太史公《史记》，文中子《中说》，薛文清公《读书录》，未尝不穆然想见其为人，考之则皆龙门产也。乃益叹龙门为名区。河津，故龙门地。"

在清嘉庆《河津县志》中，沈千鉴云："窃以为龙门胜地，代有名儒，如司马太史公，王文中子，薛文清公者，后先相映，卓越千秋。"

在《辞海》（1979年版）"河津"词条中，也明确载有："河津——县名，在山西省西南部。秦置皮氏县，北魏改龙门县，宋改河津县。黄河禹门口（龙门）在县境西北。古迹有司马迁故里。"

在《辞源》（1979年版）"河津"词条中亦载："1.地名，即龙门，又名禹门口。在今山西河津县西北。三秦记：'河津，一名龙门'。2.县名，属山西省，古耿邑。春秋为晋邑，秦置皮氏县，汉属河东郡，魏晋属平阳郡，北魏改龙门县。"

在中央文史研究馆编撰的《中国地域文化通览·山西卷》绪论中载有："西汉时期的史学家、文学家、思想家司马迁在《史记·太史公自序》中言：'迁生龙门，耕牧河山之阳。'龙门，即今山西河津（一说今陕西韩城）。"《中国地域文化通览》是一部全版图的分省文化地图，是学术性、权威性兼备的大型丛书，当是可信的。

司马迁在《史记·太史公自序》中明言："迁生龙门，耕牧河山之阳。"龙门在何处？河山之阳在哪方？不少学者都作了精辟的分析。

关于"迁生龙门"。自古以来，龙门（包括龙门山、禹门口）都记载在山西河津县。汉代孔安国的《尚书传》载："龙门山在河东之西界。"龙门，在河津县龙门山下的禹门口，即夏禹凿山治水的地方。《尚书·禹贡》云："导河积石，至于龙门。"龙门山在河津县，龙门就在河津县境内。现在的河津县，在汉代是河东郡皮氏县，北魏太平真君七年改皮氏县为龙门县。宋改称河津县。从公元446年改皮氏县为龙门县，到公元1120年改龙门县为河津县，河津称龙门县的时间为674年。在这674年中，河津还曾成为龙门郡郡治49年（当时的龙门郡辖今稷山县、河津市和新绛县的一部）。津者，渡口也，也就是龙门、禹门口这个地方。有识之士，总是把河津、龙门、禹门口看成一体的。

关于"耕牧河山之阳"。文化学者程原生在《司马迁之谜》一文中指出，按照我国传统阴阳学说，"山南、水北为阳。"河津居龙门山之南，符合"山南为阳"之说。我国古籍文献凡单称"河"，就特指黄河。其支流称水，如洛水、渭水、汾水等。河津位于晋南黄河南段（南河）以北。如河津的耿乡，曾是商朝祖乙的都城，《水经注》特别指出"耿乡在黄河之北"。不能以水的南北方向划分的，才以东西来区别。南北走向之水的东为阳，西为阴，与帝王面南而坐"左为阳，右为阴""男左、女右"一脉相承。河津既是龙门山之阳，又是黄河之阳，并称"河山之阳"，这是司马迁对河津地理位置的精确概括。由此而论，司马迁出生地和耕牧之地在河津无疑。

关于"居于太和坊"。司马迁曾说自己"居于太和坊"。"太和坊"就是现在河津县的辛封村。辛封村历史上就叫"太和坊"，只是到王莽新朝，才更名为"新封"，后又改为"辛封"。在辛封村东曾有"汉太史公司马迁故里"碑楼，村西黄沙岭曾有司马迁墓祠，村北曾有占地6亩的司马家族墓群。现在该村还住有司马家族20余户，100多口人。司马家族除保存有"司马祖宗布牌神符"和司马迁"笏版"遗物中，在当地还有许多不凡之处。旧时司马家族享有不纳皇粮的特殊待遇。司马家族与其他姓氏对簿公堂时，也可以见官不跪。司马家族还享有一种极为特殊的"奉祀生"待遇。奉祀生，是领着朝廷俸禄担负祭祀先祖任务的人。清嘉庆年间，仁宗皇帝恩赐司马琪九品顶戴，行奉祀生之职。当时他们家还保存有一套朝服、一顶官帽、一双靴子、一套木刻印制的《史记》，可惜于民国二十七年（1938），日本侵入河津时丢失。民国期间，虽没有了奉祀生，河津政府仰慕司马迁贤名，曾将黄河大石嘴公地的出租费作为司马家族祭祀先祖的费用。

第二节　幽而发愤著青史

拜受父命　李陵之祸　有怨言下狱死　删削与补缀

对于司马迁的出生时间，国内外存有6种不同的说法。一曰汉景帝前元四年（前153）；二曰汉景帝中元五年（前145）；三曰汉景帝后元元年（前143）；四曰汉武帝建元六年（前135）；五曰汉武帝元光六年（前129）；六曰汉武帝元朔二年（前127）。这其中，唯前145年和前135年两说为人重视且争论较大。前145年之说，最早见于唐代张守节的《史记正义》，梁启超、王国维均赞同此说。前135年之说，为郭沫若、刘际全等人主张，在国内是从1955年发起。本文采用汉景帝中元五年，即公元前145年之说。

司马迁出生于史学世家。他的父亲司马谈仕于汉武帝建元、元丰之间（前140—前110），任太史令。司马谈是位学识非常渊博的人，不仅上知天文，下知地理，谙悉历史，而且对于春秋战国以来诸子百家各个流派及其学说和主张，也都十分清楚，曾论阴阳、儒、墨、名、法和道德"六家之要旨"。这样的家庭，对司马迁自然会产生潜移默化的影响。

司马迁在他的出生地龙门，度过一段耕牧生活，使他有机会接近下层民众，了解他们的疾苦。他十岁时，便已诵习古文。他曾受教于各种学派的名师，极大地丰富了他的学术思想。他20岁时开始漫游，饱览过许多名山大川，足迹所至，遍及今陕西、河南、山东、安徽、江苏、浙江、湖南、湖北，其间，他还在齐、鲁两地（今均属山东）的都会研讨学问，并考察过孔子的遗风，在会稽山（在今浙江绍兴）探查过禹穴。这段游历生涯，不仅扩大了他的知识视野，丰富了他的见闻，同时也磨炼了他适应艰苦生活的顽强意志。这次游历归来，他出仕为郎中，并奉命出使今四川、贵州、云南等地区。这段经历对他了解和认识西南地区的情况，为他后来撰写《西南夷列传》都有很大助益。③

元丰元年（前110），司马谈随汉武帝前往泰山封禅，行至洛阳病危。临终前，他握着司马迁的手，哭泣着嘱咐他一定要继承父志，光大祖业，写出一部完整的历史书来。司马迁也流着泪表示一定要详细认真地编述父亲所整理的史料和旧闻，完成父亲的未竟事业。

元丰三年（前108），在司马谈赍志而没的第三年，司马迁继任太史令，开始着手搜集史料。武帝太初元年（前104），由他参与修订的《太初历》正式颁布，于是他便根据已掌握的史料"论次其文"，开始了《史记》的编写工作。

武帝天汉三年（前98），司马迁因替李陵辩解，获罪入狱。次年定为死罪。按汉朝的法律，判处死罪者有两种方法可以免死，一是交纳50万钱，二是接受宫刑。司马迁自然交不出这50万钱，为了履行自己对父亲的承诺，完成撰写《史记》大业，他接受了腐刑。

其实司马迁定死罪也好，还是受腐刑也好，其内在原因或者说是根本原因，还是因为他写的《史记》"其文直，其事核，不虚美，不隐恶"。裴骃在《史记集解》中引东汉卫宏《汉书旧仪注》曰："司马迁作《景帝本纪》极言其短及武帝过，武帝怒而削去之。后坐举李陵，陵降匈奴，故下迁蚕室。有怨言，下狱死。"《三国志·王肃传》云："汉武帝闻其述《史记》，取孝景及己本纪览之，于是大怒，削而投之，于今此两纪有录无书。"《后汉书·班彪传》引班彪《史记后传略论》云："其论学术，则崇黄老而薄五经；序货殖，则轻仁义而羞贫穷；道游侠，则贱守节而贵俗动：此其大敝伤道，所以遇极刑之咎也。"司马迁"贬损当世""极言"先帝之短和"今上"之过，这自然会使武帝恼火；在学术上，他又"崇黄老而薄五经"，自然也和"独尊儒术"的汉武帝格格不入。而今他又真实地讲了对李陵"救兵不至"的话，得罪了贰师将军李广利。因此，"贬损当世"和"欲沮贰师"，才是司马迁下狱受腐的根本原因，所谓"李陵事件"只不过是个由头而已。

"行莫丑于辱先，诟莫大于宫刑。"遭受宫刑（即腐刑），对司马迁来说自是一种奇耻大辱，这不单单是对他肉体的摧残，也是对他精神上的巨大打击。他在给他的朋友任少卿的信《报任安书》中表达自己当时的心境时说，我由于发表议论遭受了这场灾祸，深为家乡的人耻笑，污辱了祖先，又有什么脸面再去谒拜父母的坟墓呢！即使经历一百代，耻辱只会越来越深啊！因此，愁肠每天都反复回转，在家里就恍恍惚惚若有所失，外出就不知道要到哪里去。每当想到这种耻辱，没有不汗流浃背沾湿衣裳的。但是，司马迁终究是司马迁，他在冷静之后，紧接着就退而深思，想到了昔日的圣人先贤和有识之士。他说，古时候虽富贵而名声却泯灭不传的人，是无法都记载下来的，只有卓越不凡的特殊人物能够名扬后世。周文王被拘禁后推演出《周易》的六十四卦；孔子受困回来后开始作《春秋》；屈原被放逐后，才创作了《离骚》；左丘明失明后，才有《国语》的写作；孙子被砍断双脚，编撰出《兵法》著作；吕不韦贬官迁徙到蜀地，世上传出了《吕氏春秋》；韩非被秦国囚禁，写出了《说难》、《孤愤》等文章；《诗经》的三百篇诗，大都是圣贤为抒发忧愤而创作出来的。这些人都是心中忧郁苦闷，不能实现他的理想，所以才记述以往的史事，想让后来的人看到并了解自己的心意。至于左丘明失去双目，孙子砍断双脚，终于不可能被任用，便退而著书立说，以此来舒散他们的愤慨，想让文章流传后世以表现自己的志向。④司马迁从众多蒙受不幸却终于有所作为和建树的前人那里，不仅找到了自己的榜样，找到了继续生存下去的理由和力量。而且坚定了死要死得有价值，要"重于泰山"的信念。所以，不完成《史记》的写作，绝不能轻易去死，即使一时被人误解也在所不惜。

司马迁蒙辱度过了一年多的"蚕室"生活，于武帝太始元年（前96）被赦出狱，任中书令。当时的中书令都由"刑余之人"即受过腐刑的人担任，所以对司马迁来说，这是一个带有极大屈辱性的职务，而他接受了，目的只有一个，继续写他的《史记》。司马迁从太初元年开始编著《史记》，到天汉三年受宫刑写了7年时间。从天汉四年到征和二年任中书令期间，又写了7年的时间。到征和二年十一月写《报任安书》时，他"已著此书，藏之名山"了。即就是说，经过14年的时间，他已完成了《史记》的撰写工作。

司马迁写完《史记》以后，悄无声息地走了。史书中对这以后的事再没有任何记载。司马迁到底死于何年，怎么死的，过去一直是一个"谜"。史学家们考证来考证去，最终以"卒年不详"而告结。当时曾有6种意见：一说卒于太始元年（前96）；二说卒于太始四年（前93）；三说卒于征和二年（前91）；四说卒于征和三年（前90）；五说卒于武帝末年；六说卒于武帝以后。

当代史学家吉春，近年来对司马迁的卒年和死因进行了认真的考证。他根据班固在《汉书·司马迁传》中全文引用《报任安书》之后，立即说："迁即死"。裴骃《史记集解》注引东汉卫宏《汉书旧仪注》："司马迁作《景帝本纪》，报言其短及武帝过，武帝怒而削去之。后坐举李陵，李陵降匈奴，故下迁蚕室。有怨言，下狱死。"等等史料，在《司马迁年谱新编》一书中，考定司马迁卒于武帝征和二年末（前91年底），死因是因为在《报任安书》中"有怨言，下狱死"。⑤《报任安书》是否有怨言？郭沫若在《关于司马迁之死》一文中说："《报任安书》是充满了'怨言'的。"司马迁写成了《史记》，实现了对其父的承诺，再没有什么可留恋的事了。他在《报任安书》中写道："要之，死日然后是非乃定。"表明他有被处死的精神准备。他的预感是对的。他送进监狱的《报任安书》，很可能被狱吏查抄送给武帝。武帝一看这满简怨言的书信便大怒，立即下令将司马迁秘密处死。武帝不想背杀害著书人的坏名声，便下令秘而不宣。

司马迁的《史记》与他自己的命运一样，也是多灾多难的。据载，早在汉代，《史记》就已经不完整了。裴骃在《史记集解》中载，张晏曰："迁没之后，亡景纪、武纪、礼书、乐书、律书、汉兴以来将相年表、日书列传、三王世家、龟策列传、傅靳蒯列传。元成之间，褚先生补阙，作武帝纪，三王世家，龟策，日者列传，言辞鄙陋，非迁本意也。"褚先生者，即西汉后期的褚少孙。葛洪在《西京杂记》（伪托为刘歆遗书）卷六载："（司马迁）作《景帝本纪》，极言其短，及武帝之过，帝怒而削去之。"《汉书·司马迁传》载，当时班固看到的《史记》已是"十篇缺，有录无书"。司马迁在《太史公自序》中曾言，《史记》完成以后是"藏之名山，副在京师"。据唐司马贞《史记索隐》载，郭璞云名山即"古帝王藏策之府"。既然《史记》藏在帝王的"书府"，又怎么能缺少了十篇？根据《史记集解》"武帝怒而削之"的记载，很可能是汉武帝所为。到东汉以后，《史记》还遭到一次删削。据《后汉书·杨终传》载，杨终曾"受诏删《太史公书》为十余万言"。在这两次浩劫中都删削去了《史记》中的哪些内容，我们无由得知。

《史记》被删削之后也有人进行了补缀。据载，最早补《史记》的是西汉后期汉元帝和汉成帝之间的博士褚少孙。但是褚氏到底补了哪些篇，却众说纷纭。也有人说，补缺的不独褚先生，在他之前的有杨恽，同时的有冯高，之后的有刘歆等人，我们无法考证。应当指出，现今我们读到的《史记》版本中，凡褚少孙所补的文字之前，均注明"褚先生曰"字样，是比较负责和可信的。

《史记》经过删削和补缺后，是面目全非呢？还是基本上保持了原貌？存有争议。张大可教授经过详细分析，刊发于《兰州大学学报》1982 年第 3 期《〈史记〉残缺与补窜考辨》一文指出："今本《史记》残缺 16046 字，约占原书 526500 字的 3%。《史记》97%的原文流传至今，基本上保持了原貌。"张大可教授的分析令人信服，应当说现存《史记》基本上保持了原貌，是具有重要史料价值的。

《史记》从成书到公开传布，经历了一个漫长的过程。司马迁死后，《史记》曾一度被列为"禁书"。直到汉宣帝时，由于司马迁外孙杨恽的上书奏请，才得以公布于世。到东汉中期以后，开始在社会上流传。南朝宋裴骃《史记集解》的出现，说明到魏晋南北朝时期已经开始有人研究《史记》。真正开始重视《史记》的研究则是唐代。著名的《史记》三家注，唐时就有两家，即司马贞的《史记索隐》和张守节的《史记正义》。到了宋代，对《史记》的重视程度就更高了，许多有成就的学者、作家都学习《史记》，研究《史记》。从《史记》研究的角度看，宋代已从唐人的偏重注释转向分析和评论，涌现出一批很有成就的《史记》研究的学者，如郑樵、罗大经等人。尤其可喜的是，还出现了"班马"比较研究，如倪思所撰之《班马异同》三十五卷。

到了明清两代，学习和研究《史记》更加蔚然成风。从研究领域看，明代的《史记》研究者尤以评论见长，如杨慎的《史记题评》、茅坤的《史记钞》、柯维骐的《史记考要》、凌稚隆的《史记评林》等等，都是较有影响的评本。清代则以校刊考据见长，如赵翼的《廿二史札记》、王鸣盛的《十七史商榷》、王念孙的《史记杂志》、梁玉绳的《史记志遗》、张照的《殿本史记考证》、张文虎的《校刊史记集解索引正义札记》等等，都提出或解决了《史记》研究中的大量问题。

在"《史记》三家注"的序言中，对司马迁编撰《史记》所采用的书籍及其得失，均作了总体评论。其中，南朝宋裴骃《史记集解序》中的论述最为精当中肯："班固有言曰：'司马迁据左氏、国语，采世本、战国策，述楚汉春秋，接其后事，讫与天汉。其言秦汉详矣。至于采经摭传，分散数家之事，其多疏略，或有抵捂。亦其所涉猎者广博，贯穿经传，驰骋古今上下数千载间，斯已勤矣。又其是非颇谬以圣人，论大道则先黄老而后六经，序游侠则退处士而进奸雄，述货殖则崇势利而羞贫贱，此其所蔽也。然自刘向、杨雄博极群书，皆称迁有良史之才，服其善序事理，辩而不华，质而不俚，其文直，其事核，不虚美，不隐恶，故谓之实录。'骃以为固之所言，世称其当。虽时有纰缪，实勒成一家，总其大较，信命世之宏才也。"

此外，司马迁在撰著《史记》之前，还与唐都等人主持制定了《太初历》。《太初历》为我国上下两千年所沿用。

第三节 《史记》的史学价值

纪传体史学的开创 "五体"体例的确立

《史记》原名《太史公书》或《太史公记》，是我国古代第一部纪传体通史。《史记》所创造的纪传体裁，被历代奉为修史的楷模。它为正史创立了体例，开辟了途径，奠定了基础。

《史记》是一部结构完整、体制完备、内容丰富的史学著作。它记事起于传说中的黄帝，迄于汉武帝，历时3000余年。所述史事，详于战国、秦汉。全书130篇，包括十二本纪、十表、八书、三十世家、七十列传。

"在《史记》以前的史书中，《尚书》只是上古历史文件的汇编，还算不上正式的史书；其他如《竹书纪年》、《春秋》、《左传》等均是按年月日的顺序编写的；《国语》、《战国策》则是分国编写的。《史记》的编纂方法在当时具有独树一帜的首创精神。司马迁创造性地以本纪、表、书、世家、列传五种不同体例，来记载复杂的历史事实。这种方法，便于考见各类人物的活动情况以及各类典章制度的沿革源流，开创了以人物传记为中心的纪传体史书的编纂方法，成为历代正史的典范。"⑥

这五种体例各有特定的形式。"本纪"，是全书的纲领，按年月记述帝王言行政绩，兼录各方面重大事件。12篇帝王传记前后连贯，构成了历史的主线。由于项羽一度主宰天下，他虽不是帝王，也载入本纪。"表"，是用谱牒的形式，厘清错综的史事，以清脉络。表分两类：一类是大事年表，另一类是人物的年表，与列传互相补充。"书"，是《史记》中很特殊的部分，它是以综合论述的形式，也有一些是以纪事本末的形式，论述典章制度及其沿革。书也可以说是专门史，《史记》中共有8书，内容涉及礼乐制度、天文兵律、社会经济等，是研究历史制度所不可缺少的内容。"世家"，兼用编年和传记的形式，记载诸侯、勋贵和有突出成就的人物。"列传"，是以人物为中心的传记，有专传、合传和杂传等不同形式。专以人物为中心作列传，是《史记》开创的。这五种体裁都是过去曾经有过的，但将它们互相配合并在一部书里形成一个完整的体系，这是《史记》的创举。诚如清代赵翼在其《廿二史札记》中所言："司马迁参酌古今，发凡起例，创为全史：本纪以序帝王，世家以记侯国，十表以系时事，八书以详制度，列传以志人物。自此例一定，历代作史者遂不能出其范围。"南宋时史学家郑樵在其《通志·序》中则说，《史记》"使百代而下，史官不能易其法"，诚为确评。

《史记》的五种体例，虽各有分工，但又有内在联系，详于此则略于彼，或载于此则省于彼，因此虽分五体，实际是一整体。而由于本纪和列传是全书主要部分，因而总称为纪传体。"史有六家，统归二体"，这是唐代史学家刘知己在其史学名著《史通》中提出来的。所谓"二体"，就是"编年体"和"纪传体"。《史记》是纪传体史书的创始，是我国第一部纪传体通史。

司马迁所开创的纪传体通史，使我们能借此以研究历史的发展和变化，这也就是司马迁所追求的"究天人之际，通古今之变"的编撰宗旨。所谓"究天人之际"，就是探究天道和人事之间的关系。所谓"通古今之变"，就是研究历史的发展与变化。《史记》全书52万余字，是我国古代第一部规模宏大、条理严密的大书，也是当时唯一系统研究古史的史书。

"《史记》取材丰富，对《左传》、《国语》、《世本》、《战国策》、《楚汉春秋》以及诸子百家多所采摘，充分利用了当时所能见到的书籍资料；又利用了国家收藏的档案、民间收藏的古文书传；特别是亲身经历的、从见闻和交游中得来的材料，以及实地调查的材料，不仅增加了史料来源，而且增强了其内容的真实性。这种通过极其丰富的史料来进行批判、分析的方法，与孔子作《春秋》以空言为褒贬相比较，就可以发现司马迁的巨大贡献。因而《史记》被誉为'史家之绝唱'。"⑦

《史记》在对人物的评论上，实事求是，不求全责备，也不以成败论英雄。本纪都是叙述历代帝王政绩的。项羽虽然未能最后建立一个大一统的封建王朝，但他在灭秦的过程中和秦亡以后的楚汉之争中毕竟曾威震一时，并"王诸将相"，而"自立为西楚霸王，王九郡，都彭城"，故有《项羽本纪》。在涉及历史事件和人物的关系时，司马迁不仅在叙述过程中反映出自己的看法，而且在篇末以"太史公曰"予以正面评论。

《史记》所体现的历史观是进步的。作者目睹统治阶级的残暴与腐败，人民遭受剥削压迫的痛苦，因而同情人民起义，列陈胜于世家，这是后世史家所未能企及的。"世家"主要载述贵族王侯的历史。陈涉虽非贵族王侯，但"秦失其政，而陈涉发迹；诸侯作难，风起云蒸，卒亡秦族。天下之端，自涉发难"。陈涉起兵以来，6个月发展到数十万人。陈涉起义是中国历史上第一次农民起义，由此开创了农民武装反抗的先例，影响是深远的。所以把他的事迹也写在"世家"里，赋予陈涉很高的历史地位。这突出地体现了司马迁进步的历史观。

第四节　《史记》的文学价值

"实录"精神　人物形象的塑造　强烈的人民性和抒情性　丰富的语言

《史记》不仅是一部名扬中外的史学巨著，也是一部优秀的记传文学巨著，具有极高的文学价值，被誉为"无韵之离骚"。

《史记》的文学成就，主要体现在人物的传记当中。《史记》以前的历史著作，虽然也写到了人物，但都较零散，属于历史事件的附庸。以人物传记为中心来反映历史内容，则是司马迁的首创。在"本纪"、"世家"和"列传"中所写的数以百计的不同阶层和不同类型的历史人物，不仅表现了作者对历史深刻的洞察能力、卓越的认识能力和高度的概括能力，而且通过这众多历史人物的活动，生动、形象地展现了广阔的社会生活画面，表现了作者进步的历史观。

《史记》人物传记的最大特色是他的"实录"精神。司马迁对人物的记载，不为传统的陈规所拘束，而是按照自己对历史的思想认识和感情态度的如实记录，即使对封建统治阶级特别是刘汉王朝统治集团及其最高统治者也是如此。如对汉高祖刘邦，虽然也写了他作为刘汉王朝开国之君的历史作用和善于用人的一面，可又通过许多史实和细节刻画出他那虚伪无赖、贪财好色、老奸巨猾甚至迹近流氓的丑恶品质。对于"今上"汉武帝，由于其本纪被他"怒而削去"，难以知道作者如何直接描写他的精神面貌，但他的穷兵黩武、好大喜功以及他的整个暴力统治，却可以通过有关史实和有关传记人物的活动看出来。在《项羽本纪》中，司马迁以极其饱满的热情来写项羽这位失败的英雄。通过对少年项羽的志向、巨鹿之战、鸿门宴以及与虞姬骇下作别等几个典型事件的描写，赞扬了项羽的无比勇猛和叱咤风云，肯定了他的历史功绩，也指出了他沽名钓誉和残暴自恃的悲剧性格。

《史记》具有强烈的人民性，对人民大众和他们的反抗精神予以充分肯定。司马迁勇敢地写下了出身佣工戍卒的《陈涉世家》，记述了陈涉首难反秦的全过程，肯定和歌颂了陈涉及其领导的反秦起义在推翻暴秦统治的历史大事变中所起的作用。他善于选材，精于构思，巧于创造性地运用各种艺术手法，从不同的角度、不同的方位，鞭笞了凶残和丑恶，歌颂了正义和善美。他还记述了许多令后人景仰的爱国志士和爱国英雄，写下了许多为正统史家和官修史书所不屑于记述的下层人物。如《游侠列传》、《佞幸列传》、《滑稽列传》等。他在《货殖列传》中，记载了汉初工商业的发展状况，暗示了这种发展对社会经济是有益的。这无疑是对"以农为本，以商为末"传统农本思想的有力冲击，显示出初步的重商主义色彩。

《史记》作为传记文学的另一个突出特点，是他注意人物形象的塑造以及强烈的抒情性。

司马迁在忠于历史事实的前提下，通过塑造鲜明生动的人物形象，艺术地再现人物的性格特征乃至整个精神风貌，反映历史的生活画面，表现历史的本质真实。作者笔下的人物，既是真实的历史人物，又具有撼动人心的艺术感染力。像《赵世家》中的"赵氏孤儿"，《魏公子列传》中的"窃符救赵"，《蔺相如列传》中的"完璧归赵"，《刺客列传》中的"图穷匕见"等故事中讲到的人物，就都是有血有肉、有灵有感、活生生地跃动在各自"历史舞台"上的人物形象。白居易在《于元九书》中说："感人心者，莫先乎情。"《史记》在一定意义上说，是一部抒情性历史著作。

《史记》在语言艺术上也具有自己的特色。《史记》的语言很丰富，口头流传的成语、谚语、歌谣都广泛采用，即使对方言土语也不回避。在人物语言上"一人有一人的音容声口，一人有一人的表达方式，都各具情貌，几乎都是个性化的语言。至若作者叙述语言的典雅而不古奥，精炼而不晦涩，晓畅而不浮薄，自然而不浅俗，具有很强的表现力却又不露惨淡经营的痕迹，这也是读过《史记》的人的普遍感觉。《史记》实在是一座语言宝库，它的许多语词直到今天还令人口齿生香，还有极强的生命力。"⑧

由于时代和条件的限制，《史记》在有些时候，也采用一种"曲笔"的手法来叙事。所谓"曲笔"，就是既忠于史实，忠于良知；又深藏微露，在叙史中明理。由于"迁生龙门"也有人将此种笔法称作"龙门笔法"。

注释

1. 清光绪五年《河津县志》，卷之十一，第646页。

2. 参见杨锺贤、郝志达主编：《文白对照全译史记》第1卷"前言"，国际文化出版公司，1992年版第2页。

3. 参见杨锺贤、郝志达主编：《文白对照全译史记》第5卷附录一，支菊生译注《报任安书》，国际文化出版公司，1992年版第777页。

4. 吉春著：《司马迁年谱新编》，三秦出版社，1989年版。

5. 袁行霈等主编：《中华文明史》第二卷，北京大学出版社，2007年版240页。

6. 袁行霈等主编：《中华文明史》第二卷，北京大学出版社，2007年版241页。

7. 参见杨锺贤、郝志达主编：《文白对照全译史记》第一卷"前言"，国际文化出版公司，1992年版第13页。

作者简介

周敬飞，1937年生，河津市人。历任山西师范学院办公室主任、临汾地委政策研究室主任、洪洞县长、山西省工商行政管理局副局长。主要著作：《人文河津》、《龙门情思》、《岁月留痕》等。应中央文史研究馆聘任为《中国地域文化通览·山西卷》主编。

司马迁是山西河津龙门人刍议

邱文选

一、有史籍可查

考诸史籍，司马迁先世，祖源久远。据司马迁在《史记·太史公自序》追述他的先祖时，曾四次提到其先世的籍贯，（一）程：司马氏的远祖重黎氏的后代有个叫休甫的人，在周代封伯爵于程的地方，做了司马这个官。从此程伯休甫这一支就以官为氏姓司马氏。程，《辞海》云：古邑名，一作郔，亦称毕郔，周文王曾迁居于此。今陕西咸阳市东，西汉时置安陵县。（二）晋：司马氏于周宣王时重掌史职，世守史业。到周惠王、襄王时，周室内乱，司马氏因而去周适晋。按：周惠、襄王时，王室发生了"子颓、叔带之乱"。时（即公元前679—前619）晋国为献、惠、文、襄时期。晋献公开疆拓土，伐虢、灭虞、伐霍、灭耿、灭魏，疆域扩展到黄河以南和西岸，"西有河西，与秦接境。北边翟，东有河内"（《史记·晋世家》）。献公先都曲沃，后迁故绛，即今汾、浍流域，汾水下游一带。文公平定叔带后，城濮之役，晋国疆域扩展到中原地区。包括今晋西南、晋东南、晋西隰、蒲一带、霍山以南和河南黄河南岸、陕西黄河南端西岸一带地区。《自序》虽未追叙此时司马氏在晋的职官，然与晋国中军将随会齐名并列，亦必仕官于晋国，亦必居家在晋国腹地今汾浍流域、汾水下游一带。而今河津乃古耿邑，适位于古晋都之汾水下游。（三）少陵：公元前621年，即晋襄公七年，晋襄公病卒后发生了公室争夺嗣位的内争，晋国中军将随会（士会）奔秦，司马迁祖上这一支也因晋室内争迁入少陵。少陵：古邑名，公元前617年灭于秦。司马氏迁居少陵后的第四年，即公元前617年，晋灵公四年，"晋伐秦，取少陵"（《史记·晋世家》）。从此少陵复入晋，战国时属魏。魏文侯曾筑城于此，派吴起防守，卜子夏曾于此设帐教授，为文侯师。此后历时285年，少陵皆属晋、魏属地。至公元前327年，秦惠文王十一年又入于秦，改称夏阳。秦昭襄王五十一年。司马迁六世祖靳与秦将白起俱赐死于杜邮。司马氏从此分散于卫、赵、秦各地。（四）河内：少陵司马氏自靳被赐死于杜邮（今陕西咸阳市东）后，在赵的一支司马氏后裔卬，又事秦称为武信君，楚汉相争时复事楚受封为殷王。汉伐楚，卬又归汉，以其地为河内郡。《史记·正义》："古帝王都多在河东、河北，故称河东、河北为河内。河南为河外。"《史记·晋世家》："……晋疆，西有河西，与秦接境。北边翟，东有河内。"故河内指今山西晋南，汉时为河东地。又按《读史方舆纪要·山西平阳府·蒲州》："龙门即河津县、古耿邑，殷王祖乙尝都此，后为耿国，春秋时属晋，二汉属河东郡。"据此可知，司马氏自周入晋，后迁少梁（夏阳），汉时又入居河东，即古之耿邑，今山西河津龙门地。

以上所述，谓之有史籍可查。

二、有自序可证

司马迁出生于何地，其籍贯究在何处？对此，司马迁自己在《史记·太史公自序》中作了明确答复："迁生龙门，耕牧河山之阳。年十岁则诵古文……"龙门，山名，又名龙门山，即今禹门口，横跨黄河两岸，东段在今山西河津县西北二十五里。黄河至此，两岸峭壁对峙，形如阙门，故称龙门。河中有石岛横亘，形势险要，相传为夏禹所凿。《书·禹贡》："导河积石，至于龙门。"即此。旧时为秦晋交通要津，故又名禹门渡。河津，意即古代黄河要津，春秋时为耿侯国地，晋献公灭之，赐与大夫赵夙。战国时为河东郡地，北魏改皮氏为龙门县，宋宣和二年改称河津县。龙门山横亘河津县西北，龙门即河津之古县名，山名相照，史记斑斑，故"迁生龙门"，即生于古之龙门地，今之河津县，乃为河津龙门人。司马迁自称"耕牧河山之阳"。《史记·正义》："阳，河之北，山之南也。"即指河津位于龙门山之南，黄河以北（按：黄河从大荔潼关折向东北流向，晋南、河津正位于黄河北岸。汾河从县境由东向西流过，龙门山和清涧镇东、西辛封村同在汾河以北方位）。正符合古代山南水北为阳的方位说法，河津正在（龙门）山、（黄、汾）汾之阳，这是不能以人的意志可以改变的大自然赋予的天然形势。籍贯是一个人自身出生或家庭久居的地方（《新华字典》185页），也是任何人不能以个人意愿可以改变的事实。司马迁自称"迁生龙门。耕牧河山之阳"，即明确指出他是生于古代龙门，地理方位在龙门山之南、黄（汾）河之北的河山之阳，即今河津龙门人。

以上所述，谓之有自序可证。

三、有实址可据

据1986年由全国政协副主席董其武将军题写书名，山西人民出版社出版的《河津县志》刊载的民国二十七年一月制版印刷的《河津县全图》上有标明"黄沙岭："司马迁墓"。《邑中历代名人表》载有"司马谈，司马迁，汉代人"。附签有"司马氏，汉"。"清涧湾西辛封村，司马迁故里"。该图西北方有：龙门山、古耿城、云中寺、禹门口、禹王庙等自然景图和古迹标识。经考：此图系沿袭明万历辛酉版《河津县志》附图印制，刊明西辛封村是司马迁的生地故里。村东二里东辛封村为战国时卜子夏故居，旁有卜子夏墓。司马迁六十岁殁于故里后即葬于西辛封村西的黄河岸边旷地，后世乡间族裔为纪念他的高誉志节，奉为乡贤，代代祭奠，岁岁奉祀，两千多年，沿为乡俗。墓地后为黄沙覆盖，故称黄沙岭。其墓地因《史记》敢于直书帝王功过，评说将相忠奸，历代尊称为圣人墓。其村、其墓、其故里、其乡间，均在龙门山之南，大河之北，"迁生龙门"何疑！

以上所述，谓之有实址可据。

四、有史志可依

《辞海》载："司马迁，汉人，字子长，生于龙门……"按：清嘉庆《一统志》云："河津县在州（清时属绛州）西一百里，东、西距四十里，南、北距七十里。东至稷山县二十五里，西至陕西同州府韩城县十五里，西北至韩城二十五里。后魏太平七年改曰龙门，置龙门郡，宋宣和二年改曰河津……"笔者注：嘉庆《一统志》属清代刊印的全国性地理名著，是经地方官吏勘查校订，清廷汇校后印行的皇家志籍，其精确性是可断言的，河津、韩城，界线分明。河津是山西省属县无疑，司马迁是山西省河津县即古龙门县人亦绝无疑。清光绪五年《河津县志·古迹篇》载云："……龙门一名禹门，北为龙尾碛。龙门禹所凿，广八十步，岩际镌迹尚存。"又云："太史公故里，按自序迁生龙门，耕牧河山之阳。"王思诚总图云："迁生龙门，居于太和坊，又县东有太史乡。"陵墓篇又云："汉太史公墓在县西，见王思诚记。"坛庙篇又云："太史公祠在县西。见王思诚总图说。"又云："三贤祠在县治东，祀卜子夏、司马太史、王文中子，明县令雍焯建，刘达修。"又学校篇乡贤中列："汉，司马谈、司马迁。"又人物篇云："司马迁，谈子，生龙门，耕牧河山之阳……（武帝）七年而遭李陵之祸，幽予缧绁……著十二本纪，作十表，八书，二十世家，七十列传，迁卒后书稍出。宣帝时，外孙平通侯杨恽祖述其书，遂宣布焉。"又艺文篇云："……河津名龙门，有司马迁墓庙，庙前有碑。（晋）永嘉四年，汉阳太守殷济为之建石室立碑树垣。太史公自叙迁生龙门，居于太和坊，是其墟墟所在矣。"经考：清光绪五年版《河津县志》是承袭创修于明朝万历、继修于崇祯、清朝康熙、乾隆、嘉庆、同治年间六种县志版本的第七版河津县志，对司马迁的家世、故里、著述、墓、庙、祠都有明确真实记载，且有清嘉庆《一统志》、明嘉靖县令雍焯所建三贤祀碑记可佐，尤为珍贵的是记载远在西晋永嘉年间汉阳太守殷济为司马迁墓建立石室、立碑、树垣，证明在西晋之前司马迁墓、祠早已成为人民群众崇仰膜拜的圣洁地方，司马迁之为河津龙门人，可谓信史矣。

据1986年出版的新修《河津县志》在《行政区划沿革》一章记载："明末，全县分四乡，东名仆射（以明代薛瑄官封仆射而名），西称太史（以汉司马迁为太史令而名），南为平原（以唐代薛仁贵为平原人而名），北为沃壤（以龙门山下黄河古代冲积沃野而名）。民初时乡人以司马迁故里西辛封村在清涧湾毗近西关，故请将清涧湾划归西关厢并改称清涧厢。1953年人民政府将清涧湾划为乡，后又改为清涧镇，以表示尊崇前贤。河津历史悠久，文化灿烂，人文荟萃。历耿邑、皮氏、龙门、河津而迄于今，历代文人学士辈出，著述甚多。而司马迁的《史记》巨著书目历代县志都刊列榜首。新修《河津县志·文化著述篇》载："汉司马迁之《史记》一千三百卷，有多种版本，全国各大图书馆有藏。"县志为一地百科全书，又是一方信史，证诸《河津县志》所载，皆足以证实司马迁为河津龙门人。

此谓之有史志可依。

五、有诗联可佐

司马迁是我国集史学家、文学家、思想家和社会活动家于一身的文化巨人，而《史记》又是一部被誉为"群史之领袖"、"史家之绝唱"的史学巨著。因而为历代学者士子钦佩崇仰，文学巨子前往河津瞻仰膜拜、赋诗撰联者，不胜枚举：

清代名士张汾宿《咏河津》联云：

莫谓人弗杰，周卜子、汉司马、隋传仲淹、明表敬轩，此数家硕士高贤，洵足接千秋道统；

漫言地不灵，东虎岗、西龙门、南来飞凤、北仰卧麟，这一带山清水秀，亦堪壮三晋观瞻。

清代名士崇文社主王照离《麟岛》联云：

不大亭台，南汾水、北遮泉、东环瓜涧、西绕黄河，钟千古之英灵，莫谓卜马难继；

最狭殿阁，前风坡、后麟岛、左攀虎丘、右依龙门，萃一方之秀气，且看王薛再生。

明代著名理学家、翰林院学士薛瑄誉称"河东派"，其《秋日家山杂咏诗》曾盛赞司马迁功业。

其诗二有云："子安诗在名犹盛，太史书成志已劳"。

其诗三有云："龙门献策文中子，麟址成书太史公"。

其诗四有云："苍崖断岸西风里，古刹荒祠夕阳照"。（注：苍崖指龙门山，山南黄河岸边有司马迁墓，与云中寺、禹王庙夕阳相映。）

明末清初著名思想家、文学家、医学家、诗人傅山先生，鉴于龙门两位卓越学者汉司马迁与明薛瑄二氏两代父子四人，皆为史文巨子被尊为夫子，而皆遭祸罹难（按：薛瑄因忤中官王振，被陷戍边，后经营救，始得释归）。有感撰成薛瑄家庙楹联云：

苟知复姓一言，虽四民二氏，俱许入祠温夫子；

不辨读书二录，即两榜三元，亦难在世为士人。

著名人民教育家、已故最高人民法院院长谢觉哉在1960年5月视察河津时，曾赋《禹门》诗云：

"公社发扬后稷业，人民胜过史迁才"。

古往今来，名家学者，赋诗题联，既咏赞河津壮丽山河，又歌颂河津先哲前贤。尤颂歌司马迁麟岛修史，书成志劳，两世夫子，遭祸罹难的可歌亦复可悲的业绩和遭遇，诗里文间，证实司马迁为河津龙门人。

以上所述，谓之有诗联可佐。

六、有论述可稽

司马迁是汉河东皮氏，今山西河津龙门人氏，亦为历代学人名士稽考史料，著文论述，达成共识，成为近、现代研究"史记学"的新成果。

河津地处晋南，晋南古称河内，亦称河东，历代学者早就誉汉代司马迁、宋代司马光并称为"河东两司马"之说。即是以两人皆是生于河东地的古代史学名家，都有著名史学巨著，此说已传颂久远，形成历史共识。若近代学者张贯三先生早年曾任山西大学文科院学长、他曾为文科院题写院联，上联云："史学冠中华，汉宋以来两司马"，传颂一时。尊崇司马迁和司马光为山西学冠中华的两位史学家，山西省社会科学院文学研究所研究员艾斐先生曾在《人民日报》发表的《千古龙门逢戡世》的署名文章中也明确地说："……在其（龙门）附近一带出现了司马迁、司马光、王通、王绩、王勃、柳宗元、裴松之、郭璞、霍去病、薛仁贵、薛瑄等历代文才武将，出现了大片肥沃的田野．出现了无比灿烂的古代文化"。1980 年全国政协副主席董其武将军为新版《河津县志》作的序言也明确写道："吾乡河津，物华天宝，人杰地灵。西濒黄河、中贯汾水、北依吕梁。南望鸣条，西有龙门，山明水秀，土腴气润，石英溢彩，鸟金生辉。汉司马迁，隋王通，唐王勃、薛仁贵，元明王胜、薛瑄，辛亥革命首义太原总司令姚以价，真可谓人文蔚起，灿若寒星，吾生此地，实属幸哉"！皆文工而事详，明确肯定司马迁为山西河津龙门人。

司马迁之为山西龙门人，尤为海内外近、现代知名典籍、大型辞刊所记载：最近在台湾重版、以收录山西文献典籍为主要内容的《山西献徵》一书，明确记载司马迁、薛瑄等学人"生于山西龙门"。近代著名学者、卓越的散文家朱自清先生的《史记菁华录》一书，是朱先生早年在清华大学任教时的讲义，后由其学生、著名学者王瑶等整理、出版的一部史学名著，书中"附录"对司马迁的家世籍贯和撰写《史记》的过程考证甚详。开宗明义写道："司马迁是山西河津龙门人"。1938 年出版，又于 1970 年由台湾山西同乡会重刊、由胡春霖先生主编的《山西名贤辑要》一书，由孔祥熙先生作序，共辑八类、百人名贤。其中"文史类"列 12 人。在《司马迁传》中明确写道："司马迁，字子长。父谈，为汉太史令。掌天官，不治民。生迁于山西龙门地方"。该《传》又云："……武帝（元封元年，前 110）封泰山，是年迁父太史公留周南，不得与从事，发愤而卒，子长适自西南使返，省父于河洛间。太史公执迁手而泣嘱曰：'我死汝必为太史，为太史无忘我所欲论著……'时子长闻父言，即俯首流涕曰：'小子不敏，请悉论所次旧闻，弗敢缺'。迁父卒三岁，果继父职为太史令。"1981 年由上海古籍出版社出版的《历代名篇选读》（14 册 164 页）亦明确写道："司马迁（约前 145—前 87）字子长，生于龙门（今山西河津县西北）。西汉伟大的史学家和文学家，幼年一面耕牧，一面诵读古文，二十岁以后（注《自序》云：二十而壮游江淮）漫游邹鲁、江淮、会稽、巴蜀、昆明，遗迹几遍全国……武帝天汉二年（前99）司马迁为申述李陵因寡不敌众之事惨遭宫刑（亦名腐刑，为极残酷之割切生殖机能之刑使之断子绝孙）。出狱后，任中书令（这种官职当时由宦官担任）。他以刑后余生怀着满腔孤愤，坚持著作，终于在公元前91年完成了《史记》这部"史家之绝唱，无韵之离骚"（鲁迅评语）的不朽巨著……

综撷以上诸论：（一）翔实叙明司马迁的家世籍贯和二十壮游的经过及其收获；（二）论述评说司马迁遭祸受刑后，满腔孤愤，坚持著作，完成《史记》的艰苦经历和无畏精神；（三）虽曾省父病于河洛之间，终未提出有涉及韩城的事情；（四）明确肯定司马迁生于今河津龙门，是山西河津龙门人。

以上所述，谓之有论述可稽。

七、有事理可辨

志为一方信史，史乃历史记录。然而，因历史之推移，疆域之变迁，环境之改异，政区之沿革等诸因素，历史人事以讹传讹者，颇不乏例。对史事必须慎重考证，认真核实，方能避免以虚讹实、以假讹真之轶误，而还历史之本来面目。司马迁实在生地是汉河东皮氏，今山西河津龙门人，西辛封村是他的故里。既有史籍可查，有自序可证，有实址可据，有史志可依，有诗联可佐，有论述可稽，史籍记载斑斑，实址遗存昭昭，历史事实，千古不疑。

有人会问，如此陕西韩城芝川镇司马迁墓庙作何解释？对此，历史早已作出明确回答，司马迁自己也早已作了明白解释。为明确事实，摆清事理，姑再作如下综合：（一）籍贯，是一个人的自身出生地或家庭久居的地方，故一个人的籍贯应以出生地为准，不能以死葬地来定。此为古今中外一致因循的常理。司马迁生于今山西河津龙门。（二）司马氏祖籍迁徙之地有程、晋、少陵、河内（即河东，今晋南河津）等地。而他的出生地是山西河津龙门。持韩城说者避开其他而只谈少陵，显然有避生地而就祖籍的失误；（三）夏阳，即古少陵邑，即指今韩城芝川镇。乃司马氏远祖于公元前621年因避晋乱出奔迁居的地方，是司马氏远祖的居地。距离司马迁出生年代（注：据近代学者王国维考证认定为汉景帝中元五年，即公元前145年）早490余年。而改称夏阳之后，又有迁徙。何能以500年前的远祖籍居而后又有迁移他处的地方，作为司马迁本人出生地籍贯的事理，若以祖籍为本人出生籍贯，那么司马迁不是至少要有四个籍贯，恐怕还没有这样的先例。（四）陕西韩城芝川镇是司马氏的远祖（少陵司马氏）祖籍宗地之一。司马迁自述他的六世祖靳葬于华池，四世祖昌、曾祖无泽、祖喜皆葬高门，皆在芝川镇西北，是其六世祖后诸祖的葬区，司马迁生于山西河津龙门，何能以其远祖、曾祖的死地、葬地作为司马迁本人出生地籍贯。例如：孙中山先生是生于广东中山县（原香山县）人，逝世后遗体葬于南京中山陵，谁能说孙中山是南京人？（五）韩城芝川镇今存有司马迁墓、祠、庙。有人以此作为司马迁籍贯的依据。此乃芝川镇原是司马氏的远祖籍地和诸祖葬区，当地后人为纪念这位史坛伟人光耀地方而设祠、设庙、积墓而与其祖籍同荣、祖茔茔祀。此一情况，正如川、陕人士仰慕孔明学行而在成都、沔（郿）地设庙、积墓、祭祀纪念。但绝不能以其地有庙墓而说成是其人生地籍贯。诸葛亮籍贯是汉琅玡郡阳都县（今山东济南县）千古不变，至于庙墓在成都、五丈原（今陕西沔（郿）县），谁也不能说他是四川或陕西人。韩城芝川镇之有司马迁墓、庙、祠，一如川、陕之有孔明墓、庙、祠，既符合古代仰慕贤哲之习俗葬俗，又是古代常有的先例。既不能以川、陕有孔明墓、庙、祠而说成孔明生地籍贯是川、陕人，也不能以芝川镇有司马迁墓、庙、祠而传司马迁生地籍贯是韩城人。（六）司马迁自述"迁生龙门，耕牧河山之阳"是他根据自己生身地故里的山水环境而叙述家乡的自然景情。河津既在大河之北，龙门山之南，完全符合"耕牧河山之阳"的古代地望和地理环境，这是千古不可变移的自然形势，司马迁自述"耕牧河山之阳"，不仅表达以自己生于龙门大好河山而自豪的热烈豪情，有以龙门而重爱桑梓的强烈乡感，而且更有着意点明生地籍贯而昭明后世的明确用意。这是司马迁明明白白肯定他是汉时河东皮氏龙门、今山西河津龙门人最有权威的历史文字记载，也是最可靠的历史文献证据。我们史学工作者，应该尊重历史，尊重司马迁本人的自述，尊重历代学者，尤其是近、现代学者专家研究的新创见、新成果，实事求是，正本清源，以还司马迁生地、籍贯的历史之本来面目，以澄清已往记述的讹误。

综上所述，查之史籍，证之自序，据之实址，依之史志，佐之诗联，稽之论述，辨之事理，稽实并澄清了历史事实，证实司马迁的实在生身地。即其籍贯是汉河东皮氏龙门，今山西河津龙门人。史籍记载斑斑，实址遗存昭昭，千古不变。

注释

1. 卜子夏，即卜商，字子夏，春秋末晋国温（今河南温县西南）人。一说卫国人（按：卫国后并入晋国疆域）。孔子学生。三晋后到魏国西河（今陕西大荔、韩城一带，即古少陵地）讲学。时李克、吴起都是他的学生、魏文侯也尊称为师。后迁居河东皮氏邑，即今河津县。东辛封村即其故里，附近有卜子夏墓。东辛封村西有西辛封村，即司马迁故里。清代张汾宿《咏河津》诗有"莫谓人弗杰，周卜子、汉司马……"即指卜子夏、司马迁。

2. 薛瑄，字德温，号敬轩。瑄为学一宗程颢、朱熹，明理复性，尤重躬行实践。著有《读书录》、《从政名言》。即傅青主所撰楹联中之"复性"、"二录"的出处。瑄，官至翰林院学士，明天顺八年六月卒，年七十有二。著名理学家。生前仰慕司马迁功业著述，多有诗文颂赞。

3. 张贯三，名籍，以字行，曾任山西大学文科院学长，名学者，他为文科院所题院联之下联为："经传昭万世，商周而上两尚书"。按：两尚书指《夏书》、《虞书》，河东两司马指司马迁和司马光均为山西河东人。

4. 河津县于1994年1月22日公布：废县设市，改为河津市。

作者简介

邱文选，男，1921年出生，山西省襄汾县人。中教高级教师。三晋文化研究会会员，第二届国际晋商研究会理事。主要研究方向为晋国史、晋国文化史。撰写论文及评述逾600余篇，分别在全国50多家报刊专书发表。主要作品有：少儿读物《黄河的故事》，《楚辞研究》一部，《史坛耕耘集》三册。

本文系1996年与徐崇寿合写，原载台湾《山西文献》。

唐叔虞封地考

——兼谈燮父徙居晋水傍之古代地望

邱文选

　　唐叔虞乃晋国第一位开国君主，他的封地在何处，与他的封国疆域及晋国后世的兴旺发达有着密切关系。考之史籍《左传·昭公元年》说："……及成王灭唐而封太叔焉……"《史记·晋世家》继承《传》意亦说："武王崩，成王立，唐有乱，周公诛灭唐。……于是遂封叔虞于唐。"而《国语·晋语》却说："吾先祖唐叔射兕于徒林，殪，以为大甲，以封于晋。"古代文献记载，即有"唐"与"晋"之分。上述的唐与晋，从历史的渊源角度审视，实际是一个地名的两种说法，都指的是"唐"。但是由于历史的演变、疆域的变迁，人们对唐和晋的概念有了不同理解，对叔虞的封地也有不同的认定，这场历史笔墨争讼打了 2000 多年，近代学者也由于对历史、地理的判断有异。对唐叔虞的封地所在，也有不同的理解和论断，直到现在有翼城说、晋阳说、虞乡说、乡宁说，可说众说纷纭，莫衷一是，成为晋国史上的一桩悬案。

一、历史上有两个"唐叔虞"

　　要澄清唐叔虞的封地，首先要分清历史上有两个命名相同而实系两个不同时期的叔唐虞。公元前 541 年，晋平公十七年，《左传·昭公元年》平公因病不治。晋卿叔向问聘于晋国的郑大夫子产说："寡君之疾病，卜人曰：'实沈、台骀为祟，史莫之知，敢问此何神也？'子产答道：'昔高辛氏有二子，伯曰阏伯，季曰实沈，居于旷林，不相能也，日寻干戈，以相征讨，后帝不臧，迁阏伯于商丘，主辰。'迁实沈于大夏，主参。唐人是因，以服事夏商，其季世曰唐叔虞。"文中所言后帝是指尧，尧国号曰唐，实沈迁之大夏，乃古唐国的遗墟。季世乃衰世，也就是尧的后代苗裔。所以"其季世曰唐叔虞"是说古唐国最末世的君主唐叔虞，故

《史记·正义》说："此乃（古）唐国之末君，非周之唐叔虞也。"《郑世家》引《集解》亦说："唐者，古国尧之后，其君曰叔虞。唐人之季代曰叔虞。"杨伯峻《春秋左传注》也说："此唐叔虞，乃唐国末期之君。"可见这个"季世唐叔虞"乃古代唐国的末代君主。

《左传·昭公元年》又载："当武王邑姜方震（娠）太叔，梦帝谓己：余命尔（你）子曰虞，将与之唐……及成王灭唐，而封大叔焉。"这即是周成王灭唐后封同母弟于唐的唐叔虞。虽然都是唐的君主，但是，一个是尧裔古国的末代君主唐叔虞，一个是周成王灭掉古唐国后，封他的同母弟于唐地的开国君主唐叔虞。

由于历史上有两个不同时间、但同在一个"唐"担任国君的两个唐叔虞，因而历代的史家便出现了因地误人、因人误地的互相混淆现象。汉代服虔以周之唐叔虞封于实沈之大夏，认为"大夏"在汾浍之间。即今晋南翼城、曲沃、隰县、吉县地区。西晋杜预以太原附近有晋水，认为唐在今太原，历代争讼不休。至今学者便有晋阳、翼城、虞乡、乡宁各种不同的论说。

二、叔虞不封于晋阳

诸说中以晋阳说历史渊源长而且影响最大。自汉代班固、西晋杜预以经学大师的声誉倡导此说后，历代学者多附和此说，近代不少学者也有主张此说者，成为诸说中影响最大的一个学派。然而考之史籍文献并参酌晋阳的建城历史及其古代地望位置，晋阳说确有重新探讨与商榷之处，据考：《竹书纪年》载："成王八年冬十月，王师灭唐，迁其民于杜"。"十年，王命唐叔虞为侯"，"十一年，唐叔献嘉禾……""康王九年，唐迁于晋"自叔虞封唐至唐迁于晋，已历时36年，《纪年》并未出现"晋阳"、"太原"地名。再历时40年，至周穆王八年，《纪年》又云："北唐来宾献（王）一骊马，是生骒耳。"据《史记·赵世家》云：……造父幸于周缪（穆）王，造父取骥之乘匹，与桃林盗骊……耳，献入缪王……乃赐造父以赵城。由此为赵氏。"《正义》云：晋州（注：即今临汾）赵城县即为赵氏邑也。"故此北唐乃指居于古唐国之北边的少数民族，今霍县，赵城一带，唐（晋）的北边范围，仍未越过霍山以北。自周穆王十七年（前814），《纪年》又云："秋，迁戎于太原"。周宣王四十年（前788），"料民于太原。""据《纪年》记载，自周穆王十七年"迁戎于太原"后，才有太原这个地名，才有迁去的北戎少数民族。在此期间，由于太原所迁居的北戎等少数民族不断滋扰边疆。周王室对太原曾先后进行过八次规模较大的伐戎战争后，才于周宣王四十年"料民于太原"，进行安抚，争取工作。由此证明，自周穆王十七年迁戎于太原，经恭、懿、孝、夷、厉，到周宣王四十年的300余年——即晋靖、厘、献、穆、文侯时期，今太原地区还是由荒野偏地逐步过渡到少数民族杂居的落后地区，而且是周王室多次用武力征伐的对象，叔虞当不能封于此，而且，距离叔虞封侯已200余年，也不符合晋国在这一时期历史进展的步调。

笔者在1982年撰写《古晋国七都六迁始末》初稿时，根据部分史籍记述和郭沫若老师的研究论定，以晋祠有唐叔虞祠为依据，把太原作为晋国之都，但经考证研究发现：晋国初建国时国境在今晋南，叔虞始封在唐地，原是商殷时期方国，其封疆在今晋南汾、浍流域交错地区、汾水下游富庶地带，即今翼城、曲沃、侯马、新绛、襄汾范围的百里侯国，亦即尧都近墟之唐城。晋悼公初年以前，晋国的北疆尚在霍山以南。公元前572年悼公执政后，晋国疆土始向霍山以北扩展，逐步在晋中、太原、建县设邑。晋阳城是公元前497年赵简子家臣董安于所建，从周初叔虞封唐到晋阳建城，其间有数百年历史间隔，叔虞何以能把国都建在迟于他四五百年，而且离晋国疆域千里之外别的民族占据的地方呢？据考古报告。建国后太原周围从未发现过有西周叔虞封国时期的墓葬和出土器物（此说系笔者20世纪80年代时的观点，如有地下文物，或其他确证，当另作别论）。据此，如说晋祠是后人所建纪念地则可，若说是叔虞始封地，则有待于今后地下发掘出土器物来证实，今录清代学者顾炎武《日知录》的一段话："按晋之始见于《春秋》，其都在翼……北距晋阳七百余里，即后世迁都，亦远不相及。况霍山以北，自悼公后始开县邑，而前此不见于《传》。"顾氏是以当时晋都在翼而说的，但也说明在当时条件下，从晋国境域所在地晋南越700余里迁都晋阳，是难以想象的，叔虞封晋阳说，实有待于进一步商榷、探讨。

三、叔虞有可能封在今襄汾

史籍记载有关叔虞封侯的有：《左传》昭公元年，说："……及成王灭唐，而封大叔焉"。《竹书纪年》说："成王八年，冬，十月王师灭唐。""十年，王命唐叔虞为侯"。《史记·晋世家》也说："武王崩，成王立，唐有乱，周公诛灭唐……于是遂封叔虞于唐……故曰唐叔虞"。《国语·晋语》云："叔向：昔吾先祖唐叔射兕于徒林，殪，以为大甲，以封于晋。"上述四种籍本，除《史记·晋世家》是汉武帝时司马迁的著作外，《左传》、《竹书纪年》、《国语》都成书于春秋和战国时期，而且《纪年》、《晋世家》、《晋语》可以说都是晋国的专史，其中《晋语》所说"以封于晋"是叔向追述的话，实际都是叙述叔虞是封于唐，所以，探讨叔虞的封地，实际就是探讨"唐"、"唐地"、"唐国"的古方位、古地望。即："唐"这个城、地或国名的古代地理位置在何地、何处，以及与叔虞封侯在政治上、军事上、经济上、地理上有何互相联系，才能准确地判断它的确切地址。

关于"唐"的古方位古籍上明确指出的是《史记·晋世家》。它说："唐在河汾之东，方百里。"指出唐的古地望的方位及其境域的范围，此说与服虔所指"大夏在汾、浍之间"的论断有共同处，即唐在大河、汾水之东，不同处即服虔将大夏范围收缩于汾浍之间，然而这个"河、汾之东"或"汾、浍之间"是指的叔虞分封的古唐国的整个国境范围，而不是指的叔虞封地唐城的具体方位，从"唐在河、汾之东，方百里"这句话的"方百里"这个肯定词就完全说明是指古唐国的全境范围，而且是指唐叔虞初封唐侯时的疆域。历代学者没有细究这句话的全部确切意义，便把唐城和唐国这个决然不同范畴的古地望概念混淆起来，把"大夏"这个大范围和唐城这个小范围混淆起来，把"国"与城等同起来，城与国划上一个等号，自然搞得城、国不分，混淆不清了。举例说，晋穆侯把都迁于"绛"（即"古绛"孝侯改称翼），这一个绛难道就成为晋国的全部疆域吗？因此可以断定"河汾之东，方百里"是概指晋（唐）的封国疆域，乃泛指大河、汾水流域晋南偏东唐国的方百里地区，非指唐城的确切方位。

那么，叔虞封侯的唐城方位在哪里，考之史籍，历代学者多有论述：《帝王纪》说："尧都平阳于诗为唐国"。《正义》按说："然封于河、汾二水之东，方百里，正合在晋州平阳县。"《索隐》按："晋初封于唐，故称晋唐叔虞也"。《地记》又说："今在绛城（翼城之古绛城）西北一百里，有唐城者，为唐旧国，叔虞之封，即在此地。"《括地志》说："今晋州所理平阳故城，平阳河水，一名晋水。"《太平寰宇记》说，"尧年十六，封为唐侯（于唐城），及为天子，都平阳。太平乃唐城，尧年十六封唐侯于此。"《诗谱》亦云：唐城乃大夏之墟，尧都近壤，晋城是也"。近代学者杨伯峻《春秋左传注》亦云："（故绛）在今汾城（襄汾汾城镇）距翼一百里。"恰指今襄汾县晋城遗址。依据历代学者研究成果，叔虞所封的唐城，即后世晋献公所迁之故绛，战国时秦拨魏之汾城，汉初设置之临汾，北齐至清之太平，今襄汾县之"晋城遗址"，又称赵康古城，可谓有文献可据。

叔虞所封的唐城，乃今襄汾的"晋城遗址"。《竹书纪年》又说："康王九年，唐迁于晋。"《晋世家》亦说："唐叔子燮，是为晋侯。"看来燮父曾有迁徙之举，但燮父徙迁之"晋"究在哪里，作为一国之都确有迁徙的重大举动，实有探究必要。

历来学者对燮父迁之于"晋"有两种不同意见。一种意见认为"唐子燮父因晋水而改国号为晋"。就是说燮父只是因有晋水把国号改为晋了，并没有迁徙国都，司马迁说的"是为晋侯"。看来是主张只改国号之一说。《毛诗谱》也说，"因尧墟南有晋水"，故"改曰晋侯"。可说是与司马迁同属于改国号的一个学派。而且相沿到现在，多数学者持这一意见，可谓是一个多数学派。另一种意见，《竹书纪年》载说："唐迁于晋"，是主张迁徙的一个学派，《正义》引徐才《宗国都城记》也说："燮父因晋水徙居晋水傍，改唐号始国为晋"，是他迁都"徙居晋水傍"。明确表示主张是迁都派，直至现在主张迁都意见者也不乏人。

从以上两种意见，可以有以下几个值得注意的问题：一是叔虞初封时的"唐"乃指唐侯，是爵位，是封号，并不是国名；二是唐是因袭古唐国的旧称。意味着因循旧政权、旧法统的守旧观念；三是唐叔虞是在周王室"封藩屏周"的政策下封于唐地的，当时唐地只不过是始经战乱、人少贫瘠，而又与戎狄民族杂居的百里偏侯小国。在这样的形势下，以叔虞的开明和胆略，就不能不考虑教导、培植他的儿子正式立国、另谋发展的新的建国方针政策了。基于以上情况，为了摆脱旧唐国统治中心唐城宗法和政权遗留的影响，表示新政权不因循旧称而要开拓新政权的新前景，在政治、军事、经济和文化等方面，必将采取必要的方针政策，甚至采取了迁都徙邑、更换国名的重大举措。我们从叔虞封后实行的"启以夏政、疆以戎索"的施政纲领和推行的一些变革措施，迁都改名这件重大措施，是在叔虞封侯省政时期早已决定了的方针，只不过是由其子燮父实际执行、见诸实施。至于为什么改国名为"晋"，除了因晋水而易唐为晋这个可以借托的近因外，那就是和当时这个地区的生产关系、生产方式、社会结构、生活习惯以及"晋"这个字在当时特定历史条件下所含的特定意义有密切联系的事了，如有的学者考证："晋"，甲骨文作 ❈、❈，周金文作 ❈、❈，杨树达先生考释为："晋者，箭之古文也，……像两矢插入器中之形"，郑玄注释云："古文箭作晋"。近代学者有的认为甲骨、金文所书的字形，是晋国这一地区远古人类畜牧、狩猎的生产方式和经济生活的反映，也是晋国先民氏族的图腾、族徽。这一研究成果是符合历史实际的创见，是研究晋国史认识上的一个飞跃。笔者认为：箭矢和箭袋是古代征伐的武器，是武力征伐的象征。表示晋国的建立是用武力征伐古唐国而建立的新封国、新政权。"晋"这个古体字是表示唐叔虞封唐是用武力征伐而封的。这样更符合叔虞封唐、燮父改"晋"的历史实际。

从当时情势而言，叔虞已有迁徙的决策，而是燮父执行了迁徙的任务，然而从唐城（即今襄汾晋城遗址）迁到哪里去了呢？不妨看看历代学者给此事留传下来的讯息。《正义》引徐才《宗国都城记》说："唐叔虞之子燮父徙居晋水傍。今并理故唐城。"《索隐》亦说："成王诛唐之后，因戏削桐叶而封之，故曰唐叔虞，而唐有晋水，其子燮父，改其国号为晋。"《括地志》又说："平阳，今晋州（注：北齐时所设，即原绛（州）郡，治所在今新绛县）所理故平阳故城是也。平阳河水，又名晋水，燮父因晋水而易唐为晋。"根据历代学者对燮父迁晋所提供的资料和讯息，燮父是由唐城（即晋城遗址）迁于晋水之傍是有据可证了。

据《襄陵县志》（民国八年版）引明嘉靖县志载："平水，在县西北15里平山下，脉分12官河，灌临（汾）、襄（陵）二县民田，即今之龙子祠水，古称平阳河。晋水，在县治屏霍门外，其源出姑射山，晋水汇入平水，东注入汾。据此，燮父因晋水徙居晋水旁，并作宫晋水而易唐为晋的历史记载，完全符合古代的地理自然生态实际情况了。从现在的实际自然地理情况观察，平阳（今临汾）郊西南古有平阳河，即今之龙祠水，又称平水。自北齐以后因历代疆域屡有变迁，龙祠水在历史上曾屡次划属襄陵地界；晋水源于襄陵姑射山，经县治屏霍门外于平水汇流而东注入汾，历史又称二水汇流于平水注入汾河的水流统称晋水。古代诸水并流，汇流为河，河溢水深，被植茂密，在西周时期叔虞封唐时代，晋水仍泉涌水急，林木茂盛。至清末民初，晋水上游，逐渐泉塞量少，趋于干涸，而平水仍泉旺水流，灌溉临、襄稻田水地数万亩。今龙祠有水母塑像庙宇，近有晋代郤鞿墓、晋襄公陵、赵简子墓、晋桥等有关古晋国时遗址，左近金殿，为北汉刘渊建都之地，古时晋、平二水由姑射、平山顺势冲下，形成今临南襄西广阔平坦冲积平原，历代有"平水拖篮""十里荷香"之盛誉。所以，明代万历《太平县志·舆地志》也极羡慕地记载："成王九年，封叔虞于唐，唐子燮父，作宫（迁都）晋水，始改国号曰晋。"由此可证，燮父由唐城（晋城遗址）迁于"晋水之傍"的"晋"，很可能是无疑的事实矣。

近年来，经文史工作者寻访调查，今临汾、襄汾间原晋水与平水汇流处的龙子泉傍，有晋掌村，地当晋水（平水）之阳，从民间传说和谱牒考查，乃古代设采建邑之地，周灵王太子晋因避周乱而"家居平阳"，亦邑于此，汉代王符《潜夫论》记述此事，燮父徙居晋水之傍，传说可能即今之晋掌村一带。其说待考。

笔者附注：据北京大学考古系和山西省考古研究所自1992年至1994年以来，在山西省曲沃县曲村——天马遗址中段北赵村南发现发掘晋侯墓葬出土大量文物，显示这里将是自汉

49

晋以来持续 2000 多年关于晋国始封地即晋国最早的建都遗址——曲村天马遗址给予肯定。这一重大考古成果，将给唐叔虞始封地一个准确论定。作为一个史学研究者，我希望这一考古成果能以更丰富的出土文物资料予以确定，则笔者前文的论述则只作为探索唐叔虞始封地的抛砖之作。

赵国兴衰浅说

张德一

晋国自景公十二年（前588）"设置六卿"①以后，公族力量开始被削弱，政权也逐渐下移到外族卿大夫手中。晋平公即位（前557）后，六卿在抢夺公室权力的同时，相互间也展开了你死我活的较量，最后剩下了韩、赵、魏三家，并以此三家瓜分晋国为结局。

"三家"中的赵氏家族，至赵鞅、赵无恤父子时达到鼎盛，建立了以晋阳为中心的根据地，与韩、魏两家一同跨入"战国七雄"的行列。赵国从赵无恤自行纪年，建立"国中之国"开始，到赵代王嘉被秦灭国（前222），共计230余年。它的由弱到强，又由强到弱，最终被秦国所灭，这个大起大落的历史过程，应当引起后人的深刻反思。

一、辅晋建功，累世公卿

赵氏叔带从周幽王时入晋，传到五代孙赵夙，因军功被晋献公封为大夫，赐地耿（今山西省河津县耿乡一带）。再往下，到赵衰时逢晋国公室之乱（骊姬之乱），赵衰追随公子重耳出逃在外19年，备尝艰辛，为重耳最终践位为晋文公以及随后晋文公的霸业，做出重大的贡献。晋文公二年（前635），周公室发生内乱，晋文公听从赵衰"求强莫如入王尊周"②的策略，出兵平定了这场内乱。为表彰晋文公的功劳，周襄王把"畿内八邑"赏赐给晋文公，文公则把八邑中的原（今河南省济源县）赐给赵衰。由于赵衰的才智和功绩，赵氏的力量开始在晋国政治舞台上发挥举足轻重的作用。

晋襄公六年（前622），赵衰卒，其子赵盾承袭公爵，成为执掌晋国朝政的正卿。赵盾继续赵衰辅佐晋文公进行的政治改革，"制事典，正法罪，辟狱刑，董捕逃，由质要，治旧污，续常职，出滞淹"，③加强晋国的法制建设，辅佐襄公、灵公、成公三代国君，当政20年，使晋国的霸业保持了长盛不衰的势头，史称"赵盾专政"。期间，晋灵公荒淫无道，被赵盾族弟赵穿杀死，为后来的晋景公诛灭赵氏一族埋下祸根。

赵盾死后，其子赵朔曾率下军救郑国有功，又娶成公姐（一说女儿）为妻。此时，晋国统治阶层内部因赵盾专政多年及灵公被赵穿所杀，君臣之间相互猜疑，大臣们也是勾心斗角，使过去的和谐气氛荡然无存。晋景公为铲除赵氏势力，加强君主的权力，任用赵氏政敌栾书为正卿，假手司寇屠岸贾，于晋景公十七年（前583）发动"下官之役"，诛杀赵氏满门。多亏赵朔门客公孙杵臼、程婴及韩厥等人巧妙地藏匿了尚在襁褓之中的赵朔之子赵武，赵氏家族才能得以绝而复续。

赵武是赵氏家族的中兴人物，于晋悼公元年（前572）被任命为卿，十年将新军，十四年将上军。晋平公三年（前555），赵武率上军伐齐，立下战功，平公十年被任命为执掌国政的正卿。平公十二年，赵武主持"弭兵息战"，平公十七年，赵武卒，其子赵成继父为卿，位中军佐。

晋国赵氏家族从赵夙开始，到赵武中兴的百余年间，除了"下官之役"后的短暂低潮之外，一直是位居公卿，权力赫赫。这种情形的得以维持，固然与晋国沿用西周的"世卿世禄"制度有关，但赵氏传人中也的确不乏大量具有真才实学的出类拔萃者。正是由于他们的百年经营，赵氏家族才有可能在为晋国的中原称霸和繁荣兴旺做出重大贡献的同时，也为自己后来的建立赵国、称雄战国奠定了良好基础。

二、扩展势力，自行纪年

晋平公即位（前557）后，"六卿强，公室弱"的局面越加明显。六大家族为扩大自己的势力，在各自领地内实行新亩制、按亩征收实物等一系列改革措施，不仅促进了铁制农具的使用，有利于提高生产力，更重要的是赢得了民心。六卿间实行的变革深度各有不同，其中赵氏的改革最为彻底，其领地中的赋税也最轻。

晋国卿大夫们扩张势力，也引起了列国的注目。晋平公十四年（前544），吴国大臣季札就做出了晋国最终要归于赵、韩、魏三家的预言。④40余年后，著名军事家孙武也预言晋国六卿兼并战争的结局是范、中行氏先亡，智氏次之，韩、魏又次之，晋国最后将被赵所取代。⑤他们所作预言的根据是六卿改革深度的不同。事实上，除了韩、魏先亡于赵未被证实，其余皆被言中。

晋定公十五年到二十二年（前497—前490），六卿之间爆发了一场空前规模的兼并战争。战争起因于赵氏内部的利益之争，扩展为六卿之间的较量，晋公室也被牵扯进来。最后，经过晋定公十九年的"铁之战"，范氏和中行氏被彻底消灭，其土地归入公室。从此，六卿专政的局面改变为四卿并立，其中的赵氏首领赵鞅（简子），"名晋卿，实专晋权，奉邑侔于诸侯。"⑥

赵鞅与其子赵无恤（襄子）在位时，赵家的势力发展到鼎盛，造就了所谓"简襄功烈"。

赵鞅在位 43 年，主政 24 年，不仅为晋国"铸刑鼎"，还打破传统的嫡长子继承制，挑选了德才兼备的庶子无恤为继承人。他不仅以战略的眼光向北拓展其疆域，建立了以晋阳为中心的根据地，同时又将女儿嫁给晋阳北面的代王，开创了"和亲"的先例。他还大兴土木，加固晋阳城防，以"少赋税而民富裕"的政策争取民心，使晋阳成为可靠而坚固的根据地。

赵襄子（无恤）继承父位后，公开扩展地盘，建立"国中之国"，与晋公室分庭抗礼。他自行纪年，确定继位的第一年为赵襄子元年，这是晋国第一位有自己纪年的公卿。以后，韩、魏两家均仿效赵襄子的做法。到周烈王册封赵、魏、韩三家⑦为诸侯时（前403），赵国已有了55 年的纪年。赵襄子还设法平定了北方的代地，同时迎娶西戎崆峒氏女子为妻，安定了自己封地北方，以便集中力量对付南方的其他家族，特别是执政的智氏。

此时的智氏家族首领是智瑶，同样在野心勃勃地拓展地盘，以期全面控制晋国。晋出公二十年（前455），四卿瓜分了"铁之战"后归入晋公室的范、中行氏的土地，晋出公欲借齐鲁之师驱逐四卿，四卿联合攻击出公，出公奔齐，丧于途中。智瑶立哀公，从此"晋国政皆决智伯（瑶）"。⑧智瑶因此而骄横，以攻伐越国为由，要求赵、韩、魏三卿各献百里土地。韩、魏两家慑于智瑶淫威，暂时应允，独赵襄子不肯答应，于是，智瑶胁迫韩、魏，一同攻赵。赵襄子退守晋阳一年有余，最后以"唇亡齿寒"的道理说服了韩、魏两家，结果，三家联合，消灭了智氏，结束了晋国四卿并立的局面。随后又经过了"三家分晋"，赵、韩、魏三家终于成为诸侯之国，并把中国的历史带入了战国时代。

从六卿专政到三家分晋，实际上赵氏一直处于优势。智氏是四卿中唯一能与赵氏抗衡的对手，但赵氏笼络人才，争取民心，与智氏的"主骄臣奢"形成鲜明对照。赵氏联合韩、魏消灭了最有力的竞争对手智氏，应是情理中事。

三、励精图治，胡服骑射

三家分晋后，魏国率先实行改革，一跃而为战国初期的强国。而北方的赵国，一方面由于改革滞后，另一方面由于四面受敌，内外的发展均受到限制，形势相对不利。赵烈侯时期，任用公仲连为相，贯彻赵国"贵法、赏功"的传统，在举用贤才方面曾做过一些文章，力求自保，不思对外发展，并未从根本上扭转国家的形势。赵成侯时期，赵、魏、韩三国失和，开始相互攻伐；与此同时，赵国的东邻齐国和西邻秦国，也开始威胁赵国的安全，而北面的三胡（林胡、楼烦、东胡）趁机南下侵赵，曾被魏国灭亡的中山国此时又复国，也不断侵扰赵国。这种危急的形势，亟待改变，否则赵国将有灭国之灾。历史的呼唤，迎来了赵武灵王的改革。

赵武灵王（约前340—前295），名雍，是三家分晋后的赵国第六代君王。他年少继位，在位前期曾受秦、魏、齐等国攻伐6次，屡屡"忍辱削地"以求和。⑨通过多次失败的教训，赵武灵王决心从扭转军事形势入手，彻底改变赵国的被动挨打的局面。他勇敢地打破中原传统的衣冠制度和战术制度，效法北方游牧民族的军事长处，下令全国易胡服、习骑射，将过去军士穿用的拖泥带水的宽袍大袖，改为精干轻松的紧身短衣；将过去只宜在平地作战的笨重战车，改为行山路如履平地，并可弯弓射箭、远距离打击敌人的精干骑兵队伍。

"胡服骑射"的改革收到巨大成效。赵国首先消灭了"心腹之患"中山国，接着打败了北面的"三胡"，还对秦国发动了主动进攻。经过一系列战争，赵国的疆域向北扩展到今山西、河北两省的北部至内蒙古阴山以南地区，并在这一带设置云中、代、雁门三郡，大大增加了赵国的版图。赵武灵王本人雄才大略，是战国时期杰出的军事家。他索性将王位传给儿子，准备亲率大军由河套向下，以图秦国，以至于史书记载说，"邯郸王有吞天下之心"。⑩

四、长平之战，衰败亡国

赵武灵王的改革主要在军事方面，基本没有触动政治和经济方面。尤其到他晚年，在王位继承问题上优柔寡断，酿成国内政治大动荡，不仅自己"饿死沙丘宫"，而且严重削弱了赵国的国力，几乎将自己一生的成就付诸东流。从此以后的赵国，不仅再无争雄天下的实力和斗志，而且逐渐出现了如何自保的问题。万幸的是，继位的赵惠文王的魄力虽然远不及赵武灵王，但却相继任用了一批贤才，如乐毅、廉颇、赵奢、蔺相如等，使赵国"抑强齐四十年，而秦不能得所欲"⑪。

至赵孝成王四年（前262），在秦军的围攻下，韩国上党郡投降赵国，秦国不甘心，增派大军继续攻击上党。赵军退守长平（今山西高平西北），秦、赵之军在长平展开战国时期规模最大的一场鏖战，史称"长平之战"。

长平战役可分为两个阶段。在第一阶段，赵军统帅廉颇对远道而来，求胜心切的秦军采取"避其锋芒，壁垒森严"的防守战术，形成相持局面。秦国眼见武力不能奏效，就用反间计，使赵孝成王撤回防秦有术的廉颇，换上了只会夸夸其谈、擅长"纸上谈兵"的赵括，使长平战役的形势急转直下，进入第二阶段。

赵括统帅赵军之后，开始主动进攻秦军，而此时指挥秦军的是著名将领白起。白起佯败后退，出奇兵把赵军分为两段，各个击破，最终将赵军围歼。赵括自己中箭身亡，而降秦的赵军，据说有40万人，全部被秦军坑杀。自此以后，赵军主力丧失殆尽，国势一蹶不振，亡国只是个时间问题了。

公元前229年，秦王嬴政利用赵国大地震、大灾荒之机，派大将王翦统兵攻赵，遭到赵国名将李牧的有效抗击。秦军还是使用拿手绝招，收买赵王宠臣，离间赵国君臣，使李牧被赵王迁杀死。次年，秦军攻破赵国都城邯郸，赵国终于灭亡。

战国时代，建立一个统一国家是大势所趋，是历史发展的必然结局。战国七雄无不想由自己完成这一历史使命，但最终实现愿望的不是山东六国，而是西部的秦国。就赵国而言，有"简襄功烈"和"三家分晋"的收获作基础，加上赵武灵山"胡服骑射"改革的成功，本来是有南下图秦，统一天下的可能；但是，一方面由于赵国的改革既不全面又不彻底，另一方面又有"沙丘宫之变"这样的历史偶然事件，终使赵国为强秦所灭。在封建专制国家，君国一体，国政兴衰主要取决于君主的才能。国君贤明，国家就会昌盛强大；国君昏庸，国家就会混乱衰落。所以，赵国衰亡的历史告诉我们，一个国家要想保持长久的繁荣强大，既要克服政治专制，又要选择有才有德的国家首脑。

注释

1.《史记》卷十四，续表，晋景公十二年。

2.《史记·晋世家》。

3.《左传·文公六年》。

4.《史记·韩世家》。

5.《孙子兵法·吴问》。

6. 同注②。

7.《史记·赵世家》。

8. 同上。

9. 同上。

10.《战国春秋》转引《七国考》卷五。

11.《战国策·赵策三》。

作者简介

张德一，男，出生于 1951 年，太原市晋源区人（祖籍山西代县）。

曾在报纸杂志发表过数百篇文章、论文，执笔编纂有《太原史话》、《晋源史话》、《晋祠览胜》、《晋祠诗词》、《太原民间历史故事》、《古太原县城》、《太原市晋源区旅游漫谈》、《太原市古城营村志》等专著。

古昆仑在析城山稽考

姚　剑

在中国历史文化的传统中，昆仑已经超越了自然地理概念，是一种文化的象征。它最早是上古先民们自然崇拜的产物，继而在神话和英雄时代被赋予神的品格。物质的充裕，国家的诞生，先民活动区域的扩大，消减了神话和英雄色彩，但是昆仑作为一种与神结合的超自然的力量，长久地在精神上慰藉着东方民族。一千多年来，人们力图在现实中找到这座神圣的大山，时至今日，依然没有一致的结论。位于帕米尔高原的天山山脉毫无疑问是今日昆仑山之所在，然而历史学家几乎一致认为，此昆仑不是彼昆仑。因为在上古时代，我们先民的自然崇拜是从他们生活的地域开始的，昆仑神话诞生于中原，中原民族无暇顾及也无法企及天山山脉的冰天雪地。美学上有一个概念叫"崇高"，美学上的"崇高"是一种超越人类个体力量的宏大，如在无边大海、滔天洪峰、高峻大山、寥廓宇宙面前，个体因其渺小，对象从而被神化被崇拜，三山五岳、五湖四海之被神圣化，盖因由此。一个民族，立足在现实，希望在未来，然而现实是那样的错综，而未来又是那样的邈廖。于是，人们试图从以往的历史中寻找现实的影子和未来的骐跃，或许，这才是历史学真正的意义所在。所以，寻找古代先民心目中的昆仑，其文化学的意义要大于历史学的价值。

我关注到有关这方面的一些论著，从方法学的角度来看，几乎是大同小异，即以古典文献为经，以现代地理为纬，对号入座，然而结论却大相径庭。于是，秦岭、燕山、泰山、阴山，甚至洛阳城北的土丘邙山都成了古昆仑，更有胸怀世界者，说古昆仑在印度、在非洲，就差没有说是奥林匹斯山了。我尊重所有的探索，哪怕是毫无意义、没有结果的探索。起码，这种探索在崇山峻岭中为后来者趟出了一条条荆棘丛生的路径。我试图小心翼翼地避开前人走错的路去寻找古昆仑的源头，带着一种诗意前行。或许将来，后人也会像我看前人一样看我，即使如此，我亦无悔。

一

千呼万唤，古昆仑在哪里？

首先要解决定位问题，一个是年代，一个是地域。年代，肯定是一个漫长的过程；地域，需要找到相应参照物。从年代讲，至迟在西周时期就有昆仑的文字遗留。《尚书·禹贡》轻描淡写说："织皮昆仑、析支、渠搜，西戎即叙。"意思是："昆仑、析支、渠搜三个西戎小国开始进贡织物和兽皮，说明这里的少数民族已经安定顺从了。"我知道轻描淡写的背后是血与火。这是有文字记载的"昆仑"的最早出现。这时的"昆仑"仅仅是少数民族的一个族团，说明夏初并没有昆仑崇拜。而在《山海经》中，昆仑已经成为至高至大的神山。《山海经》成书年代虽然不详，其神话传说的内容却可能更为久远。到了春秋时，"昆仑"已经成为诗人吟诵的对象："遭吾道夫昆仑兮，路修远以周流。"（《离骚》）考虑到夏早期大禹时代尚无昆仑崇拜，由此推测，昆仑崇拜应当产生于龙山文化余波未竭之时，即夏商时期。从地域讲，昆仑崇拜与华族、夏族和羌族的关系更为密切，也就是说昆仑崇拜源于中原各族。按照《山海经》的地理定位，昆仑在"海内"，即中原，蛮夷戎狄之地属于"海外"，像帕米尔高原那些地方就属于"大荒"了。东汉宋均注的《河图括地象》说："冀州，昆仑之山也。"冀州曾经是古中国的代名词，因古冀国得名，古冀国在山西南部，今河津市。据《海内西经》有关昆仑方位的描述，大的方位是，从雁门开始往西经氐国、高柳继而往南，才见到"昆仑之虚"。"雁门"即今代县雁门关，也就是从山西的北部开始一直到山西南部，其中的"氐国"、"高柳"都是山西的古地名，氐国是炎帝后裔之国，高柳在今代县。所以，寻找古昆仑的大方向也就基本确定，在山西的南部。

大方向确定了，下一步就是确定古昆仑地望的参照物。《庄子》中说："黄帝游乎赤水之北，登乎昆仑之丘。"《山海经》说："赤水出昆仑东南隅。"可知昆仑在赤水以北。《淮南子》说：昆仑"北门开以纳不周之风"。可知昆仑在不周山以南。《山海经》还说："西海之南，流沙之滨，赤水之后，黑水之前，有火山，名曰昆仑之丘。""西胡白玉在大夏东，苍梧在白玉山西南，皆在流沙西，昆仑虚东南。""西胡白玉"、"昆仑丘"、"昆仑虚"、"玉山"都是昆仑的别称。《山海经》中还有一些与昆仑有关的地名，因为无法确定具体地望，只能搁置存疑。由此可以确定昆仑的地望：昆仑西边是大夏，南边有赤水，西南是苍梧之野，北边是不周山，东边是流沙。按照这些可以考订的地望，也就可以大致能够确定古昆仑的方位。

二

先说昆仑西边的大夏。《史记》说："禹凿龙门，通大夏。"这个说法有点含糊，"通大夏"，是南通大夏呢，还是北通大夏？龙门在今山西河津市西北，无论南通北通，大夏应该距此不远。东汉经学家服虔有云："大夏在汾、浍之间。"汾、浍之间为晋国国都所在，即今晋南之曲沃、翼城。桓公三十五年齐伐晋，齐桓公在《封禅书》中说："西伐大夏，涉流沙，束马悬车，上卑耳之山。"卑耳山在河东解州，解州今为运城盐湖区。《吕氏春秋》说："和之美者，大夏之盐"，说明大夏境内产盐。夏墟安邑以南有北方著名的运城盐池。至于大夏究竟是在汾、浍之间，抑或龙门之侧，还是更靠近盐池？钱穆先生曾经在《古地理论丛》中言之凿凿"九辨"大夏不在汾、浍之间。窃以为，靠近盐池的安邑是夏朝的都城，大夏应该在河东地界，即今运城市境内。古昆仑既然在大夏以东，我们的目光只能循此往东了。从运城往东直到中原之野，著名的山有太岳山、中条山、太行山，看来古昆仑应该锁定在其中某一座山上。

再说不周山。《山海经》说昆仑有九门，"北门开以纳不周之风。"汉代以后言"不周之风"泛指西北风，《易纬·通卦验》："立冬，不周风至。"

《山海经》成书年代虽然不详，公认成于西周最有可能。所以，可以认定这里的"不周之风"是不周山之风，并非泛指。从不周山刮过去的风直达昆仑北门，说明昆仑在不周山以南。不周山在哪里？不周山因共工怒触而出名，共工是神农氏后裔，与颛顼同时代。神农活动于太行太岳之野，这里有全国罕见的密集的神农庙宇，高平还有炎帝陵遗存。今长子县东有不周山，相传就是共工怒触的不周山，致使天柱折，地维绝，天倾西北，地不满东南。这一带古为上党，地处沁河、丹河、漳河之间，是诞生上古神话的地方。女娲补天、精卫填海、夸父追日、愚公移山、后羿射日都以这里为载体。所以，这里的不周山应当是共工时代的不周山。那么，昆仑必定是今长子县不周山以南的某一座山了。

据此两点，按照经纬，可以画一个坐标。

纬轴从运城盐池开始向东，沿途有点名气、海拔高度在1700米以上的山分别是：垣曲境内的皇姑幔，沁水境内的舜王坪，阳城境内的析城山，晋豫交界的王屋山，陵川境内的箕子山，再往东就是一马平川了。为什么排除了太岳山主峰霍太山呢？霍太山古代也称中镇霍山，为五镇之首，是后世五岳的滥觞，古代名气极大。因其地望偏北，不合"大夏以东"，故而排除。

经轴从今长子县不周山开始向南，沿途有点名气的山分别是高平境内的羊头山，阳城境内的析城山，晋豫交界处的王屋山。经纬轴的交叉点附近有两座山，即析城山、王屋山，这两座山有资格进入昆仑的候选名单。

三

我们再说其他一些参照因素。

先说苍梧。《山海经》说："苍梧在昆仑西南。""苍梧山帝葬于阳，丹朱葬于阴。""赤水之东有苍梧之野，舜与叔均之所葬也。"《史记》说：虞舜"南巡狩，崩于苍梧之野，葬于江南九嶷"。我们需要为"苍梧"定位。司马迁说舜巡狩江南，崩于苍梧，葬于九嶷山。其唯湘乎？而《山海经》只说舜葬于苍梧之阳，不说葬于江南苍梧，还说舜陵距尧的儿子丹朱和自己的儿子叔均的葬地不远。且不说从情理上舜以百岁高龄而去南巡不可思议，丹朱和叔均绝不可能随着舜也葬于江南苍梧。此葬舜之苍梧不在江南理由之一。《尚书》说："舜陟方乃死。"是说舜到了"方"以后死在那里。丹朱封地在房，方、房通假，亦即舜死于丹朱的封地"房"。今运城安邑镇东北有方山，钱穆先生在《周初地理考》一文中说，舜与其子叔均与丹朱均葬于安邑方山无疑。方山东南蒲州有谷曰苍陵，亦可说舜"葬于苍陵"。或是递远传讹，或是舜的后裔迁徙江南为舜建衣冠冢以为祭祀。此葬舜之苍梧不在江南理由之二。总之，传之既久矣，山西中条山的苍陵之谷，则渐而递变为湖南九嶷山的苍梧之野。从方位看，中条山的苍陵之谷正在王屋、析城的西南方向，合昆仑地望。次说流沙。前面说昆仑在流沙之西。我们现在无法确定"流沙"是地貌还是地名？从经纬轴交叉点析城山往东，是春秋时齐桓公伐晋时走过的路线。《史记》说：桓公三十五年"西伐大夏，涉流沙，束马悬车登太行，至卑耳山而还"。桓公所涉之流沙可能是一条河名，也可能是一片沙丘的写照。总之齐桓伐晋路上有过一处"流沙"就是了。钱穆先生怀疑齐桓所经过的"流沙"可能在"虞坂"，即今运城盐池东南的虞乡。此恐有误，齐桓西伐到了晋国的"高粱"，命隰朋立新君而返。高粱乃今临汾一带，齐桓西伐没有到虞坂，流沙不可能在虞坂。可以排除此"流沙"绝非现今西部的沙漠，可以明确齐桓是先涉流沙而后才登太行山。由此可见，"流沙"的方位在太行山以东，析城山、王屋山在太行山以西，符合昆仑在"流沙之西"的地望。再说赤水。《山海经》说赤水出昆仑东南隅，昆仑在赤水之滨。赤水究竟何指？贵州有"赤水"，青海有"赤水"，东北也有"赤水"，但是它们距"大夏"极其遥远，基本可以排除。我们从候选的析城、王屋两座山往南，看有没有"赤水"呢？析城山南边有这样几条河：西南有沇河、亳清河，东南有沁河，再就是黄河。沇河、亳清河，偏西且小；沁河"清且涟漪兮"没有"赤"；只有黄河，浊浪滔天，黄流滚滚，符合"赤水"貌。窃疑"赤水"为上古时代黄河之别称。下说黑水。《山海经》说昆仑之北有黑水焉。析城山之北，没有黑水，只有漭泽。漭泽是上古时代一个著名的湖泊，《竹书纪年》、《穆天子传》、《淮南子》中均有"漭泽"的记载，甲骨文中亦有"漭"字，状若一燕或一人在雨中起舞，汤王国乐《大漭》由此得名。《墨子》载："漭泽，舜渔于此。"《史记》中说"舜耕历山，渔雷泽，陶河滨"，那么"漭泽"是否就是"雷泽"呢？漭泽之深，不知凡几，清澈无比，苍岩环列，远望黑幽，近看深邃。窃疑漭泽即是《山海经》中昆仑之北的"黑水"。《淮南子》里还有昆仑"排阊阖，沦天门"一说，阊阖，皇宫南门。昆仑有九门，不知如何排列，南门至少两个，可称"排阊阖"。天门，天上星宿。《晋书·天文志上》："天门二星，在平星北。"《步天歌》："角下天门左平星，双双横于库楼上。"山门罗列，器宇不凡，星移斗转，朔望交替，此为昆仑景象之描述，不关地望之事。

四

自然之被先民崇拜，必须具备三个条件中的一个：一是具有"崇高"的美学特质，如高山大泽、长江黄河。二是具有不可知的神秘意味，如宇宙星辰、风伯雨神、雷公电母。三是具有生命的象征，如五谷牛羊、肥田沃土。先民的昆仑崇拜属于哪一类呢？具体说，析城山和王屋山哪一个才是符合昆仑崇拜的对象呢？分析了上述所有可以参考的地望标志，可知在经纬轴交叉点上符合昆仑诸要素的大山只剩下析城山和王屋山了。下面，我们从自然人化的过程来具体了解析城山和王屋山。

先看析城山。析城山，位于山西省阳城县城西南 30 公里处，南北走向，主峰海拔 1888 米。山峰四面如城，有东、西、南、北四门分析，故曰析城。析城山上四面有门，昆仑也是四面有门。昆仑九门言其多，非实有九门。析城山四门言其有，非实有四门，若以山貌想象之，可以有多门。上古时代析城山可不是无名之辈。《尚书》中的《禹贡》篇相传为大禹所作，具体而微地勾勒了大禹治水的路线，粗枝大叶地叙述了沿途诸事。其中说：大禹从"壶口、雷首，至于太岳。砥柱、析城，至于王屋"。壶口在今临汾市吉县，雷首在今运城市芮城县，太岳在今霍州、灵石，砥柱在今三门峡。大禹是从三门峡来到析城山，最后到王屋山。治水当在河之陬，大禹跑到析城山高山之巅干什么？须知析城山以北有大湖泊濩泽，上古濩泽漫溢，殃及四方，大禹不得不来治水。濩泽疏通，水患消失，实为大禹之功。到了商王朝时，析城山更加出名。《太平寰宇记》载：析城山"山巅有汤王池，俗传汤旱祈雨于此"。北宋熙宁九年，宋神宗敕封析城山神为"诚应侯"。汤时析城山之所以出名大概出于两个原因：（1）其时商朝都城可能在垣曲古城或濮阳，析城山乃王畿之地。析城山作为神圣之山应该更早到夏代，否则汤王不会一建国就到析城山祷雨。析城山符合自然神崇拜的第一个条件。（2）商汤建国以后，大旱，为国家百姓着想，汤王亲赴析城山桑林祈雨。析城山既然是王畿之内的神山，与神对话也就只能选择这里做道场。古文献中对这件事情记载较多。《竹书纪年》："二十四年，大旱，王祷雨桑林。雨。"《吕氏春秋》："昔者汤克夏而正天下，天大旱，五年不收，汤乃以身祷于桑林。"汤王亲自赴析城山之桑林祷雨，具有标志性意义，说明当时的析城山已经是商王朝与天神对话的神山，因此析城山又叫圣王坪。"夏尚忠，商尚鬼，周尚礼。"对于崇尚鬼神的商族人来说，能够到析城山祈雨也好，卜巫也好，祭天也好，都是极其神圣而幸运的事情，所以，在商朝析城山崇拜应该更兴盛。在析城山四周百公里内，宋以后有记载的汤王庙多达 380 座，至今尚保留近百座。析城山的地貌非常特殊，山腰林木茂盛陡而峻，山顶蔓草如丝阔而平，符合西汉东方朔在《十洲记》中说："形似偃盆，下狭上广，故名曰昆仑山。"析城山处于亚热带和温带重叠带，南北动植物荟萃于此，大鲵、红豆杉、银杏，猕猴、猿都有，符合《山海经》中昆仑多奇花异草、飞禽走兽的描写。而帕米尔高原的昆仑有的是冰川雪瀑，哪容多种动植物存在。当然，我们不能不说一说王屋山，王屋山距析城山直线距离不过百里，山高 1715 米，在商汤王畿之内仅次于析城山。王屋山在《禹贡》中有名，后世道教典籍多有提及，说是黄帝祭天之所，西王母授经之处。"愚公移山"的传说即源于此。其山貌浑圆，底大顶小，连绵起伏，唯其北依太岳，壤接平原，俯瞰大河，遥望荆楚，也是上古名山之一，但与析城山相比，一则王屋山不具备国家神社的地位；二则不具备下狭上广的昆仑地貌。

说实在，这样讲，有点儿太拘泥于细节。如果我们的视野放得更广阔一些，就会发现，山西南部集中了几乎所有的上古名山。从上述经纬轴十字架的轴心四望，西部有舜王坪，据说是舜耕田之所。再往西是皇姑幔，据说是娥皇女英的居所。西南有虞山，山下有舜都蒲坂。西北方向是霍太山、姑射山，霍太山为上古五镇之翘楚、五岳之滥觞；姑射山是唐尧求贤得妻的地方。往北，有炎帝所在的羊头山，共工所触的不周山。往东是太行山南端，有箕子山，为箕子观天象之古天文台。如此多的上古名山集中在近千平方公里的范围内，这个大模样十分符合《山海经》里昆仑"方八百里"。试想，"方八百里"的昆仑不可能只有一座山峰，必然是群峰环列，名山比肩。如此，可否说，上述群山都是昆仑的一部分呢？

需要研究的是，一个叫昆仑的西戎小国国名是如何演变成中原民族的精神之所。我们现在无法确定这个西戎小国的具体方位，说它在今青海高原一带大致不会差。既然昆仑国向夏进贡，必然有使者来往，由于语言不同、服饰不同，风俗不同，这些使者即使远在他乡也会例行其民族的宗教仪式，遥祭其昆仑国的国家崇拜。这些崇拜的对象是山是水是天是地？我们不得而知。这会使华夏人对这些来自遥远地方的西戎人感到神秘。我们知道，夷夏各民族的文化是相互影响和融合的。这种交往不能不影响到华夏民族。华夏民族不可能去崇拜昆仑国的崇拜，但却因为神秘而有崇拜冲动。进而借西方昆仑之名，崇拜中原的自然物，不是没有可能。在宗教传播过程中有这样一种现象：因其遥远而神秘，因其神秘而崇高，因其崇高而崇拜。昆仑崇拜大概就是这样走进了中原。

从文字学的角度讲，我们现在无法知道当时昆仑国有没有文字，商朝甲骨文已经是成熟的文字，文字的演变过程是极其漫长的。由此推而想之，夏代一定是有文字的。古代昆仑写作"崐崘"，是形声字，按《说文解字》释：崐，从山从昆，昆者"同"也。崘，从山从仑，仑者"思"也。司马光说，"昆仑"应该读"混仑"。看来昆仑是依据西戎语言音译过来的，以此看来，昆仑二字好像并没有特别的意义。若有的话，只能牵强解释如下：昆与仑的字面意思合起来是"同思"，就是"大伙儿共同追思思念"，"追思思念"又有"祈求祷告"的意思，大家共同祈祷，就成了祭神活动，昆仑也就成了神的化身。以此看来，昆仑又好像是音译与意译的结合，如同外来名词"俱乐部"的翻译一样。

《山海经》说："海内昆仑之虚，在西北，帝下之都。昆仑之虚，方八百里，高万仞。"可见方八百里的古昆仑并非仅仅指某一座山峰。而包括析城山、王屋山、舜王坪、皇姑幔在内的太行山西端、中条山东端与太岳山南端的崇山峻岭，无论就其历史内涵，还是就其方位山貌，都符合昆仑的诸要素。在这一片群山中，具有传说魅力和神奇应验的山可能有多座，而析城山因其历史积淀成了众神山中的核心。倘能够证明中原民族的昆仑崇拜始于商汤时代，那么上古之昆仑就非析城山莫属了。但是要证明这一点是极其困难的。有可能的是，在夏代已经有对析城山的自然崇拜，也有受西戎昆仑国影响的"昆仑意识"（昆仑意识是向昆仑崇拜演变的中间态），随着汤王祷雨，析城山成了国家神社，地位超然于其他神山。由于时间的积累和商朝崇尚鬼神的使然，昆仑在中土已有广大无垠与神秘圣洁的内涵，在奇峰陡立的群山之间，俨然有析城山一片广大无垠的山貌，于是至迟在商代中期以前,析城山崇拜与昆仑崇拜已经合二为一。

《山海经》说，古昆仑在"海内"西北方向，太行山西端、中条山东端以及太岳山南端以析城山为核心的一群上古名山正在"海内"（中原）的西北方向，因此从地理位置、历史遗存、文献记载、地望参酌方方面面综合考虑，这里似更接近上古先民所崇拜的昆仑。

作者简介

姚剑，男，1948 年出生，山西省翼城县人，高级记者，曾任山西日报社长助理，山西晚报总编。专长文学评论、历史研究。1988 年任山西日报（海外版）主编。创作经历与成果：文学方面，长篇小说《红雾》，短篇小说数十篇散见于《上海文学》等刊物，诗歌数百首。文学评论数百篇见于报纸。新闻作品 300 多万字主要见于《山西日报》、《人民日报》。1984 年获得中国新闻奖。在从事新闻工作期间，业余对中国文化进行研究，主要作品有《山西高平炎帝陵考察报告》、《被戏谑的中国文化》、《被断层的乡村文化》，历史研究专著有《历史没有回声》。

古都太原 "城龄" 之管见

——兼辩唐叔虞封地

张德一

　　太原市的前身是晋阳城、故唐城，曾经做过唐尧、夏禹、西周唐国、战国赵、西汉代、十六国前秦、南北朝北齐、唐朝、五代诸国等朝代（包括封国、诸侯国）的都城、别都或陪都，故说太原是一座名副其实的古代都会城市。说起太原市的城市建筑历史，大多数人都以 2500 余年前所建春秋晋阳古城（遗址在今太原市晋源区古城营村一带）为始。其实不然，太原地区在晋阳城之前已经筑有故唐城，它不仅做过唐尧都、夏禹都，而且做过西周唐国都城。在历史研究中，故唐城因年代久远而被人们所忽略，西周唐国的地理位置却因文献所载不一而有太原晋阳、山西晋南两种学术观点。笔者家居晋阳古城遗址，在文史研究中涉及故唐城遗址和唐叔虞封地问题，今不避"班门弄斧"之嫌，谈几点不太成熟的看法，就教于专家学者。

一、"故唐城遗址"探讨

　　故唐城是远古时期的建筑，"尧始封于唐，今中山唐县是也……后涿鹿……后又都晋阳……"（见《帝王世纪·五帝纪》）时"尧所筑，唐叔虞之子燮父徙都之所也"（见《元和郡县志·河东道二》），早在 1300 余年之前的唐代已是遗迹。唐代李泰所撰《括地志》有载："故唐城，在并州晋阳县北二里，《城记》云'尧筑也'。徐才《宗国都城记》云'其城南半入州城，中削为坊，城墙北半见在'。"故唐城的遗迹至今远隔千年，其城中建筑布局和城垣周回长短已不可稽考，只能从历史文献的记载中窥其大略。

　　《括地志》和《元和郡县志》两书都有"故唐城在并州晋阳县北二里"的记载，所以要想得知故唐城的位置，必须先了解并州城和晋阳县的具体方位。并州城为西晋并州刺史刘琨（中山魏昌人）环绕春秋晋阳古城扩筑而成，又经东魏、北齐、隋、唐诸朝修葺成为唐代北都晋阳的西城（唐代北都晋阳有东、西、中3座外城），唐玄宗李隆基曾于开元十一年（723）改并州为太原府，并州城遂有西城、府城之谓。历史文献对晋阳府城所载甚明，《元和郡县志·河东道二》云："府城，故老传晋并州刺史刘琨筑。今按：城高四丈，周回二十七里……"今太原市西南20公里的古城营村是晋阳城遗址的中心，村西1公里处有长约500米的古城墙遗迹，俗称"西坡上"，正是刘琨所筑并州城西城垣中间的一段。从这段城墙往南至南城角村二郎庙，往北至罗城村老爷阁旧址（今为太祁高速公路收费站），均有城墙痕迹，此为历史学家和所有晋阳城垣研究者们所共识的并州城西城垣。古城营村东的东关村为并州城之东关遗址，该村北面沙河堰上有地名"视汾楼"，传为城墙角楼遗址，顺此往西至罗城村老爷阁旧址，是为并州城之北城垣；北城垣的西端在20世纪50年代尚有城墙残迹，残墙东端有"城北村"，当是并州城北门遗址。东关村北的视汾楼往南一线分别有"城墙地"、"东阳旱地"，当是并州城的东城垣和"东阳门"（《永乐大典·太原府》有载）遗址。南城角村呈"L"形状基座于并州城西南角隅，出村庄之东600余米皆有古城墙痕迹，顺此向东延伸与视汾楼、城墙地、东阳旱地一线汇合之处，当是并州城之南城垣。并州城（府城）遗址四至已明，南北长4公里余，东西宽约2.5公里，周回正好符合史载"二十七里"之数。晋阳县设在并州城中，《元和郡县志·河东道二》云"晋阳县……本汉旧县也……在州南二里"。其大致方位可以确定。

并州城和晋阳县的位置既已明确，那么根据故唐城在"并州晋阳县北二里"、"南半入州城……城墙北半见在"等史载，可以推断出故唐城遗址的"南半"被圈入晋阳城中，"北半"当在古城营村之北风峪沙河再北的罗城、城北二村之间。尧为母系氏族社会进入父系氏族社会后的"五帝"之一，朴素节俭，与民同甘共苦，自己居住的房屋仅筑有土台阶（素有"尧阶三尺"之说），是古代人民心目中理想的贤君明主，那个时期筑成的故唐城断无后世城池宫苑之豪华奢侈。我们根据《永乐大典·太原府》中"古（故）唐城……存者500步……南半入州城，中削为坊墙，北半见在"做一个推算：假如南半、北半各为500步，故唐城的南北长度当是1000步。唐代"5尺为步，360步为里"（见《古代文化常识》，山东教育出版社，1983年版），算下来故唐城的南北长度不会超过1.5公里。其东西宽度无考。

二、"唐叔虞封地"探讨

唐叔虞姓姬，名虞，乃是西周成王之弟，古时兄称伯、弟称叔，姬虞的封地又在唐国，故称之为唐叔虞。据《左传·定公四年》所载，周成王分封叔虞时"分唐叔以大路、密须之鼓，阙巩、沽洗；怀姓九宗，职官五正；命以唐诰而封于夏墟，启以夏政，疆以戎索"。

唐叔虞的封地问题，也就是唐国地理位置所在问题，历代许多学者对此比较关注。明清以前的史学家们多数认为唐叔虞的封地在晋阳，如《史记·晋世家》云"……唐在河汾之东，方百里……"《索隐》注曰"唐有晋水，至子燮改其国号曰晋侯……唐本尧后，封在夏墟，而都于鄂。鄂，今在太原是也"；《汉书·地理志》云"太原郡晋阳县，故诗唐国，周成王灭唐，封弟叔虞";《左传·定公四年》杜预注"夏墟、大夏，在今太原晋阳县也";《水经注·晋水》云"县（晋阳），故唐国也";《括地志》云"故唐城，在并州晋阳县北二里……";《元和郡县志》云"故唐城，在县（晋阳）北二里，尧所筑";唐代徐坚《初学记》云"太原府……又为唐国";《明一统志》云"唐城，即太原县治……唐叔虞祠在县（太原）西南十里，悬瓮山麓，晋水发源处";明末顾祖禹《读史方舆纪要》云"太原故城……古唐国也，相传帝尧始都此，又夏禹初亦尝都焉。周成王灭唐，而封其弟叔虞，虞子燮以唐有晋水，改国号为晋，亦谓之大卤……盖大夏、太原、大卤、夏墟、晋阳、鄂，凡六名，其实一也"。

时至清初，江苏昆山顾炎武对唐国的地理位置提出异议，认为唐叔虞的封地不在晋阳故唐城，而是在晋南翼城县古唐村。他在《日知录》中说："按晋之始见春秋，其都在翼。《括地志》：'故唐城在绛州翼城县西二十里，尧裔子所封，成王灭之，而封太叔也。'北距晋阳七百余里，即后世迁都，亦远不相及。况霍山以北，自悼公以后始开县邑，而前此不见于传。又《史记·晋世家》曰：'成王封叔虞于唐，唐在河汾之东，方百里。'翼城正在二水之东，而晋阳在汾水之西，又不相合。窃疑唐叔之封，以至侯缗之灭，并在于翼。"自从顾氏得出"唐在翼城"结论后，随即有全祖望、阎若璩等学者持反对意见（见《日知录集解》、《潜丘札记》），但也有徐继畬等人赞同（见《晋国初考》，清光绪版《山西通志》）。近代，附和顾炎武观点者大有人在，李孟存、常金仓的《晋国史纲要》（山西人民出版社，1988年版），王志华的《姬虞》（见《三晋一百名人评传》，山西人民出版社，1992年版），李元庆的《三晋古文化源流》（山西古籍出版社，1997年版），陶正刚的《晋国早期都城"唐"地考》（见《三晋文化学术研讨会论文专集》，山西古籍出版社，1999年版）等都持翼城说；但也有晓山的《唐叔虞封地问题的商讨》（见《山西地方史研究》第一辑，山西人民出版社，1960年版），张亦彭的《晋祠文物辨正》（见《山西地方史研究》第二辑，山西人民出版社，1962年版），孟繁仁的《太原史话·序二》（见《太原史话》，山西人民出版社，2000年版）等坚持"唐在晋阳"说。笔者在研究地方文化时，反复查阅许多有关资料，认为唐叔虞的封地确实是在晋阳。下面谈七点看法：

1. 根据唐代《元和郡县志》以及《宗国都城记》等史载，当时晋阳城的北面确实有故唐城遗迹存在，唐代人写唐代事，自然确凿无疑。晋阳既有故唐城，而且是尧所筑，那就有可能是唐尧、夏禹的初都，更不能排除叔虞封唐国都的可能性，看起来《汉书》、《帝王世纪》、《水经注》等史载并非无稽之谈。但是也不应该完全排除"唐在翼城"之说，因为《括地志》上同书载有晋阳、翼城两个故唐城。

2. 《汉书·地理志》对叔虞封唐和后世子孙徙都记载得比较清楚，"太原郡晋阳县"条下云"故诗唐国，周成王灭唐，封弟叔虞"。又在"河东郡闻喜县"条下云"故曲沃，晋武公（侯）自晋阳徙此"（见《二十五史》，上海古籍出版社，1986年版）。据此可知，唐叔虞的封地先在晋阳，其孙武侯时徙都晋南，辗转于曲沃、翼城等地。这样就把《括地志》中"两个故唐城"之疑迎刃而解了：一个是叔虞初都时的故唐城，另一个是叔虞后世子孙徙都后的故唐城。

3. 太史公司马迁的《史记》具有很高的史学价值和文学价值，素有"史家之绝唱，无韵之《离骚》"誉称。该书中关于唐国"唐在河、汾之东"记载，看起来与位置在汾西的晋阳不相符合，但也没有说唐叔虞封地不在晋阳。太原晋祠原名唐叔虞祠，在历史上也曾有过"汾东王庙"之称；今叔虞殿廊下有《重修汾东王庙记》碑刻，为元至元四年（1338）太原路举提学校官弋彀所撰，上有"……王祠之在此其来远矣，自晋天福六年封兴安王，迨至宋天圣后改封汾东王……"之载。若按《重修汾东王庙记》所载，"叔虞封唐于晋阳"与太史公《史记》之说不悖。

4. 叔虞封唐时，周成王命以《唐诰》，让叔虞"启以夏政，疆以戎索"（见《左传·定公四年》），意思是既维持夏民族的文化传统，又尊重戎狄民族的风俗习惯。山西晋南与太原晋阳相比，前者是"中国古史传说时代的文化政治中心"（见李元庆《三晋古文化源流》），定然不是诸戎群狄游牧之地，根本就用不着"疆以戎索"；而后者却是"……盖大夏、太原、大卤、夏墟、晋阳、鄂，凡六名，其实一也"（见《读史方舆纪要》）的华夷杂处之地。由此可见唐叔虞封地在晋阳的可能性，要比在山西晋南大得多。

5. 晋阳古城遗址西南有晋祠风景名胜区，原名唐叔虞祠，始建年代无考，北魏郦道元所撰《水经注》即有"沼西际山枕水有唐叔虞祠"之载，当是后人纪念唐叔虞而在始封地所建之祠堂。晋祠再南数里，有一大一小两座古墓，正是《元和郡县志·河东道二》所载"唐叔虞墓，在县（晋阳）西南十六里"的唐叔虞与其子燮父墓。这些都是唐叔虞封地在晋阳的有力佐证。

6. 近年，"考古工作者在山西晋南发现8组17座大墓，初步推断，是自晋武侯到晋文侯8位前后相继的晋侯及其夫人之墓。墓中出土文物非常丰富，其中50余件铜器有铭文。特别是1981年出土的饕餮文方鼎，根据鼎的铭文，证明是商王朝的宗庙之器，于西周初年流落到晋国"（见陶正刚《晋国早期都城"唐"地考》，《三晋文化学术研讨会论文专集》，山西古籍出版社，1999年版）。晋南的考古发现恰恰没有唐叔虞和其子燮父的墓葬，正说明《汉书·地理志》中"晋武公（侯）自晋阳徙此"的可信与准确。那些出土的"商王朝宗庙之器"均是晋武侯迁都时从晋阳带至晋南，尔后又成为晋侯们的陪葬品。即使晋南发现了叔虞封唐时的"大路、密须之鼓，阙巩、沽洗"等物，也不能排除随同唐叔虞后世徙都时一同迁移的可能。

7. 考古工作者曾于1979年观察、清理晋阳古城遗址附近的唐叔虞墓，其结果是"此二陵均是明清时期堆积而成。特别是燮父墓，在揭完表面浮土后，内中是由土坯堆积在一起，并出土了明代清花瓷器片等，土冢下均无墓室和棺椁，证明是一处明清时期的土冢"（见陶正刚《晋国早期都城"唐"地考》），似乎肯定了叔虞封地不在晋阳。然而事情并非如此简单，同样是考古工作者又于1999年发掘出土了隋代汉白玉浮雕石椁墓葬（墓址在今晋源区王郭村），墓主人虞弘的墓志碑上刻有"……薨于并第，以开皇十二年十一月十八日，葬于唐叔虞坟东三里……"字样，难道说隋代开皇年间就存在的唐叔虞墓能埋下"明代清花瓷器片"不成？可见考古工作者尚未找到真正的唐叔虞墓。类似这样的事并不少，1980年文物部门写报告申请发掘东魏丞相斛律金墓，结果却是北齐东安王娄睿的墓葬（墓址在晋源区王郭村）。目前，晋阳遗址只是没有找到真正的唐叔虞墓，并不能说明晋阳遗址没有唐叔虞墓，更不能说明晋阳不是唐叔虞的初封之地。

三、太原的"城龄"问题

太原市的"城龄"，一般是从创建于春秋末期的晋阳城算起，至今2500余年；如果要把唐尧时期所筑的故唐城也算上，那就比2500年久远得多了。笔者以为：计算太原的城龄，不应该把故唐城排除于外，因为太原城（今太原市）与晋阳城之间的关系远远不及晋阳城与故唐城之间的关系密切。太原城是晋阳城毁后数年，宋将潘美在故城废墟东北20公里的唐明镇所筑，只能算是异地重建；而晋阳城却与故唐城紧密连接、一脉相承。

故唐城从唐尧始筑至毁，大约存在2000余载，不仅做过尧的初期都城，而且是西周初期唐国（后因境内有晋水而改称晋国）叔虞、燮父两代诸侯的国都。春秋末期董安于构建晋阳城时，看到故唐城残破颓塌不可修补，便在其旁重建新城。故唐城与晋阳城并存800余年，唐代史籍所载"南半入州城"实为西晋永嘉初年（307）刘琨展筑并州城时所为。故唐城的"南半"入州城后"削为坊墙"，"北半"日益破败最后竟沦为荆棘丛生的荒芜之地了。今晋阳古城遗址风峪沙河以北的罗城、城北二村之间，有一座不足千人的小村庄，名曰"棘针村"。棘针村俗称"圪针窝"，其名由来已久。从方位上看，圪针窝紧挨并州城（府城）的北城垣遗址，当是唐代"北半见在"的故唐城遗址。

综上所述，太原的城龄应该是"太原城（今太原市）加晋阳城，再加故唐城，全部城龄当在4000年以上"。

魏晋山西豪族与士族

卫广来

东汉末曹操封为魏王，魏国有疆土十郡，河东郡在其中，魏国的国号是由于战国魏国的国都在河东郡治安邑。魏末司马昭封为晋王，并州所属太原等六郡及司隶河东、平阳为其国土，晋国的国号也是由于这些地方是先秦晋国疆土与国都所在。魏晋两朝，都是依托山西作为根据地发展起来，并州、河东是其龙兴之地，所以山西人乘势而起，涌现出一大批历史人物。在魏晋交替的过程中，他们分成两派，拥护曹氏的多是东汉旧族，拥护司马氏的多是魏晋新族。

一、太原人王凌与河东人毌丘俭

魏文帝曹丕在位 7 年，子明帝曹睿在位 13 年。明帝死，子齐王曹芳 8 岁即位，宗室大将军曹爽、太尉领尚书事司马懿受遗诏辅政。嘉平元年（249）正月初六，曹爽等人陪同曹芳到洛阳城南拜谒明帝高平陵，70 岁的司马懿乘机在洛阳城中发动政变，以迅雷不及掩耳之势，将曹爽集团一网打尽，完全控制了朝政，史称"高平陵事变"。司马懿是河内温县（今河南温县西）的世家大族，家世二千石高官，伏膺儒教，姻亲都是当时的世家大族。[1]高平陵事变，标志着世家大族势力的兴起。

司马氏专魏政，引起一些亲曹派军事将领的不满，在扬州淮南郡地区先后出现三次反对司马氏的兵变，声势越来越大，史称"淮南三叛"。其中前两次兵变，是由太原人王凌、河东人毌丘俭发动。

王凌是太原郡祁县的豪族人物，字彦云，叔父便是诛杀董卓的汉司徒王允。王允死后，王凌逃命归乡里，曹操辟为丞相府掾属，对他有恩。齐王芳正始初，王陵以扬州刺史兼征东将军、假节都督扬州诸军事，驻守扬州淮南郡治所寿春（今安徽寿县），外甥令狐愚任兖州刺史，屯兵淮南郡平阿县（今安徽怀远西南）。高平陵事变后，王凌、令狐愚认为齐王曹芳制于强臣，决定拥立曹操子楚王曹彪为帝，移都许昌。嘉平三年（251）春正月策划起兵，夏四月被司马懿亲率中军平定。王凌被押送洛阳，道经豫州贾逵祠，大呼说自己是大魏忠臣，至项县（今河南项城市），饮药而死，行年八十。

司马懿死后，长子司马师继续专魏政，杀太常夏侯玄、中书令李丰、皇后父光禄大夫张缉，废魏主曹芳，立高贵乡公曹髦（曹丕子东海定王霖之子）为帝。此次残酷废立，激起了毌丘俭发动的第二次淮南兵变。毌丘俭是河东郡闻喜县的豪族人物，字仲恭。魏明帝即位，以东宫之旧，很受亲待，由荆州刺史转为幽州刺史，以功封安邑侯。曹芳嘉平五年迁镇东将军，都督扬州军事，击退吴太傅诸葛恪对合肥新城的围攻，声威显赫。毌丘俭与夏侯玄、李丰交情深厚，扬州刺史文钦与曹爽有同邑之谊，曹髦正元二年（255）春正月，二人矫称奉永宁郭太后诏，起兵于寿春，移檄全国各州郡讨司马师，率6万之众渡过淮河。大将军司马师抱伤领兵平定，文钦逃往吴国，毌丘俭被杀。

以后司马师之弟司马昭专魏政，镇东将军诸葛诞再次据寿春起兵反抗，也被平定，"淮南三叛"失败后，拥曹势力便再也无力反抗了。司马昭杀曹髦，另立魏元帝曹奂（曹操子燕王宇之子）。景元四年（263），司马昭灭蜀，以功封晋公，加九锡，进位相国，次年进为晋王，以并州的太原、上党、西河（治离石县，今属吕梁）、乐平（由上党郡分出，治沾县，今昔阳西南，辖阳泉等地）、新兴（治九原县，在今忻州，辖五台山以南盂县以北）、雁门及司隶之河东、平阳八郡地方七百里为其国土，晋国置官司机构。咸熙二年（265）司马昭死，长子司马炎嗣为相国、晋王，重演汉魏嬗代故事，受魏禅为帝，仍都洛阳，历史上称为西晋，司马炎就是晋武帝。太康元年（280）晋武帝灭吴，结束了三国鼎立的局面，中国又暂时获得了政治上的统一。

二、河东襄陵贾充

《晋书·贾充传》载西晋武帝泰始年间，时人流传歌谣说："贾、裴、王，乱纪纲，王、裴、贾，济天下。"意思是说，亡魏的是这三个人，成晋的也是这三个人，在魏晋政权交替的过程中，他们起了重大作用。这三个人是河东襄陵贾充、河东闻喜裴秀、太原晋阳王沈，他们都是今山西人。在这个组合中，其中贾充最重要，被视为西晋的开国元勋。

贾充（217—282）是河东郡襄陵县（今山西襄汾）的豪族人物，字公闾，父亲便是汉魏之际坚守绛邑的贾逵，贾逵忠于曹魏，贾充却拥护司马晋。贾充袭父爵为侯，受到司马师、司马昭、晋武帝司马炎三人一贯重用，被视为心腹，信用无比，曾担任灭吴统帅，晋武帝时晋封为鲁郡公，担任车骑将军兼尚书令、侍中，这是西晋实际最高行政长官。贾充对司马晋的真正贡献是杀魏帝曹髦、定法律。甘露五年（260）曹髦不堪受制屈辱，召侍中王沈商议反击，王沈出宫即奔走向司马昭告密。曹髦率宿卫出讨，朝廷各类军队不敢阻挡，贾充率军迎战，指示部下成济杀曹髦于南阙，司马昭另立魏元帝。魏元帝咸熙元年（264），司马昭开始创新制，由荀颜定礼仪，贾充正法律，裴秀改官制。贾充所定晋律，即"泰始律"，改变秦汉法律按法家思想制定的传统，开启了中国法律的儒家化进程，成为以后中国法律演进的正统，从而成了中国法律史上的一块里程碑。它有宽简、周备两大特点②，颁行以后，百姓都感到很便利，晋武帝为此赐贾充子弟一人为关内侯。太康三年（282）四月贾充死，时年六十六，晋武帝十分伤恸，给予官员最高规格葬礼，比拟西汉霍光故事。

晋武帝在位26年，灭吴并推行了占田制，以治易乱，宽而得众，但是太子事情却没有处理好。他为太子司马衷选妃，本来中意安邑士族卫瓘女，曾说："卫家种贤而多子，美而长白，贾家种妒而少子，丑而短黑。"③但是太子母皇后杨艳听信贾氏亲党之说，结果与贾充长女贾南风订婚，时贾南风（257—300）年十五，大太子二岁。晋武帝死后，太子即位，这就是白痴皇帝晋惠帝。贾南风为皇后专权，挑起了西晋历史上的"八王之乱"。惠帝在位16年，八王之乱历时16年，政治分崩离析，又引起晋怀帝时的少数民族永嘉之乱，最终导致西晋王朝的覆灭。贾充有功于西晋建国，贾南风促使了西晋乱亡，成晋败晋，都关襄陵贾氏。

三、河东、太原士族

河东士族安邑卫氏，起于魏臣卫觊。卫觊字伯儒，聪明早成有才学。东汉末建安四年镇抚关中，这时大量流民返乡，关中割据者招纳为部曲，卫觊建议在河东盐池设盐官，以其收入买犁牛供给返乡农民，使之成为政府编户，以丰殖关中，被曹操采纳。建安十八年曹魏公国建立，以侍中与建安七子之首王粲典制度。汉魏嬗代，起草禅代文诰。文帝时为尚书，封阳吉亭侯，明帝进封闟乡侯。子卫瓘（220—291）字伯玉，袭父爵，魏末在蜀平定钟会反叛，增封菑阳侯。晋武帝时晋爵为公，入拜尚书令，加侍中，迁司空，为西晋宰辅名臣，死于八王之乱。子卫恒有二子璪、玠。卫璪袭父爵，死于永嘉之乱，东晋元帝以卫瓘玄孙卫崇嗣，卫崇历东晋元、明、成、康四帝。④卫玠（286—312）字叔宝，丰神秀异，总角孩童时乘羊车（即祥车）入市，有玉人之称，观之者倾都。舅父王济俊美，每见卫玠，总是叹气说："珠玉在侧，觉我形秽。"⑤永嘉南渡到建康，京师人士闻其姿容，观者如堵，不久病死，时在永嘉六年，年二十七，时人说卫玠被看杀。

河东士族闻喜裴氏，兴于魏臣裴潜。其父裴茂，东汉末历郡守、尚书，封列侯，三子潜、徽、辑。曹操以裴潜为代郡太守，对百姓宽，对乌桓严，治功受到曹操褒扬。魏文帝时为典农中郎将，奏准农官贡举如郡国，明帝时为尚书令，封清阳亭侯。子裴秀（224—271）字季彦，晋武帝时为尚书令、司空，封钜鹿公，裴秀子裴颜在晋惠帝时为尚书左仆射，至此裴氏已四代人为尚书，官居中枢清要，积累起裴氏累世高门的士族背景。裴徽官魏冀州刺史，爵兰陵武公，后代有的仕于北方十六国北朝，有的南渡仕于东晋南朝，一直延续至唐朝。

太原士族晋阳王氏，兴于魏臣王昶。父王泽为东汉代郡太守，伯父王柔为北中郎将，都受到郭泰奖评。王柔子王机，魏东郡太守，王机子王沈，便是曹髦事件向司马昭告密之人。王昶字文舒，少时兄事同郡祁县王凌。跟随魏文帝曹丕成长起来，先做东宫太子文学，后做洛阳典农、兖州刺史。经司马懿推荐，曹芳正始中拜征南将军，假节都督荆、豫诸军事，封武观亭侯。高平陵事变后迁司空。注重门风，教子孙"为子之道，莫大于宝身全行，以显父母"，处事"尊儒者之教，履道家之言"。⑥二子浑、湛分为二支，王浑一支显于西晋，王湛一支显于东晋。王浑为西晋灭吴重臣，官居司徒，子王济为玄学名士，娶晋武帝姊常山公主，他们与并州匈奴贵族刘氏关系密切，而东晋政权出于与匈奴对立的东海王司马越系统，所以王浑一支不为东晋所容，显于东晋的是与匈奴无关的王湛一支。王湛这一支的长相特点是酒糟大鼻子，世称"齇（zhā）鼻王"，后人王国宝的从妹是孝武帝同母弟会稽王司马道子王妃，成为东晋百年门阀政治的终场。⑦王慧龙在东晋末避刘裕之逼北投北魏，正当北魏明元帝时，后来成为与北方崔、卢、李、郑四姓齐名的一流高门。

另有次等士族温氏显于东晋，柳氏显于南朝。太原祁县温羡，东汉护羌校尉温序之后，祖父温恢是魏扬州刺史，父温恭是魏济南太守。温羡在西晋惠帝时拜徐州刺史，怀帝时领司徒。温羡侄子温峤，南渡成为东晋开国名臣，讨平王敦之乱、苏峻之乱，使东晋两度转危为安。南朝宋柳元景，河东解县人，先世渡江较晚，父祖都为东晋侨郡太守。元景侄柳世隆由武入文，齐朝任司空，世隆四子在梁先后为侍中，复为方伯，形成柳氏士族群体。

两晋山西士族文化成就卓著，卫氏以书法见长，善玄理；裴氏以史地见长，尚儒学；王氏则兼而有之。卫觊文章、书法闻名于世，是汉魏之际才士群体中的重要一员。西晋卫瓘善名理，名理是魏晋玄谈的一种思潮，即哲学逻辑，其书法与尚书郎敦煌索靖都善草书，时人号为"一台二妙"。子卫恒也精研书法，著有《四体书势》，是重要的书法理论著作。卫恒侄女卫铄，为东晋女书法家，号称卫夫人，师承魏人钟繇，正书妙传其法，工隶书，著有书论《笔阵图》，传说是书圣王羲之的启蒙老师。西晋裴秀被认为才德具甘罗、颜回、子夏之美，儒学洽通，制作《禹贡地域图》，这是历代地理沿革图，适应了西晋统一后的国家治理，其"制图六体"有技术创新。裴秀子裴頠（267—300），是否定玄学"贵无"思想而著《崇有论》的哲学家。裴家南朝宋有中书侍郎裴松之及其子中郎参军裴骃，梁有裴骃子裴子野，裴松之注《三国志》，裴骃撰《史记集解》，裴子野删沈约《宋书》为《宋略》，三代都以史学名家。裴松之注的贡献在增补史实，引用魏晋著作200多种，并且截取史料比较完整，文字总数超出正文三倍，史料价值不亚于《三国志》正文。另外，河东闻喜人郭璞，他是著名的训诂学家，东晋初曾任著作佐郎，所作《尔雅注》，是我国最早的词书《尔雅》学的集大成之作，后世经学家常据以解释儒家经义，唐、宋时列为《十三经注疏》。他还著有《方言注》，以晋代词语解释古语，由此可以考见汉晋时代的语言流变。

注释

1. 参见王仲荦：《魏晋南北朝史》上册，上海人民出版社 1980 年 12 月第 1 版，第 134~135 页。郑佩欣《魏晋南北朝史探索》，《论司马懿》，山东大学出版社 1989 年 8 月第 1 版。

2. 参见祝总斌：《中国古代史研究》（材不材文集上编），见《略论晋律的"宽简"和"周备"》、《略论晋律的儒家化》，三秦出版社 2006 年 1 月第 1 版。

3.《晋书》卷 31《后妃惠贾皇后传》。

4.《晋书》卷 83《顾和传》载《东晋康帝时卫崇为庶母制服三年事》。

5.《晋书》卷 36《卫玠传》。

6.《三国志》卷 27《王昶传》。

7. 参见田余庆：《东晋门阀政治》，见《东晋门阀政治的终场与太原王氏》，北京大学出版社 1991 年 8 月第 2 版，255~289 页。

作者简介

卫广来，1954 年出生，运城市盐湖区人，山西大学历史文化学院教授、博士生导师。研究方向为秦汉魏晋南北朝政治史、中国古代政治制度史，著有《汉魏晋皇权嬗代》、《老子》。

孔尚任与《平阳府志》

翟耀文

康熙版《平阳府志》是由孔尚任参与纂修的。

清康熙年间平阳知府刘棨在《平阳府志》序中说道："……丁亥秋，事稍豫，顾谓二三同人曰可矣。遂檄所属，徵旧乘，衷典故，虽故家谱牒，残碑断碣、不遗焉。批曰商榷，共成三十六卷，其所订止，复得乡先生之力尽多。"刘棨在这里所说的"之力尽多"的"乡先生"是指他的同乡好友孔尚任。

参与编纂《平阳府志》的清代闻喜人张克嶷在《跋平阳府志后》指出："郡伯刘青岑先生乃起而纂述之，始事于西亥仲秋，脱蒿于戊子季春。"张克嶷在这里所说的"郡伯刘青岑先生"是指平阳知府刘棨，青岑是刘棨的字。这就是说康熙版的《平阳府志》是由当时的平阳知府刘棨发起的，开始于丁亥仲秋，也就是康熙四十六年（1707）的深秋。脱稿于戊子季春，也就是康熙四十七年（1708）春季。历时半年之多，编纂成了共三十六卷、百余万言的《平阳府志》。

三晋文化研究会常务副会长兼秘书长，原山西人大常委会副主任李玉明先生在《平阳府志》再版前言中指出："此次再版的清康熙四十七年版《平阳府志》是当时的平阳知府刘棨修，著名学者孔尚任纂。刘是山东诸城人，孔是山东曲阜人。……刘棨与孔尚任既是同乡又是朋友，刘便邀请孔到平阳府帮助修志。孔到平阳府后，刘还为他专门组成了修志班子，广征博采，精心编纂，终成《平阳府志》，并刻版付印。《平阳府志》三十六卷，百余万言，当属名家精纂，在中国旧方志文库中据悉属珍贵之名志。"

《平阳府志》卷一也明确记载：康熙版《平阳府志》的纂修是知府、清代进士、山东诸州人刘棨，分纂有山东曲阜人孔尚任，清代进士、浙江嘉兴人高孝本，翰林院孔目、江南徽州人吴启元，修选知县、江南桐城人刘允升等。参与采辑、校正，抄录的还有多名进士、举人、解元、贡士以及各州县的知州、知县共计九十四人。

从以上所引可以看出：《平阳府志》的发起人和组织者是当时的平阳知府刘棨，而具体的实施者则是孔尚任。出力最多、贡献最大的也是孔尚任。

那么孔尚任为何能来平阳府编纂《平阳府志》？

孔尚任，字聘之，号东塘，岩堂，山东曲阜人，生于清顺治五年（1648），卒于清康熙五十七年（1718），享年70岁。他是孔子第64代孙，也是清代著名诗人、戏剧家和文学家。

孔尚任自幼聪明好学，他的朋友倪匡世在《诗最》集中说，孔尚任"幼颖慧，五六令试以联对，辄应声得，远近惊为神童。年十二、工诗赋、博典籍，补诸生末第，卜筑于石门山，乐道著书"。康熙二十三年（1684）康熙皇帝南巡江南回京城路过山东时，到曲阜祭祀孔子。当时孔尚任正在家修家谱，并编《阙里志》，乡人举荐他到康熙面前讲经，很得康熙皇帝的赏识。不久他就被破格任命为国子监博士，那年孔尚任才37岁。在曲阜当地广为传颂孔尚任当年巧解康熙之难的故事。说的是在清康熙二十三年（1684），康熙帝到曲阜孔林朝拜孔子墓，猪、牛、羊三牲已在供桌上摆好，地上黄地毡也已铺就，香雾袅袅，红烛闪闪，一切都已准备停当，这时康熙帝率领文武百官正准备在孔子墓前跪拜时，忽然康熙皇帝尴尬地站在墓前不动了，这时祭祀的鼓乐奏起，文武百官见康熙帝站而不拜，全都愣住了。这时只见孔尚任急忙上前，叫人拿来一匹黄绸，把孔子墓碑上的字"大成至圣文宣王之墓"几个字中的"文宣王"三个字盖住，并添上"先师"两字，孔子墓碑上的字成为"大成至圣先师之墓"几个字，康熙皇帝一看，马上开始祭拜，文武百官也相继进行跪拜。这是什么原因呢？原来古时皇帝是只拜师不拜王的。孔尚任把孔子墓碑上的"文宣王"三字改为"先师"两字，既解了康熙皇帝之难，也体现了他的机智、聪颖和学识过人。

孔尚任在任国子监博士的第二年就被派往江南，主要在淮南、扬州一带帮助工部侍郎孙在丰办理疏浚淮河海口工程，历时四载。这个时期他的足迹几乎踏遍南明故地，又与一大批有民族气节的明代遗民结为知交，接受他们的爱国思想，加深了对南明兴亡历史的认识。他积极收集素材，丰富创作《桃花扇》构思。到康熙三十八年（1699），经过三易其稿，51岁的孔尚任终于写成了《桃花扇》。《桃花扇》的演出，不仅轰动了京城，也很快流传到偏远地方。由于《桃花扇》歌颂了明朝人物，很快引起了康熙皇帝和一些同僚的不满，到第二年也就是康熙三十九年（1700），52岁的孔尚任在升任户部广东司员外郎不到一个月即被罢官。

孔尚任被罢官后，引起许多人的同情和义愤。孔尚任有个朋友叫王源，也是当时有名的大文豪，他在《居业堂》卷十六《送孔东塘户部归石门山序》中写道："曲阜孔东塘先生以户部主事晋员外郎，罢而归，王公贵人下逮布衣之士，莫不惜之。……今归矣，怅望黄金台，裴回市上，悲歌狂醉者何人乎？俯仰天地，眷怀今昔能不凄然泣下也。"孔尚任被罢官后，心情很不好，他知道是有人嫉妒他的才能，对他进行"毁谤"，他长叹"命薄忽遭文章憎，缄口金人受谤诽"《放歌赠刘雨峰寅丈》。但他并不消沉，他四处游走，继续写作。他的作品除《桃花扇传奇》外，还有《小忽雷传奇》、《湖海集》、《石门集》、《享金薄》、《长留集》等数十卷。孔尚任曾说过"不行万里路，不读万卷书，难乎为诗。"（《燕台杂兴》序）

孔尚任应平阳知府刘棨之邀来纂修《平阳府志》是在他被罢官七年之后，也就是康熙四十六年（1707）的十月，当时孔尚任已经 59 岁了。他从山东曲阜老家出发，千里迢迢，风尘仆仆，一路走来，历尽了千辛万苦。虽然他这是第二次进入山西，第一次是他在京做官时，曾随同康熙皇帝朝拜过五台山，但他还是被山西的山水景色所迷恋，所惊叹。孔尚任进入山西首先看到的是地处山西与河北交界处雄伟壮观的固关（现山西平定县境内的旧关）。这里自古以来就是兵家必争之地，也是太行山区进入河北平原的重要隘口。他忍不住提笔写道：

苍崖翠壑几层环，乱插危峰见固关。
径窄难容人并过，城高不放雁轻还。
诗中边势云烟秀，画里军容剑佩闲。
却被秋风催感慨，古来争战是名山。

在这首诗中，他对雄伟、险峻的固关作了生动的描写和赞颂。

孔尚任从固关进入山西经过寿阳县时，天上下起了小雪，为了及早赶往平阳见到老朋友、平阳知府刘棨，也为了早日编修《平阳府志》，他在一家小酒店匆匆吃过酒饭，又匆忙赶路。

孔尚任在赴临汾途中，曾受到他的两位族亲的挽留和款待。一位是当时的太谷县令，叫孔远猷，是孔尚任的族孙。他把孔尚任接到太谷县衙，又是摆酒宴接风，又是请看戏班演出。

他离开太谷县路经霍州府时，又被霍州知府挽留十日。

霍州署何以要留孔尚任呢？据史料记载，当时的霍州知府叫孔兴琏，也是山东曲阜人，同孔尚任应是同族本家。他能把罢官七年的孔尚任留在署衙住十日，说明他对孔尚任这位博才多学的族亲充满了尊敬和敬仰。

孔尚任一路艰辛跋涉，终于到达平阳，开始了纂修《平阳府志》的工作。平阳知府刘棨对此十分感激，他在当年腊月初八，设鲍鱼宴招待这位远道而来的贵客。宴请孔尚任的鲍鱼是刘知府托人从千里之外的山东老家送来的，这表现了刘知府对孔尚任的尊敬和重视。这件事也深深感动了孔尚任，感动之余孔尚任挥笔写下了四十八句的七言古诗《腊月客平阳刘青岑太守设鲜鳆鱼享客诗以志异》。他在诗中写道："宾客休歌食无鱼，簇鲜海鳆请君试"。孔尚任巧妙自如地使用了"食无鱼"这个典故，将平阳知府刘棨比作齐国的孟尝君，表达了他对刘棨知府的尊敬、感激和赞赏之情。

孔尚任到平阳编纂《平阳府志》是尽心尽力的，他没有辜负刘棨的厚望，他编纂的《平阳府志》是非常成功的，以至 300 年来一直受到人们的珍惜和赞叹。

原运城地区三晋文化研究会副秘书长宋万忠先生在校对《平阳府志》再版说明中指出："此次重印的平阳府志，系清康熙四十七年的木刻本，属于方志也属于古籍，距今已有近三百年的历史。本志为清代著名学者孔尚任先生编纂，内容丰富翔实，实属方志珍品。因刻本时间较早，版本古老，世存很少，只有北京、上海等地的国家级图书馆和少数大学图书馆藏有此书，且属善本古籍，一般不易查阅。"原运城地区三晋文化研究会副会长兼秘书长贠创先生在《平阳府志》再版后记中说："我国旧方志存藏的现状，清代最多，但大都是光绪年间的……《平阳府志》康熙版，实属珍贵。况又系《桃花扇》作者孔尚任所纂，名家出名志，确为我国旧方志中之精品。"山西古籍出版社原总编辑孙安邦先生也指出，"孔尚任所纂的《平阳府志》是一部名志。"临汾学者杨迎祺先生说："名家出名志，《平阳府志》文字高雅，纪事翔实，内容丰富。它与历代府志所不同处是首创'兵氛志'，将平阳地区历代发生的战争，从先秦到明末，一一著录，如此独到分类，当属我国方志中之精品，在方志中开此先例，亦为国内学者所称颂。这部珍贵名志，体现了'资治、教化，存史'的功能。建国后国内存此版本者极为稀少。"

作者简介

翟耀文，男，1949年出生，本科，高级经济师，曾任中国农业发展银行临汾市分行行长。专长金融、文学创作。曾任中国国学研究会研究员；中共山西省委政策研究室研究员；中国管理科学研究院金融发展研究所研究员等。

孔尚任笔下的龙子祠

翟耀文

龙子祠，又名平水神祠，位于临汾西南 25 华里的平山脚下，据史料记载，明清时期，龙子祠是仅次于太原晋祠的山水风景胜地。

龙子祠究竟始建于何年，已无从知晓。据《临汾县志》记载，"龙子祠为刘渊时所建"。据考证，刘渊时期只有龙祠，并无龙子祠。龙祠一名源于匈奴族的传统习俗，而龙子祠则是当地人的叫法。《汉书·匈奴列传》记载："匈奴法，岁正月诸长小会单于庙祠，二月大会龙城，祭其先天地鬼神。八月大会蹛林。"《后汉书·南匈奴列传》也记载："匈奴俗，岁三龙祠，常以正月、二月、九月戌日祭天神。"刘渊是匈奴人，刘渊曾建都平阳，在今临汾河西金殿。刘渊还建大单于台于平阳西，即今龙祠一带。按照匈奴族的传统习俗，每年都要在大单于台驻地的龙祠祭祀先祖鬼神，还要在这里举行赛马竞技游乐活动，龙祠这一名称就流传下来了。

当年的龙子祠，不仅有祭祀水神的规模大、历史久的古建筑，而且有苍郁的森林、碧绿的湖水、清澈的山泉和广阔的水田。

应平阳知府刘棨之邀，到临汾纂修《平阳府志》的孔尚任，一来到龙子祠，就被这里的景色迷住了。他情不自禁地吟诵道：

远隔红尘世外幽，宜人景物失乡愁。
含烟店柳从容发，破冻山泉放肆流。
古寺春寒须载酒，重峦雪霁好登楼。
风雷龙子何年去，遗事闲从父老求。

满眼新诗不费搜，溪山胜地快同游。

苔墙读字无遗处，雪路寻泉到尽头。

剪韭畦傍春味早，赛神祠下野人稠。

风光正是中和节，社舞村歌看未休。

——《二月朔日同人游龙子祠分韵》二首

　　孔尚任写这两首诗的时间是在康熙四十七年（1708）二月初一。他和他的朋友吴青霞、刘岩遇同游龙子祠，他们被龙子祠的雄伟建筑和优美景色所吸引，所感动。他们一边游览，一边分韵吟唱。孔尚任被分的是下平声"十一尤"韵，他按捺不住激动喜悦的心情，依韵一口气写下了这两首七言律诗。

　　第一首诗，主要表达了孔尚任对龙子祠的总体印象和被龙子祠优美景物陶醉后的激动心情。

　　"含烟店柳从容发，破冻山泉放肆流。"是诗人对龙子祠的"柳"和"泉"的描绘，写得形象、生动、感人。

　　"古寺春寒须载酒，重峦雪霁好登楼。"写的是当时的季节和气候。孔尚任游龙子祠的时间是农历二月初一，第二天就是农历二月初二，这是农历"二月二龙抬头"的节日。春天来了，寒气未尽，重重山峦，雪后初晴，万物即将复苏，现在正是初春赏景的最佳时节。表达了诗人开朗豁达、欢欣、愉快的性格和心情。

　　"风雷龙子何年去，遗事闲从父老求。"点出了龙子祠古老的传说，并为这古老传说所吸引。而要对这些"传说故事"打破砂锅问到底，虚心向当地父老请教询问，表现了孔尚任虚心好学的精神。

　　第二首诗的前四句，主要写了孔尚任被龙子祠美丽的山水风光所吸引的心情和心动。后四句重点描述了诗人在龙子祠的所见所闻。

　　孔尚任在龙子祠看到的处处是景，处处是诗。

　　"满眼新诗不费搜，溪山胜地快同游。"正是他快游龙子祠时候的心情写照。

　　"苔墙读字无遗处，雪路寻泉到尽头。"他为了寻找前人留下的字迹，把"苔墙"上的字都看了个遍，唯恐遗下一字。为了查看龙子泉水的源头，他踏着积雪，走到泉水的源头。他对龙子祠的一山一水、一草一木、一亭一阁都充满了兴趣，都想看个明白，问个究竟。

　　"剪韭畦傍春味早，赛神祠下野人稠。"他看到了远负盛名的"龙祠韭黄"，观看了民间迎神赛社的歌舞表演活动。他看到了"风光正是中和节，社舞村歌看未休"的热闹场面。

　　在龙子祠，孔尚任最感兴趣、印象最深的是清音亭。清音亭是龙子祠流泉上的一座水上建筑。始建年代不详，金大定年间重修，其后各代屡加补修。有人曾对清音亭做过这样的一段描写："进山门往上是一座过殿，……自过殿入中院，迎面可见一个雕梁画栋的水上亭，因溪水入祠过亭，声如乐章，故名清音亭。此处景声怡情，墨客骚人多有咏诵。"孔尚任看到清音亭后，喜不自胜，即兴咏道：

> 回栏绕砌响潺潺，亭在林泉最胜间。
>
> 喜送村醪来父老，怕看水碓转机关。
>
> 花繁预选移春槛，风冷难当消夏湾。
>
> 欲趁晴光扶杖去，不知雪界几重山。

吟了这首诗以后，他还感到不尽兴，回到住处后，又写下了《清音亭记》这篇千古名篇。

孔尚任的《清音亭记》完全可以同宋代大文学家欧阳修写的《醉翁亭记》媲美。

宋庆历二年（1045）大文学家欧阳修来到安徽的滁州当太守，认识了滁州琅琊寺住持智仙和尚，两人一见如故，很快结为知音。智仙和尚特地在琅琊山麓建造了一座亭子，供欧阳修进山游乐。欧阳修常同朋友到亭中游乐。欧阳修亲自为亭作记，这就是有名的《醉翁亭记》。

欧阳修的《醉翁亭记》共402个字，而孔尚任的《清音亭记》共有650个字。

"藐姑射山之连阜曰平山者，平水出焉。其源仅一勺耳。尺增寻益，不百步而分涧列壑矣。石隘则激为雪，崖峻则奔为雷，目不可及者，浩乎若江河，盖不知所抵极。"

文章一开头就说明了龙子泉出于"平山"之下，其源"仅一勺"。不到百步便"分涧列壑"，像"石隘则激为雪，崖峻则奔为雷"，江河奔流一样，流向远处。

孔尚任对清音亭和清音亭周围的环境大加赞赏，他写道："予喜其泉石之洁，其木之幽，村巷堤路之纤回，农人士女之社饮歌舞者，安舒而媚悦，乃低徊不忍去。"

他对清音亭更情有独钟，他说："既拜龙子祠，又憩于祠前之清音亭。亭宽而槛敞，凡所谓分涧列壑者，皆在襟带间，其左右多废者，意昔者必有水轩、花榭、藏丝竹、贮壶樽以为宴游偃息所，今则独存兹亭。"他感叹自己"无守土责"，又不能长期居住在这里，对这里"田之肥腴，居之饶益"均可以不问，但对这里的"情与景"确是放不下的，特别看重的是这座名不见经传的清音亭。他说："兹亭创于何年，举于何守、何令，俱莫可考，而能选项胜于山水之间，则其人必非无政可观者。"他对建此亭的人大加赞赏。但遗憾的是，这么好的亭子，却无人写文章或作诗填词，让它"播于四方，垂于后世"。孔尚任是卓有远见的大学者和文学家，他毫不隐讳地宣称，他担心若干年后，清音亭成为"废址"，"后之游人且不知有亭"。他写文章"作为代记"，并希望"吾之文章，可以播于四方，垂于后世，而能传兹亭于无穷也"。

不幸的是，清音亭的命运果真让孔尚任言中了，清音亭如今早已不复存在。现在真正知道龙子祠有清音亭和孔尚任曾写过《清音亭记》的能有几人？

安徽滁州醉翁亭，因欧阳修撰写的传世之作《醉翁亭记》而扬名天下。醉翁亭号称"天下第一亭"，每天吸引大批中外游人，已成为全国闻名的旅游胜地，滁州市人民政府还专门修建了欧阳修纪念馆，供人参观，供人瞻仰。

而孔尚任撰写《清音亭记》的龙子祠清音亭，现在早已是"亭文无存"。这不能不说是一件大憾事。

论清代道光前的山西赋税与地租

卫广来

道光二十年（1840）鸦片战争以后山西经济事迹，时下多有论述。以前清代 200 年山西经济面貌，多集中于商人问题讨论，而赋税与地租研究的文章不多。今翻检旧籍，依例搜求，为之指陈论述。

一、田赋与丁银

田赋是清政府征收的土地税。当日山西科则，每亩征银，少的 0.1 分多，多的 10 分。每亩征粮，自 0.15 升至 27 升。山西土地瘠薄，这样的科则不为轻。全省总额，顺治十八年征银 2205545 两，征粮 45931 石。康熙二十四年增银 7.4%，增粮 30.06%。雍正二年增银 3.25%，减粮 0.35%。乾隆十八年、三十一年，分别增银 34.67%、39.16%，增粮 268.48%、168.68%。百分比总的趋势是上升，乾隆以后更是大幅度提高。

清朝行用明朝制度，征收人头税，叫做丁银。各省"其科则最轻者，每丁课一分五厘，重至一两有余，山西有至四两余"①，有时负担最重。雍正元年（1723），清朝改革赋役制度，在全国实行"摊丁入亩"，将康熙五十年的丁银额全数摊入地亩征收，这对于无地少地的农民来说，多少是有利的举措，并且有助于封建人身依附关系的淡化，促进社会进步。但这项改革在山西却迟迟不能开展，直到乾隆元年（1736），经巡抚觉罗石麟奏请，户部始将临汾等十八州县的丁银归入地粮。乾隆十年，巡抚阿里衮奏准太原、万泉（今属万荣县）等十八县丁银摊入地亩。乾隆二十三年，巡抚塔永宁奏准太谷、五台等五县丁银归入地亩。三次改归，总共四十一州县，推行地区尚不到全省一半。此后改归，时断时续，一直要到道光二年（1822），才算基本上在全省全面实现了摊丁入亩的经济改革，尚有兴县等十九州县照旧地丁分办。②

从全国来看，山西是地丁合一改革实施最晚的地方，并且省内各地推行的时间先后也相去甚远，自乾隆元年至道光二年，进行了87年，速度之慢，也是全国罕见。其原因何在呢？

从乡绅地主来看，由于摊丁入亩"便于无力之丁，不便于有田家"③，立即遭到占有大量土地的乡绅地主的坚决反对，他们奔走串联，联名请愿，甚至谎报乡情，重金行贿，竭力阻止改革的推行。这方面，山西乡绅确有特殊的干才和能量，能做出匪夷所思的举动。

从山西人多外出经商这一特点去认识，据乾隆朝山西道监察御史戈涛说："晋民多出贸易，故不欲宽其丁赋而重地征。"④另外，地丁分办，因为丁银负担重，故人丁一定要逃亡，人丁逃亡，影响了国家的财政收入，故国家一定要编审户口以查补。不肖官吏借编审机会，上下其手，因缘为奸，勒索受贿，大发横财。实行摊丁入亩，就会失去这种机会，因而他们欺上瞒下，从中百般阻挠。这方面，山西官员也确有自己独特的风貌。从中央政府来看，最高统治者认为："晋省赋额本重，加丁未免过多。"担心丁归地粮会加重较他省为重的土地负担，激起民变，酿成不测的后果，危及自己的统治。

可见，山西摊丁入亩的推行所以困难重重，完全是统治阶级本身所致。正是在乡绅地主、富商大贾、不肖官吏以及清朝廷等种种因素的共同作用下，才使得山西摊丁入亩的改革一拖再拖，持续延缓了很久。山西确有自身特点，具备了起作用的各种因素。

各省地亩摊丁的数字不尽相同，湖南最多，福建次之，而后就是山西。山西亩摊二钱八分，北方各省中，山西土地负担最重。

二、附加税

田赋、丁银是清政府向人民征收的正赋，此外有各种名目的附加税。有一项是耗羡。康熙年间，山西州县私征耗羡，农民缴纳田赋的时候，纳银附加"火耗"，纳粮附加"粮耗"，在这其中，"上司于此分肥，京官于此勒索，游客于此染指"。⑤清朝廷为控制此中弊病，遂采纳太原知府金鉷的奏议，于雍正二年（1724）实有行有名的"耗羡归公"，规定各省耗羡由国家统一征收，于是这项不合理的附加税从此转化为清代一项正式税目。以后山西的田赋，通常每银一两征火耗一钱三分，每粮一石征粮耗二至四升，最多的如大同、朔平（治今右玉县）二府有征八升者，征敛苛刻，连以苛刻著名的雍正帝也感到未免有些过分。

耗羡归公以后，这一笔额外财源全归朝廷，地方官吏不甘心，于是也就在这一年，山西巡抚诺岷另立名目，奏准朝廷从全省岁得耗银中，提出一部分发给本省地方官以补贴其生活开支，取名为"养廉"。清代官俸以外复有养廉，山西首开惯例。养廉银以官职高下定多寡，山西通例，巡抚每年一万五千两，知州一千五百两，知县千两。然而，各官虽领养廉银，却很难以廉洁为心，依旧故我，敲剥人民，寡廉鲜耻。这样举措，没有从外部条件给予改变，难以解决廉政问题。

三、加征、科派与徭役

清政府的加征和科派，这种随机性的课征，资料比较散漫，但仍可勾勒出概貌。顺治七年，摄政王多尔衮以北京建都年久，"地污水咸，夏月溽暑难堪"，拟建小城一座，方便往来避暑，遂下令在山西加征银,30 余万两。康熙三十八年，山西巡抚噶礼在全省钱粮中私加火耗十分之二，除补大同、临汾等府县亏帑外，其余全入私囊，共贪污银 40 万两。雍正年间，山西有坍缺年久、不可开垦的土地，叫做"荒阙"，地方官为了扩大政绩以邀功，谎报垦复，加征田赋，派里户代完。乾隆六年上喻训斥道："山西地方自石麟为巡抚以来，因循旧习，吏治废弛，继以萨哈良（布政使）、额尔钦（学政）贪纵无忌，而各属浮收滥取之弊，更相习为固然。如征地丁钱粮，每两例加耗羡一钱三分，今加至一钱七八分不等，更有加至二钱者。至乡村编氓有以钱纳粮者，每两收大制钱一钱三十文，就时价合算，计一两加重二钱有余，是耗外又加耗矣。"⑥嘉庆二十五年上谕透露说："晋省摊捐款项繁多，检查旧案，统计每年摊捐八万二千余两。至遇事派捐各款，不在常捐之内。"这是来自朝廷的批评，足见山西当日政风不良，加征科派已惊动最高当局。

清初山西徭役格外沉重，这与当时战事有关。顺治年间，清在晋北各地连年用兵，不只粮草取办于山西，并且强迫当地人民远输千里之外。巡抚刘弘遇奏称："今日运大同、保德，明日又运府谷、五台，途中往来如络，百姓老弱载道。是以前运未了，后运之催敛复加，故茕茕残遗，日拱挽输，农业困而荒废，所以晋民日见其穷，愈见其苦也。是地方之残，再莫残于晋省，百姓之苦，再莫苦于晋民矣。"⑦当日苦象跃然史上。和平年代另有苦处，因时因地为事，而交通要冲，最受其累。如晋中徐沟县，"邑当孔道，供亿繁重"。如晋南安邑县，"处秦晋通衢，其中递累奔命之苦，不堪一述"。

地主豪绅勾结官府转嫁徭役，也值得提及。康熙年间的万泉县令瞿亮邦称："徭役以贫苦贫弱充填定额，而民不堪命矣。蚩蚩细民，应召往役，稍后期，则鞭笞随之。而青衿之家，阖户宴然，曾不知所当何差，所差何人。"⑧雍正朝山西布政使高成龄也有类似议论，说山西"富者田连千亩，竟少丁差，贫民无地立锥，反多徭役"。大致此种现象，在在难免。

四、地租形态与租率

此期山西封建地租三种形态并存，但劳役地租只在晋北少数地方存在，普遍的形态是实物地租。而在实物地租中，据统计，乾隆朝刑部有关山西实物地租形式的人命案件，共有二十三起，其中分成租占七件，额租形式占十六件。额租与分成租不同，它的租额是向地主包定的，收获的增产部分全归佃农自己，所以耕者愿多投入工本。这反映 18 世纪时，山西农村已普遍采用实物地租的高级形式额租制。

有特点的是，此期山西的货币地租有大的发展。据对刑部案件题本统计，乾隆朝命案，山西实物地租二十三件，货币地租二十四件，嘉庆朝则各有二件，比例都保持在对半。而同时全国货币地租在地租总额中的比例只到 30%。这恐怕与山西商人多有关系，大商人以本守末，多是大地主，商业活动需要资金周转，所以宁愿佃农以货币的形式交付地租。这样，货币地租形态在山西便自然得到了较大发展。这一点尚须详细论证。

分租制的租率一般在 50% 以上。乾隆朝河曲县农民张洪才佃种张兴海田，议明"张兴海出籽种、工本，张洪才止出人力，俟收获时，扣除工本，四六分粮（张兴海得六成）"，这是四六分成。嘉庆、道光年间的盂县"租田耕种，多提收小户，至秋成熟，客一主二"，[⑨]这是三七分成。额租制由分成租演变而来，起点租率不会低于分成租，嘉庆朝一般每亩五斗，要占到亩产一石的一半。货币地租的租率与此相当，只是折钱不交物。

当时山西一些地方，租地要先交"佃礼钱"，也有的预征租银，谓之"预租"。这两项都是一种实现地租的保证金。这事恐怕也来自于山西商人的习气，别处人是很难有此奇招的。

结　论

自顺治至乾隆，山西的田赋总的百分比呈上升趋势。而雍正朝开始的摊丁入亩的税制改革，在山西却迟迟不能推行，一直到道光二年才算大体完成，前后历时 87 年，速度之慢，全国罕见。并且所摊税额，居全国第三，北方居首。这全是统治阶级所致，尤其是山西统治阶级所致。耗羡由山西官员提出，养廉也由山西官员提出，这两项附加税都由山西开惯例。康雍乾嘉四朝，自巡抚噶礼以后，山西官员加征、科派成风，成为山西经济史的一大特点，所谓浮收滥取之弊，相习为固然，乾隆帝、嘉庆帝都严加斥责。徭役战时平时，都为沉重，也是山西经济史的一大特点。

清代山西地租形态，实物地租为普遍形态，其中额租制的比重要大于分成租，已进入实物地租的高级阶段。而有特点的是货币地租发展的程度超过全国平均水平，并出现实现地租的保证金做法。种种事象，都有山西自己的特点。

与其他各省比较，山西的赋税负担，要重于地租负担，所以此期山西的经济问题，并不在社会，而在清朝政府。

清初黄宗羲作《明夷待访录》，认为唐杨炎两税法、明张居正一条鞭，"利于一时者少，而害于后世者大"，是因为他们归纳众多税目为一目，时过境迁，后人又加新目，而不知此新目已归纳于旧税中，如此演变，后世赋税越来越重。此说极具史家眼光，可以作为认识清朝摊丁入亩的一个认识角度，所以山西摊丁入亩行动缓慢，其利弊固不可遽论。

注释

1. 《清史稿》（卷 121）食货志二。

2. 《皇清奏议》（卷 56）。19—23. 清高宗实录（卷 249），3. 清宣宗实录（卷 28），16—17。

3. 《清史稿》（卷 477）。周人龙传。

4.《皇清奏议》（卷56）。20。

5.《皇清奏议》（卷41）。22。

6.《清高宗实录》（卷143）。19。

7.《皇清奏议》（卷8）。47—49。

8.《乾隆万泉县志》（卷8）。艺文。

9.《乾隆平定州志》（卷4）。71。

法显高僧籍贯之谜及其巨著《佛国记》

王宝库

"东土"中国的佛门高僧，何人最早到"西天"印度取经？

这个问题不是秘密。中国最早到"西天"印度留学、求法、取经者，是中国历史上有"西行求法第一人"之誉的东晋高僧法显。

关于法显，鲁迅先生曾经对之放声讴歌："礼赞晋法显，空前之伟人。"法显之所以伟大，是因为他是中国历史上第一位到海外取经求法的大师、杰出的旅行家和翻译家、引领中国人走出国门走向世界风气之先的佛门高僧。

南朝梁高僧慧皎所撰《高僧传》记载：

释法显，姓"龚"，平阳武阳人。有三兄，并龆龀（读 tiáo chèn，儿童换牙）而亡。其父恐祸及（法）显，三岁便度为沙弥。居家数年，病笃欲死，因送还寺住，信宿便差，不肯复归。其母欲见之，不得为，立小屋于门外，以拟去来。十岁遭父忧，叔父以其母寡独不立，逼使还俗。（法）显曰："本不以有父而出家也，正欲远尘离俗，故入道耳。"

法显遁入空门之后，深感"经律舛（读 chuǎn，错乱）阙"，遂于东晋安帝隆安三年（公元399年）以65岁高龄决定徒步远游，偕同学慧景、道整、慧应、慧嵬等一行5人自长安（今西安）西行求法，渡流沙，越葱岭，遍历北、西、中、东天竺，具体到达的国家和地区有今阿富汗、克什米尔、巴基斯坦、尼泊尔、印度、斯里兰卡、印度尼西亚等，于安帝义熙八年（公元412年）经海路抵达青州长广郡牢山（今山东青岛市崂山），最后来到建康（今南京），历时凡

15 年，游历 30 余国，带回了大量梵本佛经。

法显此行，成为中国历史上到达上述诸国的第一人，极大地开阔了中国人的地理视野。

归国之后，他在东晋都城建康道场寺与佛陀跋陀罗合译经、律、论三藏共计 6 部 63 卷，具体是：1.《摩诃僧祇律》40 卷，2.《大般泥洹经》6 卷，3.《杂阿毗昙心经》13 卷，4.《僧祇比丘戒本》1 卷，5.《杂藏经》1 卷，6.《方等泥洹经》2 卷。这些汉译梵文经卷丰富了古代中国的文化宝库，保存了古代东方文化典籍，促进了古代中印文化的广泛交流。近代学者梁启超说："法显横雪山而入天竺，赍（读 jī，怀抱着）佛典多种以归，著《佛国记》。我国人之至印度者，此为第一。"斯里兰卡史学家尼古拉斯·帕拉纳维称誉法显是"伟大的旅行家"。印度尼西亚学者甫榕·沙勒说："人们知道访问过印度尼西亚的中国人的第一个名字是法显。"印度学者恩·克·辛哈和阿·克·班纳吉在谈及法显等人的著作时说："不利用中国的历史资料，要编一部完整的佛教史是不可能的。"英国《大百科全书》则认为《佛国记》著述严谨，"绝大部分的记述经得起验证"。

法显依据天竺之行的见闻所撰写的《佛国记》（原名《历游天竺记传》，亦称《法显传》），其中有"大海弥漫无边，不识东西，唯望日月、星辰而进"等有关天文航海的记载，更有大量有关游历诸国的佛教状况以及政治、经济、思想、文化实录，是中国古代最为著名的旅行传记和现存史料中有关陆海交通和天文航海的最早翔实记录，系研究世界佛教史和南亚次大陆各国古代历史与地理的重要原始资料。

近代以降，《佛国记》先后被翻译成西方多种语言文本正式出版，传播于欧美各国，日本学者还有专门研究该书的巨著问世。1861 年，德国学者卡斯普罗斯翻译了《佛国记》的后半部分。20 年之后，其译作的法文转译本在巴黎出版。1869 年，英国人萨缪·比尔将《佛国记》译为英文予以出版。1935 年，日本学者足立喜六撰写了《考证法显传》之专著。俄国也有不少学者和专家研究法显其人以及他的著作。据此可知，《佛国记》绝非普通游记，而是具有国际影响的巨著。

法显以 65 岁高龄而具有徒步万里孤征的勇气，71 岁高龄而具有从头学习外语的决心，80 岁高龄更有翻译浩瀚佛经的毅力，终致成就卓著而彪炳史册。此种精神，确乎难能可贵。

法显到底是何方人士？究竟是何方热土为中国、为世界贡献了伟大的法显？

且让我们将目光收拢至上党太行晋东南，聚焦于风景秀丽的仙堂山，在饱览如画风景的过程中，仔细厘清这个问题。

仙堂山位于襄垣县境东北距县城 25 公里的强计乡，因为山上建有仙堂寺，故山以寺名，称"仙堂山"。

仙堂寺始建年代不详。俗传某年某月某日某夜，风雨大作，飞沙走石，林倾木断，人呼马叫，翌日寺成，山门横匾自书"仙堂"二字，于是以之名寺，称"仙堂寺"。目前是山西省重点文物保护单位。

仙堂山群峰蜿蜒起伏，绵延不绝，如九龙盘绕，偃卧于此，故又称"九龙山"。其主峰海拔 1700 多米，景区面积约 20 平方公里。山上岩洞、喷泉、奇花、异卉、苍松、翠柏遍布，山势连绵不断，跌宕起伏，自然风光与仙堂寺的人文景观交相辉映，如诗如画。山与寺所组成的景观，乃襄垣县古"八景"之一，是为"仙堂旧隐"。

明成祖永乐年间进士李浚《咏仙堂寺》诗云：

> 天生胜概景非常，山绕藩篱石作墙。
> 地拥金莲关佛像，水流石洞泛花香。
> 西山二子全身隐，北海孤标遁世藏。
> 此是蓬莱真境界，更于何处觅仙堂？

李浚诗句有"西山二子全身隐，北海孤标遁世藏"。明季曾经充任兵部尚书的襄垣邑人刘龙《仙堂旧隐》诗云："高士当年不可求，白云无恙水长流。桃源路杳应难问，蓬岛春深是胜游。已入烟霞成痼疾，肯将霖雨慰深忧。苍松翠柏遮天日，独傲人间万户侯。"这些诗句中所反复提到的高人隐士之"仙堂旧隐"的"高士"和"隐者"究竟乃何许人也？实在是一个千古之谜。

这个"千古之谜"，已经被法显的襄垣老乡、在人民日报社工作多年的连云山先生给予了科学解读和明确诠释。他认为，这个"旧隐"于仙堂山的"高士"，就是青史垂名的佛门高僧法显。

关于法显之籍贯，《高僧传》说他是"平阳武阳人"。"平阳"即今山西临汾。"武阳"者何在？山西县级以上地名自古及今向无此称，但是襄垣县境南部的王桥镇在历史上曾经称名"武阳"或"五阳"；法显俗姓龚，襄垣县有以"龚家沟"为名的村庄；仙堂山有"旧隐"、"高士"。连云山先生以及诸多学者据此作出判断，法显是山西襄垣县人。

但是襄垣在历史上从未隶属于平阳，故又有学者对于上述判断存疑。

近年来，襄垣发现了龚氏后裔保存的成书于清穆宗同治十二年（1873）的《龚氏族谱》，其中的序文有"余龚氏爱居斯土，耕读相传，子孙接续绵绵。延上世原居司马，公生数子，无成，后将次子送交和尚"之记载，与《高僧传》所记述的法显身世颇相吻合。该族谱中有民国十二年（1923）之专页记文，记述了法显的祖父、父亲、兄弟之姓名，令法显的籍贯所在及其身世愈加清晰，可见法显是襄垣人并非今人近年来所杜撰。另外，人们还在该村一家农户宅室的墙体内发现了北宋残碑，其上镌刻有"龚家庄龚法显"字样，对于法显乃襄垣人氏提供了有力的证据。而与襄垣毗邻的沁县，在县政协工作的张正先生保存有从当地碑刻上拓印下来的拓片，其上的文字为"武定三年九月十五日比丘法显为无边法界众生造像一区所供养"，武定三年是东魏孝静帝年号，即公元 545 年，也为法显的籍贯究竟何在提供了极好的佐证。

连云山先生历经 30 余年的研究，出版了他的学术著作《谁先到达美洲》一书。在书中他不但以无可辩驳的史实确认了"仙堂山隐者"就是法显其人，论证了法显就是仙堂山所在之地的襄垣县人，而且论证了人类历史上首先发现了美洲新大陆的人是中国东晋时期的高僧法显，而不是时过 10 个世纪之后的意大利航海家哥伦布。

认为是中国人法显最早到达美洲、最先发现美洲大陆的学者，其实并非连云山先生一人，著名学者章太炎大师早年就持此说。但是论据翔实而论证严密者，则是寓居台湾的杰出史学家达鉴三先生。此人亦系晋东南人士，阳城籍，本人的同乡。

达鉴三先生曾经撰著《法显首先发现美洲》一书，他在著作中"广征东西书籍，博访中外专家，依据真实凭证，折中纷纭众说，以卓越之眼光，作确切之论断，著为法显首先发现美洲考证一书，证明墨西哥神人归萨克（QUETZALCATL）即中国高僧法显，而其登陆之地点，即为今日墨西哥之亚加布谷（ACAPULCO）"（见李寰先生为该书所作《序》）。达鉴三先生在著述中引《南史·东夷列传》所载扶桑国史料记载："扶桑在大汉国东二万余里，地在中国之东……宋大明（南朝宋孝武帝年号）二年（458），罽宾国（在今喀布尔河下游以及克什米尔一带）尝有比丘五人游行其国，流通佛法、经、像，教令出家，风俗遂改。"以南朝宋都城荆州为中心中国之正东 2 万里考之，更明显地证明扶桑国不是北美之加拿大，亦不是北美之美利坚，更不是日本，而正是北美之墨西哥。"扶桑"就是墨西哥到处生长的特产龙舌兰，叶片长 1 至 3 米，形似桐叶，并且证实法显乃五比丘之首领。墨西哥亚加布谷港的中国帆船到港纪念碑，乃当地省、市政府所立，系为了纪念千余年前抵达该港的一艘中国帆船所建。墨西哥历史学家所著《墨西哥史话》说："在 1400 年以前，曾有一艘中国帆船驶抵墨西哥亚加布谷港。"《佛国记》说，东晋安帝隆安三年（399），为了西行求法取经，法显与慧景等五比丘由长安出发，历经天竺、锡兰（斯里兰卡）等地，于安帝义熙八年（412）因为暴风狂吹而乘船漂流至耶奖提国，即今墨西哥之亚加布谷。达鉴三先生认为以上所言，皆是铁证。他在书中还引用多幅考古文物照片，如墨西哥赤美嘉人古时候所用中国汉代三足陶器，以及纪念太阳神归萨克的金字塔、庙宇、神像等，来证明其论点。

作者简介

王宝库，男，1945 年 5 月生，山西省阳城县人，本科，曾担任山西省地名委员会办公室主任。多年来潜心钻研中华民族传统文化和山西省地域文化，在中国古建筑文化、佛教文化、旅游策划与规划方面尤著精力并且有颇多建树。注重写作，先后在山西人民出版社、中国建筑工业出版社、台湾锦绣出版社出版了约 40 部著作和图书。

"中国作风和中国气派"的艺术杰作

——重读《李有才板话》

尹世明

近多年来，文艺界出现了一股错误思潮。他们打着革新的幌子，否定鲁迅、茅盾、郭沫若，否定赵树理、柳青等优秀作家。进而否定五四以来的革命文学传统，否定在延安文艺座谈会讲话直接指导下的解放区文艺。端正文艺方向，批判错误思潮，我们就能以更广阔的视野，认识赵树理的优秀作品，就能更正确地认识赵树理的历史地位。

毛泽东同志早就热切地期望：我们的文艺工作者创作出"新鲜活泼的、为中国老百姓所喜闻乐见的中国作风和中国气派"的文艺作品。赵树理同志，忠实地实践了这个要求。他在文艺活动的许多方面都做出了杰出的成就，其中在继承和发扬文艺的民族传统、坚持文艺的大众化方面，更做出了杰出的贡献。中篇小说《李有才板话》就是一部为群众所喜闻乐见、具有中国作风和中国气派的文艺杰作，它也是可以走向世界，成为全球化的艺术杰作。

《李有才板话》是赵树理同志《在延安文艺座谈会上的讲话》的指引下，于 1943 年 10 月写出的。它围绕着在抗日战争中，改选村政权和减租问题，正面展开了农民与地主之间的复杂斗争。中共中央《关于建国以来党的若干历史问题的决议》，完全肯定这一历史阶段的胜利。当时的社会是阶级、阶级斗争的社会，所以，我们仍要用阶级分析的方法。《李有才板话》（以下简称《板话》）和赵树理同志的《小二黑结婚》、《李家庄变迁》等优秀作品，彻底地改变了过去文学中劳动人民当配角甚至跑龙套的地位，歌颂了农民群众中的新的人物和解放区新的天地，揭露了阶级敌人的破坏活动，表现了群众路线的伟大胜利。当时《李有才板话》一出版，马上就轰动解放区影响到国统区，受到广大工农兵和知识分子的热烈欢迎。就是 60 多年后的今天，我们读起来还是感到十分亲切的。

实践是检验真理的标准。同样，实践是检验文艺作品好坏的标准。实践证明，只有坚持群众化、民族化，才能表现出中国作风、中国气派。赵树理的《板话》及其他优秀作品，之所以能经得起历史的考验，其根本原因就在这里。他在这方面为整个文艺运动提供了宝贵的经验。

各民族的主体，是该民族的广大工农兵群众和知识分子。所以，他们的精神面貌和生活图景的真实、深刻、生动的反映，是表现文学民族风格首要的和根本的问题。在《板话》里，有性格刚强、思想先进、幽默风趣的革命农民形象李有才及围绕在他周围的小福、小顺、小保等人，有阴险狡诈、暗里藏刀的官场老手、恶霸地主阎恒元及围绕在他周围的阎家祥、张得贵、阎喜富等人。有思想保守、胆小怕事的老秦，还有思想倒退、当"官"忘本的陈小元。在《板话》里更有代表两种不同作风的老杨同志和章工作员。短短一个中篇，写了十多个不同类型、不同性格的典型人物，都写得栩栩如生、活灵活现。人物土眉土眼，情节合情合理，格调乐观风趣，生活气息扑面而来，整个作品充满了浓郁的泥土气息，带有鲜明的地方色彩，这是他创作的突出特点。当时郭沫若同志在国统区一看到它，就拍案叫绝："我是完全被陶醉了，被那新颖、健康、朴素的内容与手法。这儿有新的天地、新的人物、新的感情、新的作风、新的文化，谁读了，我相信都会感到兴趣的。"（《论赵树理的创作》）

文学的民族风格，既表现在文学作品的内容上，也表现在文学作品的形式上（包括结构、体裁、表现手法等）。文学作品的民族形式，是文学民族风格的突出表现，它是各民族文学长期发展的经验结晶，它是民族文学的成熟、发展的一个重要标志。

语言是文学的第一要素。赵树理作品的民族风格，首先通过他的语言表现出来。他善于摄取"活在群众口头上的语言"进行加工、提炼。他说起话来，写起小说来，随时随地都照顾到农民的习惯，从语气、词汇到语法，都是彻底的群众化。他的文学作品语言真正做到了口语化、形象化、个性化。

先看人物语言：当作家介绍"老得贵怎么样"时，小顺就念了一段快板：

张得贵，真好汉，跟着恒元舌头转；
恒元说个"长"，得贵说"不短"；
恒元说个"方"，得贵说"不圆"；
恒元说"砂锅能捣蒜"，得贵就说"打不烂"；
恒元说"公鸡能下蛋"，得贵就说"亲眼见"；
要干啥，就能干，只要恒元嘴动弹。

当时在抗日根据地，建立了广泛的抗日民族统一战线，恶霸地主阎恒元老奸巨猾，伪装成开明绅士，他在背后操纵，得贵前台表演。这段介绍，引了人物的对话，活灵活现地表现了张得贵献媚取宠、刁巧圆滑的个性。他是个所谓村"农会主席"，这个村农民群众组织发动得如何，也就可想而知了。

当县农会主席老杨同志到阎家山深入调查的时候，张得贵一见老杨同志，就满脸赔笑："这就是县农会主席吗，慢待慢待！我叫张得贵，就是这村的农会主席。上午我就听说你老人家来了，去公所拜望了好几次，也没有遇面——"这段话完全表现了他的社会地位和个性特征。因为他跟着恒元吃了多年的残茶剩饭，半通不通的浮言客套也学了几句，又是客套话，又是小殷勤，旧官场的臭味散发在字里行间，他作为地主走狗的特征也就表现得淋漓尽致。

再看叙述语言：恶霸地主阎恒元的孩子阎家祥，脸像葫芦瓢，一肚子肮脏计，李有才就给他编了一段快板：

鬼眨眼，阎家祥，眼睫毛，二寸长，

大腮蛋，塌鼻梁，说句话儿眼皮忙。

两眼一忽闪，肚里有主张，

强占三分理，总要沾些光。

便宜沾不足，气得脸皮黄，

眼一挤，嘴一张，好像母猪打哼哼！

这完全是口头语，群众读起来顺口，唱起来上口，寥寥几笔，阎家祥"鬼眨眼"、"大腮蛋，塌鼻梁"的形象活活画出来了；"强占三分理，总要沾些光"的个性特征也勾画出来了。赵树理同志很少冗长地写人物肖像，即使写到肖像，也是笔墨经济，放在行动斗争中来写，真是形象饱满，活灵活现。

不仅人物语言和叙述性语言，就是环境的描绘，也是富有个性特征的，是和作品的故事及人物紧紧结合在一起的。像"阎家山这地方有点古怪：村西头是砖楼房，中间是平房，东头的老槐树下是一排二三十孔土窑。地势看来也还平，可是从房顶上看起来，从西到东却是一道斜坡"。这仅是写风景吗？不是的，这种地势的不平，表现农村地位的不平，他为作品中的人物活动提供了典型环境。

总之，赵树理作品的语言，淳朴自然，生动贴切，幽默风趣，明快精炼，真正做到了通俗化和艺术化的统一，口头语和书面语的统一，形象化和个性化的统一，他不愧为语言艺术大师。从五四运动以来，在中国的新文学运动中，"欧化"、"洋化"的问题一直没有根本解决，有些人卖弄风雅，装腔作势，矫揉造作，洋腔洋调，和群众之间总有着很大的距离。在许多文艺作品中，"不但显得语言无味，而且里面常常加着一些生造出来的和人民的语言相对立的不三不四的词句"（《在延安文艺座谈会上的讲话》）。从这个角度就可以看出赵树理在语言方面的成就，那是具有多么重大的意义啊！

赵树理同志不仅在语言上，而且在结构和表现形式上都做到了群众化、民族化，都有其突出的民族风格。赵树理同志很注意研究中国民间文艺的优秀传统，很注意当前群众的艺术爱好。在《〈三里湾〉写作前后》一文中，赵树理谈到，从中国优秀民间文艺的传统中，需要借鉴的几点：

一、"叙述和描写的关系"，"把描写情景溶化在叙述故事中的"；

二、"从头说起，接上去说"，"要求故事连贯到底，中间不要跳得接不上气"；

三、"用保留故事中的种种关节来吸引读者"；

四、"粗细问题"：该细致的地方细写，不该细的地方略写。"细致的作用在于给人以真实感"。略写的作用"为了少割裂故事的进展，使读者于尽可能短的时间内读完"。这四点都是由"讲故事"和"听故事"决定的。群众有讲故事和听故事的习惯。就文学传统来说，中国小说从"变文"、"讲唱"到"说话"的发展，始终保持和发展着讲故事和听故事的传统。赵树理同志的小说，情节紧凑、故事性强，拿到说书场上，说者朗朗上口，听者津津有味，这是他表现手法上的一个根本特点。

这个根本特点，主要表现在三个方面：

第一，开门见山，单刀直入。在《板话》中，第一章第一句就是："阎家山有个李有才，外号叫'气不死'。"开头就点出了作品中的主要人物李有才。以李有才为代表的革命群众和以阎恒元为代表的恶霸地主，一开始就摆开了阵势，展开了交锋。这就如江河之水，滔滔而下，开门见山，笔墨经济，一下子就抓住了读者。

不仅全书开头开门见山，单刀直入，而且每个回目，每个故事，都是如此。这样在结构方面就有了两个特点，一个是"顺"，流畅，有条理，有头有尾；再一个是"连"，连接一气，头绪清晰。

第二，故事环环紧扣，节奏波浪起伏。

《板话》写的是"阎家山，翻天地"的故事。全书以李有才板话为线索，可分两大部分。前半以恶霸阎恒元为重点，后半以老杨同志为重点，构成了两个阶级营垒的尖锐冲突，在斗争中通过人物本身的语言和行动来刻画。

地主恶霸阎恒元老奸巨猾，把持了村政权，操纵了农会，分化积极分子，赶走李有才，搞假减租和假丈地——但是，"小字辈"的人物在斗争，在成长。当县农会主席老杨同志来了以后，大家团结在他的周围，组织起农救会，开展了斗争，取得了胜利。作品中的故事引出故事，大故事套小故事，小故事带出大故事，波浪起伏，疏密相间，引人入胜。就以一个次要人物小元来说，他原是小字辈中具有反抗性格的人物。他敢向阎恒元"放个冷炮"。当时区上派人受训，成立武委会，阎恒元认为这像阎锡山的"巧招兵"，极力推出小元，依他们看，这回算把小元害了。对一些群众来讲，不明真相，也为小元担心，怕是"祸从天降"。但是，通过受训，才知道是县里决定，"以后武委会跟村长是一文一武，是独立系统"，老槐树底下的人有权了，真是"喜出望外"。大家对小元满怀希望，但是在阎恒元的腐蚀与拉拢下，小元变了。"改了穿，换了戴，坐在庙上不下来，不担水，不割柴，蹄蹄爪爪不想抬"。群众对他"气上心头"。老杨同志到阎家山后，在收搜集恒元的材料时，小顺还提出也要搜集小元的材料。老杨规劝说："小元他原来是你们招呼起来的人，只要恒元一倒，还有法子叫他变过来发。"对他应采取热情挽救的态度。通过这个曲折，把小元的性格及其变化写得细致生动。由于作家熟悉生活，熟悉他笔下的人物，他写出了生活的辩证法。从思想内容上说，写出了斗争的曲折性、复杂性，他告诉人们，不仅要和地主恶霸斗，还要和人民群众的落后思想斗。从艺术特点看，有强烈的故事性。再从一个次要人物老秦来说，他胆小怕事，自己受苦，还瞧不起受苦人。开始接触老杨，以为是县衙门的人，称老杨为先生，毕恭毕敬。一听说他是长工出身，脸色一变，马上就瞧不起，不准自己的孩子听他的"闲话"，看到老杨敢顶碰他不敢惹的人，内心又起敬意，最后又翻了身，见到老杨，他扑通跪下，称老杨为"救命恩人"。几经反复，生动地表现了一个落后农民不同时期的心理状态。次要人物写得如此生动，主要人物就更不用说了。

第三，详略得当，脉络清晰。

全书是按事件发生和发展的前后次序来写，从容不迫，脉络清晰，该详则详，该略则略。

这部小说从头到尾穿插许多快板，饶有风趣，引人入胜，这是对中国旧小说"有诗为证"的发展与改造。旧的"有诗为证"多是静态的、旁观的、作者编造的，常常是卖弄风雅，搔首弄姿。而《板话》中的板话，则是动态的、直接的，是作品中人物的活动，它是作品中人物活动和情节发展的有机组成部分。在《板话》中，板话所写的，就是重点，就是详写的地方，这一点是很鲜明的。

在改选新政权和减租减息的复杂斗争中，作家写出了各种人物的动态，他善于抓住典型特征，最集中最本质地刻画人物。他集中笔墨着力刻画主要人物，在主要人物身上，着力写出主要性格特征。李有才铮铮铁骨，幽默风趣，他是出色的人民歌手。在阎家山的群众斗争中他的家是参谋部，他本人就是参谋长。作家把他放在矛盾斗争的中心着意刻画。但是，该略的地方还是略了。在第五章中，刘广聚代表阎恒元赶走了李有才，此后两三章，再没正面写李有才。但是，李有才还在。他的徒弟小福、小顺等人拿起板话武器又继续战斗。

再以老杨来说，他踏实、朴实、忠实，发扬群众路线，坚持实事求是，体现了党的坚强领导。这是作家详写的重点人物，但有些地方也是一笔而过。老杨到阎家山后，到贫下中农家吃饭，一起打场，一起割谷，写得很细致。他团结并教育农民，怎样打倒恶霸，怎样翻身求解放，怎样组织起来，甚至如何主持斗争大会，作家都写得很细致，因为这些都充分表现了老杨同志深入调查、实事求是的群众路线。而写到召开群众大会如何斗争阎恒元时，干净利落笔墨经济，仅写了两小段，就用这句话一笔而过，"不过这种斗争，人们差不多都见过，不必细叙"。这样的处理是很高明的。第一，它省去冗长的开会程序的叙述。第二，它仍然能使读者想象到大会的盛况，感受到大会的气氛。因为老杨到阎家山，通过宣传、组织发动，阶级力量的对比已发生了根本的变化，这次斗争大会的方针和策略事前都做了周密的研究，会前气势写得很足，大会的进程就完全可以略写了。

该详则详，该略则略。突出了重点内容、重点人物，突出重点人物性格的主要方面，这样的刻画，形象丰满，性格鲜明，波浪起伏，疏密相间，总是容易紧紧地抓住读者。这正是赵树理小说继承和发扬优秀民族传统文化的结果。

赵树理同志的作品，之所以能坚持群众化、民族化，具有民族风格，为广大群众所喜闻乐见，根本的原因是他"从群众中来，到群众中去"。他的思想、作风、艺术都群众化了。他扎根到群众中，和农民群众打成一片，深切地熟悉农民的习惯、爱好、愿望和要求。另外，他对民间文艺很有研究，对中华民族的艺术传统和农民群众的艺术趣味有透彻的理解。他在随《下乡集》寄给农村读者的信里说得好："摸住读者的喜好了，还需进一步研究大家所喜好的东西，看看其中哪些说法是高明的，应该学习的，哪些是俗气的、油滑的、调皮鬼喜好的正经人厌恶的，学不得的，把值得学习的办法继承下来，再加上自己的发明创造，就可以成为自己的一套写法。"在创作中，他坚持扎根生活，和人民群众有着血肉般的联系；他坚持学习艺术的优秀传统，推陈出新，继承革新，取其精华，去其糟粕。在创造思想上，他不要进"文坛"，而要上"文摊"、要他的作品挤进"文摊"。几个铜板一本。挤掉那些封建主义、资本主义的文化，占领社会主义的文化阵地。正由于这样，他树大根深，枝叶繁茂，作品具有强劲的生命力。

赵树理的《李有才板话》等优秀作品，是民族化、群众化的艺术杰作。当时他的作品，就走向世界。苏联、美国、法国、日本、朝鲜、捷克、阿尔巴尼亚等国家，都翻译了他的《李有才板话》等优秀作品，在国际上引起了热烈的反响。今天我们提出赵树理的作品"全球化"，是理所当然的。列宁说："每个民族里面都有劳动群众和被剥削群众"，他们是最容易接受赵树理作品的。中国要走向世界，世界也要了解中国，要了解中国的现在，也要了解中国的历史。赵树理著作忠实地、生动地、形象地反映了中国的抗日战争、解放战争和农业合作化时期的农民、农业、农村真实的历史；再次，各国人民需要了解中国作风、中国气派的优秀作品，赵树理《李有才板话》等优秀作品，也是各国人民所喜欢的。早在上世纪50年代，苏联汉学家达里佛佐夫、菲会曼多、科托夫、彼德洛夫等翻译了不少赵树理作品，菲德连柯"高度评价了赵树理作品"，称赞赵树理是"真正的人民作家"，受到苏联人民的喜爱。赵树理的作品过去走向世界，改革开放的中国，更能将赵树理的作品推向全世界。

作者简介

尹世明，男，生于1937年，万荣县人。主要著作：《飞云集》。主编《企业人才学》、《山西通志》部分、《中国共产党统一战线史》、《万荣72表情笑话》、《山西社会主义学院史》等。

晋商文化研究刍议

师道刚

以研究山西而蜚声于大陆与海峡对岸的台湾近代史研究所陈存恭教授，去年来访太原时曾同我谈过："中国近代史的研究离不开对山西的研究，对山西的研究离不开对山西商人的研究，离不开对山西商业的研究。"事后，我回忆他的议论，感到这话是颇有史识的。

中国近代史的研究要从鸦片战争说起。鸦片战争时代的前沿人物林则徐、龚自珍、魏源等人又都和山西商人有往来。魏源本人曾经营过盐业，据说"资至巨万"。在扬州修筑了花园别墅，名叫洁园。龚自珍等名士是洁园的常客，他们诗酒唱和，殆无虚日。魏源写《海国图志》时，山西学者张石州曾给他提供过珍贵资料《元经世大典图》，是张石州从《永乐大典》中为之抄绘的。在徐、龚、魏、张的进步思想里，都反映了新兴的工商业市民阶层反封建束缚的进一步要求和希望独立发展资本主义的政治向往。研究近代思想史的同志们已有专文论述，我不再在这里赘陈。我只想说一件与商业文化有关的往事，从中窥探历史和晋商文化的因缘。

平定张石州和山西灵石富商杨墨林在北京有较多的往来，张曾为杨刊刻过一部《连筠簃丛书》，这部丛书有15种，都是当时属于新学、为士大夫们喜闻乐见的著述，略举几种如：罗士琳《勾股截积和较算术》二卷（讲数学）、项名达《椭园术》一卷（讲数学几何作图）、郑复光《镜镜方诊痴》五卷（研究光学原理的书）、俞正燮《癸巳存稿》十五卷（反映学术新见解的书）、李志常《长春真人西游记》（介绍中西交通史的书）。

张石州选出这些当时比较新颖的著作给商人杨墨林阅读，上述五书除了李志常是元朝人外，其他四人都是他们同时代的人。这反映出张石州力求了解新知、传播新知，读书务实，经世致用的观点。也是暗合着时代演进的节拍，为开拓文史研究的视野而辛勤地一点一滴地做工作，反观历史学界今天的困惑处境，我们真不能不感慨系之。

我们今天研究晋商文化，首先要对"文化"有个了解。文化是个属于历史范畴的概念，它具有历史的连续性和阶段性，民族性和社会性；也具有历史的时空性和互融性。是个多层次、多内涵的概念。比如有表层的文化，即体现在地域空间的文化。随着空间的拓宽与时间的延续而有不同的文化产生。如希腊文化、埃及文化、华夏文化等。如以华夏文化为例又可分为齐鲁文化、吴越文化、苗夷文化、巴蜀文化、晋文化等亚次文化系统，在表层文化的下面还可以有幔层文化，即用制度、规章、宗教等表示的一种价值认识。以宗教为例，有基督教文化、伊斯兰教文化、佛教文化、犹太教文化等，以政治制度分又可分为奴隶制文化、封建制文化、资本主义文化、社会主义文化等。每个文化之下又可以分出许多亚次文化系统。以行业分有农业文化、工业文化、商业文化等。晋商文化也可以算作一种亚次文化系统。上溯它的源头可推到晋文化之起源。下限可以至近现代。它是历史上支配晋商从事商业生产、商品经营的过程中，向自然求索，同社会交往中所持有的理想信念、价值观念、行为方式、道德准则、心态活动等。在幔层文化之下再进一步深化，就是深层次的文化观、价值观，以晋商文化而言，就是尚未成形的晋商学。

"文化"从汉语词义学角度上讲，它是文治、教化两个意念合成的词，如《易经·贲卦象词》说："观乎人文以化成天下。"含有以人文来教化天下的意思。西方的"文化"一词是从拉丁文（Culture）意译而来，原始涵义是指耕作、生长、祭祀等事物，引申发展有广义与狭义双重内容。就广义而言，指人类社会历史实践过程中所创造的物质财富和精神财富的总和。就狭义而言，指社会的意识形态，如思想、道德、风尚、宗教、文艺、科技、学术等以及与之相适应的制度和组织。所以"文化"是个很宽泛的词，定义可以上百上千，我们既然谈这个问题，就须有个大致的了解。上面从层次论的含义作了浅近的介绍，以下我想就深层次的核心价值观对晋商文化做一些描述。

如上所述，晋商文化是商业文化和地区文化（晋文化）相互交叉研究而兴起的一个亚次文化系统，是从历史、特别是地方史研究探索起步，然后通过经济学的分析、过滤，最后，终结为哲学认识的一门学问。不言而喻，它和历史学、地方史学、经济学和哲学都有着密切的关系。在地方史的研究中要从方志中梳理出一些史料，提炼出一些论点，最终形成一个核心的文化价值观。关于晋商文化，我想用四点来说明：一、诚信不欺；二、刚健有为；三、中和以德；四、厚生利用。这四点最后归结在晋文化上，再上升一步，即归根于华夏文化的总根基上。

一、诚信不欺

信是个社会伦理范畴，古今时续，是可以一直适用的一个处人准则。民无信不立，人无信不行。言而有信，行而可托，才是站得住脚跟的人。特别是在商业行为中诚信不欺是第一要义，晋商对此恪守不渝。诚以律己，是内省的工夫，是对自己良心的要求，是求得内心心理平衡的机制。信以待人是相互的许诺，是对人的原则。《说文解字》上讲："人言为信"。所以信是人格的标记，人权的基础。最近有人写文章批判天赋人权之说，主张是商赋人权。因为自由平等都是从商品生产、商品交换中互信而产生的。这种说法是有一定道理的。信用对商人来说是第二生命，只有讲信用，重承诺，不欺不诈，人们才敢于同他们交易，乐于同他们交易。从这个意义上讲，诚信是山西商人立身处世的根本准则，又是他们建立企业管理的根本准则。不能取得群众的信仰、拥护和支持，就管理不了企业。孔子在《论语·子路》中说："上好信，则民莫敢不用情。"领导上以信实要求，被领导者也都用信实行事，相互信实，自然会取得商店的信誉。晋商很懂得商品经济中信誉是第一位的，经济效益要靠产品的质量、功能和服务水平来取得。赢得信誉事业才能成功，不能靠宣传性的广告和欺骗行为来达到。一旦信用破产，必然导致失败。据说祁县乔家在包头的复盛油坊在清末时很兴旺，运大批胡麻油往山西销售。经手职工为图谋暴利，竟在油中掺假，事为掌柜察觉，立饬另行换装，以纯净的好油运出。虽说企业暂时受了损失，但从此信誉昭著，近悦远来，成为包头"信得过"的商店，这家复盛油坊的招牌维持了100多年，直至抗日战争才衰歇下来。这样的例子举不胜举，都只为了诚信不欺。

二、刚健有为

刚健有为、自强不息的骆驼精神，是晋商活动中最感动人的一个方面。他们拉着骆驼走遍北中国，夙兴夜寐，吃苦耐劳，冒风雪，犯险阻，北走蒙藏边疆，南达海上南洋，这种坚韧不拔和大戈壁沙漠、海涛拼搏的豪情壮志，正是中国劳动人民最值得钦佩的本质之一。《易经》讲："天行健，君子以自强不息。"天体运行，永无已时，故称为健。"健"含有刚强不屈的器量，又具有积极主动的内涵。清末活动于蒙古草原、大青山脚下的大盛魁老店，其发家史就可以充分证明这一点。据说他们有一年赔累到大年夜喝稀饭的程度，但守着大青山老店一直不歇业，不关门，咬紧牙关终于跨过了难关，重振企业。为了纪念他们前辈的艰辛，他们每年初一都要吃稀粥，怀念创业的艰难。他们成年拉着骆驼穿戈壁、渡沙漠、学蒙语、住蒙古包、和蒙古人生活在一起，了解蒙古兄弟的需要，再为他们做好服务工作。他们几经起伏，终成巨富，就是靠着咬定大青山不放松的精神，一点一滴地积累而建成大业的。像骆驼一样任重道远地把华夏文化通过商业这个手段，传播到四面八方。

三、中和以德

以中和为德、团结乐群的精神，也是晋商的另一个表现形式，"和气生财"、"和为贵"，是多少山西老商店的座右铭、口头禅，也是他们立身行事的规范。他们凡事抱着中庸的原则，过犹不及，不做过分的事，不说过头的话，不做法律界限以外的生意，不做人情上不允许做的事。那个"不"就是原则之争。所以中和即不同因素，不同方面的对立统一、合理组合。这种精神说到极致处，就是由自我协调到天人合一的境界。这种精神体现在行规店约中，甚至对财富的追求也使用这个原则。用商人们自己的语言，就是"不露富、不误财"，露富是过分张扬，财大气粗，使人不堪忍受；误财是把发财的机遇耽误了。凡事都有个"度"在起作用。经商中掌握中和之度，是靠企业内部的团结乐群的机制来完成的。这个机制体现在规章制度、用人行政等一系列法规上。他们用宗法社会的乡里之谊彼此团结在一起，用关帝崇拜的方式、用会馆的社会的机构、用商会的立法形式，增强相互之间的了解。讲振恤、讲义气、讲相与、讲帮靠，以协调企业之间的大小矛盾，消除人与人之间的不和。讲究见利思义、义然后取，不发不义之财，商店中常见的一副对联是："仁中取利真君子，义内求财大丈夫。"正表达他们这种以中和之德为准则的义利之辨的观念和心态，这也是坚持中和之德的另一个方面。最后，他们也不放弃定期的检查监督，用以发现并调节工作中的纰漏和问题，以求达到最完满的中和之德。

四、厚生利用

厚生利用，旨在富乐民生，使人人能够丰衣足食，家家能够安居乐业，这是晋商全部活动的最终目的与追求。"厚生利用"是出于《左传》的一句话。《左传·文公七年》记载晋国贵族却缺对赵宣子说："正德、利用、厚生，谓之三事。"正德是讲立德，要端正做人的品德，利用是便利器用，厚生是提高物质生活。这三事是当时人认为立国的大事。用现代语言来讲，"利用"就是要解放发展生产力，进行技术革命，因为"用"有工具的意思在。"厚生"就是要把经济抓上去。当时晋国的政治家能重视这三件大事，很了不起。所以"厚生利用"这个词汇一直为山西人民宝重铭记，看作是治国的最高标的。山西商人们在商店匾额上常写上这几个字，是作为奋斗目标，念念不忘的意思。为了达到这个目的，他们要提高企业人员的素质，他们要求店友要掌握生产销售领域中各个环节的知识，要提高店友们的文化水平，为他们办学堂，让师傅带徒弟，讲授专业知识。据说活动在两湖一带的茶商，不仅要懂得茶的品质成色，还要能品尝出茶叶的产地，知道品质和水土的关系，以及茶叶生产的全过程、茶农与包卖商之间的关系等信息知识。力求避免中间商对利润的分割与盘剥，做到产销一条龙，形成一个网络机制。还有人讲晋商从湖南祁门到库伦的茶叶包装，要求原装原封不动地上市。这个营运目标的完成和企业的运销网络必须有密切的联系。晋商十分注意提高企业人员的文化素质，从他们关注家乡教育事业的历史上，可以看出一些消息。山西县级中等教育发展的起步是以商人麇集的地区为最早。如山西第一所县立中学堂以祁县为最早，成立于光绪三十一年（1905）正月二十日，由当时外务部主事渠本翘出面呈请，由政府批准办理的。渠本翘是当时祁县的票号商业资本家。而省公立太原中学堂的成立是光绪三十二年（1906）的事。

以上四方面的晋商文化价值观的描述，只能看作是我对晋商文化的一个极浅显的粗线条勾画，一个不成熟的草图，冒昧提出，旨在抛砖引玉，希望得到指正、批判和补充。我想只要我们将晋商成就的合理成分从旧文化系统中剥离出来，再和西方现代管理思想的科学精神相融汇，加以马列主义管理观的生命血液，重新整合建构，组合成当代的经营管理模式，那么，这些沉晦不彰、黯然失色的明珠，将会焕发出新的光辉，产生出新的效应来。我们是这支文化的当然继承人，有义务、有责任把这些深埋在土壤尘封中的瑰宝发掘出来，使它重见光明。兹事体大，还需要各方面分工合作，花大气力进行全方位的分析研究，尽可能地发掘出其内在潜藏的价值和积极精神，初步考虑，可以分以下七个方面分头进行：

（一）晋商重要人物传记的研究，内容包括：

1. 传主的经历、重大的建树、企业的兴衰；2. 对当时和后世的影响，包含政治、经济、文化各方面对企业所在地及故乡的影响；3. 家族的历史调查，包括其先世与子孙；4. 文化水平的高低与取得文化的过程。

（二）晋商断代的研究，以朝代为经纬，以见一个历史时代之全貌。

（三）晋商行业分类研究，如票号金融业的研究；粮商、茶商的研究；饮食业的研究；布商绸缎商之研究；兼营多项行业的百货商之研究等。

（四）晋商经营管理经验积累的研究：

1. 规章制度制定之过程与内容要点；2. 用人行政之原则；3. 监督检查之办法；4. 协调企业之方式；5. 商会、行会、会馆、宗教等组织对企业之作用；6. 管理机构之组织（注意其发展与变化）；7. 经营管理之现代意义。

（五）晋商交通运输与商路古今变化之研究：

1. 与赋税之关系；2. 商业分布地理（注意其规律性之发现）；3. 与少数民族关系。

（六）晋商与各大商帮的比较研究（注意其相互影响之研究）。

（七）晋商文化之搜集、整理与研究。从现存的文集、碑刻、地方志、传记、书信、回忆录、残存账目等文物中整理发掘，加以注释，写成专著或论文。

这项工程浩大，绝非少数人所能完成，只有广泛发动群众，动员对晋商文化有兴趣的同志们都来从事这项有意义的工作，有志于研究晋文化的同志们，也有必要分出一部分精力来承担一些项目；现在正在商业上工作的从业人员们，为了搞好现实工作，也需要投身到这项有意义的研究工作中来，奉献出一把力。让我们用蚂蚁啃骨头的精神来从事晋商文化的研究工作。众擎易举，众志成城，精诚所至，金石为开，凡我同志，盍兴乎来！

作者简介

师道刚，男，1929 年出生，山西省怀仁人，1959 年北京大学历史系毕业。先后任山西省教育学院、山西大学历史系教授，曾是民盟山西省委委员。从事元、明、清史教学研究工作，曾参加高校文科教材《中国古代史》的编写，著有《王小波李顺起义》等。

晋中商人的外贸思路及借鉴

郭齐文

　　晋中外贸，历史悠久。根据灵石出土的罗马古币推断，晋中商人的对外贸易，可以追溯到1900年之前①。当时，灵石居于古商路之要冲，因此不排除有对外贸易活动的可能。而晋中这块地域外贸最活跃的时期，则是在明清之季。数百年间，太谷曹家、榆次常家、介休范家、祁县渠家、乔家，祁太旅蒙商大盛魁等商家大号，远达日本、俄国、高丽以及南洋诸国，不畏艰险，开创市场，成为实力雄厚遐迩闻名的晋商外贸大家。据史料记载，从雍正五年（1727）中俄签订《恰克图条约》起，中俄两国通过恰克图的贸易，完全由晋中商人垄断达两个世纪之久，在中国外贸史上写下了辉煌的一页。这充分证明，山西人历史上并不是封闭和保守型的，而是具有艰苦奋斗与创业的气魄。在外贸实践中，审时度势，扬长避短，获得成功。本文想探讨一下晋中商人称雄200年的外贸实践思路，以及由此引出的借鉴。

思路之一：借它山之石

　　榆次常家以茶商起家。在其宅院的旧书房院内，东碑廊檐下曾挂有一匾额，上刻"它山之石"四字。常家世代书香，能书善写之士代有传人，此匾的本意当指廊壁上镶嵌的清代书家杜大统的书法刻石，擅长书法的主人欲吸收其书艺之长而提高自己。但我们不妨引申其意，常氏以儒从商，其商业活动无不渗透着儒家文化的学养根底和精神内涵。以茶叶而论，由于气候条件的制约，山西境内不产茶叶，但常家与俄国的贸易却以茶叶为大宗，借南省的物产而发财，这不正是"它山之石，可以攻玉"的文化颖悟吗！清道光六年（1826）至光绪初，常家先后在中俄边界的恰克图设大升玉、大泉玉、大美玉、独慎玉等以经营茶叶生意为主的商号，"构成了以张家口大德玉为总号，其他四个商号联袂在恰克图从事对俄贸易的格局"②，独慎玉还在莫斯科直接设立分店。在常家的影响下，三晋各大商贾以敏锐的市场眼光洞悉俄民"宁可一日无食，不可一日无茶"的生活习惯，争相效仿，一时，著名茶商发展到100余家③，垄断了恰克图的对俄贸易。与常家比肩而立的大商庄有太谷曹家的锦泰恒，也在莫斯科设有分号；祁太合办的大盛魁、榆次的恒隆光、祁县乔家的大德兴等（大德兴专门从事采购、制作、运销，不直接对外贸易）。晋中商人利用"它山之石"获取了可观的巨额利润。资料记载：道光十七年（1837）恰克图的茶叶外贸，年均8万箱（每箱重约100磅），到道光二十三年（1843），年均达到12万箱，"较一个世纪以前恰克图条约签订初期的贸易额（1万卢布）""增加了1000多万倍"④。对俄的茶叶贸易形成了山西商帮的一支劲旅，雄踞全国之首，成为晋中商人对外贸易最辉煌的一例。此外，介休范氏的日铜外贸也另具特色。范氏为清代皇商，是明末"市易边城"操纵张家口贸易的晋商八大家之一。清廷入关定鼎之后，铸造钱币需从日本进口大量铜锭，范氏觉得有利可图，遂以"减价交售，报效国家"之请，由清政府批准，于康熙三十八年（1699）、乾隆三年（1738）两次包办进口日铜的生意，"浩浩荡荡的皇商'船帮'沿着海上丝绸之路往来于中日之间，以中国生丝、绸缎、茶叶、杂货等土特产品，从日本长崎换回日铜"⑤，"购铜数量年达六七百万斤巨额"⑥。去货之利以一比五，回货之利以一比十，"故铜商之富豪，甲于南中"⑦。这一"它山之石"的利润也足可观。

再举太谷的夏布庄为例，清末太谷城内有名的三家商号叫锦全昌、万聚恒、元生利，资本都在2万两以上。他们由四川的隆昌、荣昌地区采购夏布（彼地盛产苎麻，家家手工织夏布），再以上海为基地，直接与朝鲜、西欧行商做生意。太谷曹家则直接在莫斯科设号，由河南鲁山采购曲绸，运抵张家口打包，然后贴上曹氏商号的货品标签，运往莫斯科经销。

受区域性自然生态的制约，一个地域的资源、物产总是有限的。然而在商贸领域，晋中商人却具有变有限为无限的战略思想，有效地利用外地资源，广开财路，把赚钱的视野扩大到全国，扩大到海外，树起了一面个性化的商贸旗帜。

思路之二：扬当地优势

扬长避短，利用当地优势，也是晋中商人开拓外贸市场的主要思路之一。以出口龟龄集而驰名中外的太谷广升远药店为例。龟龄集原为明代嘉靖年间的"御用圣药"，在宫中随方士陶仲文升炼龟龄集的太谷人将秘方带回家乡，传入广盛号家庭药房炼制，数百年间，药房演变为广升聚、广升誉、广升远等名号。在广升远时期，经营者抓住"只此一家，别无分店"的特殊优势，确立"要以大的做法，成为满天飞之势"⑧的经销思想，在配方质量、提炼工艺及包装设计上从严从精,终于信誉日隆,打开销路。该店在香港、广州、禹州、营口、彰德、济南、重庆、烟台、西安等地均有分庄,销路由国内推向东南亚诸国。1915年参加"巴拿马赛会",1929年,参加"西湖博览会",均以其药效独著而获奖。1928年,以年销售4万瓶创外销最高纪录。据资料统计,从光绪十一年(1885)到民国十九年(1930),46年间,广升远药店共获利75万两白银,相当于原资金的28.9倍⑨。药店为了开拓与占领市场,不遗余力地在名牌的质量和包装上大做文章,除保证选料的高标准外,提炼过程亦按照道家"采天地之灵气,受日月之精华"的要求,要完成90余道工序;包装装潢也极为考究。清代中叶,其包装已是精制玻璃小瓶一钱装,软木瓶塞,朱蜡封口,配之以方单、品名、牌号、注册商标等附件,美观、大方、实用。这种抓住自身优势而不惜工本求真求善求存的竞争意识,终使龟龄集在中外市场上的信誉历数百年而不衰。经理曾自信地说:"龟龄集……是百年大计,可以传至子孙万代。我们闯开了,别人就再也抢不走这好买卖了。"⑩历史忠实地验证了他的话。

当地优势产品的外贸。在晋中历史上还有核桃、白瓜子、长山药、杏仁、陈醋、大麻、党参、甘草、柴胡、猪苓以及推光漆器等。这些产品,都具有个性优势,例如长山药,平遥县岳北村所产,其特点是皮薄、质细、条长;太谷县阳村产的则肉质绵软,长于入药。祁、太、平三县的长山药,均被国外称之为"中国人参",进补者都争相购买。民国十五年(1926),外地商人的收购量达30万斤。后来由当地人自己加工出口,"远销南洋群岛、日本、美国旧金山等地"⑪。民国二十五年(1936),出口达15万斤⑫。晋中特产丰富,个性鲜明,当时这类商品,特别是农产品的出口,多假外商、洋商之手,农民受个体生产的局限,"各人自扫门前雪",没有主动出击,开创自产自销之路,也没有实行同类产品的再加工和联合销售,更没有占领和垄断市场的经营观念,突出地反映了小生产者的弊端。即便有出类拔萃者,在那种境况的制约下,也难以造势发展了。

思路之三:兼工带农

这里讲的"兼工带农",不是一部分晋商传统的"前店后作坊"的概念,也不是指本世纪交通便利之后,晋商对于近代工业的兴趣与投资,而是指晋中商人在外贸商品加工或转化过程中,为了简化环节、节省开支所带动的工业的发展和引发的农民致富机遇。仍以榆次常家为例,作为大宗商品茶叶,采买于福建武夷山区与湖北、湖南的产茶区,然后运抵恰克图。期间,由采购、加工到销售,实行一条龙管理。常家在湖北的蒲圻、崇阳,岳州的临湘、巴陵等产茶良区,开发不毛,建立采买基地,鼓励和指导当地山民种茶,然后从他们手里低价收购,农民因之而温饱、致富。茶商将采购的茶叶运抵距蒲圻县数十公里的羊楼洞,在自己开设的制茶作坊里炮制砖茶,工人全数由当地农民中雇佣。羊楼洞的此类作坊共有十六七座,在江南颇有名声。这种兼工带农的商贸格局,始终在茶商的监督、管理、指导下运作,不仅保证了商品质量，赢得了时间，而且在客观上也促进了手工业和农业的发展。茶商每年通过恰克图平均要向俄国倾销 4 万箱茶叶，于此首先促进了纸张、竹编、木箱等手工业生产。质量就是信誉，时间就是金钱，茶商深悟其道，因此，可以说兼工带农是晋中商人开辟的茶叶之路的特殊产物。在特殊的环境中，因经商的需要产生的商、工、农一条龙模式，具有一种综合商社的性质，就是这种独特优势使常家在市场竞争中长期立于不败之地。

思路之四：以货易货

驰名的中俄恰克图贸易，以以货易货的方式进行。"俄国商人付给中国商人各种毛皮、羔皮、呢绒、棉线、上等山羊革、各类畜皮、麝香、马鹿角等等。换回来的主要是各种茶叶及一部分中国丝织品"[13]。太谷曹家除每年向俄国倾销 1.2 万匹曲绸[14]外，"同时兼运销各种花素绸、绫、罗、绢、纱以及千两茶等，回头脚则运俄国的金沙、呢绒、哈喇、俄毯等货"[15]。由太谷人王相卿、祁县人张杰、史大学创办的大盛魁，"出口商品除各种砖茶外，还有羊毛、牛皮、羊皮和各种兽皮等。它所办的进口货主要是哈喇、毕图绒、羽毛纱、大绒、毛毯和俄国标布，也进口一些呢子、哔叽、钟表和铜器等"[16]。在恰克图，伊尔库茨克等地的外贸商人，都是这种以货易货的做法。事实上，在明代就已有"台商纳马，以茶偿之"的以茶易马交易，不过当时是官茶，以后则由官而民。这种以货易货的形式，在晋中民间叫"来回脚"。商家以钱为利，自然要将时间视为金钱。中国地大物博，单是一条茶叶之路就有万里之遥，加以长途跋涉运输之艰难，故"时不空过，路不空行"的来回脚，就成为经商者生财的必然思路。以货易货已是省中有赚，再加上南、北、中、外的商品差价，一次贸易所得厚利自是可观。

介休范氏与日本的铜锭贸易，也是"来回脚"。船队出海，带生丝、药材、绸缎、蜜饯、瓷器、杂货等国货特产，在日本出手后购铜而归。《诗经》上有"抱布贸丝"之语，可见以货易货之形式古已有之，不过古代只是一种互通有无单纯的生活需求而已，发展到后来，便成为商家们经商获利的一种手段了。

思路之五：结帮运输

利润的追求把晋中商人推向艰苦的历程，长途贩运的艰险又启迪了晋中商人的睿智，因而产生了晋商历史上闻名遐迩的船帮与驼帮。

船帮指介休范氏对日贸易的运输船队。康熙三十八年（1699）、乾隆三年（1738），范氏两次组建自己的船队为清政府进口日铜，最盛时，一次出海四五十艘。每年两次放洋，借季风往返，长风帆影，浩浩荡荡，被称为"山西船帮"。

驼帮指中俄贸易的车马驼队。从雍正五年（1727）开辟恰克图贸易市场之后，晋中商人从福建、江西、湖南、湖北、浙江等省区采购茶叶等物，辗转经河南、山西、河北、内蒙等省区，运至恰克图，其间，旱路、水路、沙漠大荒，近1万里，由采茶区至张家口6000华里，由张家口至库伦2500华里，由库伦至恰克图700华里。南省起货，雇用骡马（陆路）船（水路），到达张家口后即启用自己的运输工具。夏秋两季，以马、牛运输；冬春两季，以骆驼运输。马、牛车以数百结队，骆驼则往往上千成列。每15驼编为一队，每10队称为一房，每房有20余驭手。一次运输，数房相随，驼铃叮咚之声不绝于耳。"在交易繁盛时期，有数万只（辆）骆驼和牛马车投入运输"⑰。旅蒙商大盛魁不仅有自己的驼队，而且在百灵地及什勒格还建有两个驼场，共养驼3000余峰。运输沿途，经过驼场，将疲累的骆驼换下，如接力一般。"投入运输的驼车数以十万计"⑱。这样庞大的驼队，经受着酷暑严寒、饮食不适的考验，艰苦卓绝地往返于沙漠大荒，达两个世纪之久，可以说是世界商业史上的奇迹。

晋中商人在开拓外贸领域的岁月中，用自己的勤劳和智慧铸成的丰碑，显示了晋中人开拓进取的历史辉煌。我们研究这一历史，拟透过商业前贤的经营思路探究其商业文化深层的内涵，从而更好地洞悉、利用和占有天时、地利、人和这三大要素，创造今日的辉煌。为此，我们不妨也研究一下借鉴的思路。

一、提高素质激发智商

素质，包括多方面的修养，这里专指商界的文化素质。榆次常家开辟茶叶之路，外贸称雄200年，首先在于具有很高的文化素养。常家是世代书香之家，有资料统计，从康熙年间至清末废科举之时，近200年间，常家取得秀才、举人等学位者共176人，向以智力群体名冠乡里。如此智商高的家庭从商，其思路、决策自然要高人一筹。即便是文化素养较低的财东，如太谷曹家的前期，其各大商号也要聘用高智商经理。发迹后，在后代的培养上，也颇为重视智力投资。曹润堂就是曹氏培养起来的典型人物，他胸藏韬略，能诗善画，中举后其智商闻于商界者，如组织联合商股赴塞外办垦务；积极参与保护山西矿权的争矿运动；发出"开矿、筑路、兴工商"的主张与"喜逐陶朱求富国，漫从罗马觅奇书"的宏愿，并以他的才华和练达赢得商界的拥戴，被推选为山西商会的总办。其实，过去的商家，无论资本厚薄、商号大小，都很重视文化层次的反映，不仅言行举止有一套文化规范，而且从招商幌子、商号匾额上面都要设法体现文化层次，请名家写匾蔚成风气，甚至过春节商店门口的对联都要颇为慎重地请文化高手撰文书写，借以显示商号的文化形象。今日商界，在这方面存在不可否认的逆差，而这种逆差又在制约着经济的发展。"没有文化的军队是愚蠢的军队"，商界何独不然。

二、重铸道德求信存义

晋商是最讲职业道德的商帮，这个共性以儒家文化为支柱。晋中的外贸大家在经商活动中，毫无例外地遵循着道德规范，其根本内涵就是信、义二字。常家的茶叶，广升远的龟龄集都是以质取胜，而货品的优质便是商业信誉的核心，这是其两个世纪商运不衰的根本因素。以货贸双方而论，外国商经把顾客视为上帝，而晋商则把经商活动视为陶朱事业，遵循"仁者爱人"、"见利思义"的儒家道德，不仅诚信待客，而且仁义律己。诚信待客的构成要素，包括了视顾客为上帝的理念，不过中国不叫"上帝"而已。从顾客的感觉效应（包括对顾客笑脸相迎、点烟、斟茶、介绍商品、启看包装、商标等）到适用效应（包括货真、价宜、退货、换货等），以满意的微笑构筑起贸易的金字塔。仁义律己则是道德的自我约束。这里当然不排斥商家的商规商约的约束，但儒家文化的道德内涵，即仁、义、礼、智、信所形成的社会意识趋尚，却已在人们心中——包括从事商业的各个层次的人的心中深深地扎根并成为自束行为的准绳。常家在茶路上兼工带农的做法以及恰克图的互市，完全体现着这种儒家道德。即便是商界的下层人物，也以仁义为绳约束自己，视中途"跳槽"为耻，故东家、经理、伙友都在一个传统道德支柱的轨躅内发挥自身作为，从一而终。因此，晋商以信义著于天下。这个传家衣钵，今日也不可丢弃。然而道德的破与立，是社会和民族的大事，非商界自身而能左右。中宣部部长丁关根同志曾强调指出，"在建立社会主义市场经济的过程中，在世界范围各种思想文化相互激荡的条件下，能否搞好社会主义精神文明建设，关系到我国社会主义的兴衰成败，关系到把一个什么样的中国带入二十一世纪"[19]，如果全社会对此达成共识，自觉执行文明道德的规范，党和政府再加大政治力度，一定会产生社会道德风尚的良好氛围，文明经商作为社会道德的一个表现窗口，才会出现满意的局面。

改革开放以来，在正确政策的感召下，在国际、国内的商海大潮中，晋中经济又趋腾飞之势。不少优秀企业家应运而生，介休李安民的多维思路和气魄；榆次梁文海的管理意识与广告效应，树立了当代区域企业文化的典范。我们如果将晋中商人的历史经验与当代企业家的现实经验加以研究、比较和总结，高度重视企业的智力投资和道德规范，进一步搞好企业的深化改革和强化管理，放开眼界，拓宽胸襟，宽松环境，清晰思路，人杰地灵的晋中大地，一定会丰碑再树。

注释

1.《中西交通史料汇编》有记载云："清末西人在山西霍州灵石县地方掘得罗马古铜钱十六枚，观钱面镌文，盖悉为罗马皇帝梯拜流斯至安敦皇帝时代所铸者也。"

2、3.《文史研究》1992 年 1、2 期合刊，常士晔：《榆次常氏二百年从商纪略》。

4. 葛贤慧、张正明：《明清山西商人研究》（香港欧亚经济出版社出版）。

5.《介休县志》初稿·商业编。

6、12、17、18.《山西外贸志》（初稿）·上。

7.《东倭考》，转引自《山西外贸志》（初稿）·上。

8、9.山西中药厂厂史编写组《广盛号的创立及其演变》。

10. 韩洪文：《广誉远药厂四百年》。

11. 吕日周：《山西名特产》（农业出版社出版）。

13. 《外贝加尔边区纪略》。

14、15. 聂昌麟：《大谷曹家商业资本兴衰记》。

16. 《旅蒙商大盛魁》（内蒙文史资料专辑）。

19. 丁关根：《在全国精神文明建设经验交流会上的讲话》（1995 年 10 月 22 日）。

作者简介

郭齐文，男，1937 年出生，山西榆次人，原任晋中市史志研究院副院长，编审。现为中国书法家协会会员，中华诗词学会会员，晋中市书协名誉主席。著述有《书法家赵铁山》、《楷书行书技法要领》、《兰草集》、《兰台续吟》、《郭齐文论书诗墨稿》、《郭齐文书法艺术》、《晋商诗书画艺术》、《铁笔松风赵铁山》等。

晋商的人本思想及其对今日企业的启示

郭齐文

晋商以重视用人之道著称于世。以票号为例，从清道光初年（1823 前后）第一家票号——平遥日升昌诞生，到咸丰初年（1852 左右）平遥、祁县、太谷三帮票号的形成，经同治、光绪间的大发展，到民国十年（1921）的衰竭，百年沧桑，汇通天下。纵观这段辉煌的金融史，诸多经验之中，用人之道尤为突出。联想今日之企业，近些年来，在用人问题上弊端很深。有的因行政干预而开后门绿灯，不分良莠，有关系者进；有的因自主权扩大而以亲疏定人事，培植戚族，远贤能之士；有的私营或乡镇企业则以打快拳为主，只抓票票，不管道道。因此，出现了傻大黑粗污染环境、假冒伪劣充斥市场的局面，人才缺乏，商德沦落，主体经济滞后，市场竞争乏力。目前，内外条件和环境都非常有利于企业的发展，我们应该抓住这个机遇，正视潜在危机，回顾历史，认真思考，借鉴昔日晋商用人之道，革除企业界弊端，重树一代新风。笔者走访了晋中昔日以商著称的祁县、平遥、太谷、介休、榆次等五个县市，查阅资料，研究现状，就企业如何重视"人的因素"这个课题，捋出了一条借鉴的思路。

一、树立人本思想，确立唯才是举的用人之道

山西票号视人才使用为立基创业之根本。用人标准，以事业之利害为准绳，界定明确，规制严格，绝不营私苟且。其用人之道，可以归纳为三点：1. 避亲用乡；2. 择优保荐；3. 破格提升。避亲，即用人回避戚族，包括财东与掌柜（经理），也不能荐用自己的亲戚，这就从根本上避免了戚族的私情对企业的负面影响。用乡，即指录用本乡本土人才入号。这是晋商名庄大号用人的共同特色。据光绪三十二年（1906）太谷协成乾票号人名摺[①]显示，全号 112 人，其

中，太谷籍61人，占总人数的55%，祁县籍、榆次籍各10人，太原籍6人，徐沟籍5人，文水籍4人，清源籍3人，汾阳籍2人，定襄、交城、平遥、阳曲籍各1人，未标籍贯者6人。112人中无一外省之人。表象上看，排斥外省人才似有保守封闭之嫌，其实际效用却是加深了乡亲之间情感上的维系。一方面，表示财东恩泽于乡里，当时，民间有"不入官场、便入票号"之说，年轻小伙能够入得票号干事，便是仅次于当官的荣耀。另一方面，伙友的乡土观念和感恩思想也增强了企业的凝聚力，所谓"同事贵同乡，同乡贵同心，苟同心，乃能成事"②的道理。择优，指录用人员而言。凡欲入号者，务须经过查三代、询履历的背景考核。条件合格者尚有面试、口试、笔试之测。面试，以五官端正、仪态端方、身材适度为标准；口试，以口齿伶俐、应对敏捷为标准；笔试，以书写端秀、纸面洁净为标准。更有甚者，太谷志成信票号招收伙友则规定："年龄必须十五以上，二十以下，身高须满5尺，家世清白，五官端正，毫无残缺，语言辨捷，举动灵敏，善珠算，精楷书"，③其严格程度更胜一筹。具备如此全面的标准，尚不能被票号录用，还必须有保证人的保荐。而保证人又必须是在地方上有头脸且具有实力的人物，其担保责任也绝非一纸形式。被保荐者入号后"倘有越规行为，保证人负完全责任"④，"如有舞弊事情，由当日保荐人赔偿损失"⑤，"倘保证人中途疲歇或撤保，应速另找，否则有停职之虞"⑥，这就形成了择优用人的双向保证制度。正是这种近乎刻薄的做法，杜绝了人情干扰，优化了人员素质。破格提升，也是山西票号不拘一格用人才的特殊举措。一旦发现人才，就打破框框使用。按照常例，票号学徒须届满三年，才能取得帮账或外派的资格。然而，有出类拔萃者，则被破格提携，甚至委以重任。"宣统元年(1909)，入志成信票号的练习生孟刚，因聪明能干，入号半年就被破格升为帮账"。⑦光绪十五年(1889)，祁县子洪镇人高钰弃儒从商，入大德通票号，不五年间，因敏于号事，才识过人，即被破格升任大德通总经理，于清末之季，洞悉事变，力挽狂澜，在诸家票号中独树旗帜。⑧这样既严格又不拘一格的用人规则，有力地保证了从伙友到经理的优化结构，使决策和经营始终在高层次、高效益的轨道上运行。

历史的经验告诉我们，企业之成功，善于用人是何等的重要。尤其是国有企业在转换机制、在市场经济中谋取竞争优势时，必须把唯才是用的人本思想放在首位。可以这样断言：重视人才必胜，忽视人才必败。今日企业人才的含义，应包括道德和才能两个方面的综合素质。目前，当务之急是发现、使用和造就一批德才兼备的企业家，他们应该具备忠于国家、忠于事业、大公无私、廉洁文明的高尚情操，具备较高文化水平、精通业务技术、知人善任、有胆有识的管理才能，具备洞悉市场、果敢有为、聪敏应变的开拓能力。票号时代，平遥日升昌的总经理雷履泰，从票号创办到年届古稀，倾心竭力，终其一生，为票号之发展做出了不可磨灭的贡献。祁县人高钰，执大德通票号经理二十又五年，运筹帷幄，决胜千里，名声著于金融界。定襄人齐梦彪，在太谷志成信票号由学徒而经理，笃侍一主，业绩显赫。选好企业的当家人，的确是关系企业生死存亡的头等大事。只有解决好带兵的将帅，然后才能秣马厉兵，决战决胜。因此，在整个社会变革的进程中，在用人问题上，也同样应该彻底解放思想，企业的生存和发展、市场的竞争和决胜，需要我们打破各种框框套套和陈规陋见，不拘一格用人才。

二、着眼长远利益，建立优化素质的育人机制

山西票号在生存、竞争、发展的过程中，不仅重视选贤任能，而且重视全员素质的训练。一批批学徒，新陈代谢，从遴选到训育，有一套严格的管理和训练规则。票号学徒以三年为期，分阶段训练。据《山西票号史》（卫聚贤本）记载：训育科目分德、才两方面。道德教育以"重信用、除虚伪、节情欲、敦品行、贵忠诚、鄙利己、奉博爱、薄嫉恨、喜辛苦、戒奢华"为标准；才能培养则规定有"打算盘、习字、背诵平码、抄录信稿，练习写信及记账"等业务内容。在入号的三年中，就给学徒规范出一个很高的标准尺度，达不到这个标准，或行为有失检点，就会被辞退甚至开除。对新老店员则更有统一禁令："1.不准接眷出外，2.不准在外娶妻纳妾，3.不准宿娼赌博，4.不准在外开设商店，5.不准捐纳实职官衔，6.不准携带亲眷在外谋事。"⑨道德、业务、行为全面地规划出一种高标准的模式目标，以老带新，周而复始，始终持续着全员素质的优化教育，使票号各个层次、各个环节的营运，都处在一种最佳状态。这种重视培育人才的做法，是经理人才远见卓识的战略思想的反映。今日的企业家面对改革大潮的冲击，面对大市场的挑战、面对金钱的诱惑而产生的各种各样的私欲，应很好地借鉴前辈的成功经验，努力营造一种提高企业全员素质的良好氛围，建立各种有效的育人机制，如夜校培训、服务奖惩、群众监督、优胜劣汰等等。祁县大德通票号于鸦片战争以后，为了竞争，"设学延师课夥"，"故辛亥之役，汇庄自摧者十九,独大德通岿然矗立"。⑩今天的企业管理部门则应根据企业的不同性质和特点，从德、才两方面规定具体内容和办法，定期考核检查，利用各种宣传媒体向社会曝光，形成企业人才竞争的大气候，促成商业经济和企业文化、企业道德的同步发展。

三、培育商德沃土，开启一代新风

晋商的人本思想，植根于儒家文化的沃土。从道德伦理的高度透析，有如下几个方面值得探讨：

（一）忠爱观

忠，含有忠君与忠人的情操指向；爱，就是孔子说的"君子成人之美"。忠爱，大而言之，就是忠于国家，忠于民族，忠于事业；小而言之，就是忠于职守，助人为乐。晋商的史事，这方面的例子很多，如首开中日贸易的清代皇商介休范氏，为了清廷铸币之需，承担从日本进口铜锭之业务，"自请减价包办"，以期降低清廷开支。在平定准噶尔叛乱中，范氏又主动"提请办运军粮"，"辗转沙漠，万里不辞"，"节省国库银亿万余两"；⑪"国家遇有缓急，虽百万饷需，不崇朝而立集"⑫的平遥协同庆票号；"竭力捐输助响"⑬以报国家的介休大商贾冀氏，都有忠于国家的壮举。光绪二十四年，以祁县三晋源票号财东渠本翘为首，联合祁、太、平各票号，由英国人手里争回矿权的争矿运动，则更是晋商反帝爱国的民族精神的一面旗帜。"渠

氏本人入股银 5 万两，并任第一任总经理，到 1907 年终于迫使英商及清政府同意"⑭收回矿权。至于赈灾捐输、捐资助学、修桥补路等公益善举则更不胜枚举。

（二）仁义观

仁，是儒家文化的内核。义，即体现仁的行为标准。荀子曰："仁者爱人，义者循礼"。晋商讲仁义，以良贾、善贾著称于世，他们所求的商品货殖之利，包含着一种公平交易、老少无欺的道德因素，即所谓"见利思义"，而不是见利忘义，或者唯利是图。祁县大德通票号，以《大学》、《中庸》为教材；⑮借以教育同人"正心、修身"，讲求仁义；平遥蔚丰厚票号，则以"信义勤俭"⑯为宗旨；清代皇商介休范氏，一向"市易边城，以信义著"⑰。整个商界，讲求"买卖不成仁义在"、"和气生财"、"秤平斗满"。甚至有"宁肯陪折腰，不叫客吃亏"的商谚在大小商号中流传。

（三）诚信观

晋商在金融与货殖贸易中讲四个第一：货品——质量第一；货币——成色第一；待客——诚敬第一；赊销——信赖第一。维持数百年之久的太谷广升远药铺，制作名贵中成药龟龄集、定坤丹，参非"高丽"、"老山"不选，茸非"黄毛"、"青茸"不用，⑱故信誉著于市场，药品上只要见"广升远"三字，买主就信得过。清代，太谷因金融业与商业之繁荣，以"金太谷"著称，凡在太谷通行之元宝，成色必须达到 998，不足者须投银炉重铸，元宝上只要盖有"太谷周行镜宝"之钢印，就可在全国通兑，信誉卓著。⑲商家对待顾客，遵循"烧香叩头盼买主，进来的都是财神爷"的观念，笑脸迎送，童叟无欺。以批发业务为主的谷商，向有赊销之例，买主购得货物，标期（一年四标）付款，再发生新的债务，买卖双方互相信赖。这四个第一，集中地体现了晋商的诚信观念。

（四）克己观

晋商之克己，以耐劳、俭约为著。"商贾勤于贸易"，"跋涉数千里率以为常"。⑳太谷曹氏之商业，开拓于东北的朝阳地区，民谚有"先有曹家号，后有朝阳县"之说。曹氏由种菜、养猪、磨豆腐，进而酿酒、开杂货业和典当业，一直发展成为商号遍及大半个中国的三晋巨富。㉑由祁县、太谷人合伙创办的，垄断内外蒙商业的三晋首家旅蒙商大盛魁，在学徒的训练课题中，创始人王相卿始终坚持带领学徒挑起扁担下乡做生意。㉒不少致富后的大贾，将创业之物或独轮车或鞭杆或扁担视为传家之宝，供于神堂，教育后代，以示不忘创业之艰难，"处之丰时不见其有，啬时不见其不足"。太谷上庄巨族王氏，"朴素之概，不异乡者"㉓；城郊富室王武氏，"甲第连云，阡陌栉比"，经商之外，"治田也勤且俭，虽至糠秕稊稗亦必筹夫用途而不使货弃于地。"㉔

中国数千年文明，注成了儒家思想文化的民族血液，仁、义、礼、智、信的道德规范，无论南北东西，士夫黎庶，学子文盲，都熏染其间，这就是晋商创业、发展的伦理根源。他们深谙一个真理："统观始末，成败得失，皆系乎人。人存则举，人亡则废，凡事皆然。"[25]今日之企业，当务为育人，培育商业道德尤为首要。客观地讲，当今之伦理道德，很难在人群中规范出一个理想的标准，新的社会公德的舆论氛围尚未形成，有许多问题需要探讨和解决。拙见以为，继承晋商的人本思想，存在一个对儒家的再认识问题。在现代社会生活中，从继承中华民族传统文化的观点出发，儒学具有一种不可替代的旺盛的生命力，它的价值首先在于以"仁"为体系的思想精华。它提倡培养圣贤或以圣贤为榜样的精神境界，它重视提高全社会的道德素质，重视净化社会风气。我们今日所倡导的具有中国特色的社会主义精神文明，应该包括这一历史文化遗产的精华内涵。晋商在道德伦理上的忠爱、仁义、诚信、克己等观念。在货殖贸易中，经历了数百年的实践检验，成为晋商与社会公认的商德规范。批判地继承这些观念，在内涵上赋予它们以新的理解、新的内容和新的要求，并借鉴于此，规范出社会主义新商德，如弘扬民族精神、热爱社会主义祖国、见利思义、生财有道、货真价实、买卖公平、诚信和悦、童叟无欺、克勤克俭、艰苦奋斗等，从而以德践行，开创社会主义企业和市场的一代新风。

社会主义的商海大潮已非昔日可比，中国企业面临着纷繁复杂的世界大市场的挑战，智商和战略的无情较量必然是优胜劣汰。"得人者昌，政界固然，商界何独不然"。[26]社会主义企业必须从历史与当代的交叉点上找到并树立起自己的形象，而人本思想就是这一形象的灵魂。从这个观点出发，发现、培养和造就企业人才，才能很好地借鉴历史，改革现在，开拓未来，重视企业道德建设和企业文化建设，审时度势，稳操胜券，一步一步走向新的辉煌。

注释

1、8、13、16、17. 《山西票号史料》山西人民出版社出版。

2. 太谷商号"静丰得"财东赵昌燮语。

8. 李渭清：《山西太谷银钱业之今昔》。转引自《山西票号史料》。

4、6. 颉尊：《山西票号之构造》，转引自《山西票号史料》。

5. 卫聚贤：《山西票号史》。

7. 孟刚资料。

8. 祁县县志办资料。

9. 范椿年：《山西票号之组织与沿革》，转引自《山西票号史料》。

10. 刘文炳：《王宗禹传》，转引自《山西票号史料》。

11. 赵俊萍、傅钟源：《清代皇商范毓馪传略》，《介休县志通讯》1985年第14期。

12. 李宏龄：《票庄协同庆始末记》，转引自《山西票号史料》。

14. 朱明媚、武殿琦：《祁县商帮刍议》，转引自《文史研究》1994年第1期合刊。

15. 葛贤慧、张正明：《明清山西商人研究》。

18. 韩洪文：《广誉远药厂四百年》。

19. 太谷县志办资科。

20. 民国十九年版《太谷县志》。

21. 贺忠富、郭齐文：《太谷北洸曹氏商业概况》，转引自《太谷县志资料选》。

22. 《旅蒙商大盛魁》。

23. 《冀川王君墓志铭》。

24. 《王君燮堂墓志铭》。

25、26. 李宏龄：《山西票商成败记》，转引自《山西票号史料》。

阎锡山与辛亥革命

景占魁

辛亥革命是中国近代史上的一场伟大革命。在这场革命中，阎锡山组织领导的太原辛亥起义和对全省革命的部署，与吴禄祯组织"燕晋联军"，及其率部在晋西北和绥远地区继续转战等活动，对于山西和全国的辛亥革命都发挥了重要作用，做出了积极贡献。

一、辛亥革命前夕和太原首义中的阎锡山

阎锡山（1883—1960），字伯川，山西五台县河边村（今属定襄县）人，出生于一个小地主兼商人之家，1902 年入山西武备学堂，1904 年被选送到日本学习军事。在日本，他曾亲耳聆听过孙中山关于三民主义的教诲，并于 1905 年加入了"同盟会"和同盟会的军事核心组织"铁血丈夫团"。1909 年于日本陆军士官学校毕业后返国，先被安排到陆军小学堂当教官，经清廷对他们这批留日学生会试后，阎锡山出任清新军四十三协第八十六标教练官。1910 年春，"交文惨案"①发生后不久，接任第八十六标标统。

辛亥革命前的山西，广大民众反帝反封建的斗争一直不断，继轰轰烈烈的义和团运动之后，举省上下掀起的争矿保矿运动，以及各地民众此起彼伏的抗捐、抗税斗争，犹如星星之火，蓄势待燃，为辛亥革命在山西的兴起，奠定了广泛的社会基础。而阎锡山这批留日学生和此前的山西留日学生，因其大部分参加了同盟会，对改变中国积贫积弱的现状都有着强烈的愿望，因此，他们回国后大都投入了革命活动。

他们在积极发展同盟会员、在各地建立同盟会支部的同时，还主要集中于文武两个方面的活动。"文"的一面，就是通过创办报纸、书社，大造革命舆论，竭力宣传民主革命思想，抨

击清山西当局推行的暴政和种种劣迹，以唤起民众，动员民众。如由留日学生王用宾任总编纂的《晋阳公报》改组后，在报纸上所辟的"微言"一栏里，就发表过不少批评时政的文章，言简意赅，"微言"不微，深受群众欢迎。交文惨案发生后，王用宾又派访员张树帜等人，前往实地调查，将夏学津等的暴行写成新闻，予以揭露，使交文惨案真相迅速传遍全国，《申报》、《中西日报》以及各埠报刊，多予刊载。丁宝铨恼羞成怒，欲进一步加害《晋阳公报》经理刘绵训和王用宾，大兴冤狱，此事被清廷御史胡思敬参奏。最后，朝廷将丁、夏二人撤职。黄国梁、阎锡山也由教练官升任为第八十五标、八十六标标统。再如景定成（字梅九，以字行）由山西同盟会员资助在北京创办《国风日报》后，在其增加的"讽言"专栏里，也批评时政，宣传革命。时人曾评论说："东京的《民报》和北京的《国风日报》可抵十万大军"②。同盟会员南桂馨在太原创办的振兴报社、徐一清创办的晋新书社，也都努力分销革命书报。

"武"的一面，就是阎锡山等革命党人积极开展兵运工作，抓紧了对清新军官兵的争取。山西籍同盟会员在日本时，在讨论对国内革命的看法时，有人就主张"趁早联合军界同志，大小控制些兵权"。从此，回国后的山西籍同盟会员就加强了在军事方面的工作③。阎锡山出任第八十六标教练官不久，时任山西督练公所总办、总管全省兵事的姚鸿发，便想要阎锡山出5000两银子，出任遗缺的协统一职。但阎锡山"予以婉拒"，他认为"革命工作，贵在下层，若离开下层，则不易组织革命力量，掌握革命行动"④。事实上也是这样。阎锡山出任第八十六标标统后，即在本标和第八十五标中淘汰了一批"老营混子"，提拔了一批同盟会员充任标的教练官、军需官和管带。之后，为使新军更易掌握，并能成为有朝气有战斗力的革命武装，又向山西省当局提出在山西实施征兵制的建议，并得到了允准。实行新兵制后，新军全协人数十分之六为新征的山西农工青年，同时也撵走了十分之六的外省籍老营混子，使新兵与旧兵的比例有了很大改变。后来，阎锡山、黄国梁又借整理军队之机，两标各挑选优秀士兵成立了一个模范队。这支队伍"名义上作训练的表率，实际上作起义的骨干"⑤。太原首义前夕，阎锡山等还采取措施，妥善地处理了旧兵退伍问题，使在部队中发展的同盟会员和培养的中下层骨干力量，得以保留，在尔后的太原首义中发挥了重要作用。

武昌辛亥起义的消息一传到太原，调任山西巡抚不久的陆钟琦立即召集军、政、商、学等省级主要官员商讨对策。陆钟琦除加紧修理太原城墙，着人搜集同盟会员名单，准备一网打尽之外，还认为新军不可靠，准备将新军调到省城太原以外驻防，并立即调回旧军巡防队两旗（每旗300余人）到太原驻防，守卫巡抚衙门和弹药库等要害部门。另外，设法赶紧将山西原有的5000支德国造新枪运往河南3000支。

阎锡山等得知运枪调兵的消息后，认为若此计划实现，将对河南和山西的革命起义造成极大的不利。当初，同盟会总部曾决定"俟革命军到河南境内时，山西出兵石家庄，接援革命军北上"。面对时下的这种局势，阎锡山认为再不能依此决定行事，应当提前举事。这样虽然要冒很大风险，但若趁清廷重兵南攻之机在山西发动起义，清廷便会调攻汉之力而攻山西，以除肘腋之患，这也是对南方革命的响应。权衡之下，遂决定提前起义。为此，阎锡山等人先是对革命党人所能掌握的武器力量进行了分析，并且研究了应变的措施。1911 年 10 月 28 日（农历九月初七日），陆钟琦命令第八十五标黄国梁先率其一个营出发，其他新军待命出发，但未出发之前，不得发给子弹⑥。阎锡山得到这一消息后，"即认为起义的时间，势不待再缓，遂决定九月八日（农历）实行起义"⑦，接着部署了起义的进攻路线、确定了起义前线部队的领导等事项。按照这一部署，阎锡山等革命党人于 10 月 29 日（农历九月八日）发动了太原起义。经过与巡防马队、新满城守军激战，义军攻占山西巡抚衙门，击毙了陆钟琦父子和协统谭振德，拘押了布政使、提法使、劝业道、督练公所总办以及太原知府等官员。太原起义宣告成功。

太原起义是继武昌起义后，在全国响应起义的第三个省份，在北方是继陕西起义后的第二个省份。以阎锡山为首的山西革命党人在清廷对北方控制极严，又是在京畿之内的太原发动起义，确实是一件了不起的大事。其中，阎锡山所起的作用是很重要的。1912 年 9 月 18 日晚上，来到太原的孙中山与阎锡山交谈时说："你原与我约革命军到河南后，山西出兵接应，你提早在太原起义，对革命之影响很大"⑧，对阎锡山在太原起义中的积极作用予以了充分的肯定。

二、太原首义后，阎锡山积极部署山西全省革命

太原起义成功的当天，被推举为山西军政府都督的阎锡山并未沉醉于胜利之中，而是立即召集军政府副都督兼军政部长温寿泉、军政府参谋长黄国梁、政事部长景定成等军政府成员开会，研究部署下一步的行动。其中主要是在原两标新军的基础上成立四个标，以增强军事力量；将部队分为东路、北路和南路三支，分别向娘子关、晋北和晋南挺进。11 月 20 日，阎锡山又邀续桐溪来太原议事，决定成立"忻代宁公团"，由续任团长。

东路军在姚以价和第一标统张煌率领下，几乎没费什么周折，进驻山西的东大门娘子关，并在娘子关、旧关和清原坪这三处重要关隘修筑工事，配备火力。后来，娘子关一线能在清军的大举进攻中坚持数日，全赖于此。

北路军在张瑜、张培梅率领下，向代县和龙泉关进发。在此之前以崞县为中心的附近各县同盟会员正在积极准备起义。忻代宁公团成立后，很快招募起 1000 余人并任命了五台、定襄、崞县、繁峙、宁武、忻州等县的分团长。还协助北路军连克代州、宁武、阳方口等地。11 月 30 日，同盟会员李德懋、李国华、刘干臣等人在大同领导了起义，李国华被推举为大同军政府都督。不久，驻河北宣化等地的清军奉命前来围攻大同。张瑜和续桐溪闻讯后，决定由续率领忻代宁公团驰援大同。困守大同的李国华等和忻代宁公团，在强敌压境下，艰苦奋战，顽强抵抗 40 多天，也已弹尽粮绝。而袁世凯出于自己的目的，也不希望清军攻下大同。在其授意下，围城清军派代表到大同调解，双方达成协议，1921 年 1 月 17 日，清军撤围，李、续的守军也撤出大同，大同又为清军所占。但是，北路军在晋北的活动，因其在当地义军的大力配合下，基本上攻占了晋北地区，使山西的辛亥革命形成了南北呼应之势，并在此过程中壮大了革命武装。

率部向晋南挺进的刘汉卿，于 11 月 19 日通过晋南北部门户韩信岭后，12 月 2 日进抵霍州，3 日光复洪洞，5 日晚抵达临汾。此时驻于临汾的清太原总兵谢有功奉命正在风陵渡一带视察黄河防务，以防陕西革命军东渡入晋，南路军趁此机进入临汾，刘汉卿对建立地方武装和城防事宜作了安排后，又于 12 月 12 日率部南下。谢有功闻知平阳失陷，遂决定反扑。已进抵侯马的刘汉卿闻讯后，决定在闻喜与侯马间一个叫隘口的地方进行阻击，但因敌强我弱，阻击未成，李汉卿在战斗中牺牲，清军攻占平阳。

南、北两路军的南下北进，虽然未能完全实现所要达到的目的，但却沉重地打击了清军势力，瓦解了清山西的地方政权，从而有力地推动了全省的革命。

三、阎锡山与吴禄贞的联盟及其在晋北和归绥的转战

太原首义，清廷大为震动。由于山西处于京畿之内，东出可扼京汉铁路的咽喉，西守可联陕军之力，战略地位十分重要。所以，太原起义的第二天即 10 月 30 日，清廷便令驻防于河北保定的清新军第六镇统制吴禄贞出任山西巡抚，并要其"迅速赴任，毋庸来京陛见"，可见清廷对山西变故极为重视。吴禄贞奉命后即令第六镇第十二协协统吴鸿昌，率部开赴石家庄。吴禄贞也于 11 月 3 日抵达石家庄。

阎锡山对于清军进驻石家庄的目的自然清楚，因而十分忧虑。正在这时，吴禄贞派其副官长周维桢带着他的亲笔信，专程前来太原谒见阎锡山。信中除对阎锡山的太原首义大加称赞外，还就当前形势表明自己的看法，认为"然大局所关，尤在娘子关外。革命之主要障碍为袁世凯，欲完成革命，必须阻袁入京。若袁入京，无论忠清与自谋，均不利于革命，望公以麾下晋军开石家庄，共组燕晋联军，合力阻袁北上"。吴禄祯所以这样说，是因为清廷为对付乱局，于 11 月 2 日任命被罢黜的袁世凯为内阁总理大臣，此时，袁正在督师汉口，急于返京赴任。而阎锡山当初兵分三路，主要是为防止清军来攻，并在山西南北发动革命。但他并不仅限于此，更大的打算是"顶好是出兵直隶正定，一方面可堵住山西的门户，一方面可以断绝平汉路的交通"。但眼下力量有限，只好"先移师一部进驻娘子关，视清廷对我行动，再作攻守之计"。对于 10 月 30 日清廷所下的"罪己诏"，阎也认为"此不过缓和革命欺骗世人的手法，并非真心悔过，为中国前途计，必须彻底摧毁清政府统治"⑨。吴禄贞的来信所讲正与阎锡山的愿望不谋而合。若果能如吴之信中所说，不但山西可免遭清军进攻，而且能够实现"出兵直隶"、直捣北京的目的。同时，阎锡山对吴禄贞也比较了解，知道吴曾在 1900 年和唐才常组织自立军，在安徽大通县密谋起义，失败后赴日本陆军士官学校学习，先后参加兴中会和华兴会。所以，阎锡山当即复电吴禄贞，表示一切同意，并且为了详谈建立联军事宜，与吴在电话中相约 11 月 4 日在太原至石家庄之间的娘子关会晤。

吴禄贞到石家庄后，曾采取种种办法，拖延对山西的进攻，更为重要的是 11 月 4 日，吴禄贞还派十二协参谋何遂率领部队在石家庄车站截留了一列由北京开往武汉前线的满载枪械弹药、粮食服装和银饷的列车。这实际上等于是向清廷宣战。

11月4日下午1时，阎、吴双方如约在娘子关会晤，在融洽热烈的气氛中，双方决定成立燕晋联军，公推吴禄贞为联军都督兼总司令，阎锡山为联军副都督兼副总司令，温寿泉为参谋长，并次定山西民军派两个营开赴石家庄归吴指挥，共同执行截断京汉路的任务。11月5日，阎锡山便派出晋军先头部队一营，由祖树裳率领乘车开往石家庄。看来事情正在向着好的方向发展。但就在此时，风云突变，袁世凯急于返京赴任，但因吴禄贞据守石家庄而未敢起行，所以，对吴恨之入骨，密谋策划，用重金雇佣杀手，于11月7日清晨将疏于防范的吴禄贞刺杀于石家庄火车站所设的办公室，同时遇难的还有周维桢和参谋张世膺。对于吴的遇害，阎锡山十分悲伤。吴遇害后，吴的副官齐燮元曾带领一个连宣布起义，山西的景定成、仇亮、姚太素等也率兵一部由娘子关出发于11月7日抵达石家庄，与何燧、第十二协协统吴鸿昌会商善后事宜，但吴鸿昌害怕，中途变卦，带着部队向栾城开去。至此，仅存了几天的燕晋联军便以悲剧的形式而告结束。

虽然燕晋联军失败了，但是，它却在一定程度上迟滞了袁世凯进京的时间，牵制了清廷增援南方的力量，同时也延缓了清军对山西的进攻。对此，1912年9月19日上午，孙中山在太原山西大学礼堂举行的山西政界欢迎会上发表即席演说时曾讲道："去岁武昌起义，不半载即告成功……使非山西起义断绝南北交通，天下事未可知也。"⑩这里"使非……断绝南北交通"当指燕晋联军的重要作为是无疑义的。

燕晋联军失败后，袁世凯即加紧了对山西的进攻。为抵御清军的进攻，阎锡山曾派兵增援娘子关，还偕马开崧到娘子关督战。12月9日，清新军曹锟的第三镇开始向娘子关进攻。驻防于娘子关一线的民军虽然进行了英勇顽强的抵抗，但终因寡不敌众，况且民军缺乏炮兵"虽有可守之地，而无可守之器"，娘子关终于在12月12日失守。阎锡山等仓皇返回太原。随后，曹锟便率部向太原进发。

面对清军的进逼，对于是否坚守太原，阎锡山召集军政府主要负责人多次集议，但各执其词，意见不一，而形势又相当紧迫，于是阎锡山便按景定成先前提出的"分兵南北"之议，由温寿泉、景定成、杨彭龄等率部分民军南下。温寿泉率领的南路军，计划南下后攻占河东，然后出兵河南，以图大举。南路义军进至洪洞后，鉴于平阳城清军力量雄厚，遂决定暂不攻平阳，而绕道至河津。等与陕西义军取得联系后，先下运城，再攻平阳。为此，义军一方面成立了有数千人的"蒲解两属民团"，王用宾等还分别潜赴河津等县调集兵力；一方面加紧了与陕西义军的联络。陕西义军秦陇复汉军司令陈树藩和井勿幕、井月秀等率领部分兵力东渡黄河后，于1911年12月29日进入运城，占领了晋南这个重镇。接着，在陈树藩主持下，成立了由温寿泉为首的河东军政分府，各县知事均选派革命党人充任。南北议和期间，平阳又得以光复，于是晋南地区完全掌握在了河东军政分府手中。对运城的占领及河东军政分府的成立，有力地推进了革命在山西晋南的进展，而晋南革命的胜利又对山西和北方革命的开展，创造了有利条件。

阎锡山与赵戴文、张树帜等率部分义军向北进发。阎锡山所以拟去绥远包头一带，是因为清廷在内蒙古中部和西部地区所设的归绥道，是山西省的四道之一，这里有着一定的革命基础，同时，经济也比较富庶，相对晋北也离清军主力较远，阎锡山想依此"暂避其锋"，以"待有利时机"。

阎锡山率部先到五寨，不久，进抵河曲。1912年1月4日，又从古城镇出发，10日到达包头附近。1月12日，占领包头，民军缴获了许多枪械马匹。1月20日，王家驹、张树帜等又占据萨拉齐。萨拉齐失陷，清军驻绥远将军堃岫大为惊慌，急忙组织对山西民军的抵抗。1月25日，双方在刀石村（今陶思浩东站）激战。统带王家驹在指挥战斗中不幸中弹牺牲，使民军受到挫折。之后民军由拖斯和村转至寿阳营村，在此略加整顿后，即向归绥道口外十二厅之一又是商业繁华的水旱码头托克托进攻。在义军的威慑下，托克托的通判（厅的最高行政长官）包富荣最后顺应民情，决定打开城门迎接山西民军。1912年1月28日，山西民军不费一枪一弹进入托克托城。阎锡山第二天便发出安民布告，并招募兵丁扩大民军，筹措粮饷，准备再战。阎锡山在托克托城住了半个月，在这期间，南北议和已近结束，当时主持山西政务的清官员李盛铎曾派人持信前来，请阎停战，并催其返省。而其时，清廷已调集第一镇之一个协增防绥远。赵戴文等担心，在强敌进攻下，民军会吃大亏，甚至全军覆没。于是，阎锡山放弃攻归化（今呼和浩特市）的计划，由托克托南下向山西转进，于1912年2月18日（农历壬子年正月初一），抵达忻州。因袁世凯的阻挠，到4月4日才返回太原，复任都督。

阎锡山率领的北上民军，在短短的半个多月里，连克包头、萨拉齐、托克托三城。山西民军虽然付出了很大牺牲，但却沉重地打击了绥远清军，使被清廷视为其后方基地的绥远受到了很大震动，革命烈火在草原上也燃烧了起来，从而促进了北方革命形势的发展。

四、对阎锡山在辛亥革命中作为的评价

从阎锡山在辛亥革命前夕和辛亥革命中的一系列活动，可以清楚地看到，阎锡山对辛亥革命的贡献和功绩是应当予以充分肯定的。

然而，也不能不看到，阎锡山在辛亥革命中的表现，并非十全十美，无懈可击。如阎锡山因燕晋联军的失败和娘子关的失陷曾一度情绪低落消沉，甚至对革命产生动摇，他率北路军行至大同时，曾想辞去都督，说什么"我不干了，吾将去五台，削发入山，请诸君谅我，感恩不尽"⑪。再如，当阎锡山返回忻县，正准备向太原进发时，当天袁世凯来电，电令他"仍驻原地，静候调查，须有本大总统令，方可移动，并令转饬温寿泉等遵照。如违即以违令论"⑫。受到当头棒喝的阎锡山，为早日复任都督，又是派人前往北京与袁说项进行通融，又是不顾孙中山对"建都南京"的强调，赞成袁世凯定都北京，向袁讨好输诚等等。因此，难免使人诟病。如有人就认为阎锡山是"伪装革命"、"投机取巧"、"首鼠两端"，"窃取了山西辛亥革命的果实"等等。造成这种现象的原因是多方面的，而阎锡山的这些作为不能不说是一个重要因素。

对于阎锡山在辛亥革命中的作用要做出比较客观公正的评价，首先，也是最重要的，就是

应当把阎锡山的活动置于特定的历史范畴之内，即在时间上以南昌起义为标志或再往前推一些，直至1912年2月共和告成。因为在太原首义之前，阎锡山等实际上已在酝酿着革命。把阎锡山在共和告成执政山西后的作为也作为对他在辛亥革命中的作用的评价依据，那显然是不对的。因为，阎锡山在辛亥革命中的作用，是在当时的社会环境、历史条件下，他为推翻帝制、建立共和而参加革命活动时发挥的。而阎锡山执政山西后的作为，则是在新的历史条件和社会环境下为巩固和发展资产阶级的民主共和的实践中形成的。共和建立之前后，社会变革的主要内容已有很大的不同。因此，不能以后者推论前者，或是以前者替代后者。这样都做是违背历史事实的。

其次，对阎锡山在辛亥革命中所表现出的动摇、妥协，应当结合当时的社会现实，以及领导辛亥革命的资产阶级的具体状况进行分析。中国有着几千年封建统治的历史，辛亥革命前，封建势力仍很强大。中国的资产阶级是在洋务运动后，随着中国工商业的发展才出现的一个力量比较弱小的新型阶级。在这个阶级中，有不少是由封建地主、封建官僚、士大夫转化而来的。他们在政治上、经济上与封建势力和帝国主义都有着内在的联系。在这个阶级政治、经济和军事力量弱小的时候，对于封建势力和帝国主义的压迫，往往会妥协、屈服。作为这个阶级成员的阎锡山，在当时也不可能完全超脱于这个阶级的局限性。在他身上也不可避免地要带有这个阶级的特点的印痕。他在辛亥革命中的一些失误、过错，并非偶然。重视对这一问题的研究，对阎锡山在辛亥革命中的表现和作用的评价，也许会更客观、更深刻一些。

最后，对于阎锡山在辛亥革命中的作用的评价，一定要坚持历史主义。以事实为依据，结合当时的政治现实、社会环境、历史条件等，对阎锡山所作所为的动机，活动的过程，其间所处的地位，活动的结果和及其作用和影响等，在掌握翔实准确史料的基础上，予以认真分析研究；同时，要坚决克服"左"的思想，摒弃"胜王败寇"的封建主义治史观。不能因为阎锡山执政山西后有着反共反人民的种种罪过，并随着国民党在大陆的彻底失败而流落台湾，就否定他在辛亥革命中的积极作用，并把他执政山西后的种种作为说得一无所是。是就是是，非就是非，是非不能混淆，历史应当正视。

注释

1. "交文惨案"是1910年夏因在交城、文水两县禁种罂粟而发生的惨案。上年，朝廷颁布了六年禁绝鸦片的禁令，提前禁绝的官员则受特殊奖赏。山西巡抚丁宝铨为了邀功，谎报山西烟苗已经禁绝。但实际上种烟并未减少，特别是文水、交城一带种得最多。1910年清廷派员勘察，丁宝铨怕露马脚，派新军第八十六标标统夏学津带两营军队到文水开栅镇督令两县知县用武力强迫农民将烟苗铲掉。农民求宽限时日，待收割后再行铲除，夏学津不允，竟下令开枪扫射，当时打死农民数十人，酿成惨案。

2. 刘存善：《辛亥革命在山西》，山西人民出版社1981年版，第27~28页。

3. 刘存善：《辛亥革命在山西》，山西人民出版社1981年版，第20页。

4. 台湾阎伯川先生纪念会编：《民国阎锡山伯川先生年谱长编初稿》（一），（以下简称《阎锡山年谱》），台湾商务印书馆，1988年9月版，第34页

5. 温寿泉、黄国梁等：《辛亥山西起义始末》，《山西文史资料精选》第1辑，第9页。

6. 南桂馨：《辛亥革命前后的回忆》，《山西文史资料》，第2辑，第86页。

7. 《阎锡山年谱》第36页。

8. 梁上栋：《总理民元视察太原追记》，引自邓励豪《阎锡山与孙中山》一文。

9. 《阎锡山早年回忆录》，转引自《山西文史资料》第76、77合辑，第51页。

10. 《孙中山全集》第2卷，第470页，中华书局1982年版。

11. 方仲纯：《辛亥塞外革命纪略》，转引自李茂盛等著《阎锡山全传》，第132页。

12. 《阎锡山与家乡》，《山西文史资料》第67辑，第37页。

作者简介

景占魁，男，1943年9月生，山西临汾人，山西省社会科学院工作至今。研究员，享受国务院政府津贴的专家。

主要研究方向是山西近现代经济史和阎锡山。研究成果有专著《阎锡山与西北实业公司》、《山西通史·解放战争卷》、《阎锡山官僚资本研究》、《晋绥边区财政经济史》、《晋商与中国近代金融》、《山西通志·乡镇企业志》等。为《中国地域文化通览·山西卷》副主编。

山西现代工业的里程碑——西北实业公司

景占魁

20 世纪 30 年代初阎锡山在太原成立的西北实业公司，至 1937 年抗日战争爆发前，已发展成了一个拥有近 30 个大型工矿企业，包括了炼铁、煤炭、电力、机械、化学、建材、纺织、皮革、造纸、卷烟、印刷等门类生产制造的工业托拉斯。它标着着山西现代工业已经步入了一个新的历史时期。西北实业公司不仅在山西全省的工业经济中独占鳌头，就是在国内（除东三省外）它在许多方面也占有重要的地位。

西北实业公司的成立有着深刻的社会背景，在其发展的历程中，有过辉煌灿烂的黄金时期，也经受过严重的战争创伤。它的存在和发展，对维护和巩固阎锡山对山西的统治曾发挥了重要的作用，对于支持全省的工业建设和山西社会的发展，对于支持抗日战争，以及新中国成立后在发展重化工业上，也都曾产生了巨大的作用和影响。

一、 西北实业公司的缘起

西北实业公司的成立，有着深刻的社会背景。它是 1931 年九一八事变后，中日民族矛盾加剧，民族危亡日甚，而国人要求造产救国，挽救危亡之呼声愈高的情况下，主政山西的阎锡山顺应社会发展趋势，响应民众呼声，而成立的一个旨在管理和发展全省工矿企业的工业领导机构。可以说，西北实业公司的成立，是阎锡山和全省广大民众不甘落后挨打、奋起自强救国的一个壮举。

九一八事变后，日本帝国主义更加紧了侵略中国的步伐，在其占领东北三省之后，又觊觎察哈尔、热河和绥远等华北地区。中日民族矛盾日益加剧。在此情况下，国民党中央为了稳定华北局势,而阎锡山又采取了一些向国民党中央"示好"的措施,遂向阎表示了愿意"捐弃前嫌,共同御侮",并于1932年2月,委任阎锡山为"太原绥靖公署主任",主持晋绥军政。

阎锡山还在未复出之前,就对中国如何图存自强这一问题进行过思考。九一八事变不久,他在1931年9月27日的日记中就写道:"造产增人为中国今日图存之要件,当有分年计划。"当年11月下旬,在五台县河边村,他与前来采访的安徽寿县志士张崇礼谈话时,就讲到,要抵御外侮,促成和平统一,就必须"规定大规模之自强救国十年计划案。"12月中旬,在与大同通讯社社长梁毅等谈到开发西北及防旱方法时,又讲道:"苟欲挽救危亡,争存于世界,舍奋发自强外,别无他法。自强之道,即造产增人是也。总理之民族主义与实业计划,义即在此",并"拟组织西北实业公司",还提及公司资金的筹集问题①。1932年2月27日,阎锡山就任太原绥靖公署主任后,便向国民党第四届中央执行委员会第二次全体会议上书两案,一为《请政府检拨十万劲旅死守锦州,以救危亡案》,一为《请政府及时确定十年自强计划案》。在计划案中,阎锡山开宗明义地指出:"自日本强占我东省以来,迄今数月,犹未解决。而滇桂边陲,又告紧急。值此一发千钧,危急存亡之秋,幸政见之争,已告平息。一致团结,共御外侮;而一般民众复皆奔走呼号,竭力于爱国运动。多难兴邦,其在今日。处此国难当头之日,国际间之折冲,固重外交,而立国大计,尤须自强。盖自甲午庚子而后,举凡列强侵夺,未尝不借外交以作了局。惟时过境迁,不自警惕。政府无生聚教训之计划,人民无遵行推进之规程。因循荏苒,不振至今。驯至前次创痛未已,后次之艰难又来,次复一次,有加无已。溯往追来,舍急起直追,力图自强,以为挽救,则不足以臻郅治,冀立国于世界。锡山外观各国之富强,内察我国之贫弱,深感中央政府,有及时确定十年自强计划之必要"。

至于"计划案"的具体内容,阎锡山几乎对各方面都进行了思考,他认为:"在政治上应确定均权制度,以期共治,树立廉洁负责政府,积极训练人民政治知能,并促进政治经济合一之地方自治,以推进民主政治之实现。在财政上实行财政公开,力除弊端,以符取于民,用于民,而公于民之原则。在军事上应制定国防计划,确定常备军额,充实军备,并实行征兵制度,以固国防。在教育上应推进基础教育,以增进国民生活基础知能,更以质量上之适用,数量上之适合为准,以严整人才教育。在经济上尤应大规模开发物产,由国省县村分别计划进行,如矿产之开发,工业之振兴,农业之改良,以及交通之建设,凡可以增加输出,减少输入者,均须就其范围,俾人尽其力,地尽其利,以达造产救国之目的。"②

阎锡山在递上这个"计划案"后,即率先垂范,在山西积极活动起来。1932年4月12日,他就设立了"山西省政设计委员会",自任委员长,着手制定《山西省政十年建设计划案》。对于编定《建设计划案》的动机和宗旨,他在第一次全体"设计委员会"会议上的讲话中,就指出:"了现在的国难在抵抗,了未来的国难在自强。欲自强必须实行建设。古人重未雨绸缪,我们进行建设应有计划,所以我曾建议中央进行'十年建设计划',本会为山西十年建设计划,尚无成例可循。应于三民主义原则之下,在不抵触中央法令范围内,拟前三年以政治为中心,注重扫除建设障碍,确立'民主政治基础'。后七年以经济作中心,以完成'自足为目标'。希望尽心研究，本着古人以'物土之宜，而布其利'之宗旨，计划合理、合时的道路，编定适当有效方案，以尽应尽之责任。"③

设计工作分政治、经济建设两部分进行。政治建设部分由时任省政府民政厅长的邱仰浚负责。经济建设部分由时任山西省政府委员兼村政处长樊象离（1934年村政处改为建设厅，任建设厅厅长）负责。同时委派军政各界200余人为委员，分组进行。该计划的步骤是分组调查、广征意见、起草、修改、讨论、审查、修正、复核、复定，综合后印制成草册，分交各委员再次复阅。工作进行得相当紧张，也十分认真。

在阎锡山的督促下，1932年12月20日，《山西省政十年建设计划案》正式编成。然后，阎锡山又组织太原绥靖公署首席参事崔廷献、参事潘连茹、宁武超、张之杰及秘书等人再对此案全部组织审核，始于12月25日备函正式报送山西省政府审议。通过议案后，以山西省政府的名义定案，规定"自二十二年开始遵照实施"。

经济建设是整个"计划案"的重点，其建设的项目主要有：农业、矿业、工业、商业、交通。矿业建设主要是煤炭，工业建设列举了四项应办之事，即设立工业试验所、女子工业传习所、奖励特种工业及新发明、倡办县村工厂，提倡家庭工业。在经济建设中，还提及扶助社会办理之实业事项和发展公营事业等项。这两项事业中，扶助社会办理之事项共有19件，主要者为发展毛纺织业、酿造业、化妆品业、造纸业等。发展公营事业包括4项，一为应整理者：山西省银行、壬申制造厂、育才机器厂、育才炼钢厂、硫黄厂；二为创办而必成者：炼钢、肥料、毛织、纺纱织布、卷烟、苏打、洋灰、印刷厂；三为创办而期成者：电气、机械、电解食盐、制糖、染料、汽车、飞机、人造丝8厂及农工与商业两银行。

由于十年建设计划案中规定有发展公营事业一项，而要从事建设，又非从公营事业着手，则很难成功，因此，成立西北实业公司就成了实施这个计划的一部分。西北实业公司既然是山西省公营事业的一个组成部分，自然就隶属于"山西人民公营事业董事会"。阎锡山这样安排，一方面是将公司纳入"公营事业"之中，就可以防止南京国民政府对山西工矿企业的攫取，因为它是山西人民公营的，并非某个官僚或某个集团的财产；另一方面是可以对公司所辖工矿企业更好地进行管理，并为公司的发展提供各种方便。因为既然它是全省人民的公营事业，那么，全省人民就得都来关心，从财力、物力、人力上对"自己的"事业做出贡献和牺牲，更何况此举是为了"挽救危亡"。这样，在公司建设资金的筹措、土地的征用、乃至与私营企业的"合作"等方面，就可以名正言顺地进行。至于阎锡山为什么要成立西北实业公司，并且把公司叫做"西北实业公司"而非是什么"三晋实业公司"或其他什么公司，用他自己的话说是"国人鉴于东北藩篱已失，沿海门户洞开，群将目光转移西北"，加强西北建设，增强经济实力，未雨绸缪，以抵御日帝的进一步侵略，已成为全国人民的共同愿望。而山西地处西北前沿，华北腹地，创办西北实业公司，进行造产建设，自然合乎国情，顺乎民意，这就在政治上站住了脚。从物质条件来看，中原大战之前，阎锡山的以军事工业为主的工矿企业已有相当规模。太原兵工厂在阎避居大连期间虽为张学良接管，但除了因经费紧张而解雇了大批工人之外，所属各厂的职工骨干和技术人员均予保留，其机械设备等也都完好无损。阎锡山再度上台后向蒋表示"不再扩充实力，不造军火"，遂将原太原兵工厂改为"民用"的壬申制造厂，（1932年农历为壬申年），任郭凤朝为厂长，下设三个科。一科科长为刘义山，下辖炮厂、炮弹厂、炸弹厂、水压机厂；二科科长周岂恒，下辖步枪厂、机关枪厂、枪弹厂、冲锋枪厂；第三科科长赵逢冬，下辖电气厂、铁工厂、木工厂、熔炼厂。前机械厂并入冲锋枪厂，罐头厂则并入炮弹厂。同时，另设三个股，分别负责会计、庶务、文书等业务。原来的山西火药厂也改组为壬申化学工厂。机构虽然变革，而工厂依旧原样，这显然要比另起炉灶、重新开张一个公司来，轻易得多。

第三，造产建设需要大量的物产资源，尤其是煤铁更不可缺少，而这对煤铁之乡的山西来说，更是取之不尽。仅据当时不甚确切的调查，山西煤炭储存量即约1273亿吨，占到全国储藏量的48%，而其中工业用的无烟煤就达297亿吨。1933年山西实业厅的统计，1931年，全省所有58个县有煤炭开采，其中矿业公司或窑厂为1632个，工人38195人，全年产煤量达4017116吨。其他诸如铁矿、锰矿、石膏、硫磺、黄石、石灰石、白云石、硅石、芒硝、硝石、陶土、油母页岩、云母、铅等的储藏量也相当丰富。而晋南盛产的棉花、小麦、烟叶，晋西北和晋中出产的皮毛、药材等等，也可为纺织、面粉、皮革、卷烟等轻纺工业提供充足的原料。从交通运输方面来看，山西虽然没有江河水运之便，但有正太、平绥两铁路可用，公路经过十多年的修筑，这时已有通车公路1500多公里。除横贯全省的太同、太风公路主动脉外，并且正在筹措同蒲铁路的建设，公司筹备时，有关小组对同蒲沿线的工农业生产状况的调查即奔此目的。

正由于有以上的这些有利条件，所以阎锡山对创办西北实业公司充满了信心。他之所以对公司要冠以"西北"二字，而不用山西一名，其抱负就是公司建立起来之后，"要由晋绥而发展向陕、甘、宁（夏）、新（疆）"等地，这样既可应国人开发建设西北之呼声，名正言顺地向外开拓，又可以山西为基地，把公司发展成为一个在西北地区独占鳌头的工矿企业托拉斯。因此，当十年建设计划案尚在审定之时，他即积极着手筹设西北实业公司了。

1932年1月10日，阎锡山在太原设立了西北实业公司筹备处，并指定边廷淦（留美学生）为召集人，聘请散在全国各地的晋籍专家学者张恺（字煦南，留日学生）、杨玉山（字如圭，留法学生）、任承统（字健三，农业专家，当时在绥远省萨拉齐农场，并未回晋）、刘炳煦（字旭升，留法学生）、李红（字紫封，留日学生）、彭士弘（字毅丞，留日学生）、王惠康（字迪庵，留日学生）、曹焕文（字明甫，留日学生）、曹瑞芝（留美学生）、宋彻（字清斋，留日学生）、赵子谦（在筹备处后期增补）等人为筹备委员。并聘招技术人员张光宇（留日）、阎国光（留日）、杨铭功、周伯初（留日）、荣伯沈（留日）、曲逎俊（留日）、梁海峤（留日）、郑恩三（留英）、唐敬亭（留美）、贾英云（留日）、郭琢如（留日）、沈香士、李铭元（留日）、王青云（留日）、韩维桢（留日）、柴筱棣（留德）、刘治平、贾开太、陈尚文（留日）、孙文藻、王立德、周绍彬、阎树松（留德）、徐建邦（留日）、王子昭等人，分设特产、矿业、纺织、化工、水利、农业、畜牧、肥料、冶金、交通、商业、银行等12个组，在山西各县、西北各省、华北各地作资源调查，开展工作。经过一年多的考察与研究，依其结果，其中除特产、矿业、纺织和化工组而外，其他因交通方面已成立兵工筑路局，农、牧、水方面在绥远省设立屯垦督办公署，银行方面设了绥西垦业银号，均脱离了西北实业公司，故未搞起。已搞起的这几个组指派专门技术人员，用一年多时间，据对本省各种特产和矿产资源，以及现有工矿业生产和销售情况的详细考察研究，制定了各种工矿业的设计规划，及至筹备工作基本就绪后，遂于1933年8月1日，宣告西北实业公司正式成立。公司本部设在太原市城内北肖墙街1号。公司总经理由阎锡山担任，协理为彭士弘。

西北实业公司成立之初，因一切伊始，故机构设置比较简单，公司只设总经理、协理，下设总务、特产、矿业、化工和纺织五个组。

总经理：阎锡山（兼任）

协　理：彭士弘

总务组：组　长　曲宪治

特产组：组　长　彭士弘（兼任）

　　　　副组长　王惠康

矿业组：组　长　阎国光

　　　　副组长　刘旭升

化工组：组　长　曹焕文

纺织组：组　长　杨玉山

西北实业公司原来的计划是比较宏伟的，它计划在10年后每村要建立起配备50部之工作母机的机器厂，以做到"村村有机器，无村不工厂"；3年后完成300部面粉机；5年后完成布机5000台和20万锭纱机；3年后完成煤产910万吨，供给全省自用，完成洋灰300万桶；5年后完成生产铁50万吨，钢材20万吨。这些计划完成后，全省总计需要工人11万多名。但是，公司初成立时，按省政建设计划案中公营工业的那些"创办而必成"和"创办而期成"的企业项目，诸如毛织厂、卷烟厂、印刷厂、洋灰厂、纺纱织布厂、炼钢厂、电气厂、电气机械制造厂等工厂，有的正在筹建，有的尚未进行，因此，它首先开始的事业，仅有办理西北特产之输出的"西北贸易商行"；在绥远设立的洗毛池，办理羊毛、羊绒，在天镇设立的特产经营场，于山西天镇和绥远凉城、丰镇三县之间，种植大黄、黄芪、枸杞、胡麻5万余亩，以输出土特产品。

1934年9月，阎锡山将壬申制造厂、壬申化学厂和育才炼钢厂改组为西北铸造厂（生产、轻、重机枪）、西北机车厂（生产山炮、野炮、迫击炮和机车车辆）、西北农工器具厂（生产各种炮弹和农工器具）、西北水压机厂（生产炮弹铜壳和大型锻件）、西北机械厂（生产冲锋枪和机械）、西北铁工厂（生产步枪和机械）、西北汽车修理厂（装配和修理汽车）、西北电气厂（供应西北各厂电力、蒸汽、乙炔、压缩空气等动力）、西北枪弹厂（生产各种枪弹外，还轧压铜皮）、西北育才机器厂（生产工作母机、电炉钢料和铗锻毛坯）、西北化学厂（生产硫酸、硝酸和炸药）等11个工厂，划转并入西北实业公司，公司撤销原来的组，改为总管理处，阎锡山仍兼总理，彭士弘仍为协理。1934—1935年新建的西北煤矿第一厂、西北窑厂、西北洋灰厂、西北皮革制作厂、西北印刷厂、西北制纸厂、西北毛织厂、西北火柴厂、西北电化厂和西河口铁矿采矿处、静乐锰矿采矿处、宁武铁矿采矿处等部分工厂相继投入生产，规模庞大的西北炼钢厂亦已开工兴建。公司规模扩大，于是又聘梁航标为经理，彭士弘为协理。总管理处下设三部、二处、一室、四科。三部是技术部（部长张焯福，副部长徐建邦）、矿业部（部长阎锡珍）、研究部（部长曹焕文，副部长王惠康）；二处是机器厂管理处（处长周维翰，副处长刘笃恭、郭凤朝）、天津办事处（处长张士心）；一室是办公室（主任曲宪治）；四科是总务科（科长薄承统）、会计科（科长薄承统兼）、营业科（科长张志懦）、考核科（科长毛锡华）。至此，公司已具备相当规模。

二、公司在战前的"黄金时期"及抗战爆发后的走向衰败

西北实业公司作为一个社会存在，社会环境的优劣与否，对其发展变化所起作用的好坏，至关重要。公司从1932年8月1日成立到1949年4月24日太原解放，随着社会时局的发展变化，曾经历了一个由兴到盛，辉煌发展的黄金时期，也经历了一个备受摧残破坏，后有一度的恢复但仍走向没落的衰败时期。

西北实业公司自成立到1937年抗战爆发后，11月初太原沦陷这一时期，由于山西社会基本安定，1931年以来，中国阶级斗争的中心地带在南方，在北方虽然有陕北红军的活动，但对山西影响不大。1936年春的红军东征，时间较短，活动区域也有限；同年秋冬又有反击日伪进犯的绥远抗战，但战场在绥远。这样较为安定的社会环境，对公司的发展显然是颇为有利的，而山西得天独厚的丰富资源则为公司的发展提供了充足的物质。如果说这是客观上的有利因素外，那么，以阎锡山为代表的山西统治集团对公司的筹划、公司的发展规划、公司机构的设置调整、各厂生产制造和销售的安排等大政方针的部署和细微末节的关注，特别是阎锡山及公司领导层和各厂负责人对先进科学技术的重视与对优秀技术人员的重用，也是很重要的方面。尤其是山西社会各界及广大工程技术人员，在奋发自强、挽救危亡的强烈愿望的鼓舞下，在各方面对公司建设的大力支援，更值得一提。正是这些因素的结合，才使公司大发展、大变化。

经过五年的努力，到七七事变前，西北实业公司所辖工矿企业已达33个，基建投资达3000万元，全公司共有职员2051人，工人18597人。在这些企业中，扩建性投资约为1400万元，其重点工厂是机械厂、电气厂、铸造厂、农工器具厂、铁工厂、机车厂、水压机厂、化学厂、火柴厂、卷烟厂；另15个工厂为新建性投资，约1600万元，其重点工厂计有：炼钢厂、制纸厂、窑厂、电化厂、洋灰厂、印刷厂、皮革厂、毛织厂、煤矿一厂等。

此外，公司还有医疗所、稽查处、西山医疗所，上海、天津和西安三个办事处等附属单位。

正当西北实业公司发展趋势日好之时，七七事变爆发，打断了这一良好势头。起初阎锡山

原材料 30 万吨，办公用品和其他零星用品等 1000 余箱。这个数目看似不少，但就西北制造厂来说，所运走的物品还不到全厂财产的五十分之一。其他如毛织厂、卷烟厂、造纸厂、皮革厂、炼钢厂、水泥厂等厂的机器设备和原料成品，几乎全部丢弃。

11 月 8 日，日军攻占太原后，西北制造厂由日军华北派遣军山野部接管，将各种机器设备劫走 4098 部，运往日本东京、大阪和中国东北，6000 余间厂房中的 3900 余间被夷为平地。西北实业公司遭到空前浩劫，元气大伤。之后，日军对全省公营的各厂矿，统一编号，委托给日本各财团经营管理，当时全省被军管理的工厂共 46 个，其中原西北实业公司在太原的工厂就
造厂来说，所运走的物品还不到全厂财产的五十分之一。其他如毛织厂、卷烟厂、造纸厂、皮革厂、炼钢厂、水泥厂等厂的机器设备和原料成品，几乎全部丢弃。

11 月 8 日，日军攻占太原后，西北制造厂由日军华北派遣军山野部接管，将各种机器设备劫走 4098 部，运往日本东京、大阪和中国东北，6000 余间厂房中的 3900 余间被夷为平地。西北实业公司遭到空前浩劫，元气大伤。之后，日军对全省公营的各厂矿统一编号，委托给日本各财团经营管理，当时全省被军管理的工厂共 46 个，其中原西北实业公司在太原的工厂就有 21 个。各日本财团，为服务于日军的侵略战争，对所占各厂矿进行了掠夺式的经营。

西北实业公司撤离太原后，公司总部经理梁航标与协理彭士弘率领少数职员及其家属、文卷和部分产品，于 1938 年春撤抵四川成都。从太原撤出的机器原料经火车运抵风陵渡口后，到 1937 年冬，方全部搬运过黄河。过河之后，西北制造厂总办张书田在与陕西当局接洽妥当，在承诺代其修配枪械的条件下，允许该厂沿陇海路一线相机设厂。于是经过勘查，先后在陕西兴平县、陕西宝鸡所属之虢镇设立了两个厂，收购废铁，制造手榴弹。接着在虢镇的城隍庙和山西会馆两处设厂，制造手榴弹和修配枪炮，并用半成品装配步枪。之后，从太原搬运出的机器物料虽然陆续运到，但因各地均未有较广阔之厂地，只好化整为零，步步设厂，又先后在陕西襄城、城固、四川之广元设立了几个厂子，制造枪炮、手榴弹以及炸药。

1938 年春，阎锡山在陕西省宜川县秋林镇的第二战区司令长官部，为了将撤退到后方散处于陕、甘、川三省各地的山西省公营企业，更好地管理和利用起来，以支持抗战，遂在秋林镇设立了"太原绥靖公署第一室"，专门管理前后方各公营企业和经济部门。同时，又设立了"第二战区经济建设委员会"，阎锡山自兼会长，在陕西的宜川、耀县、泾阳一带设立了一些小型手工业工厂，生产军需民用物品。由于原西北实业公司实际上已名存实亡，独立经营的山西制造厂也残破不堪，因此，当"第一室"和"经建会"成立后，1939 年春，阎锡山为表示重振公司的雄心，即电召原西北实业公司技术人员由成都回宜川筹办小型工厂，并经过磋商，将原西北实业公司更名为"新记西北实业公司"。原公司经理梁航标不愿出来，只是受阎之命，负责原公司的有关债权、债务等问题。阎锡山遂任彭士弘为经理，任曲宪治为协理。新记公司下设总务、工务、会计三个部。新记公司归"第一室"领导，并于当年 7 月 1 日正式复业，总部设于宜川县之官亭镇。"十二月事变"后，阎锡山又将新记公司总部迁至陕西省泾阳县鲁桥镇，决定在泾阳、三原两县迅速开展造产工作。1940 年 2 月之后，继鲁桥镇之铁工厂、机器

厂、纺织厂、毛织厂4厂设立，并有产品陆续问世后，1942年8月之后，新记公司又筹备秋林火柴厂、三原化学研究所，1944年7月在隰县设立火柴厂、9月设立了隰县化学厂制造硫酸、硝酸、无烟药。1945年开始在孝义县贤者村设立钢铁研究所，至抗战胜利时，新记西北实业公司共有企业9个，工人2700多人。

原西北实业公司西北制造厂几经辗转流徙，至1939年上半年才基本定局，将总厂设在陕西虢镇（1940年秋迁至四川广元）。其时总厂之下有城固、广元、中部、留坝4个分厂。1942年后，西北制造厂根据阎锡山的命令，又在晋西南的孝义、乡宁、吉县、隰县等地陆续设立了分厂：主要从事枪炮修理的乡宁分厂，主要生产手枪和手榴弹的吉县克难坡的寨子沟分厂，主要生产手枪和手榴弹的孝义县兑九峪分厂，主要生产手榴弹的隰县、蒲县和临汾分厂。

无论是新记西北实业公司在后方新设立的民用企业，还是原西北制造厂所设立的诸多分厂，尽管受恶劣战争环境、交通不便、机器缺少、原料匮乏、资金不足等因素的限制，生产规模狭小，产品数量有限，但广大工程技术人员和职工都能恪尽职守，艰苦奋斗，为争取抗战的胜利而贡献着自己的一切。如西北制造厂搬迁到后方后，当时迫切需要枪筒钢材，但搬运到后方的造枪筒材料极为有限，于是，便想出了用钢轨做枪筒，这样轨面冷截下来即可做枪筒料，轨座也可以打造各种零件。恰在这时，"第一战区"因不能坚守黄河南岸，正准备在撤退时拆掉陇海、平汉等线的轨道，以防日军利用。张书田闻讯后，即派总务处长彭述宗带领七八十名职工，星夜赶至河南，驻于陇海线上的阌底镇，在此设立办事处，派职员携带拆轨工具，进到战场边缘，抢拆轨道，拆下后又星夜转运，数月间共拆运路轨20多吨，分运城固、广元等分厂，从而保证了枪筒料的供给。所拆运之路轨，因系战争遗弃，故而分文未付，只是开支了一部分职工薪资、运费和旅费，这就大大减低了造枪成本，为西北制造厂增加了一大笔财富。

这一期间，制造厂的干部、技术人员和工人们，还克服种种困难，试制出一些代用物料，为生产做出了大的贡献。如步枪上的顶弹弹簧要用白钢丝，机枪子弹夹需用白钢皮座托弹板。这两项材料，过去全靠舶来品，而在当时进口已是无望，各处收购也极为困难。在这种情况下，厂方悬出重赏，鼓励职工发明创造，制造代用品。后经城固分厂厂长李宝钧的反复试验，终于制成白钢丝，技士宁纯武和技工们共同努力，也制成了白钢皮。厂长王文耀把电动机改成直流发电机后，既可带动少部分机器，又能安装电灯，便利夜间加班生产。广元分厂监工张嘉礼改装成的夹板锤，虽不如汽锤效用大，但对打造枪支的大件和把钢轨的捻长截短上，都大大节省了人力。再如造药厂需用酒精和硫酸甚多，但当时陕西只有西安集成三酸厂一家，出产数量有限，价格也贵，为解决造药需用，炸药厂厂长张达光安装了提炼酒精设备，从虢镇、凤翔等处买来大量高粱白酒，几经试验，提炼酒精成功，不仅供给了药厂使用，还可代替汽油，供四部汽车之燃料。类似事例，还有不少。

1945年8月15日日本一宣布投降，由于阎锡山在此之前就对接收事宜进行了充分准备，并与驻太原的日军洽商了"接收太原"等问题，所以，新记西北实业公司的上层领导彭士弘、曲宪南等人，对被日军占领的原西北实业公司各厂矿以及日占期间其在太原设立的企业，很快予以接收。被接收的厂矿有 27 个，即原西北炼钢厂、西北煤矿一、二、三、四厂，西北洋灰厂、西北窑厂、西北育才炼钢机器厂、西北毛织厂、西北火柴厂、西北化学厂、西北制纸厂、西北电化厂、西北皮革制作厂、晋华卷烟厂、西北印刷厂、原筹设之西北榨油厂、西北机车厂、西北修车厂、西北机械修理厂、太原城外发电厂、西北实业公司大同兴农酒精厂、定襄铁矿厂、东冶采矿所、宁武采矿所，另外还有西北实业公司本部和西北医院。

与此同时，阎锡山集团还以种种名义，乘接收之机，对一些民营工矿企业进行了接收，被接收的民营企业有 14 家，即太原纺织厂（战前的晋生染织厂）、榆次纺织厂（战前的晋华纺纱厂）、祁县染织厂（战前的晋益公司）、太原面粉厂（战前的晋丰面粉公司）、太原面粉分厂（战前的太原新记电灯公司面粉厂）、临汾面粉厂（战前的益生面粉厂）、太原城内发电厂（战前的太原新记电灯公司）、临汾发电厂、运城发电厂、榆次电灯营业所、太谷面粉厂、大同面粉厂。此外，还接收了日军占领期间其所建的十几个企业，如太原织造厂、太原棉织厂、忻县发电厂、太谷发电厂、榆次棉织厂、临汾机械厂、大同火柴厂、大同孤子店炼钢厂、大同洋灰厂、大同玻璃厂等。

至于在后方的新记西北实业公司所建各厂及原西北实业公司西北制造厂在陕、川等地建立的分厂，有的因路途遥远，交通受阻，移交给了国民政府中央兵工署，如西北制造厂所辖的城固和广元分厂；有的迁移他地，如兑九峪厂就迁至大同。抗战后期，因临汾、蒲县、隰县等分厂的部分人员并入乡宁分厂，致使这个分厂发展到了 3000 余人。1946 年该厂迁至太原万柏林，生产步枪和七九轻机枪；有的仍留在原地继续生产。迁回太原的各厂，统由西北实业公司领导。

到 1945 年底，西北实业公司所属单位已达 60 多个。公司恢复之初，虽然单位增加不少，但是由于有些企业在接收时机器设备就已经损坏严重，一时未能修复；有的企业所在地区被人民解放军解放，一直没有投入生产；还有一些企业，因所在地区被解放，或是交通被切断，原材料不能供应，生产无法进行，所以，实际上所能开工生产的企业只有 30 多个，并且其生产数量也相当有限。但是，由于阎锡山为了抵抗人民解放战争的发展，并恢复他在抗战爆发前那样对山西的专制统治，对公司予以了大力扶植，并且，抗战胜利后，阎锡山所统治的范围有所扩大，主要城市和交通也为其控制，从而使公司在较短的时间内就有了大的恢复和发展，随之工人数量有了显著增加，到 1947 年底，全公司工人增至 23421 人，职员增至 2453 人，分别比 1946 年底增加了 90% 和 38%。同时在广大技术人员和工人的努力下，一些被破坏的机器设备也得到了修复，加之又增添了部分新的设备，因而生产能力也有所提高。从公司恢复到 1947 年上半年，在生产形势上来看，是呈上升态势的。如焦炭、生铁、钢锭的产量，1947 年比 1946 年就分别增加了 80.7%、138.6% 和 10.4%。其他产品也有一些不同程度的增加。这一时期可以说是公司的一个恢复、复兴的时期，但为时不长。

进入 1947 年后半年以后，公司便开始日益衰落，走上下坡路。尽管还有一些企业能够维持，那主要是还有以前储备的原料可支使用。大多数企业基本处于停工待料、半死不活的状态。其中有不少实际上已经关闭或转为单用品的生产，究其原因，最主要的是生产原料日益匮乏，难以为继。因为自人民解放战争由战略防御转入战略进攻阶段以来，在山西的战场上，人民解放军继夺取运城后，即由南向北，迅猛发展，又攻克晋南重镇临汾，致使阎锡山的统治区域急剧缩小。在这些地区西北实业公司所设厂矿及原料产地相继被解放。及至1948年经过晋中战役后，解放军又迅速将太原包围。太原与外界的陆路交通基本断绝，太原成了一座孤城。公司下属工厂所需的生产原料以及部队的一些物资和军民所需的粮食，全凭有限的空中运输来维持。但这毕竟是杯水车薪，难以从根本上解决问题。虽然阎锡山强调重工业"要配合上剿匪戡乱的需要"，在钢铁、化学、水泥等有关军事方面的生产上，较前有一定程度的增长，但实际生产能力距机器设备的设计能力都相去甚远。与公司拟定的计划指标更有巨大差距。如1948年2月，公司曾计划将炼钢厂日产生铁50吨增至200吨，钢生产由日产60吨增至200吨，但实际上，生铁日产量在1948年最高日产也就是80吨左右，以后每况愈下，到1949年太原解放之前，竟低落至日产19吨。钢的生产因东西两山煤炭（即煤矿一、四两厂产煤）所含挥发分较少，而灰分又过多，以至所制出之煤气成分低劣，炼钢炉的炉温上升困难，因此，熔炼时间延长。以前使用大同煤时，每8小时即可出钢一次，改用东西山煤后，则须12—13小时，方能出钢一次，因此，最高日产只有100—130吨。机器的制造，1948年计划再造1000部，而实际上只造了不到400部。纺织厂1948年拟增至4万匹布，但结果还没达到上年2万匹的水平。要加大生产的火柴、卷烟，火柴1948年只生产了23000余箱，只比1946年的20860箱增加了2000多箱，香烟1948年共生产16000箱，只比1947年上半年产量的14903箱增加了1000多箱。

在人民解放军的紧密包围和强大攻势下，阎锡山眼见太原已经难保，而西北实业公司也是行将就木，垂死挣扎，于是，除对还在进行军火生产的工厂保留外，其余则折价变卖，将变卖之款与其他公营事业单位折价变卖之款，一并汇往上海。实际上公司已成一具空壳。经过17年风风雨雨的西北实业公司，就此寿终正寝。直至太原解放后被人民解放军接收，才起死回生。

三、西北实业公司在山西和全国工业中所占的地位

西北实业公司是山西和中国现代工业史上值得彪炳，也值得研究的一页。它在山西和中国现代工业经济中都具有重要的地位。它不仅在山西工业经济中独占鳌头，而且在全国工业经济中的一些行业上，也举足轻重，不可小觑。因此，它的兴起与发展，对于增强山西的经济实力，并改变人们对山西那种"老土"、"落后"的看法，都产生了重要的作用和影响。

西北实业公司在山西和全国工业经济中的地位，以抗战全面爆发前5年这一时段为基础来比较，较为适宜。因为抗战爆发后，时局长期动荡不安，几种政权并存，不好进行比较。并且公司在全国工业经济中的地位，在当时，也只能是指除东三省之外，这是需要特别指出的。

先就西北实业公司在山西工业经济中的地位来看。

近代以来，山西的工业相当落后。洋务运动在东南沿海和长江中下游地区已经开展了近30年，洋务之风才吹进娘子关。1890年至辛亥革命期间，在山西只建立了官营的山西火柴局、山西机器局和民营的山西保晋煤矿公司等几个所谓的现代工业。辛亥革命后，阎锡山为发展其军事实力，对辛亥革命前清山西当局为维修和生产枪械的山西机器局，经过不断扩充，将山西机器局更名为山西陆军修械所，后又变为山西军人工艺实习厂。直至1927年又改为太原兵工厂，阎锡山的军火工业已颇具规模。到1930年，兵工厂同20年代初军人工艺实习厂时期相比，其生产能力，火炮增加了2.5倍，枪械增加了6.5倍，炮弹增加了2.5倍，子弹增加了6倍。其规模和生产能力已与沈阳、汉阳形成三足鼎立之势。军火工业生产的发展不仅使其日趋现代化，而且也为其他工业的现代化奠定了基础。如为加强军火生产，于1924年筹办的育才炼钢厂、育才机器厂，都有相当规模，在设备机器和技术等方面也都有很大优势，这就为西北实业公司成立后许多工矿企业的设立发展创造了条件。同时，公司由于是在那样的时代背景下诞生的，并且这个"山西公营"的事业，在资金、原料、设备、技术人才、运输、销售等等资源的占有使用上，又都拥有绝对的优势，所以，公司所属工矿企业在全省工业经济的一些行业中占有很大比重，就是不难理解的了。

公司所属各个工厂，诸如卷烟厂、化学工厂、洋灰厂等工厂，因在山西同类行业中仅此一家，故无可比性外，其他各厂在同行业中所处地位，据对1935年的有关资料统计，大体情况如下：

西北毛织厂在全省毛织业中，资本额占到90.6%，职工数占到65.3%，年产值占到85.2%，当时在全国为新兴工业，在山西为纺织品的嚆矢；

西北火柴厂，虽然有几家实力雄厚的火柴厂与之并存，但它仍占有相当优势，在全省火柴业中其资本额占到58.1%，职工数占到52.4%，年产总值也占到了49.8%；

西北印刷厂在全省18家印刷厂中，资本占65.5%，职工数占10.3%，年产值占到了33.1%；

西北造纸厂在1935年虽然还未投产，但其资本额在全省造纸业中已占61.6%；

西北窑厂在全省362家砖瓦厂中，资本占到40.7%，职工占17.9%，而年产值即占61.6%；

西北发电厂，1933—1934年，在全省10家主要发电厂中，资本占了66.2%，职工占30%，但发电量在1933年只占34.6%，1934年占到40.3%。

至于在机器翻砂业方面，西北实业公司各厂在全省所占的比重更大。据国民党中央政府实业部的调查，1935年山西全省机器翻砂业共22家，全业总资本额为5590615元，职工总数4014人，全年总产值2020354元，而西北实业公司所属机车厂、机器厂、农工器具厂、铁工厂、汽车修理厂、水压机厂、铸造厂、育才炼钢机器厂、电气机械制造厂（当时正筹备中）等9厂，即有资本4873300元，工人3146人，年产值1870169元，占到全省本行业资本总数的87.16%，工人总数的78.38%，年产值总数的92.57%，基本上垄断了这一行业。

再看西北实业公司在全国（除东三省外）的地位。这主要是指西北实业公司与国民党中央的国营工业企业，以及其他省份或地区的公营工业企业相比较而言，然而这个比较也只能是在工人数量、企业资本数额、企业的年产值几个主要方面进行，而在设备、机器、工艺技术、企业盈利等方面，因资料所限，就不好进行系统地比较了。

先从工人的数量上来看，据南京国民政府在1933年的基础上对1928年至1936年中国最重要工业的统计，产业工人总数为405509人，西北实业公司1936年的工人总数是18597人，占到全国工人总数的4.6%；在全国工人总数中，机器业工人为17065人，占到总数的4.2%，而西北实业公司的机器业工人，即育才炼钢机器厂、机械厂、铁工厂、机车厂、铸造厂、修理厂、熔化厂、水压机厂、汽车修理厂、西北农工器具厂这10个工厂的工人共有6843人，占到全国机器业工人总数的40%；也就是说，全国机器业中，西北实业公司的机器业，工人数要占到2/5。若以1936年10月西北实业公司西北制造厂的工人数量7045人（不包括西北化学工厂工人）来计，比例更要高些，占到了41.3%。

再从工厂的资本（以国币计）额上而言，1928年至1936年全国2826家最重要工厂共有资本3.129亿元，每个工厂平均有资本11万元，西北实业公司33个工厂1936年共有资本0.22亿元（其中有4个厂矿资本数不详，未计），占到全国工业资本总数的7%，平均每个工厂有资本66.66万元；全国377个机器业工厂，共有资本870万元，平均每个工厂有资本2.3万元，而西北实业公司10个机器工业企业（熔化厂、修理厂资本不详，未计在内），即有资本524万元，占到全国机器业资本总数的60%，10个工厂每个工厂平均资本为52.4万元，是全国机器业每个工厂平均资本数的22倍多。

正因为西北实业公司在全国工业中有这样大的比重，所以，就连当时驻华的一些外国人，在谈及国民政府自1931年以来的工业经建设时，对山西的"官僚资本主义"的发展也是刮目相看的。说战前10年的前一半，除国民政府中央之外，"另外，有几个省，主要是山西、广东和广西，也各自兴办了一些企业"④。

即使是同国民政府中央所创办的一些国营企业相比，在一些方面，西北实业公司也毫不逊色，有的甚至还要略胜一筹。

南京中央政府当时所经营的国营工厂中，主题要有中央机器制造厂、国营钢铁厂、中国酒精厂、温溪造纸厂、中国植物油料厂等5个大型工厂，而同样性质的工厂，在西北实业公司中，除附设于西北火柴厂内的太原油脂厂正在筹备尚未投产外（中国植物油料厂也正在筹建之中），其他几个工厂都有。从资本额上看，中央机器制造厂共计投入资本310万元（购置机器设备费250万元，开办经费及购地建厂等费60万元），西北实业公司机器厂管理处所辖之育才炼钢机器厂、机车厂、铁工厂、铸造厂等9厂之资本总额即达538.7万元，其中仅机车厂、铁工厂和农工器具厂3个厂的资本即313.1万元。中央机器制造厂建成投产后预计年产值为226万元之多，而西北实业公司机器管理处所属之9厂，年产值（1934—1935年度）即近352万元；南京国营钢铁厂之炼钢厂全部设备及建筑，估价748.15元马克，主要设备有125吨调和炉1座，35吨固定式碱性马丁炉2座，2吨电弧炼钢炉1座，每24小时可炼钢310吨；而西北炼钢厂的投资额为 800 万元，它包括洗煤、炼焦、炼铁、炼钢、轧钢、发电等车间，主要设备有 30 吨炼钢平炉 2 座，103 平方米和 287 平方米的炼铁高炉各 1 座，36 孔焦炉 1 座（每个炭化室有效容积为 11.777 平方米），中型轧钢机 3 台，设计能力每月可生产钢块、钢材 7600 吨，生铁 14800 吨，焦炭 7200 吨；南京中国酒精厂，官商资本 100 万元，每日可产酒精约 3 万升；西北兴农酒精厂，资本 15 万元，每日产酒精 1 万公斤；南京温溪造纸厂，资本 450 万元（官股 390 万元，商股 60 万元），预计年可产卷筒及零散新闻纸 12250 吨；西北制纸厂资本 45 万元，年可生产新闻、包装、铜板、道林、模造、毛边纸等 3360 吨。

在同有关民营工业的比较中，西北实业公司在某些行业上也不居于后，如在化学工业上，1936 年左右，除广东外，当时的上海之天原电化厂、开成造酸，天津之渤海化学公司、得利三酸厂、利中制造厂，以及西安之集成三酸厂等六家制酸企业，曾被南京中央认为是颇具规模、发展较快的企业，如天原、开成二家，即各有资本六七万元，其余多则 20 万元，少则 5 万元而已。总计这六家工厂，每年约可出硫酸 4600 吨，盐酸 3050 吨。天利氮气制品公司到 1936 年时，资本增加至 100 万元，每年产液体氩 3628.8 公斤，硝酸 5896.8 公斤，硝酸铷、硝酸钙、盐化铷等品共 4490.64 公斤，可谓民营氮气工业之"矫矢"，但是，它们与西北实业公司之西北化学工厂相比，却要逊色不少。因为西北化工厂每个月除其他附产品外即可产硝酸 6 万公斤，硫酸 2 万公斤，至于投资 40 万元在 1937 年七七事变前夕投产的西北实业公司电化厂，每月即能生产盐酸加里 5000 公斤，苛性曾达 5 万公斤，盐酸 3.5 万公斤，漂粉 5 万公斤。

至于在造纸、火柴行业方面，全国像西北实业公司这样规模的企业，也屈指可数。

再从电气事业上来比较，1935 年全国电气企业共计 456 家，其中公营者 23 家，占 5%。本年全国电气企业的发电容量总计为 585424 千瓦，公营者 61343 千瓦，占容量总数的 11%。西北实业公司作为公营者之一，其发电容量在 1934 年即有 4580 千瓦，占到 7%，超过 23 家平均数 2190 千瓦的一倍多。全国 23 家公营发电企业投资总额 31607419 元，而西北实业公司电气厂的投资额却有 200 万元，也占到公营电气企业投资总额 3160 万元的 6% 多。全国所有发电企业 1935 年发电量为 1568778 千度，23 家公营企业按 11% 计，为 172565 千度，西北实业公司电气厂 1934 年度发电量为 4037 千度，这个数字占到全国公营企业发电总度数的 2.3%。正因为如此，所以，就连国民党中央经济计划委员会编纂的《十年来之中国经济建设（1927—1937）》也不得不承认"山西之太原电灯公司（实为西北实业公司电气厂）为西北各省规模最大者"。

即使同当时一些工业比较发达的省份或城市相比，在某些方面，西北实业公司也名列前茅。如南京市，其砖瓦业是比较发达的，但其中最大的"宏业砖瓦厂"，资本也只有 20 万元，联同大兴、新建、新利源、协义记、通华五家公司，资本总额也不过 31.4 万元，而西北实业公司窑厂一厂即有资本 33 万元。湖南省的机械厂，也是由军械局改组发展起来的，但到了 1934 年，其资本才有 24 万元。该省的电气事业比较发达，全省 11 家电气企业共有资本 234.69 万元，其中湖南电灯公司资本最为雄厚，也仅有 120 万元。再以广东而论，1933 年度的工业建设经费支出为 775.2 万多元，也就是说这笔款都用于工业投资，也就是一个西北炼钢厂的投资而已。山东的面粉业和火柴工业是比较发达的，但全省当时 20 多家火柴厂中，资本 100 万元的只有振业火柴厂一家，下余资本最多的也仅东益火柴厂一家，为 10.4 万元，其他的多为三五万元。至于与山西毗邻的河北，"物产凤丰，曩者人民不知利用改良，以致工业未见发达"。河北地方工业，官立之农工器械制造厂在全省可谓"规模颇为宏大"，但其资本才有 10 多万元，职工 200 余人。隔河相望的陕西省，以专制农工用具的省农工机器制造厂和机器局，共有资本 30 万元；西北的甘肃，因交通不便，财力支绌，"实无工业成绩可言"；青海，"工业甚属幼稚"，1929 年以后，虽有毛织、皮革工业的发展，但其规模亦甚为狭小。因此，相比之下当时国民党中央也不能不说山西"民情虽喜守旧，而提倡启牖亦易乐从，故工业之逐渐进步，几称为北方之冠"⑤。山西工业之所以能得此殊誉，主要还是由于西北实业公司在发展山西工业中做出了巨大努力。实际上，以西北实业公司为主体的山西工业，岂止为"北方之冠"，它在某些行业中，特别是在机械制造工业和化学工业方面，不仅要领先于沿海及长江中下游一些工业发达较早的地区，甚至可以与南京中央管辖的有关企业一争高低。

四、西北实业公司的作用和影响

西北实业公司存在的时间并不是很长，并且算起来实际上也只有在战前的五年有大的发展。自抗战全面爆发后，就备受摧残破坏，抗战胜利后，曾有过短暂的复兴，很快也衰落下去。但是，西北实业公司对于山西和中国社会的作用和影响确实是至深且巨的。

不可否认，西北实业公司对于维护和强化阎锡山集团对山西的统治确实发挥了不可替代的作用。它不仅大大扩充了阎锡山集团的官僚资本，从而使阎锡山集团的政权机器能更好地运转，而且，有力地增强了阎锡山集团的军事实力，为阎锡山集团镇压民众、对抗新民主主义革命提供了物质力量。据有关资料记载，西北实业公司在 1936 年实行"包干"办法后，当年"年终结算，就已有 78 万元的纯余"，1937 年"半年结算，已有纯利 300 万元"，到七七事变前，公司各企业的资本已达 2160 多万元，占到包括工业、铁路、金融、贸易等整个"公营"事业资本总数 6904.6 万元的 22.5%。而公司的发展又支持了阎锡山集团的商业、金融、贸易和交通事业，使其整个官僚资本形成了一个互相促动的良性循环。抗战期间，阎锡山集团在晋西南时军民所需物资，就有相当一部分来自新记西北实业公司各厂所出。解放战争时期，在化解太原经济危机、推行"平民经济"中，公司也发挥了很大作用。至于抗战爆发前的 1936 年春，阎锡山对东征红军的顽强抵抗，抗战胜利后，又积极参与内战，竭力阻挡人民解放战争的发展，西北实业公司加紧制造的枪炮弹药，都发挥了重要作用。还应指出的是，在西北实业公司成立初期，为减少竞争对手而对民营工业企业的强取豪夺，也严重影响了山西民族工业的发展。

然而，也应当肯定，西北实业公司对山西和中国社会的发展进步，在许多方面确实是发挥了积极作用和影响的。这主要是：

首先，加快了山西工业现代化的步伐，改变了山西工业落后的面貌，同时，也支持了山西其他建设事业的发展。

从上述有关西北实业公司在山西和全国工业中的地位中，可以看出公司在加快山西工业现代化的步伐、改变山西工业落后面貌上所起的作用，是非常巨大的。不仅如此，西北实业公司的发展对于山西的铁路交通、商业贸易、农村机械化等方面的建设，也都发挥了重要作用。如同蒲铁路的修筑，1933年5月同蒲铁路动工后，西北机车厂、西北育才炼钢机器厂、西北铁工厂、西北铸造厂、西北水压机厂、西北枪弹厂，就投入相当力量，生产修筑铁路所需用的装配机车、起运车、机车、客货车、机车水车、客货车轴瓦、信号灯、站台灯、机车闸瓦、机车零件等铁路用品等40多种，以及各种锤子、铁镐、尺子、夹板、垫板、螺栓等筑路工具140多种。西北洋灰厂生产的高质量洋灰，更是源源不断地供应筑路工程。此外，公司一些工厂，还生产了起重机、各式车床、铣床、插床、刨床、钻床、黑油机、蒸汽机、各种卡尺、各种口径的抽水机、各种尺寸的虎钳、各种重量的磅秤、大小切面机等工厂用品，以及几百种社会用品。西北育才炼钢机器厂，1934年9月—1935年8月的一年中，除了生产部分军用产品外，还生产了机床150部、筑路工具18621套、纺织机124部，其他机具1603件。凡此，不仅有力地支持了已建和在建的工矿企业，而且也极大地方便了民众的生活生产。西北实业公司原来计划10年后每村要配备50部之工作母机的机器厂，以做到阎锡山所提出的"村村有机器，无村不工厂"，并非吹嘘，而是对自己潜在实力的表露，只是因抗战爆发，而破坏了这一计划。

其次，保护并促进了民族工业的发展，一定程度上抵制了列强的经济侵略。

山西虽然位于华北腹地，但也未能避免列强对山西经济的侵略，大量洋货的入侵，不仅使大量白银外流，而且也打击了本就十分脆弱的山西民族工业。有鉴于此，阎锡山曾提出了"能自己制造的，就不从外面买"的口号。西北实业公司成立后，坚持"自制"、"自造"、"自给"、"自足"的方针。除了一些因工艺技术、原材料生产限制而非从国外或国内购进的机器设备、原料之外，都是尽量由自己生产制造。西北洋灰厂的成立，一些工厂对铁路用品、筑路工具、工厂用品及社会用品的生产，正是这一方针的体现。而炼钢厂、纺织厂、造纸厂、皮革厂、卷烟厂等企业的新建或扩建，既填补或充实了山西工业在这些领域里的空白或不足，多少地堵塞了因此而使洋货在山西经销的纰漏，同时，也增强了山西民族工业的实力和发展空间。如纸烟的生产与销售，在晋华卷烟厂被纳入西北实业公司之前，山西的卷烟市场基本上被英美烟公司生产的卷烟所控制。之后，情况则大为改观。在阎锡山的支持下，晋华卷烟厂通过从外省购进大量烟叶及在本省扩大烟叶种植面积，工程技术人员积极研究卷烟纸的生产制造，以及针对不同群体消费水平和不同地区消费习惯而加工生产高、中、低档卷烟和生、水烟等品种，使该厂的卷烟市场大为扩大，再加上阎锡山用行政手段对本土生产卷烟的推销，以及广大民众对洋货尤其是日货的抵制，到1935年后半年，除省内个别县份尚有英美烟公司生产的卷烟销售外，其他地方基本禁绝。再如水泥，即俗称之洋灰，这是自20世纪以来各种新式建筑特别是一些大型厂矿和高档楼房建设所必需的建筑材料。在西北洋灰厂建立之前，主要靠从唐山的天津启新洋灰厂进货。1933年同蒲铁路动工兴建后，阎锡山为了保证同蒲路的修筑并且供应其他正在新建或扩建的工矿企业，一方面让正筹备的洋灰厂与同蒲路筑路指挥部签订合同，指挥部借给洋灰厂筹备处部分款项，以购进机器设备，待洋灰厂建成后，用所生产之洋灰抵消借款。一方面发动技术人员就地取材，选择厂址。洋灰厂上马开始生产后，所产之狮头牌洋灰质量上乘，不仅保证了同蒲路和其他厂矿建设的需要，还有一部分销往陕西、青海、内蒙等地。至于棉毛纺织品、皮革制品、办公图书所用纸张、民众生活使用的火柴、肥皂以及其他零星物品，由于西北实业公司一些厂矿有相应产品的生产，也大大减少了这些物品的进口，为抵制洋货"服用土货"增加了物质力量，从而较好地保护了山西的民族工业。

第三，增强了国防实力，为抵御日本的军事侵略发挥了重要作用。

1932年，阎锡山重新上台后尽管其口头上说是不再生产军火了，可是实际上并未停止军火生产，只不过把大部分精力用于了民用工矿建设和社会用物品的生产。而这也就为必要时加大军火生产，保卫国防，抵御外侵，奠定了基础。

1936年汉奸德王的"蒙古军总司令部"在日军的支持下，组织武装向绥东进攻，绥远形势吃紧。有鉴于此，阎锡山遂于1936年将西北实业公司中独立经营之"机器厂管理处所辖的10个工厂，即西北机车厂、西北农工器具厂、西北铁工厂、西北熔化厂、西北铸造厂、西北机械厂、西北水压机厂、西北化学工厂、西北育才炼钢机器厂、西北汽车修理厂，改组重编为西北制造厂，要求其加紧军火生产"。西北制造厂将归属自己的这10个厂子，按军火生产的需要，又改组成了18个工厂，从第一厂至第十八厂，之前都冠以"西北制造"四字，当时西北制造厂共有工人7435人，职员653人，各式车床、电动机、气锤、水压机3839部，此外还有各种专门制造枪弹和火药的成套设备。"西北制造厂"生产的军火已可装备30个步兵师和4个炮兵师。西北实业公司机器制造厂为支持绥远抗战，发挥了重要作用。

1937年七七事变爆发后，由牺盟会组织的山西抗日武装决死队成立时，阎锡山就发给步枪2000多支。在阎锡山的第二战区组织的雁北会战、忻口战役、晋东娘子关战役中，西北机器制造厂更是功不可没。八路军主力渡河入晋，奔赴抗日前线路过太原时，通过"八路军驻晋办事处"送到火车站的大批武器弹药，正是该厂生产的。忻口战役中国军队能对日军的进攻顽强抵抗20多天，迟滞了日军进攻的速度，其中西北机器制造厂生产的军火就发挥了巨大作用。特别是大炮，至忻口战役结束时，尚有5万多发炮弹未用完。

第四，为工人阶级队伍的壮大和民主革命事业的发展，创造了条件，也使阎锡山"自掘坟墓"，加速了自己的灭亡。

自西北实业公司成立，到1936年4年多时间，工人数量即达到18597人，职员有2051人，二者共计20648人。而在1936年，太原市的人口，1935年为143600人，按此前五年的平均年人口净增率2.5‰计，1936年的人口为143959人。西北实业公司的员工数要占到当年全太原市人口的14.3%，在当时，厂矿职工数能占全市总人口如此高比例的城市，是很了不起的。到了解放战争时期的1947年底，复业后的西北实业公司有工人23421人，职工2453人，二者共计25864人。1949年4月太原解放前夕的人口有278040人，1947年底至1949年4月，虽然全市人口有所增长，但不会太多，即以1949年4月份的人口计数，西北实业公司职工数也要占全市人口总数的 9.3%，这个比例在当时国内各大中城市中也算是比较高的。

职工数量的增加，是公司各厂矿把大量的破产农民、手工业者吸收进来并集中了起来，它意味着工人阶级队伍的发展壮大。而工人队伍的发展壮大，既增强了中国共产党进行革命事业所要依靠的力量，也为领导新民主主义革命事业的工人阶级先锋队组织提供了新的血液，从而有力地推动了新民主主义革命事业在太原和山西的发展。

西北实业公司的广大工人，都不同程度地受到厂方的剥削压迫，厂方故意压低工资，以增加企业利润和各级负责人的红包，尅扣、拖欠工人工资，巧立名目搜刮工人血汗，以及随意打骂体罚工人，是相当普遍的事情。至于给一些工人扣上"故意破坏"、"煽动工人闹事"、"有通匪嫌疑"等政治帽子，而加以关押迫害之事，也并非个案。凡此，都不能不激起广大工人的反抗斗争。因此，公司从成立以来，一些工厂的罢工、请愿、示威游行活动，就一直未曾间断。在工人运动发展的过程中，1936 年春红军东征后，公司所属的西北毛织厂、晋华卷烟厂、西北炼钢厂以及原来的兵工厂等工厂的党支部先后恢复和建立起来。之后不久，中共在太原地区领导的牺盟会这一公开合法的抗日救亡组织迅速发展，大批工人参加了牺盟会。七七事变后，有 1000 多名牺盟会员参加了青年抗敌决死队，走上晋北抗日前线。当年，在党的领导下，工人阶级又成立了自己的武装——工人自卫队，并开赴晋西北根据地。

抗日战争时期，原西北实业公司的工人，对于日军的统治曾采取各种形式进行了英勇的反抗和斗争。有的消极怠工，故意烧坏电机，制造事故；有的给抗日根据地偷运各种物资，为八路军提供情报。在解放战争时期，在中共地下党组织的领导下，广大工人多次进行了增加工资、反对减员的斗争，并且开展了护厂活动。还有不少工人直接逃离太原投奔西山的解放区。这一切都加速了阎锡山统治集团的灭亡。

此外，尤其值得一提的是，公司培养了一大批技术人员，积累了一定的工业经济建设经验，留存了宝贵的历史遗产。

西北实业公司还在筹备时期，阎锡山就物色网罗了一批学有专长的工程技术人员。公司成立之后，又根据企业发展的需要，在技术人才队伍的建设上采取了诸多措施，如选派一批又一批的工程技术人员去国外或国内著名企业考察实习或深造；或是招聘应届大学本科理工科毕业的学生进公司工作；或是通过在本部或企业组织举办的技术培训学校、培训班将一些徒工或职员中有可造前途者进行培训。阎锡山对于技术人才作用的认识相当明确，他就认为"国家的富强文明，既须国家的科学进步，科学进步，又来源于科学家的不断发明，不断的改进"。科技人员的工作，"是关系国家富强文明的前途，人民生活幸福的需要"，"责任至大"[6]。因此，他对技术人才相当尊重，不仅让他们参与重要建设项目规划的研究、制定，并且委以重任，使之有职有权，在待遇上也予以充分照顾，处处关心爱护他们。抗战爆发后，西北实业公司向后方搬迁，公司要求技术人员尽量能随厂前往。抗战胜利，公司迁回太原复业，为了尽快恢复工厂的生产能力，公司一方面号召抗战期间流散的原工程技术人员返厂工作，一方面又招聘了一批技术人员。据 1946 年的统计，虽然由于抗战期间一部分技术人员散落于后方，因交通不便或其他原因而未能回来，但全公司当年仍有技术人员 794 名，"其中留学外国者 26 名，专门大学毕业者 249 名，受中等职业教育者 519 名"。这些人员"以其专长，或机器，或采冶，或电气，或化学，或纺织，而分布于四十八厂中"。这些技术人员占到当时全公司工人总数的百分之四。这样的比例，在当时国内的"公营"事业中，是相当可观的了。这些技术人员在新中国成立后，大部分在太原或其他地方从事着各种工业建设，成为新中国工业建设的一支重要力量。

西北实业公司虽然存在了近 18 年，但其能比较正常运作的也就是抗战爆发前的 5 年时间，而这 5 年中，又有一些企业尚在健全之中。公司的一些规章制度也在完善之中。然而，却也留下了一些值得借鉴的经验和教训。如对需要上马建设项目的认真规划，相关内容的详细论证，严格的审计、审查制度，经营管理上采用的一些市场经济手段，对技术人才的培养使用，提拔重用年轻骨干等等，都是颇有现实意义的。但是，公司在管理体制上的官僚化，行政命令；经营上的贪多求全，几乎什么都有，可几乎什么都不突出，没有特点；公司下属企业间的各自为战，不相往来，缺乏业务上的有机联系；特别是军工企业上的只顾产量，不计成本，以及轻重工业比例上的严重失调，重则畸重，轻者畸轻等，不仅在当时就暴露出它的弊端，影响了它的发展，而且也影响到后来山西工业的健康发展。

建立于上世纪 30 年代初的西北实业公司，经过 5 年的发展，已颇具规模，自成体系，尽管抗战爆发后遭受到日军的严重摧残破坏，大多数企业基本上丧失了生产能力，但抗战胜利后，经过各种努力，公司仍有了一定的复兴，不少企业尤其是军工企业，其设备和机器都有不同程度地修复和增加。太原解放前夕，主要是由于原料的奇缺而使大多数企业不得不停工关闭或转业，但其机器设备、档案资料在广大工人和技术人员的保护下，基本上完好地保留了下来。因此，太原解放后，在军管会的领导组织和广大工人、技术人员的努力下，很快投入生产，为支援当时还在进行的全国解放战争以及山西和其他解放地区的经济建设发挥了很大作用。也正是由于有了这样的基础，再加上山西丰富的矿产资源，所以，中华人民共和国成立后，太原又成为国家的重工业基地。原西北实业公司的不少企业在国家重工业基地和国防工业现代化的建设中，都发挥了重要作用。

注释

1. 台湾阎伯川先生纪念会编：《民国阎伯川先生锡山年谱长编初稿》（四），第 1655、1658~1659 页。台湾商务印书馆发行。以下只注书名简称《阎锡山年谱》、页码。

2. 《阎锡山年谱》（四），第 1669~1670 页。

3. 《阎锡山言论类编》卷三，上。

4. （美）阿瑟·恩·杨格著，陈泽宪、陈霞飞译：《1927 至 1937 年中国财政经济情况》第 330 页。

5. 本处引文以及上述其他各省市地的有关数字，均出自《十年来之经济建设（1927－1937）》一书"实业"部分。

6. 《西北实业》周刊，第 1 卷第 1 期，中华民国三十五年四月一日出版。

阎锡山是怎样"克难求存"的?

——对阎锡山在克难坡期间所采取的一些措施述评

徐崇寿

一、十二月事变后阎锡山面临的困境

抗日战争中,从 1939 年 12 月到 1940 年 3 月,国民党顽固派发动了第一次反共高潮。在此前后,阎锡山在山西也掀起一次反共高潮,制造了用旧军进攻决死队等新军的"十二月事变"(阎则称"晋西事变"和"新军叛变")。事变之后,中共中央和毛泽东、周恩来同志先后写信和派代表进行调解和谈判,拥护阎锡山坚持抗战,维护了山西合作抗战的局面。但阎仍坚持反共思想,颠倒黑白,惑乱视听,作了以下处理和"善后":1.即日电令将韩钧撤职查办,专案将事实真相呈报国民党中央,通电友军,并向中央自请处分(按:十二月二十五日,蒋以决死队之叛变,阎应负失察之责,予以降一级处分)。2.晓谕决死二纵队全体官兵,听命艾(子谦)、白(英杰)二旅长命令到指定地点集合。3.通令各军政机关,协助收容逃回之官兵。4.因事变受害之军政人员及民众,下令调查慰抚。5.通告晋省各地民众,说明事变经过真相,不日即告平靖,请大家安心协助政府抗战到底。6.指示各部队、机关、学校、团体,全面彻底调查肃清伪装分子(指共产党员和进步分子),净白革命阵营。这里附带提一点情况供参考:杨爱源(原二战区副司令长官,于 1959 年 1 月 2 日病逝台湾)于 1957 年 5 月在台答复美国留学生葛林对"晋西事变"询问时曾云:"1939 年对日抗战时,有人建议,将'十二月事变'中叛变的军官一齐捕杀,阎先生认为应改变人的错,不应激发人的错,未予接受。认为盲目的反共,等于双料共产党,适足以扩大赤祸,贻害人类。主张以'革命竞赛,真理战胜'方式来反共……"(见台湾商务印书馆发行《阎锡山年谱(长编初稿)》第五册,2160 页)。

当时，二战区和山西省政府的辖地，只有吉县、隰县、石楼、永和、大宁、蒲县、乡宁等七个完整的县和临汾、洪洞、襄陵、汾城、汾西、汾阳、介休、孝义、灵石、新绛、中阳、离石、河津等十几个敌我交错的县，处境十分难堪：东面为沦陷的日伪统治区，南面为趁"十二月事变"之机，夺取了晋东南十几个县政权的国民党中央军六个军的 10 万大军，北面为中共边区。而且"人心未定，……金融紊乱，社会不安，形势险恶，已达极点"（见郭宗汾：《抗战七年来第二战区军事概况》）。正如阎锡山所说的："我们的环境，可以说四面压迫，打击我们吃饭穿衣，被人限制我们交通，使我们一日不得一饱，衣服不能更换。"（阎锡山：《抗战复兴言论集》第四辑，229 页）他环顾四境，不无仓皇地指出："二战区就是我们的生死之地，我们离开此地，哪里还能容我们存在？"又说："这是我们山西的地方，这就是我们打出生路的地方。……即万一死，也以此地为最好。除此地外，想另觅一地，已不可能！"（见阎锡山《言论集》第四辑，177—350 页，第三辑，352 页）阎常对其部下说："蒋介石要借抗战的名消灭咱们，不发给咱们足够的经费，也不给补充人员和武器，到处歧视咱们，事事和咱们为难。"但他又无可奈何，只能一面表示服从国民党中央，一面暗中节省国民党拨下的军费，加强组织，巩固自己的实力，以保持自己的地位，利用国共两党之间的矛盾居中求存（见《文史资料选辑》54 辑，214 页）。

阎锡山于"十二月事变"后，计划重整部队，巩固自己的实力，以永保不垮的地位，在国、共、日三方面之间居中求存，必须开拓前进。他便决定离开陕西省宜川县的秋林镇（时为第二战区司令部、山西省政府的驻地），渡过黄河，进驻山西省吉县的西部地区。这是由于他面临的现实所决定的。

二、中外注目的"克难城"

我国对日抗战自 1938 年冬"武汉会战"后，即进入相持阶段。二战区处于晋西一隅之山区，其部队与军政公教干部及干部眷属已扩展至 20 万人，而晋西方圆不过几百里，地瘠民贫，物产有限。阎在吉县，本着对物质困难之坏境奋斗，坚持"进吾往也"的精神，选定仅有三两户农家之南村坡，作为司令部驻地。由于南村与"难存"谐音，阎把南村坡改名为"克难坡"。一来表示克去"难存"，便能存下去；二来表示克服困难之决心。

克难坡西濒黄河，东距吉县城 60 华里，是山西省西界黄河的最远之山村。坡下为黄河东岸的小船窝，系一渡口。黄河奔腾而下形成的壶口大瀑布，即在克难坡之西南十余里处。坡南正向连绵的高山，重峦叠嶂，无路可通，全村为一带黄土丘陵，间有石山。坡下为一小片平地，有山泉数处，可供人畜饮水。

阎锡山是 1940 年 5 月初，带领部分随从由秋林镇前进到桑柏镇，小住数日休憩，然后下山东进，渡过黄河浮桥，进驻吉县西北的南村坡的。到后，即电报国民党中央。5 月 24 日蒋有复电云："晋省当此复杂坏境中，得兄与赵主席联袂渡河，则旌麾所指，翳障全消，军威益振，必可予卜，佩慰殊深。金融、粮食及对敌经济封锁诸端，尤为争取民心之关键，务祈烛察实情，熟究利弊，采取有效措置。"（按：省主席赵戴文先在三原养病，他是于阎进驻南村坡后到达的。此后，司令部与省府各部处厅局等主官及公务人员等先后移驻南村坡。）

克难坡位处一带黄土丘陵之山腰，依山势之起伏，就山崖土冈，经军民挖辟窑洞，数以千万计，没有什么街、什么路的名称，人们呼为一新沟、二新沟、三新沟、四新沟。后眷属人口、受训学员增多，则又开拓五新沟等。由所驻守卫部队官兵于坡之西、北、东三面筑起土墙，俨然古式城堡。1944 年中外记者参观团来克难坡参观的报道中有"克难城昏晓远眺，灯火满山，洞窑参差，别有风致"之语，于是这一第二战区的首脑驻地的偏僻山村，一时成为中外人士注目之地。从 1940 年夏季，二战区所辖各县区与四方志士参加抗战工作之男女老幼，以及从沦陷区逃来之干部家属，陆续前来克难坡，或请受训，或愿居留，人口日增，估计多达 20余人，克难坡地一区亦随之扩大约达 20 方公里。

阎还专门对"克难"作了解释："有人把'克难'认为是咬定牙关忍受困难，这是消极的克难，而不是我所说的克难。我所说的克难，是困难来了，不仅能不躲避的忍受，更能积极的想法化为顺利。因为忍受困难，困难是仍然存在。能想法把困难化为顺利，才是真正的克服困难。且克服不仅是克服日常生活的困难，亦不是克服个人或团体的困难，这是狭义的困难。我所说的克难，是从抗战到复兴过程中所遭遇一切困难，今天的困难，非能进步、真革命不能克服了。克服不了困难，我们绝对不能存在，我把此地名为'克难坡'的意思，就是要教大家能在克难中努力进步，在进步中克服困难，求得我们的存在，完成我们抗战复兴的革命大业。"（见《抗战复兴言论集》）。

阎于 1940 年 5 月 24 日宣布实行"克难运动"，即第二战区司令部（包括长官部与省府）一律实行克难生活，具体规定如下：

（一）衣着方面。无论党政军公教人员不分官兵，均穿粗布料军服，每人每年单衣两套、棉衣一套，由各县发动民众纺纱织布，自染自制。

（二）吃的方面。一日两餐，大都均由食堂供给，每餐都为馒头稀饭，副食为白菜、豆腐、南瓜、土豆等，每三、五日或周日增加荤菜。有眷属者，自己领米面或带馒头回家自己烧菜。

（三）住的方面。全是窑洞，因人数增多，多数由各部门自行解决，即挖即住。

在克难生活中，规定实行朝会办法：每天早上六时整，山头吹起集合号，所有干部一齐到集会场所（后又建起洪炉台），由阎主持、讲话，并曾抽查点名。规定朝会中除报告事项外，增加发动、提议、纠正等事项，以加强工作效率。朝会毕，各部门主官接头办公，以节省时间而免公文往返。星期日朝会停开。

阎又命驻防之官兵自行凿石施建石窑堂室（就坡下取石，省却许多建筑材料在山路运送的困难），他亲笔题名为实干堂、利干堂、乐干堂、进步室、合谋室、竞赛室、克难室、万能洞、种能洞等，每处可容纳数十人至三四百人不等，宽敞而坚固处均作为集体办公或训练集会之场所。后建成洪炉台作为"洪炉训练"中心。阎在克难坡共住 5 年，直至抗战胜利前夕下山"摘桃子"时为止。

三、实行"田赋改征食粮"

当时，二战区所部约二三十万人，军粮民食极感困难。在日伪一度加紧对战区的经济封锁、国民党政府在应拨给的经费上予似限制的情况下，阎锡山被吃饭问题搞得焦头烂额。如战区每年需粮 110 万石，运输驮骡费 1500 万元，而只拨给现粮 20 万石，运输费 200 万元，所差巨额都需自己想办法解决。阎曾说："抗战至今天，最关紧要的莫过于吃穿的事情。"他也一再号召其部下"为争粮而不惜一切牺牲为之"（见《言论集》第 6 辑，151、210 页）。粮食发生困难，粮价上涨，军队的开支就又增加了。1939 年春，驻晋西北部队士兵的每月伙食费高达法币五六十元。流行的谚语是："兵吃上尉，马吃中尉。"意即士兵每月的伙食费用相当于上尉的薪金，马需费用与中尉的薪金相当。为此，阎提出实行田赋改征食粮并建议中央研究采择。其颁令及呈报中央之文云：

……粮银折收食粮一节，完全为解决人民代购赔累与军队购不到食粮困难所定之办法。查本省驻军太多，军队所领军饷，皆不足伙食开支，不得已规定评价，由县代购，结果无限制开条要粮，收不到则派兵强搜，名为代购，实系派收。截至最近市价超过评价三倍五倍有至五十倍，人民赔累不堪，纷纷请求救济，此人民方面困难也。至于军队，守法者因强派购买不到，每日派兵发动征购粮食，沿门哀求，形同乞讨，有搜购终日，谋不到一饱者；不守法者，一面以评价派购，一面按市价出售，藉图渔利，此军队方面之困难也。此种现象在晋西如此，在晋东南驻军亦复如此。为解决军民双方困难，乃规定绝对不得再以评价强向人民派收食粮，人民则将田赋改交食粮，供给军食。试行以来，在军队方面，购不到食粮之困难解决，而人民则因负担减轻，甚称便利。……按田赋改征食粮，为长期抗战物价日高币价日跌之有效对策，对于人民负担，亦为最公道之办法，除本省现在试办外，并愿建议政府研究采择。因此项办法，一方面可解决军食问题，同时可以维持国库之收入平衡也。

中央接到此上述之呈请电文后，一面核准由晋省试办，一面开会研究，由国民党五届七中全会决议：为适应战时需要，将各省田赋暂归中央接管，以便统筹而资整理案。主办机关田赋管理委员会电请阎派熟练田赋改征食粮经办人员来中央协办，当即派承办科长周顺吉、梁建栋两员前赴渝报到参加工作。1941 年 5、6 月间行政院颁发《田赋征收实物通则》，并令全国各省自 1941 年下期田赋一律征收实物。这一由二战区创行的"田赋改征食粮建议"，全国各省遂统一实行，同时得以顺利地解决了抗战时期的田赋、军粮、财政三大问题。（见台版《中华民国税务年鉴》与吴相湘教授所著《第二次中日战争史》）

中国田赋原征实物，系唐代以后才改用银钱缴纳。对日抗战时又改征实物，可以说是根据旧制而予以变通的一种办法。当时起到了缓和军糈民食的困难，也减少了购粮的费用，等于是减少了法币的发行量，延缓了战时难免的通货膨胀的危机。田赋征实山西首先开始实行，是否军政民各方均感到合适，值得研究。当时对军公教人员实行"实物配给"，规定每一两赋银征小麦或小米一市石，合一百三十斤。军公教人员每月配发二十九斤多，眷属成人八折，儿童酌减。

四、组训绝对忠实自己的"铁军"

经过抗战初期几次大战役的消耗损失与"十二月事变"，阎领导的部队大为削弱，且呈不稳固的状态，直接危及其统治。他鉴于"十二月事变"的教训，要重振部队，巩固自己的实力，以保持自己不垮的地位。他的第一着即是要训练一支绝对忠实于自己的所谓"铁军"。因此，"十二月事变"刚平息，他就大张旗鼓地提出"训练铁军"。他说："铁军的意思不在对外宣扬，而在对内教育。其意义简略言之，就是打人，人受不住；人打来，必定吃亏。攻击人，一定可以攻下，防御人，一定攻不上来。"又说："今日所谓'铁军口号'是整理军队之口号，……所有军队均须成为铁军也。"（见阎《言论集》第4辑，89、91页。）

阎认定赖以存在的基础，加强内部的统治，都必须拥有一支绝对忠实于自己的军队，所以说："在今天组织表现的时代，非有坚强的组织，不能达到进步存在。我决心建立铁军。"（见阎《言论集》第4辑，19页）他在一次对"军官周期训练班"训话时又说：只要"我们能完成十万有团力的铁军，即可掌握山西；完成二十万就可掌握二战区。……如完成三十万，即一定可以支持华北。我们循序渐进，必须完成，而且要赶快的完成。"（见阎《言论集》第3辑123页。）

所谓"铁军"的核心组织叫做"三三铁血团"或"山山铁血团"。前者之含义是指一人介绍三人的递层发展，后者之含义则暗寓阎锡山的山西。"铁血"二字，取自第一次世界大战的祸首德国俾斯麦的"铁血主义"，认为"德日陆军最强"是阎一贯的看法。为了含蓄其音义以神秘欺人，阎以"三三"为宜，规定绝对保密，不许泄露。这个组织的发起、发展以至宣誓仪式、守约、纪律等一套规定，具有特务组织的性质，其成员要在军队里监视、侦察每一个人的言行，兼有警察与宪兵的任务，要以生命付诸组织，与组织共存亡，始终到底，因此就规定了"组织永远不开除同志，如有违反纪律的，就给予最严厉的处分——自裁处死"。这就具体说明了阎是要想创造出一个阎式的希特勒国社党形式的兼具封建帮会形式的法西斯铁血团组织。

这个"铁军组织"是1939年9月在秋林举办"晋绥军军官训练"时，阎为了急于控制军队，以对抗与之越来越对立的新军，特授意王靖国在受训军官中秘密建立，于同年11月15日之夜在阎的家中、参加人跪着歃血宣誓而成立的。1940年，阎到克难坡后，将太原绥靖公署整训处下增设督训课，专办铁军组织工作。1941年，又成立"特团"，将原发起人均叫作"特委"，以杨爱源为"主任特委"。又成立"整军委员会"，作为办理铁军组织的公开最高机构。以杨爱源、孙楚、赵承绶、王靖国、杨澄源、楚溪春、郭宗汾等为委员。此时，参加人又扩大到敌工与政工人员。1942年又成立"铁军纪律维护团"，直属铁军组织之下，以进一步控制铁军成员。1943年，整军委员会又改为"建军委员会"，铁军组织发起人又称为"督建委员"。总计先后参加"铁军组织"者，约达1万人以上。

"铁军组织"成员成为"阎家军"中的耳目,有权可以当场打死倡议缴械投降的任何人(不分官兵),并可和阎发生直接联系,所以在部队中造成了互相监视的恐怖气氛,特别对军官有着一定的监督与控制作用,这就对听从他的命令、维护巩固他的"独立王国"统治起了重要作用。(参考《阎锡山统治山西史实》第13章第一节)

组训铁军,除在克难坡一地外,后来又选定吉县、桑峨、乡宁、隰县几个中心点轮训部队,阎则巡回督导训话,特别于毕训前要抽出时间亲自接见受训部队中之营、连级军官,期以加强对他的向心力。由于人数过多,所谓"接见"形成走过场,由带队官唱名,一一从阎面前走过,约一分钟内见两人,然阎烦而不倦,以为达到了"炼"的作用,会起到"忠贞拥护"为自己卖命的作用。

五、存在即是真理、需要即是合法

随着日本侵华战争的发展,日本与英美矛盾加剧,正在酝酿发动太平洋战争,而急于结束对华战争。为此,他们积极"利用操纵反蒋系统的实力派","建立反蒋、反共、反战的政府",妄图使中国屈服(参考《日本帝国主义对外侵略史料选编》,272页)。他们考虑之下,认为阎锡山是合适的人选。于是决定利用阎目前的困难处境,进行联络、诱降、收买,以达由"招抚"而"与南京汪精卫伪政权合流,进而促使其他反蒋将领接踵效尤","导致重庆国民党政权之崩溃"之目的。(参考《文史资料选辑》第54辑与《日阎勾结实录》。)

在阎这方面,看到德国法西斯势力席卷大半个欧洲,1941年6月又侵入苏联,占领大片领土,日本也跃跃欲试,准备夺取太平洋地区。阎被德、意、日轴心同盟的汹汹气焰的暂时现象所迷惑,对抗战前途充满了犹疑,于是要从对日妥协中寻找出路。他曾对赵承绶说:"权衡情况,目前只有暂借日本人的力量,才能发展咱们自己。""如果日本人再打咱们,那就只有被消灭。""存在就是真理,只要能存在住,以后怎么转变都可以。"(见《文史资料选辑》第54辑。)这就是日、阎双方从1940年春天开始接触至同年11月有了进一步高级接触,再进而至1942年5月6日的最高级接触所谓《安平会议》的勾结概况。(按:"安平村"原名"南坪"村,在乡宁县西部之晋军辖区。南坪与"难平"谐音,阎将村名改为"安平",取其安安平平之意。)

关于日、阎双方的条件、协定等交涉会谈情况,均详见《阎锡山统治山西史实》与《日阎勾结实录》,兹不赘述。"安平会议"陷于僵局,未获结果,但阎驻太原、汾阳、临汾的办事处仍然存在,准备与日军继续保持联系,迄日本投降为止。

阎为其妥协投降制造理论依据说:"所谓真理就是指为人类谋幸福的道理,是客观实际需要的真理。我们的组织是为了实现我们的主张的。我们的主张是为人类谋幸福的道理,所以我们的组织就是代表人类的真理的。因此我们说:我们的存在就是真理。……就是国家的社会的世界的真理。"他把这句话的发明人归功于列宁,说"存在即是真理"这句话,是列宁在苏联革命时与德国订定和约,当时共产党员反对他割地求和,提出质问,列宁就答以"存在即是真理"一语。由此出发，他提出了"需要即是合法"。"存在就是其理，则存在上的需要，就一定合法。"有了这样的论点，他在1941年7月6日"高干会议"讨论时事问题时说："我们无论如何要以存在为目的，只要能存在，采取任何手段都在所不惜。"（见阎《言论集》第4辑，313、258、259页。王世英：1941年给党中央关于阎情况的电报。）

阎与日军在安平开会的勾结投降活动，不仅激起了山西广大人民群众的反对，而且也引起了他所统治的二战区内部一部分干部与学生的不满。他为了对部下进行妥协投降的思想统一准备工作，缓和内部矛盾，所以于1941年夏举办"暑期进步讨论会"，也叫"洪炉训练"。所有军队连级以上与行政小区级（县下之区）以上的人员以及政工、政卫、理宣、经济、兵役、学校等所谓组、政、军、教、经全体干部共2万余人，均分期轮流地参加训练，其目的就是加强对干部的法西斯思想统治，所谓"志会长之志（阎为同志会的会长）、言会长之言、行会长之行"，做到"绝对服从"。"洪炉"的"洪"字是"大"之意，即大炼铁炉。使受训人员一入他的"洪炉"就能脱胎换骨地熔化跟上他行动。这"存在即是真理，需要即是合法"的投降理论成为训练的指导思想。统一了干部的思想认识，就可以配合他加紧进行对日妥协活动，服服帖帖地成为实践他的"存在哲学"的工具。他在训练之始，亲自拟定了十二字的"会训"："警觉、迅速、负责、自动、深入、彻底"。这十二字中把"警觉"二字提到首位，主要是要受过洪炉训练的大小干部都具备了"敏锐的觉察力，能顺着风向转舵"，"阎会长"朝哪儿走，自己就紧跟着走，所以接下去就是"迅速"二字，一刻也不迟疑地干下去。其他几个"负责、自动、深入、彻底"就意义更明显了。

阎还亲自编了一首《洪炉歌》，歌词是"高山大河，化日薰风。俯仰天地，何始何终。谋国不豫，人物皆空。克难洪炉，人才是宗。万能干部，陶冶其中。人格气节，革命先锋。精神整体，合作分工。组织领导，决议是从。自动彻底，职务唯忠。抗战胜利，复兴成功"。这歌词共二十句，其实只是起首的六句基本上是他的原词句，"化日薰风"一句是长官办公室的秘书长宁超武为押韵给修改的。其余的十四句则是他的一伙文武高干们、外加他的理论专家刘杰（字子英，后为立法委员，病逝台湾）等，秉承他的意旨而增补完成的。这十六句中，关键性的句子是"组织领导，决议是从"，因为他是代表组织（同志会）的领导，那么作出的决议，一切组织的成员必须唯命是从。编成歌词后，他就命陈贵和谱曲。唱《洪炉歌》则成为洪炉训练每期的活动之一。

洪炉训练期间，参加受训的人员，每天早晨六时，随同首脑部各机关人员齐集"洪炉台"前聆阎之训话（台建于克难坡之"实干堂"会议室前的广场南面。今临汾市建立了第二战区抗战遗址供人参观。"实干堂"遗址尚存，洪炉台已倾塌）。洪炉台上除阎外，只有副会长赵戴文陪侍在侧。其余文武高干均立于台下前排，首席高干杨爱源（时为战区副司令长官）亦不例外。文武高干之后排，为各处室厅局的领导层立于各自单位之前。每天朝会之值日官看见阎登上洪炉台时，即带头高呼"拥护会长"、"会长万岁"等口号，全场人员随声呼喊。朝会内容除阎训话外，副会长赵戴文偶亦有之。朝会时间一般为一小时半。各处室主官宣布之事项经阎批准者亦得宣布之。朝会毕，值日官视阎离席下台时，又领呼"敬爱会长"、"会长健康"等口号，以为迎送。这一套仪式，旨在树立阎的绝对统治地位，如同蒋的"领袖至上"一样模式的法西斯化。

除此之外，阎在洪炉训练之前，将由敌工团（特务头子杨贞吉领导）训练好的小特务（均为十四五岁的小青年）分派在各编定的队组中，称为"服务士"。名义上为受训学员打水、扫地、看管衣物，做一些服务性杂活，实际则是派在受训人员身边的监视哨兵，受训人员的一言一行如互相交谈或发泄牢骚不满情绪，以及说风凉逗趣话等，"服务士"每晚均向其队部汇报，然后汇总送交阎之组织检点参事徐培峰择要向阎交代，以掌握受训人员之思想动态。后来阎感到不胜其烦，便委派赵承绶成立"密报处理组"，指定赵兼主任代他处理批示。这"服务士队"后来为"青干校"的前身。此时，阎公然提出"时时怀疑，事事怀疑、人人怀疑"的口号，并恐吓其部下说："我们组织的同志，人人是监督你的，人人是密报你的。……你在工作上的一切计划，组织的上级是会很清晰知道的。敢断定你一点也瞒不了。大家要切实猛醒，不要作了监狱之门内、杀场之路上的牺牲者！"（见《阎言论集》6辑279页与《阎统治山西史实》。）阎后来还在县、团以上的政、军部门也都派了所谓"服务士"，对干部们的一言一行、一举一动都进行密报，都直接通到阎面前，形成特务网的控制局面，干部们人人自危，除了"言会长之言"外，守口如瓶。

洪炉训练，每期两周，起初举办了四期，除统一人们的思想外，也对行政、军事、政卫等进行各自的业务训练，如行政方面的怎样组、训、管、用民众，军事方面的如何管、带、组、练教兵等，使所有群众的言行都能符合阎的要求，所有的军队都能服从阎的命令。这四期训练的各组政军教经人员约计2万人，其中高级干部约计2600人。训练结束后，阎非常满意，认为发挥了洪炉效用。从此便将洪炉训练定为制度，专门成立"洪炉训练委员会"，指定刘杰为主任，作为二战区各种训练的统一领导机构，继续举办，到抗战胜利前夕，共举办洪炉训练57期。阎高兴之余，作《洪炉训练感怀诗》一首云：

> 一角山城万里心，朝宗九曲孟门深。
>
> 乾坤俯仰无终极，愿把洪炉铸古今。

六、强化同志会组织

阎锡山的同志会的全称是"民族革命同志会"，于1938年2月16日成立于临汾附近的原襄陵县（今并为襄汾县）温泉村。由于日军的进攻，初期并没有展开什么活动。1938年9月"二次古贤（吉县一村名）会议"后，阎为抵制国民党的党团组织活动和接受1939年"十二月事变"的教训，逐步建立和加强同志会的内部机构，成立了执行部、干委会并加强一些基层组织。阎怕引起蒋的疑忌，便报请说"同志会是国民党的外围组织，始终以拥护中央维持统一为目标"，从而取得谅解。他在炼铁军的同时，在烘炉训练中，又特别提出"建组织"，就是要在所属各个部门中普遍建立同志会组织。

这时期，同志会组织机构大加改组，取消了原执行部工作室总、副书记，充实了"高干委员会"。阎在高干委员中，指定赵承绶、王靖国、梁化之、王念文、李江、薄右丞、杨澄源、裴琛、翟全晋等为常务委员，特于同志会设"高干驻会办公室"，由常委三人轮流驻会，以一人为主委，每日定时举行政务会议，实行集体办公，代表高干委员会讨论执行行政事务之事项，指示并处理各部门工作。后因常务高干各负专责分身不便，实际驻会者以赵承绶、杨澄源为时最长。在高干驻委会的领导下，同志会内又下设多种部门，各部门及其负责人如下：

秘 书 处　　　　　主任　　李培德
组织委员会　　　　主任　　白志沂
军政委员会　　　　主任　　张 翼
行政委员会　　　　主任　　严廷飏
理宣委员会　　　　主任　　刘 杰
计划委员会　　　　主任　　孙彗西
干部管理委员会　　主任　　杨贻达
革命生活社　　　　主编　　张养田

由会长正式指定赵戴文任副会长。除由阎直接领导的高干驻委会以外，还有些组织直接与会长阎有事务联系、并归其直接领导者为：

干部委员会（简称干委会，增添委员为 40 人，轮流担任主任。此时为杨怀丰），基干通讯室（"基干"原名"同干"，即"同志会干部组织"之简称。此时把"同干"改名"基干"。负责人为高瑞岚）；敌工委员会（即"敌工团"组织，负责人为杨贞吉）；铁军组织（负责人为王靖国）。

这样，就把各部门、各机构、各组织完全纳入到同志会领导之下，实现了所谓组织一元化，强化了同志会组织。与此同时，普遍充实各级机构，发展会员，扩大组织。

首先加强同志会基层区、县分会机构：阎命令把以前晋西、晋西北、晋东南的"安抚赈济团"、"政治突击团"、"精建会"等部门的工作人员，分别加以甄别、调整，使之一律改为同志会区、县分会；在各区、县分会中，派专任组织特派员。各地方组织、军队组织及学校教育组织等部门，大都建立了"政务会议"，实现了阎所谓"组织一元化"、"组织起来的组织领导"。

其次，进一步发展"同先"（即"同志会先锋队"之简称）与"基干"。基干是阎在高、中级干部中指定，或令高干介绍参加，少数从"同先"中挑选，其参加手续和纪律较"同先"履行宣誓更为严格。总之，阎用封建法西斯的手段来束缚其部下，使之老老实实地成为其驯顺的工具。

到 1941 年 5 月，同志会在基层共建立 10 个同志会大区分会，54 个县分会，并在各区、县、各部队、各机关学校发展同志会会员 8 万余人，"同先" 5000 余人，基干约 400 余人。可谓同志会的极盛时期。阎锡山甚至把第二战区与山西省政府的关防印信置而不用（但除呈报国民政府外），而以"同志会执行部"与"会长"的名义发号施令。同志会实际成为阎领导山西这个独立王国的一个政党组织。

七、实行"新经济制度"与"兵农合一制度"

1940 年阎进驻克难坡后，于 6 月间创行"田赋征实"之同时，对军公教人员就实行了"实物配给"的办法（即前文二《中外注目之克难城》中介绍之"克难运动"的内容）。在此基础上，他提出了"实行经济中心的抗战政治"。他说："我们抗战已到武装与经济并重的时候。……我们即应实施经济中心的抗战政治。"也就是"将全民人力、物力、财力均用在抗战上，使人民生活、生产、战斗合一，以全民的力量，争取抗战的胜利是也"。这样做的目的，按阎的要求就是要"把向来政治上放弃不管理的人民经济，变为重要的经济行政"；"把私人的商业变成行政的经济机构，把使货物互通有无的事，归了行政上的经济机构与人民的产销社办理。对内就无商，并实行计划生产、分配生产"（见《阎言论集》第 6 辑）。1943 年 2 月，又把这些措施改称为"新经济制度"（参考《阎统治山西史实》，315 页）。他的具体做法是：

（一）组织起来劳动生产

1. 组织适龄男女从事各种生产劳动。把晋西"所有适龄工作之男女"组织起来：壮丁打仗，妇女纺织，老幼种地，各种技术工人做工，"均为供给抗战而劳动"。

2. 以"扩大兵种"为名，在旧有的步、骑、炮、工、辎诸兵种外，又增加"生产兵"，组织生产队。如缝纫队、造纸队、做笔队、做墨队等，所有机关需用之物，均组织生产。

3. 规定一般人每天必须劳动 12 小时。其中抗战劳动 4 小时，生活劳动 8 小时。生活劳动是供自己生活之用，抗战劳动是供抗战之需要。抗战上需要什么，由政府分配什么劳动，以增加抗战力量。

4. 士兵除作战外，每天也应劳动 4 小时，以增加生产。

（二）组织经济合作社

为了便于统治管理，阎强制人民组织以各种生产小组为基础的"经济合作社"。"由合作社完全管理人民生产和交换，物产必须交公。""人民做甚，必须请求核准，管住人民的生活。"每县成立一个"合作社联社"。经济合作社的任务具体规定于下：

1. 计划督导各种生产；

2. 统制物资，供应物品，定量兑换，节约消费；

3. 接收产物，开付"合作券"。

（三）"将商变为经济行政"

他打着国民党中央的《限价法令》的旗号，认为"商人并不能增加国家的物产，只是增加自己的财富，白占便宜"。"物价波动，社会不安，全系私商从中拨弄。"因此，他派员分赴各县组织经济机构,取消私商,"设商官,予以职守,组织合作社实行供销,挣薪水,减少不生产的人。"当时晋西各县共有私商8600余人,留用委为商官、办理供销者1000多人,化商为工参加各种生产小组者4000多人。(阎为了掩人耳目,也宣布把自己的商号复兴号、蔚牲泰、庆记、垦业商行和天津、上海等地的商号一并撤销,并入平价购销处,另用"经济突击队"名义,做输出输入生意,实际等于摘掉几个空牌子,于己无损。)

(四)实行"运输合作"

把公私的运输力量也全部组织起来,实行运输合作,统一规定运价(由于运价过低,几乎等于白效劳)。

(五)成立"经管局",发行合作券

山西省经济管理局(简称"经管局")成立于1943年元旦,阎自兼局长,省主席赵戴文兼任副局长,下设秘书、合作、互助、供销等处。这是实行"新经济制度"的最高领导机构。

经管局一成立,阎便命先印制和发行合作券。他说:"合作券是新经济制度的中心"。规定合作券由各县合作联社发行,券面分为一元、五元、十元三种,以工本位作价,用以接收各生产小组的产物。当时吉县、乡宁、大宁、隰县、孝义、蒲县等县的合作券发行额都在50万元左右,总计发行700余万元。拿合作券购买粮食,向手工业者购买产品,如每石小麦定值合作券250元。这实际成了一种取代贬值的变相纸币。当时晋钞极度贬值,丧失信用,根本不能流通,蒋介石又不准各省发行新币。阎便以其一贯吹嘘的"物产证券"理论为依据,以推行"新经济制度"为名,在晋西各县发行这种不花本钱而接收人民劳动产物的"合作券"。(以上参考《阎言论集》第6辑)

这实际是用行政的命令,强制性地无偿剥夺晋西人民的剩余价值,从而把全部经济力量掌握起来,以维持其庞大的军政机关所需的东西。他认为这样"就是成了生活、生产、战斗合一的形态,也就是武装作战与经济作战并行了"。至于说到人民,则"除生活之外,再无所谓个人收入的利益"。

另外,"经管局"还制定了"保证无黑市办法":

1.保证途径:民生用品,由各地合联社、合作社之供销部暨市价购销部统一供应。缺乏物品,定量分配。

2.保证方法:外来物品,以法币限价。本地产品,以合作券定价。

3.保证要点:保有包卖。

由于1942年太原附近及河北、河南、山东统是大荒年,粮价猛涨,到1943年春季,粮食问题更为紧张。夏收时,二战区的征粮没有达到预定数目。因为粮食供应不足,部队中逃亡现象严重,兵源补充困难。当时的主力军六十一军、十九军、骑兵军等每连官兵最多不过六七十人,连队只有二三十人者也不在少数。孙楚向阎报告说:"营盘无兵,无人打仗,部队已到瓦解境地。"这就使阎更感到"我们今天的困难,是种地的人少,打仗的人少"。他为了自身的需要,在抗战胜利临近,准备扩充部队,收复失地,所以又提出:"军事第一、食粮第一,必须向食粮中心的抗战政治的目标集中努力。"（见《阎言论集》第7辑）。

为了切实解决粮食与兵源问题，做到"种地人多，打仗人多"，决定试行"兵农合一制度"。1943年8月15日，阎特在克难坡召开了"未删行政会议"。（"未"代表8月，"删"代表15日），历时12天，经过讨论，决定了实施"兵农合一"的主要办法：

1. 编兵农互助组

将及龄男子（17岁—45岁的役龄壮丁）每3个人编成一个"兵农互助小组"：一人入营服役当常备兵打仗受优待。其余两人留村种地或做工当国民兵，每年共出优待粮小麦或小米二石五斗，熟棉花五斤，优待同组的常备兵家属。这样实施生活互助。

2. 划分份地、平均粮石

以村为单位，把村中所有土地按年产量纯收益小麦或小米二十石作为一份的标准，划分成若干份地，分配给国民兵领种。当国民兵的，再与村中其他有劳动力的一至三人编成耕作小组，以国民兵为主耕人，其余为助耕人。产品分配的规定是：

①田赋征购及村摊粮等约占总产量30%；

②地租按粮银正额向地主交纳，约5%；

③种子肥料等一切铺垫开支约15%。余粮约50%，由主、助耕人合谋分配。

兵农合一制度，于1943年秋先在乡宁地区试点后，1944年春，便在晋西各县普遍实行。把每年11月1日定为"兵农节"。届时服役期满的常备兵回家，新常备兵入营（常备兵每三年轮换一次）。

"未删行政会议"后，阎集中力量推行其"兵农合一"，将省政府的民政、财政、建设、教育等四个厅长、田粮处长、军管区司令部主任组织成"兵农会议"。阎自兼主席，其余均为委员，并成立"主席办公室"，委薄毓相兼办公室主任。又从各机关抽调一批干部分别主管编组、份地、均粮等事，并制订有关"兵农合一"的章则法令，交付各区、县、区（小区）、村统委会分级负责加紧推行。（"未删行政会议"通过重要议案除"试办兵农合一"为主要者外，尚有"统一行政领导机构"、"健全村干部"、"净白阵营"、"肃清贪污"、"实行保有包供合理定价，彻底分配，做到无黑市"等议案。）

按照"兵农合一"制度，国民兵承领份地要填具誓词，这就把农民和一定的份地联系起来。种地的国民兵农民，被置于严格的军事管理之下，其人身、营业、生活、财产都受到了控制。又通过行政命令强迫划分村界，把农民和一定的村界联系起来，"不准轻易离村"。这样，就形成一条连环锁链：编组——份地——村——军队，彻底束缚住了农民。农民的自由经济完全被取消，直接在军、政机关管理控制之下，除了编组当准士兵外，别无其他自由可言。

在晋西几个县实行"兵农合一"后，约有53万人口中，编兵农互助组50970个，抽出常备兵42850人，编国民兵107060人。又在新绛等16个县能控制地区的40万人口中，编国民兵69460人，抽出常备兵27340人。总计两年多的时间，共划份地156385份，编耕作小组151685组，抽常备兵70190人。也正是由于此，在一定程度上解决了阎当时面临的粮食困难和兵源缺乏问题。阎极为兴奋地说:"此次我们实行'兵农合一',等于把家里堆的一堆钱,拿串子一串一串地串起来。不仅好处理,而且好使用,也等于百川总汇于海,政治上也好管理了。不只是我们兵源上有了办法,可以说一切政治、军事、组织、教育、经济等统统要在'兵农合一'之下轻而易举地做了。""一切复兴上的工作统有了着落。"(见《阎言论集》第8辑,228—229页)他又说:兵农合一"这个办法,不但中国从来没有,就是世界各国也没有。这是我与大家想下的"。又说:"今天的'兵农合一',就是现代的井田。"(见《革命行动》8卷9期2页、阎《在份地会议上的重要训话》)

这且不说,阎对"兵农合一"制度最得意之处是"可消除过去的征兵不公道,当兵无年限,士兵家属无生活保障之缺点,且可做到战时人人都作战,平时人人都生产,实现种地的人多,作战的人多。将国防问题与土地问题并为一谈而处理,社会革命与民族革命融为一炉而解决,以奠定抗战建国的巩固基础"(见《阎年谱长编初稿》(六)2201"兵农合一制度")。

1935年阎为了防共,提出"土地村公有"口号,说要用收买的办法把地主的土地收归村公有,以改良的方法实现土地所有权的转移。兵农合一实行份地后,土地所有权仍归地主所有,而且按规定仍需向地主交纳地租。正如阎对地主们所说的:"地的所有权还是你的,而且每亩地还可收产量二十分之一的地租,等于原来田赋交给政府,现在转交给你了。"(见《阎言论集》第9辑〈上〉,180页)而农民呢,则除了要交地主之地租外,还要交纳公粮和优待粮花,实际负担大大超过80%。如孝义县一、二两区各村粮银每亩九分四厘,计每份80亩,共有粮银7两5钱2分,除过负担外,纯余不到20官石,按实际产量,尚不够负担。新绛县各村土地"每年收益,除田赋外,再无余粮"。类似的现象当时几乎是普遍的。一份地的产量达不到纯收益20石,而一份地的负担却超过50%。这就足以具体说明"兵农合一"没有解决任何土地问题,农民没有得到丝毫解放。所以"兵农合一"遭到农民的强烈反抗,到处发生五抗现象:抗户不上,抗差不支,抗粮不纳,抗兵不当,抗款不交。农民大量逃亡,土地大量荒芜。连阎本人也不得不承认:"今年(指1944年)各县有的田地中草比禾高。""石楼一个村40户,逃的剩下4户,粮食亦交到叛区(指解放区)。"(见《阎言论集》第9辑〈上〉,213、358页)

这就是"兵农合一"制度下的客观现实。阎锡山强制推行的"兵农合一"制度是一种逆历史潮流而动的、以束缚农民为基础的"小国寡民,死徙无出乡"的小农经济制度。它起初是为了解决战时粮食和兵源的困难,后来即变为对抗共产党土地政策的反动措施了。

至于"新经济制度",在晋西实行两年多就百病丛生:如接收本地产品时,大体可据工时定价,接收外来货物时却无法定价。如各县合联社发行之合作券,彼此不能直接流通,导致县与县之间商品交换发生种种麻烦。如合作券与通行的法币之间的比价,分月计算比率,手续十分繁琐。

他曾吹嘘具有物产证券的最大效用的合作券是"辟开造产途径,尽量接收人民产物",而实际上,有些生产小组因原料不足,生产不出社会上需要的东西;有的粗制滥造,根本销售不出，有的产非所需，用合作券收下积压仓库，无法出售，以至"经管局"不得不下令"只接收热货，不接收冷货"。这就使"造产"成为泡影。特别是用合作券向农民派购粮食，农民拿到合作券却买不到需用之物。于是怨声载道，合作券的信用愈益不得人心。从此，"物产证券"理论也便偃旗息鼓了。

八、规定每年的努力目标

阎锡山自 1940 年进驻克难坡后，号召内外干部、全体军民以实干精神克难求存，经过两年的努力，自觉根基稳固，有了存在下去的条件，为了集中力量、统一步骤，便从 1942 年起规定一年的努力目标，以资号召。

1942 年宣布为进步年。所谓"进步"，阎讲话中指出分为积极方面与消极方面言之。积极方面，欲在世界上使人看得起，必须具备下列五条件：

一有耻不若人的民族心力；二有为公牺牲的民族精神；三有做甚务甚的民族人格；四有改进事物的民族创造力；五有清洁与健壮的民族卫生常识。

消极方面，必须努力去除旧习染，并列举了如下三十项旧习染："一、说了不做，不彻底；二、不守时间；三、不遵守规定；四、好贪舒适；五、推诿塞责；六、只求个人便利；七、只顾眼前，不顾将来；八、好高骛远；九、说风凉话；十、说下流话；一、说泄气话；十二、说俏皮话；十三、甘心同流乞丐；十四、自暴自弃；十五、得过且过；十六、敷衍了事；十七、错了不知羞耻；十八、无上进心；十九、徇情舞弊；二十、习染方面上行下效；二一、不求有功，但求无过；二二、粉饰自己错误；二三、谄媚上级，卑视下级；二四、蒙上欺下；二五、面对下级，谩骂上级；二六、藉权威苛待人；二七、逢迎利于己者，歧视不利于己者；二八、该说的不说；二九、对己遮过夸功，对人隐善扬恶；三十、假公济私。"

1943 年宣布本年为自给年。阎亲书"自给年"条幅，命各机关办公室张贴。阎于 1 月 1 日发表《告全战区同胞书》，号召："人人生产，人人劳动。不许有一个吃闲饭的，不许有一个不劳动的。每个男女早起半小时，迟睡半小时的努力工作，农人多种十亩地，妇女多纺五斤花。"（见《阎言论集》第 6 辑）

1944 年宣布本年为合谋年。阎发表《告全战区民众书》：以完成"兵农合一"，努力自给自足，军队行政合谋等三事相勉约。（见《阎言论集》第 9 辑）

1945 年宣布定本年为竞赛年。阎于元旦发表《告山西全省人民书》，勉"以竞赛精神向前迈进"。又于元旦发表《告同志书》，勉励"对外展开革命竞赛，对内实行工作竞赛，发挥最大工作效能，以争取抗战胜利与复兴成功，完成民族革命与社会革命"。

抗战胜利返回太原后，每年仍规定奋斗目标。1946 年宣布为奋斗年。阎手写奋斗年的意义："本上意志集中，力量集中，革命精神，革命手段的作风，克服一切困难，铲除一切障碍，圆满完成革命工作。"1947 年宣布定今年为复兴年，并宣示复兴的意义。1948 年宣布定今年为复兴第二年。阎手写复兴第二年的意义，并书勉干部民众努力动员戡乱复兴工作。

九、对干部进行绝对服从教育与制造"模范战区"的舆论影响

阎锡山在克难坡时期,除了集权于一人外,还通过洪炉训练及朝会训话等方式,向干部宣传和灌输对他"绝对服从"的思想,使干部们都"志会长之志"、"言会长之言"、"行会长之行"。1943年12月,他的助手赵戴文去世后,他还号召干部、特别高干们学习赵戴文的榜样和精神,继续对干部们进行"绝对服从"的教育。

赵戴文与阎同是五台人,比阎大十几岁,从早年留学日本和参加辛亥革命起,始终追随阎的左右,患难与共,过从甚密。赵对阎奉命唯谨,忠心耿耿,尽心竭智,多所赞画,实在是阎统治山西的一位得力助手。在抗战期间,赵任山西省政府主席兼山西省精神建设委员会委员长、国民党山西省党部主任委员。1941年,赵参加洪炉训练,被推为同志会副会长,在倡导克难求存、训练铁军、强化同志会、举办洪炉训练等方面,通过出主意和对干部讲话、上课进行教育(如讲孔孟之道、《正气歌》和打窑洞、"卑宫室、恶衣服、菲饮食"等道理),起了不少作用。

1943年12月27日,赵戴文在克难坡逝世,28日举行公祭,阎亲书"丧我良友"挽匾,宣读亲撰祭文和讲话时,声泪俱下,悲痛逾恒。1944年1月5日,行政院电请阎暂兼山西省政府主席。1月28日,蒋介石派军令部长徐永昌为代表,从重庆到克难坡致祭,并宣读了蒋的祭文。

1944年12月27日,是赵戴文逝世一周年纪念。阎锡山缅怀他的知音,在纪念活动和讲话中表彰赵的"八没有"精神,勉励干部们向他学习。其讲话略云:"赵先生一生的精神与行为,可资大家效法处甚多。据我平日了解赵先生值得受人推崇的有八个'没有':一、没有瞒过一文钱,清清白白廉正自持。二、没有瞒过一个人才,有一点长处的人,总想说出来。三、没有推过一时懒,凡请他办的事,一定尽心竭力去办。四、没有畏过难,无论多难的事,认为该办就办,不管得罪人。五、没有显自己才能的意思,即根本未宝贵过自己。六、没有轻视过人,对什么人也不轻视,即对差役亦如此。七、没有厌过学,虽在病中,也不肯间断用功。八、没有倦过教诲人,对任何人,不惜三番五次的教诲。他本人虽谦诚和蔼,但对人也很严肃,尤其对不好的人,毫不留情面的予以教训和指责。"阎锡山让干部学习赵戴文的"八没有"精神,无非是进一步向干部进行"绝对服从"的教育和为高干们树立对他忠实辅弼的榜样。

1944年,"中外记者西北参观团"本来计划是单去延安参观的,因为据说蒋不同意先去延安,决定在各个战区中挑选一个具有代表性的,让先去参观。挑选的结果,拿不出一个能体现艰苦抗战特色的战区,最后才决定先去第二战区的克难坡参观。阎认为这是一个极好机会,除殷勤接待、组织参观外,还以冠冕堂皇的言词,介绍情况及回答记者的询问,藉以制造和扩大"模范战区"的舆论和影响。

这年5月26日,"中外记者西北参观团"一行26人抵第二战区司令部所在地"吉县克难城",当晚拜会阎。参观团名单如下:

领　队：谢保樵（国民党中央宣传部）

副领队：邓友德（国民党中央宣传部）

团　员：史坦因（英人，美联社兼英美基督教科学箴言报）

艾泼斯坦（无国籍，美国时代杂志兼纽约太晤士报同盟劳动新闻。现入中国籍，系全国政协委员）

福　曼（美籍，伦敦太晤士报）

武　道（美籍，多伦多明星周报和路透社）

夏南汉（美籍，神父，天主教信号杂志）

蒲罗钦科（苏联塔斯社）

陶启湘、魏景蒙、张湘生、杨西崑、徐兆镛、杨嘉勇（中央社）

张文伯（中央日报）

谢爽秋（扫荡报）

孔昭恺（大公报）

赵炳琅（时事新报）

周本渊（国民公报）

赵超构（新民报）

金东平（商务日报）

5月28日，阎接见中外记者西北参观团，并就记者所提的有关军事、政治、经济等问题，详为解答。在回答长官的社会政策与山西省的农村经济组织之特点时，阎说："我的社会制度主张，完全与三民主义民生主义一致。不过我加了一点推阐，我这个推阐，曾在民国二十三年经过蒋主席提交中全会通过。且我受蒋主席委托在抗战的前方实验适合抗战建国的办法建议中央，所以我的社会政策的实施是为中央政府作的一种试验，也可以说是国民党社会政策的先驱。""我的理论是'按劳分配'。按劳分配，就我们古代说，是井田制度的意义。就今天说，是我们孙总统'耕者有其田'的实行，也就是民生主义'节制资本'的终点。关于本省农村经济组织之特点有四：即农工在经济上均有合作的组织；在工作上有互助的组织；在民权上有民众硬性循环检举政治的组织；在生活上有救济的组织。有的已有基础，有的现正在进行中。综合的说，是以工作保障生活，以生活管理行为。"

中外记者团参观了几个集会场所或较大的办公室，有进步室、动力室、克难室、实干堂等，也参观了克难小学、克难中学，对当时可供2000余人饭食的大食堂名万能洞甚为赞赏。参加该团的《商务日报》记者金东平在所撰《在克难坡三日》一文中曾报道说："克难坡，真是个奇怪的地方！……整齐、清洁、朴素、紧张，是克难坡外形的躯壳；苦干、苦想、任劳、任怨，是克难坡内在的精神。"当时这黄河东岸、山西吉县南村坡附近的几座荒山上遍打窑洞，住着军公人员及眷属约2万余人，中外记者团誉为"抗战中的世外桃源"。

5月31日，中外记者西北参观团离开克难坡转赴延安参观。阎还对该团发表了《临别赠言》。

十、举行"丑敬奋斗会议"

1943 年，斯大林格勒战役胜利后，以美国为首的同盟国在欧洲开辟了第二战场，国际反法西斯战争形势迅速好转。德、意、日法西斯失败的命运已定，我国抗日战争胜利指日可待。阎也预见到了这一形势，他说："我们中国此次抗战上的问题，可以说不成什么大问题，只要能与同盟国家团结一致，共同努力，胜利很有把握。"1944 年初，他预计形势说："说的快点在今年，说的缓和点至明年（指 1945 年）前半年，或者可以结束。"又说："但建国上恐怕将来是个大问题。……要努力准备力量，以便将来在建国上表现出大的效用来。"（见《阎言论集》第 9 辑）他又多次指出抗战接近胜利，任务愈艰苦，困难愈增加，应加强奋斗，加紧准备，以期在抗战中奠定建国之基础。

1945 年元旦，阎宣布本年为"竞赛年"，在《告同志书》中勉励"对外展开革命竞赛"。他在出席民族革命同志会成立第七周年纪念会上讲："以学习加强奋斗力量，以奋斗完成革命事功。"由 2 月 16 日起先举行了第四届基干全会，会上阎宣布了取消高干驻会制，实行高干分职责任制，另成立同志会工作委员会。在这次基干全会上，表演了一幕所谓"民主选举"高干的戏，这实际是阎早已成竹在胸的加强奋斗力量的部署。选举结果如下：

同志会执行部责任会议

首席高干　杨爱源

不兼职高干　王怀明　邱仰濬（等于副首席，代阎判行）

行政高干　李　江（省政府）

军政高干　郭宗汾（二战区司令部）

建军高干　孙　楚（建委会）

经济高干　王　谦（省经管局）

兵农高干　薄毓相（兵农会议）

财政高干　王　平（省财政厅）

组织高干　梁化之（同志会工作委员会）

开展高干　赵承绶　王靖国　楚溪春　彭毓斌

审议高干　谢　濂　裴　琛

（高干的选举分工，在奋斗会议后有某些调整）

基干全会后，紧接着举行"丑敬奋斗会议"（按"丑"代 2 月，"敬"为韵目 24，代 24 日），这是一次"省县村各级行政干部工作会议"，会议共举行 9 日，阎共出席讲话 16 次。"一面对干部进行政治教育：要认清环境，赶上时代；一面指示当前工作：政治救护，解救人民痛苦，建立兵农基础的人心政权，地全种上，地全种好；完成新经济制度等各项工作。"（见《阎年谱长编初稿》〈六〉，2222 页）这次奋斗会议，实际就是"下山摘桃子"的部署会议。

从本年 3 月开始一个阶段，阎更积极推动"解救工作"，训练"解救干部"，写"解救区工作纲要"，部署收复准备工作要项（按所谓"解救"，就是向解放区进攻的下山摘桃子的变名）：

1. 派大批地下工作人员，潜伏太原及日军占领之各大城市，对敌伪管理之重要事业，密切监视，防止于败退时破坏设施，藏匿物资及共军乘隙攫夺，以维护各事业之安全并便利我政府之迅速接管掌握。

2. 选派"解救团"，深入日军占领地区，展开工作，建立地方政权。如交城、五台等县即由我地下工作人员担任县长。

3. 布置由孝义至太原行军准备，以期控制交通线。

4. 利用各种关系，争取伪军归顺。（见《阎锡山年谱长编》）

1945 年 4 月，墨索里尼死，阎分析当时国际战争趋向，指出德国即将崩溃，欧战可能在一个月左近结束。他即由吉县进驻隰县，策划收复事宜。

7 月，阎再进驻最前方之孝义樊庄，加紧部署收复准备工作。

8 月 14 日，日本宣布无条件投降。翌日，阎命令战区各部队配合行政接收人员，分区占领接收。其主要部署：

1. 派第八集团军副总司令楚溪春率一个军分五路向太原进发。

2. 派第七集团军总司令赵承绶赴太原，组织前进指挥所。

3. 派第六集团军总司令王靖国督率第 34 军、第 61 军分向临汾及运城进发，15 日接收运城，16 日接收临汾。

4. 派第十九军军长史泽波率所部及第二挺进纵队、第五区保安团向长治进发。

8 月 31 日，阎回到太原。

作者简介

徐崇寿，男，1912 年出生，山西五台人，1939 年毕业于国立西北联合大学，获法学学士学位。曾任第二战区长官司令部秘书、侍从秘书室主任秘书，山西大学讲师，太原市教育学院中文系副教授。多年从事古典文学的教学和研究及文史资料的撰写，且工诗词、善书法。

董其武的戎马春秋

周敬飞

　　董其武是一位伟大的爱国主义者，中国共产党的忠诚战士，中国人民解放军的高级将领，杰出的军事家，中国人民政治协商会议第六届全国委员会副主席。

　　1931年九·一八事变后，董其武积极投入抗日民族战争。先后参加了长城抗战、绥远抗战、百灵庙战役、忻口战役、太原保卫战、包头战役、绥西战役、五原战役，为保卫中国的疆土建立了不朽的功勋。

　　1949年1月，北京和平解放后，他审时度势，毅然接受中国共产党以和平方式解决绥远问题的主张，在傅作义将军的帮助下，于1949年9月19日率绥远军政人员通电起义，首创了当时著名的"绥远方式"，对迅速解放全中国做出了重大贡献。

第一节　踏上军事生涯

考入学兵团　踏上军事生涯　投效傅作义

　　1899年11月27日（农历十月二十五日），董其武出生于河津市固镇村一个贫苦农民的家庭。当时他家只有一亩八分地，草房三间。他的祖父和父亲不得不为别人当长工，母亲给别人家奶孩子，整年累死累活，还维持不了一家人的生活。

固镇村在吕梁山脉的南麓，从那里上山，走 20 里路便是煤窑。山路崎岖，只有人畜能走的羊肠小道，不能行车。董其武的父亲和弟弟曾在这条路上背过炭。董其武曾在这山坡上放过牛，挖过药材，帮助父亲卖过豆腐汤。

当时正处在清王朝濒于覆灭的前夜，朝政腐败不堪，对内强征暴敛，民不聊生，对外畏敌如虎，丧权辱国，因此反清爱国主义运动日益高涨。在他出生前一年，发生了"戊戌变法"。在他 12 岁那年（1911）爆发了辛亥革命，推翻了清王朝，废除了帝制，建立了民国。然而，军阀倾轧，纷争角逐，遍地狼烟，百姓仍苦不堪言。

董其武的外祖父范居江，河津西硯村人，有一身好武艺，是县里的武秀才。清朝末年，帝国主义列强图谋瓜分中国，除了军事侵略，还利用宗教进行侵略。他们在我国城乡遍设教堂，传教士们披着宗教的外衣，欺凌百姓，搜集情报，进行文化和经济侵略，引起中国人民的愤恨，激发了义和团运动。范居江和河津的另一位武举张守忠一道，领导乡人举起义和团的旗帜，焚毁了河津县的教堂，杀掉了传教士，展开了抵御外侮的斗争。当时清政府对义和团采用两面手法，时而利用，时而镇压。当 1900（庚子）年八国联军向北京进犯时，清政府默许义和团为合法团体，令其拱卫京师。当八国联军攻陷北京后，清政府又屈服妥协，按着洋人的旨意屠杀义和团。范居江遂被捕入狱，押解太原，惨遭杀害，10 年之后骨骸方移回河津安葬。范居江义举惨死的事件，在董其武幼小的心灵里留下了很深的印象。他于 1982 年应河津县志办的要求，曾写了一篇《先外祖范居江公死难事迹略》，详细介绍了范居江义举惨死的过程，抄录如下：

先外祖居江公，生而聪颖，长而好学，博读经史，兼习武事，爱国爱乡，急公好义，乡里称为贤者。

公因义和团教案死难。时余在襁褓，其事之梗概闻之长者。辛亥革命后，将公之骨骸由太原启回安葬时，余年十二岁，其情况余曾目睹。谨述其事略如次。

十九世纪末叶，由于清王朝腐朽无能，我国屡遭世界列强之侵凌，瓜分灭亡之祸迫于眉睫。各列强为遂其侵略中国之野心，遍立教堂于我国城乡。其教士神甫，披宗教外衣，做侵略勾当。唆使被其利诱之所谓教民，欺凌我良民百姓，无祸不作。我良民百姓，一痛于国家民族将沦亡不保；一迫于自身生活陷于绝境，群情激愤，起而抗争，反帝爱国之义和团运动于焉爆发。

一八九七（丁酉）年，山东曹州义民，打死德国传教士二人，首先举起义和团旗帜。于是山西、河北、河南、内蒙古、东三省等地，此种民族自觉之革命运动乃接踵而起，势成燎原。清政府西太后那拉氏等对义和团竟采取反革命两手，忽而镇压，忽而利用，忽而又镇压。

吾乡义和团举义之初，正当清政府利用义和团"扶清灭洋"之时。一九〇〇（庚子）年七八月间，列强组成之八国联军向北京进犯，曾一度遭义和团之沉重打击。那拉氏等以为义和团可以利用，默许义和团为合法团体，令义和团拱卫京师。此时，吾乡武举张守忠先生同吾外祖居江公为吾乡义民所拥戴，共同举起义和团之旗帜，将河津县教堂美籍教士及其妻女尽行杀死。为国家雪耻，为同胞除害。对此正义行为，乡里无不称颂。从此，义民对张、范二公倍加爱戴景从。

不意，正当义和团彻底肃清教会之流毒，安辑地方之际，八国联军攻陷北京，那拉氏胁光绪仓皇辞庙，逃亡西安，并命李鸿章等向洋人乞和。一九〇一（辛丑）年，竟签订丧权辱国之《辛丑条约》。为求媚于洋人，清政府竟传谕各地对前称为"忠勇可恃"之义和团，严行拿办，务求灭尽杀绝。当此项所谓敕谕到达吾乡时，张守忠先生为抗拒非法严刑，乃毅然吞金自戕，居江公则以为朝廷既支持义和团，不至朝令夕改；又以为吾人杀洋人为朝廷除害，朝廷不至反而加害于吾人。故乡里亲朋屡劝其逃脱，公亦不许之。清政府差役持辑令至，公乃安然就捕。被捕后，即被押送去太原。吾父正义公、吾舅华堂公相偕随伴居江公至太原。意在沿途护从并设法营救出难。按清制，凡大辟之刑，须候秋日方可执行。经营救无效，是岁秋，公蒙冤被斩。吾父、吾舅乃将公之遗躯葬于太原郊外之荒茔并作简单之标记，衔恨而归。万恶之清政府竟饬役人将居江公之头颅传送至吾县，悬之城楼，为震慑百姓以"示众"。吾家人痛恨残忍，甘冒株连治罪之险，将公之头颅捧下，举行简单葬仪后，置之瓮中，掩埋于地下。吾乡人以居江公为义行而反遭横祸，无不扼腕唏嘘，对公益加敬爱，对清王朝及帝国主义益加仇恨。是则公之体躯被杀害，而公之义行将永远传诵人间。

一九一一年，辛亥革命一举推翻清王朝，结束两千年之帝制余孽，建立民国。时居江公已死难十年矣。吾家人乃决计迅赴太原移回公之骨骸安葬。时吾家家贫如洗，舅父家将耕牛售出得白银三十两。吾舅、吾父火速奔赴太原。抵并后，特约请名教授乔鹤仙先生，同往荒茔启出遗骸。乔教授按人体解剖学系统，将骨骸依次标号，敬谨捧归至家后，合头颅骨依次置诸棺内，敷以葬服。吾随父辈家人亲视含殓。安葬时，公之生前友好，十年前共同举义尚存人间之旧故，纷纷前来执绋吊唁。咸谓：公义举死难惨烈，终有此日之哀荣，足征天之不负忠义善良也。

噫！吾先外祖为争取民族独立，为挽救国家危亡而献身，饮恨地下八十又一载。而今日，放眼神州，我炎黄世胄已巍然屹立于世界民族之林。禹甸光辉，华夏振兴。四化大业，前途似锦。是公之素志已酬，公在九泉当瞑目含笑也。

吾先舅讳必英，字华堂，儒冠儒行，克绍吾先祖遗风。吾童年舅父教我识之无，长而教之育之，吾一生读书持身处世，得先舅父之教诲实多。并志于此，寄我追思。董其武敬述。时公历一九八二年于北京。

董其武自幼在苦难中挣扎。在外祖母和舅父的帮助下，他得以在私塾读书。16岁时即读完了《四书》、《诗经》、《易经》、《左传》、《幼学琼林》和《史鉴章要》等书，后又进入高小读书。在此期间，他读了《天演论》、《格致新书》等，对他的思想起到了积极的启蒙作用。他受到祖父高举义旗、抵御外侮精神的影响，少年时即立志走自强救国之路。16岁时曾与一些志同道合的少年朋友，组织"青龙兴汉军"，以救国救民，后在舅父的劝阻下停止活动。在苦闷彷徨中，他曾写下"璞玉藏石，何日得逢卞和氏；干将伏土，几时能遇茂先翁？"以此抒发内心的抱负和郁闷。

1919年，19岁的董其武，东挪西借了10块现洋，辞别父母，离开家乡，步行8天，到太原考进了学兵团，由此决定了他终生从戎的生涯。学兵团是阎锡山创办的军事性质的中学，管食宿，毕业后分配到军队里当军官，又称斌业中学。考试共三场，第一场是国文，第二场是算术，第三场是体检。他在7500名考生中考了三个第一，顺利录取。在斌业中学他勤学苦练，强身习武，为以后奔赴疆场、杀敌保国打下了坚实的基础。

董其武在学兵团经过近五年半的学习，在即将以优异的成绩毕业时，因意外事件自动离开学校，踏上了军旅生涯的求索之路。

1924年春，他到西安投奔镇嵩军。因不满于该军纪律败坏，扰民害民，不久即转为投效胡景翼的国民军第二军。胡景翼将军是民国以来著名的爱国将领之一，老同盟会成员，他待人和蔼，治军有方，追求进步，倾向孙中山领导的广东革命政府，为时人所敬重。当时胡部的战事主要在河南、河北黄河两岸进行。董其武由于作战勇敢，听命令，守军纪，对战事教育训练严格，便由排长先后升为连长、营长和旅部中校副官长、上校团长。

1926年，董其武在开封结识了知书达理的淑女姚勤修，结为终身伴侣。1927年，董其武与郑思成等十余人，到武汉参加了国民革命第四军进行北伐，军长是李济深。第四军将收编的原国民二军的零散部队组建成国民革命军第四军北伐先遣纵队，郑思成任纵队长，董其武任支队长。北伐纵队纪律严明，士气高涨，在河南攻下信阳后，沿京汉线又攻占了驻马店、漯河、许昌等地。后又奉命转战安徽。在安徽境内，接连攻占了巢县、合肥、霍邱、颍上、阜阳、六安等地，肃清了孙传芳的残余部队。北伐纵队改编为师的建制后，郑思成为师长，董其武任营长，旋又升任中校副团长。

董其武数载奔波，几易部队，饱经忧患，夙愿未酬。后闻天津警备司令傅作义，指导有方，策略非凡，惜才爱将，爱兵如胞，便于1928年秋远赴天津投效了傅作义将军。傅作义时任天津特别市警备司令兼第5军团总司令及43师师长。董其武先后任上尉、少校参谋、干部政治训练所所长、中校副团长、团长。此后，董其武的军旅生涯，几乎都是跟随着傅作义将军度过的。

第二节　投身抗日民族战争

长城抗战　红格尔图战役　百灵庙战役　忻口会战

太原保卫战　包头战役　绥西战役　五原大捷

1931 年九一八事变后，董其武积极投身抗日民族战争。

从 1933 年的长城抗战到 1945 年日军投降，傅作义将军所部对日军进行了大小战役近 300 次，董其武跟随傅作义几乎都亲身参加了这些战役。其中最著名的战役有长城战役、红格尔图战役、百灵庙战役、忻口会战、太原保卫战、包头战役、绥西战役、五原大捷等。

1933 年初，日军集结兵力进攻山海关，进而攻占热河，然后自冷口沿长城由北向南推进。一方面企图突破长城，侵占天津，占领华北；另一方面西进热河，进犯察哈尔、绥远，实现其满蒙政策。

当时日军主力是日本关东军第 8 师团，这个师包括铃木旅团和川原旅团，师长为西义一。此外，还有关东军第 6 师团的石黑旅团、骑兵第 3 旅团和一个炮兵联队。还配备有相当数量的坦克、火炮和飞机。

为抵抗日军的进犯，中国军人在长城各口都部署了兵力，长城抗战全部展开。但由于缺乏统一指挥，协调不力，奋战半月，冷口、喜峰口、古北口、山海关先后失陷。

为了保卫北平，傅作义奉命率领第 59 军，由绥远出师东进抗日，董其武所在的 218 旅担任先头部队，在怀柔一带与日军遭遇。董其武团在作战中英勇顽强，曾一天连续 7 次击退日军的进攻。全军将士把傅作义提出的"硬做战死鬼，不做亡国奴"的口号当作抗日信条，连续血战 15 个小时，赢得了首战胜利，全国各大报纸均以大字标题作了报道。天津《大公报》以"血肉当敌利器，傅部空前大牺牲，肉搏十多次，使敌失所长；沙场战士血，死也重泰山"等语，赞誉我军英勇杀敌的事迹。

怀柔之战，我军损失严重，共阵亡 367 人，伤 400 余人。毙敌 346 人，伤 600 余人。在正面主阵地上，董其武的 436 团和薄鑫的 420 团损失最大。董团在机枪连的一个班，最后只剩下班长张恒顺一人，还把重机枪扛回来；十连只剩下 8 个人。薄团一连之长魏根海阵亡，营长曹子谦负伤；五连只剩下五六个人，而且全部负伤。

为了纪念在长城抗战中的阵亡将士，59 军回师绥远后，在归绥北郊大青山麓开辟陵园，安葬了自怀柔运回的 367 名阵亡将士的灵柩。陵园纪念碑的碑文由胡适博士撰文，钱玄同书丹。胡适在碑文后作铭曰：

这里长眠的是三百六十七个中国好男子！
他们把他们的生命献给了他们的祖国！
我们和我们的子孙来这里凭吊敬礼的，
要想想我们应该用什么报答他们的血！

董其武则写了这样的忘怀诗：

> 巍巍大青山，浩浩烈士魂。
> 宁作战死鬼，不当亡国民。
> 抗日怀壮志，杀敌岂顾身。
> 再拜告英灵，大地已回春。

长城抗战之后，董其武升任第218旅少将旅长。随后，他率部参加了震动中外的"绥远抗战"。

"绥远抗战"是傅作义发动的一次大败日伪军、收复失地的著名战役。这次战役分两个阶段，在傅作义的部署下，首先是董其武旅长和彭毓斌师长组织指挥的红格尔图战役。红格尔图当时属绥远桃林县，是日伪进犯必争的咽喉要地，也是抗日军民必守的战略要地。在当地蒙古族军民的配合协助下，董部和彭部将士先后激战7昼夜，捣毁了日军田中隆吉和伪军头目王英的指挥部，共毙伤敌伪军1700余人，俘虏伪军300余名，生俘日军电台台长八牟礼吉等人，击落敌机1架，缴获无线电台1部、汽车数辆、军马百余匹，还缴获了日本关东军发给王英的各地日伪电台联络表和密码本。

红格尔图战役大获全胜当晚，傅作义便决定乘胜先发制敌，立即攻取百灵庙。

百灵庙是中华人民共和国和蒙古共和国接壤的边远县城之一，军事地位十分重要。1936年时，这里是日军妄图建立蒙伪组织的巢穴，驻有日本特务机关"善邻协会"、"大蒙公司"、"稽查处"等，著名的日本特务山本、盛岛、小宾都潜伏在这里。红格尔图战斗失败后，日军更加注意百灵庙的防守，除了派王英一部进占大庙东的据点、增强外围防御力量外，还将德王的第七师调驻百灵庙，令其在百灵庙山顶、山腰构筑更完备的工事。一些伪军中又增加了200余名日本指挥官。

面对强敌，傅作义部在以"奇袭制胜"战略思想的指导下，采取严密伪装。行军时车、马、人统统披上白布，借绥北茫茫白雪作掩护，迅速进入阵地向敌人发动了进攻。经过激战，百灵庙之敌大部被歼，残余四散逃窜，我军完全收复了百灵庙，取得重大胜利。此役毙敌近千，俘敌400余人。缴获步兵枪炮3门、迫击炮6门、马步枪800余支、电台3个、汽车5辆、战马200余匹、汽油500余桶、弹药一大库房、面粉2万余袋。

百灵庙大捷消息传出后，各地报纸竞相发行号外，全国军民欢欣鼓舞。北平、西安、太原、广东、广西、天津、武汉等地都组织了慰问团到前线慰问。上海以黄炎培为首组成的慰问总会，给抗日战士送来 10 万元捐款。中国共产党派南汉宸率慰问团送来写有"为国御侮"锦旗一面。作家冰心、爱国民主人士雷洁琼、著名音乐家吕骥都来到了前线。冰心为战斗英雄写了小传，吕骥谱写了《三十五军之歌》，到连队教唱。海外侨胞捐献更为踊跃，他们不远万里，捐赠药品、被服和现款。总计国内外捐款近 200 万元，慰问品堆积如山。

绥远抗战顺应了当时中国人民强烈要求抗日的潮流，沉重地打击了日军狂妄凶恶的嚣张气焰，其重要影响和深远意义远远超出了此次战斗的战果本身。正如傅作义将军当时发布于报端的鸣谢启事所言："此次绥远抗战，迭蒙海内外爱国人士热情援助，既予物资补充，复荷精神鼓励，可钦可敬。但慰劳意义，非仅限于今日作战官兵，要在激励将来无穷斗志；非仅限于今日爱国热忱，要在唤醒将来全民奋起。目前大多数民众对爱国已有深切认识，确为国运一大转机，所谓目前抗战守土，窃恐不足以表明复兴。今之全国慰劳情绪，却表示整个民族精神，复兴之基即在于此……"

1937 年 7 月 7 日，日本帝国主义为了实现并吞中国的狂妄野心，再一次制造事端，向北平郊区的卢沟桥发动进攻，酿成了"卢沟桥事变"。在这种情势下，形成了国共两党联合抗日的政治局面，全面抗日开始。

在山西北部的天镇、阳高、大同、雁门关相继沦陷后，为了阻止日军继续南下，1937 年 10 月，在阎锡山部所辖的山西第二战区展开了著名的忻口会战。忻口会战由第二战区副司令长官第十四集团军总司令卫立煌任作战指挥部总司令，第七集团军总司令傅作义任副总司令。

忻口会战是抗日战争初期，在华北方面进行的规模较大、持续时间较长的一次战役。从双方投入兵力之多、战争规模之大、伤亡之惨重、战斗之猛烈等方面说，都是在中华抗日战争史上罕见的。

我方投入会战的兵力共 10 万余人。计有晋绥军的 35 军（傅作义）、19 军（王靖国）、61 军（陈长捷）、预备第 2 军（郭宗汾）、中央军的第 9 军（郝孟龄）、第 14 军（李默庵）、第 15 军（刘茂思）、第 17 军（高桂滋），以及炮兵 21、23、24、25、28 等团及其他部队。

日伪军投入的兵力共 6~7 万人。计有由平型关南下的华北兵团、由板垣指挥的第 5 师团、第 109 师团一部；独立第 1 旅团、萱岛支队；由大同南下的关东军蒙疆兵团，由东条英机指挥的日本关东军混成第 2 旅团、混成第 15 旅团、独立混成第 1 旅团机械化步兵联队和堤不夹贵的关东守备队，另有 5 个伪蒙骑兵师。

会战历时 23 天，战争打得十分惨烈，双方死伤数万人。仅我方阵亡上万、负伤 2 万余。其中阵亡军长 1 名，师长 1 名，旅长十余名，团营长更多，连排长难以计数。有的旅团伤亡连换 3 个旅长，有的团连换 4 个团长，一名阵亡了，补升一名，再阵亡再补升。一个连上去，连长阵亡了，排长、班长都阵亡了，士兵主动出来大声喊"听我指挥"，就冲上前去。敌我仅争夺 204 制高点，得而复失，失而复得，一天就易手好几次。在战争最激烈时的一天，从拂晓到黄昏，在正面的 3 里宽的战场上竟牺牲了 10 个团，平均一个小时牺牲一个团。日军也蒙受重创，共伤亡 3 万余众，连队长也伤亡了好几名。在中心战场上，双方遗尸重叠积累。

在忻口会战中，董其武旅奉命担任袭击板垣前线指挥所和摧毁敌炮兵阵地的艰巨任务。他精心部署，亲自到前沿阵地指挥，作战中不幸左臂负伤，血流不止，但仍坚持指挥战斗。后因弹片未及时取出而感染，臂部红肿，仍然不让向总部报告，始终战斗在第一线。傅作义得知他负伤的消息，遂令第 211 旅旅长孙兰峰急速前去接替他指挥，他仍然不肯离开阵地，继续同孙旅长一起指挥战斗，直到胜利地完成任务。共缴获了板垣第 5 师团、东条英机蒙疆兵团 32 旅团和第 12 留守师团铃木旅团等部许多战利品。他完成任务后奉命到太原医治臂伤，在医院取出弹片的第二天，便让医官带上药品又赶回到了忻州。

只可惜，第一战区平汉路的国军战败于石家庄地区，使山西东部太行山诸关隘裸露于日军的炮火之下，娘子关遂于 10 月 26 日失守，致使忻口战场腹背受敌，我军只好忍痛撤离忻口战场，展开了更为艰苦的八年抗战。阎锡山曾有文曰："当时若非娘关败，忻口岂止二十三。"如果不是腹背受敌，忻口会战可能坚持的时间会更长一些，消耗日军的实力会更多一些。

忻口会战，我军所表现的英勇壮烈精神，实可说是惊天动地而泣鬼神。就连日本朝野和报纸也纷纷称道，板垣的《战报》在讲到 35 军时称："初经忻口一战，估计太原指日可下，不料傅作义部三十五军上来，在忻口接战，使我受到牵制，以致迟滞进展。"

2005 年 9 月 3 日，胡锦涛《在纪念中国人民抗日战争暨世界反法西斯战争胜利 60 周年大会上的讲话》中指出：

在波澜壮阔的全民族抗战中，全体中华儿女万众一心、众志成城，各党派、各民族、各阶级、各阶层、各团体同仇敌忾，共赴国难。长城内外，大江南北，到处燃起抗日的烽火。中国国民党和中国共产党领导的抗日军队，分别担负着正面战场和敌后战场的作战任务，形成了共同抗击日本侵略者的战略态势。以国民党为主体的正面战场，组织了一系列大仗，特别是全国抗战初期的淞沪、忻口、徐州、武汉等战役，给日军以沉重打击……

这是对忻口会战的高度评价和充分肯定。

撤离忻口后，董其武奉命参加了太原保卫战。根据部署，董其武所辖 218 旅的防守区为大北门到小北门，前进阵地为城北工业区。太原保卫战总指挥傅作义在下令封城时对官兵们讲："现在就要闭城，封城之后太原城就变成一口棺材，我们大家就等于是躺在一口盖上盖子的棺材里面，我们如果能守住太原，就是把棺材盖子给揭开了，否则，棺材盖子就是被钉子钉死了！"表明了他下定了死守太原的决心。太原战役，从 11 月 2 日前哨接触开始，到 8 日晚撤出，苦战了 7 昼夜，予敌人大量杀伤，我军的损失在一半以上。仅董其武旅伤亡的连排以上干部 27 人，士兵千余名。其他各部伤亡均很惨重。傅作义部在太原守城战役中，损失兵力也在半数以上。尤其是 11 月 17 日下午，日军集中空中和地面火力将东北城角轰开一个缺口，日军步兵在坦克掩护下，从轰坍豁口蜂拥突入时，我军与日军展开了巷战、肉搏战，在反复拉锯中，大刀上下飞舞，手掷弹连声爆炸，战况惨烈，可以想见。太原战役虽然最后撤离，实际上起到了阻击敌人，掩护忻口、娘子关和太原各路大军南撤、西撤以及抢运城内主要物资的作用。

撤离太原后，部队开到柳林整编。傅作义被任命为第 2 战区北路军总司令兼 35 军军长。董其武升任 101 师师长。整编后，35 军兵员增多，实力加强，经过整训，转战晋西北，而后北上绥远，展开了著名的绥西三战役。

绥西三战役是：1939 年 12 月中旬至翌年 1 月的包头战役；1940 年 1 月下旬至 2 月的绥西战役；1940 年 3 月至 5 月的五原战役。三战役先后历时 4 月余，三战三捷。董其武时任 35 军 101 师师长，参加了全部战役。

包头战役，是变战略防御为战略进攻，利用日军骄傲轻敌，疏忽无备，我出其不意，对敌进行奇袭的成功战例。整个战役经历了 3 天 4 夜。在奇袭中，毙敌联队长小林一男大佐和小原一明大佐以及军官 20 余人、日伪军 3000 余名，俘伪团长 1 名及伪军数百名，击毁汽车 100 余辆，坦克 3 辆，炸毁军火库 1 座，缴获各种武器、军需品甚多。更主要的是，此次战役吸引住了晋北、察南及华北大部日军不能南下，有着重要的战略意义。

绥西战役的胜利，是以傅作义"积小胜为大胜"、"避小利找胜利"的战略思想为指导，以多次中小型战斗的积累而取得的。战役中，我军在乌不浪口、乌镇等十数处地段及南北公路线上，阻击伏击和袭扰敌人，进行了上百次战斗。有些战斗可以说是恶战苦战，每次战斗均予敌以杀伤，最后收复了临河县城和陕坝市，将敌逐至丰济渠以东。整个战役共毙伤敌 2100 余人，摧毁汽车百辆、坦克 5 辆、战马 300 余匹。

之后不久，又取得了克复五原的巨大胜利，报刊称之为"五原大捷"。五原战役，共击毙日军水川伊夫中将、步兵联队长大桥大佐、特务机关长桑原荒一郎中佐及其特务人员、伪蒙军顾问中岛少佐、警务指导官内久保作、特务官员池田滨崎以及尉官以上的警务官、到五原勘矿的技术官员等 300 余人，日军 1100 余人。毙伤伪蒙军 3000 余人。生俘日军指挥官观行宽夫、警务指导官浅浴庆太郎、西田信一等 50 余人，俘虏伪蒙军（包括投诚伪军）1800 余人。缴获各种火炮 30 余门，汽车 50 余辆，轻重机枪 50 余挺，步枪 3000 余支，毒气筒 1000 余个，电台 2 个。

五原收复后，国民政府特电嘉奖。认为五原大捷"不仅保障西北，而且奠定收复失土，驱逐敌寇之基础。在抗战全局上，关键尤为重要，功业彪炳，殊堪矜式"。

总体来说，从长城抗战到日本投降的 12 年间，董其武将军率部坚决抗战，保卫国土，功勋卓著，为国人所敬仰，不愧是一位抗日救国的著名爱国将领。

有人说，历史对一个国家、一个民族，就像记忆对于个人一样。一个人丧失了记忆就会成为白痴，一个民族如果忘记了历史，就会成为一个愚昧的民族。而一个愚昧的民族是没有希望的民族。

我们永远不要忘记，中国人民在当年那场抗日战争中的胜利，是正义战胜邪恶、光明战胜黑暗、进步战胜反动的伟大胜利！它不仅是中华民族永远值得纪念的胜利，也是全世界人民永远值得纪念的胜利。

我们也应该认识到，当年抗日战争的胜利是用极为惨重的代价换来的。在这一胜利的背后，是中华民族遭受的巨大人员伤亡和财产损失。从 1931 年到 1945 年的 14 年间，日本侵略者先后占领了东北、华北、华中、华南等大片中国最重要的经济政治文化战略地区。在整个战争进程中，日军到处屠杀、焚烧、抢掠、奸淫，使中国人民的生命财产惨遭践踏。据载，中国军民死伤 3500 万人，按 1937 年的比值计算，直接经济损失 1000 亿美元，间接经济损失 5000 亿美元。每个有良知的中国人，当读到那些震颤的历史事实，当想到那些千千万万死难者的冤魂亡灵，都会禁不住潸然泪下。我们有责任、也有义务把中华民族那场巨大的战争和灾难尽可能地如实记载下来。

我们还应该认识到，今天我们研究历史，形式上是向后看，但根本的目的是向前看。我们调查历史的真相，记录历史的灾难，不是为了旧时的仇恨，而是为了牢记历史，毋忘国耻，以史为鉴，不让历史的悲剧重演。

第三节　绥远"九一九"起义

"九一九"起义　赴朝参战　加入中国共产党　《董其武日记》

1949 年 1 月 21 日，北平和平解放后，董其武审时度势，毅然接受中国共产党和平解决绥远问题的主张，在傅作义将军的帮助下，冲破重重阻力，于 1949 年 9 月 19 日率绥远军政人员通电起义，首创了当时著名的"绥远方式"，对迅速解放全中国作出了重大贡献。

中华人民共和国成立后，董其武被任命为绥远军政委员会副主席，绥远省人民政府主席。他致力改革旧制度，积极推行新政策，为实现部队解放军化、地方解放区化、建设人民的新绥远，付出了不懈的努力。

1951 年 9 月 3 日，董其武担任中国人民志愿军第 23 兵团司令员，率部赴朝，担任泰州、院里、南市三个机场的修建任务。他和兵团其他领导同志组成修建委员会，积极加强对施工的组织领导和科学管理。在施工过程中，3 个机场多次遭到美机的轰炸，共投下炸弹近 5000 枚，定时炸弹 2000 枚，炸毁了新修的跑道、建筑材料、工棚和防空壕沟、掩体等。特别是定时炸弹不断爆炸，时刻威胁着战士的生命。他和大家积极研究对策，决定加强防空，增挖和修整壕沟、掩体，组织力量排除定时炸弹。从而克服了重重困难，在 3 个月的时间内，顺利完成了 3 个机场的修建任务，发扬了革命英雄主义和国际共产主义精神，为抗美援朝、保家卫国作出了贡献。朝鲜民主主义人民共和国最高人民会议常任委员会委员长授予他二级自由独立勋章。

1953 年后，董其武任中国人民解放军陆军第 69 军军长，致力于军队的现代化、正规化的建设。1955 年，他被授上将军衔，荣获一级解放勋章。1988 年被授予胜利功勋荣誉章。

董其武于 1980 年 1 月 24 日加入中国共产党。他当时写下这样的诗句来表达自己的心情：

其　一

革命熔炉炼真金，八旬有四做新人。

闻道虽晚志不衰，甘将余生献人民。

其　二

欣逢盛世开太平，愿为苍生献此生。

行见华夏乐小康，更期世界跻大同。

董其武于 1989 年 3 月 3 日逝世，终年 90 岁。《人民日报》刊载的《董其武同志生平》中说："他的一生是爱国的一生，他一生坚持真理，追求光明；为国家和民族的利益无私地贡献了自己的力量；为祖国的繁荣昌盛和争取祖国统一作了不懈的努力。他自强不息的革命精神，崇高的品德和为政廉洁的优良作风，给我们留下了宝贵的精神财富。"傅作义将军生前对他的评论说："才大心细，劲气内敛，走壤不前，赴义恐后，公而忘私，国而忘家，可否明白，肝胆相照。"这些都是人民对他的评定，历史对他的评定。

董其武还给我们留下了一笔宝贵的财富，那就是《董其武日记》。

董其武在戎马生涯中坚持记写日记，少有中辍，他的儿子董都祥存有他 69 本近 300 万字的日记。在此之前，曾将 1918 年秋至 1929 年底记写的八九本日记，于中原大战时遗失。2001 年，解放军出版社在董都祥送交的日记中，选录出版了《董其武日记》。这部 50 余万言日记，是董其武一生的记录和佐证，也是他心灵世界的真实写照。

拜读《董其武日记》，一位正义、爱国起义将领的光辉形象跃然眼前。

这部日记，详尽记载了董其武参加长城抗战、绥远抗战、忻口会战、太原保卫战以及绥南、包头、绥西、五原战役的真实实况。

这部日记，留下了董其武一赴庐山、二赴重庆、又赴北平谒见蒋介石时的独特感受，以及对抗日前景的忧虑心情。

这部日记，流露了董其武在三年内战期间，参加绥包、大同集宁、张家口、察绥战役时的矛盾心态。

这部日记，镌刻了董其武率部举行绥远"九一九"起义的日日夜夜。

这部日记，展现了董其武率部入朝参战，并立下卓越功勋的艰难历程。

这部日记，记载了董其武捐献黄金、房产、存款、汽车的执著，以及严格教育子女勤俭节约、朴素清贫的细致与耐心。

这部日记，还涓涓流淌着董其武热爱故土，关心家乡建设，惦念河津父老乡亲的诸多情思……

可以说，这部日记中所记载的一切一切，都深深地打动着我们每个人的心灵！兹择录1937年11月8日太原保卫战中的日记一则，供参阅："本日，晨光初露，敌人集中炮兵火力轰击东北面城墙，使已被打开的豁口越来越宽，敌人步兵在飞机火力支援和坦克掩护下，强行突破我军火力封锁，号叫着蜂拥突入城内……这时436团团长李作栋见扼守在小北门的2营受到两股敌人的攻击，处境十分险恶，他立即从团预备队中抽出两个连，令刘丽三营长率领前去增援。敌人遭此突然反击攻势顿挫。但是我军也损失很大，刘丽三营长、张峰岚连长均负伤。此时，从小北门到瓮城已变成一片火海……"日记中两次提到的"刘丽三营长"，为我省洪洞县人。我在洪洞县政府供职时，刘丽三的儿子刘国柱为政府办副主任。刘国柱入党时董其武曾为其父出具了起义人员的证明，后又在北京府右街光明胡同47号寓所接见了刘国柱，充分体现了董其武对落实起义人员政策高度负责的精神。

注释

本文史料主要参见以下4部著作：

1. 董其武著：《戎马春秋》，中国文史出版社，1986年版。

2. 中共山西省委党史办公室编：《抗日战争时期山西人口伤亡和财产损失课题调研成果丛书·综合卷》，山西人民出版社，2010年版。

3.《董其武日记》，解放军出版社，2001年版。

4. 张崇发主编：《董其武将军传奇人生》，中国社会出版社，2011年版。

试论抗日民族统一战线
在山西的发展和经验

霍成勋

统一战线是中国共产党的主要法宝之一。它不仅在过去的新民主主义革命中是个主要法宝，在今天的社会主义建设时期，仍然是一个主要法宝。正如江泽民总书记所说；"统一战线历来是党的总路线、总政策的组成部分。""中国革命和建设的历史经验证明，团结绝大多数人结成最广泛的统一战线，是我们夺取革命和建设事业胜利、战胜任何困难的强大力量源泉，是我们党在政治上的一个巨大优势。它不仅是中国新民主主义革命的一个基本特点，也是中国社会主义建设的一大特色。①

(一)

在党的统一战线史中，抗日民族统一战线的主张和实践，留下了极为光辉的篇章。

从九一八事变起，随着日本帝国主义对我国的侵略逐步加紧，造成了中日矛盾逐渐突出、尖锐和国内各阶级之间的矛盾相对下降的形势。至七七事变，日本帝国主义发动了大规模的侵华战争，中日民族矛盾即上升为主要矛盾。根据上述政治形势的发展和变化，中共中央适时地举起了抗日民族统一战线的旗帜，号召和领导广大人民为"停止内战，一致抗日"进行坚决的斗争。继 1935 年"八一宣言"（《为抗日救国告全体同胞书》）后，在同年 12 月的瓦窑堡会议上，中共中央作出了建立抗日民族统一战线的决定。1936 年 5 月"东征"回师，进一步向国民党发出了"停战议和，一致抗日"的通电；接着又促成了"西安事变"的和平解决。终于迫使蒋介石国民党停止了进行十年之久的反革命内战。

1937年七七事变前后，中共中央和毛泽东及时指出：要进一步组织抗日统一战线扩大救亡运动，并向全党和全国人民发出了"为争取千百万群众进入抗日民族统一战线而斗争"的号召，制定了"为动员一切力量争取抗战胜利而斗争"的纲领（即《抗日救国十大纲领》），要求"在国共两党合作的基础上，建立全国各党各派各界各军的抗日民族统一战线，领导抗日战争，精诚团结，共赴国难。"②毛泽东还明确指出："我们的工作，是以不疲倦的努力，解释现在的形势，联合国民党及其他一切爱国党派，为扩大和巩固抗日民族统一战线，动员一切力量，争取抗战胜利而斗争。"③

中国共产党提出和努力为其实现的抗日民族统一战线，范围极其广泛。它"是一个从工人阶级到一部分大资产阶级的广泛的统一战线。它包括了进步力量（工人、农民、革命知识分子和其他小资产阶级）、中间力量（主要是民族资产阶级和民主党派，此外，还有一部分地方实力派和其他爱国分子）、顽固力量（即以蒋介石为代表的英美派大资产阶级）。"④针对这种阶级组合的情况和顽固力量具有两面性的特点，毛泽东强调：在抗日民族统一战线中，要坚持靠"独立自主"的原则和执行"发展进步势力，争取中间势力，孤立顽固势力"的方针。这就保证了抗日民族统一战线沿着正确的道路向前发展，并取得伟大胜利。

（二）

素称"华北屋脊"的山西，军事上为"华北之锁钥"，战略地位极为重要。在日本帝国主义侵占东北三省后，继续侵占热河和制造"华北事变"，并又向绥东进攻的情况下，山西即处于抗日前线。1937年七七事变抗日战争爆发后，山西便成为抗战重心和重要的战略基点。从政治上看，山西是地方实力派阎锡山长期统治的地区，在日本帝国主义侵犯其利益和占领其地盘时，他为了自身的"存在"，便也产生一定的抗战思想和要求。由此，共产党建立和发展抗日民族统一战线，山西便也成为一个重点地区。

抗日民族统一战线在山西的形成和发展，大致可分作以下三个阶段：

初期阶段（1936年11月—1937年7月）

初期阶段，也即开始阶段。这段抗日民族统一战线的主要活动，是掌握牺盟会的领导并积极开展工作和建立了红军驻晋（太原）秘密联络站。

由于日本帝国主义对我国的加紧侵略，1935年的"一二·九"运动，形成了全国人民抗日爱国运动的新高潮。1936年下半年"绥远事变"后，阎锡山看到了日本已经侵犯其利益并要侵占山西的严重性，便决定了"守土抗战"的方针。1936年9月，阎锡山采纳秘密的中共党员和进步人士的意见，成立了山西牺牲救国同盟会（简称"牺盟会"），并派人到北平邀请刚出狱的薄一波回山西"共商保晋大业"。不久，中共中央北方局和刘少奇，即抓住阎锡山这一有利于抗日的变化，派薄一波等党员（秘密组成公开工作委员会），以被阎锡山邀请工作的合法名义和身份，到山西进行抗日救亡工作。与此同时，中共中央北方局还派张友清等人到山西，加强了中共山西省临时工委的工作。

薄一波等被阎锡山派到牺盟会工作后，由于党员增加（都是秘密的），薄便经阎同意，改组了领导班子（7 名牺盟会常委中 6 人是共产党员），使牺盟会的实际领导权掌握在共产党手里，形成了特殊形式的统一战线。从此，牺盟会的工作便大为活跃起来。除了进行抗日救亡的宣传外，他们还向阎锡山建议，利用学校放寒假机会，举办村政协助员训练班；同时还建议在已建立的军政训练委员会下，改组军政训练班，并筹办民训干部教练团，培养抗日救亡的军事政治干部。这些建议得到了阎的支持。以后，北方局又派来一批党员骨干，进一步加强了对牺盟会和这些训练机构的领导。

这些训练班取得很大成绩，前后在军政训练班（由 5 个连发展到 12 个连，其中还有 1 个女兵连）和民训团以及村政协助员训练班学习过的共有 4550 多人。这些学员，除一部分来自本省外，大部分来自全国 22 个省、市和地区，其中尤以东北、京、津、沪和河南等地青年学生为多。另外，学员中还有东南亚的华侨。当时有人称赞太原大有"大革命时期的广州"之势。以后，牺盟会还通过军政训练委员会，向军官教导团和军士训练团派了大批政治工作人员，进行抗日救亡的宣传教育和组织工作。通过大规模的训练，为革命和抗战培养出了一大批军事政治干部。⑤

从 1935 年中共中央发表"八一宣言"后，中共中央、毛泽东和中共中央北方局，即通过多种渠道和方式，对阎锡山进行接触和争取工作。在内外交困、特别是日军的威胁迫在眉睫的情况下，阎为其生存计，不得不接受中国共产党倡议，改行"联共抗日"的方针和政策。经过谈判，双方达成协议，于 1936 年 11 月，在太原建立了由彭雪枫（雨峰）负责的"红军驻晋秘密联络战"，使中国共产党同阎锡山开始直接建立了初步的抗日民族统一战线关系。秘密联络站建立后，在敦促阎锡山及山西当局对"西安事变"持中立立场；建立电台，沟通交通，实现陕北和晋省通商；向党中央汇报情况和及时转达中共中央和毛泽东意见，推动阎锡山抗日；以及在营救王若飞等工作中，曾做出了很好的成绩。

大发展阶段（1937 年 7 月—1939 年 11 月）

1937 年七七事变发生后，中共中央即派周恩来等代表同国民党代表蒋介石进行两党合作抗日的谈判。8 月 25 日，中国工农红军正式改编为国民革命军第八路军（后改称第十八集团军，属第二战区序列，之后，朱德还被任命为第二战区副司令长官），接着即开赴山西前线对日作战。9 月 22 日，国民党公布了 7 月 15 日中共中央交付的《中国共产党为公布国共合作宣言》；23 日，蒋介石对国共合作发表声明，承认了共产党的合法地位，接受了共同抗日的主张，以国共合作为基础的抗日民族统一战线正式形成。在此情况下，抗日民族统一战线在山西便也进入了公开的大发展阶段。

为了建立和扩大抗日民族统一战线，动员一切力量争取抗战胜利，中国共产党于 1937 年 8

月，以满腔的热忱向中国国民党、全国人民、全国各党各派各界各军提出彻底战胜日军的十大救国纲领——《抗日救国十大纲领》。之后，山西当局由牺盟会起草、经阎锡山批准，于11月初也公布了《山西省民族革命十大纲领》。这个纲领虽用了一些阎锡山惯用的政治术语，并根据山西的具体情况，提出一些具体要求，但基本上反映了《抗日救国十大纲领》的精神，这对抗日民族统一战线在山西的大发展曾起了积极的作用。

这一阶段山西抗日民族统一战线大发展的突出成就和贡献，主要有以下三方面：

一是出现了国共合作抗战的大好局面。抗战开始不久，红军驻晋秘密联络站即改为公开的"国民革命军第八路军驻晋办事处"（1938年2月后暂时撤销，同年8月又在第二战区长官司令部所在地恢复）。红军一改编为国民革命军第八路军后，周恩来等即受党中央的重托，来山西同阎锡山谈判八路军开赴山西和华北前线对日作战以及其他抗战事宜，并同阎锡山等二战区军事领导人研究了作战计划。在整个"太原会战"期间，八路军配合国民党中央军和阎锡山晋绥军英勇作战，取得了名震中外的平型关首次歼敌千余人的大捷；接着还连续取得了雁门关伏击战、火燃阳明堡敌机场以及正太路南侧七亘、广阳等数次伏击战的胜利，对振奋全国军民抗战信心、对支援忻口防御战（坚持23天、歼敌20000余人）和迟滞日军对太原的进攻，均起了重要作用。1938月4月，日军九路围攻晋东南时，我八路军在国民党友军的配合下，彻底粉碎了日军的围攻，保卫了建立不久的抗日根据地。

二是建立了新的抗日民族统一战线组织。这一阶段，特殊形式的统战组织牺盟会，大刀阔斧地开展工作，向各区、县派出特派员，建立了各级牺盟会机构；并大力发展武装，创建了山西抗敌决死队。决死队建立后，很快就由1个总队（团）发展到4个纵队（旅）。这是在统一战线条件下，由中国共产党建立和领导的统一战线的军队，成为山西新军的重要组成部分。

同时，为了在山西建立和扩大抗日民族统一战线组织，周恩来还根据察绥及晋北大片地区沦陷和将要沦陷的情况，向阎锡山建议，并经其同意，率先于1937年9月20日（当时国民党还没有正式宣布国共两党合作的成立），成立了新的抗日民族统一战线组织——第二战区民族革命战争战地总动员委员会（简称"战动总会"）。战动总会由中国共产党、国民党、晋察绥三省政府、战地各军及各抗日救国群众团体共同组成，国民党元老、著名爱国将领、时为第二战区高级参议的续范亭担任主任，中国共产党和八路军派代表公开参加领导。这一在中国共产党领导下的、拥有武装的、带有战时政权性质的革命组织，是"统一战线的典型组织"。当时曾有人亲切地称它是"中华民族的小宝宝"。"战动总会"在敌后的晋北30个县和绥、察等广大地区，对发动群众抗战和创建抗日根据地，发挥了巨大的作用。⑥

三是开辟敌后抗日根据地和建立统一战线的抗日民主政权。上海、太原失陷后，"在华北，以国民党为主体的正规战争已经结束，以共产党为主体的游击战争进入主要地位。"⑦八路军立即实行战略展开，在牺盟会和战动总会的配合下，开创晋东北、晋西北和晋东南等抗日根据地，广泛发动群众，组织游击队，并很快建立起（有的新建、有的改造）统一战线的抗日民主政权。以后又以这些根据地为基点，向外发展成为晋察冀、晋绥、晋冀鲁豫等大块抗日根据地。其中，晋察冀根据地，于 1937 年 12 月 5 日，即成立了晋察冀边区军政民代表大会筹备处，经过努力工作，于 1938 年 1 月 10 日至 15 日，便召开了隆重的军政民代表大会，选举产生出晋察冀边区临时行政委员会。这是华北敌后第一个由共产党领导的统一战线的抗日民主政权（并为阎锡山省政府和国民党的国民政府批准）。晋察冀边区曾被誉为"模范抗日根据地"和"统一战线的模范区"。

从抗战开始到 1939 年 12 月前，是山西抗日民族统一战线发展的最好时期；从全国来说，山西也是抗日民族统一战线的最好地区和支柱。

坚持和巩固阶段（1939 年 12 月—1945 年 8 月）

1939 年 12 月，国民党反共顽固派发动了第一次反共高潮。在山西，阎锡山的旧军向新军进攻，制造了"十二月事变"。各地新军组织"拥阎抗日讨逆指挥部"，对旧军进行自卫反击作战，并取得胜利。为了不使统一战线破裂和推动阎锡山继续抗战，薄一波等牺盟会和新军负责人致电阎锡山，呼吁停止旧军和新军冲突，继续团结抗战。随后，中共中央派王若飞、肖劲光同阎锡山谈判，达成新旧军停止武装冲突的协议。协议规定，以汾（阳）离（石）公路为界，路北为新军的"吃粮区"，路南为旧军的"吃粮区"。新旧军冲突的和平解决，使山西的抗日民族统一战线得到了保持。

这期间，十八集团军驻晋办事处一直存在和进行工作，保持了中共中央和八路军总部同阎锡山的联系。

这一阶段，山西抗日民族战线最重要的成就，就是在广大的抗日根据地得以广泛深入的发展，有力地推动了抗日民族统一战线政权的民主建设。

包括有山西大部分地区在内的各抗日根据地，从开创时起，即按照抗日民族统一战线政权的抗日和民主要求，改造和新建了各级政权，并开展民主建政运动，民主选举村政权。从 1940 年以后，都遵照中共中央和毛泽东指示，在政权的人员分配上实行共产党员、左派进步分子和中间分子各占三分之一的"三三制"。同时，还按照民主集中制原则，相继成立了参议会，民主选举边区政府领导人，并制定了施政纲领。为了巩固农村统一战线，争取地主阶级共同抗日，执行了减租减息和缴租缴息政策。为了发挥民族资本及私人经济的积极性，执行了"发展生产、繁荣经济，公私兼顾、劳资两利"的政策。在农村方面，还实行了发展生产（开展农业大生产运动，提倡变工互助，发放牲畜贷款，帮助群众解决劳畜力困难），合理负担与统一累进税和救荒救灾等一系列政策。这样就使抗日民族统一战线在经济上又得到了巩固与发展，并使广大群众的生产与战斗的积极性更加提高。

由于在根据地贯彻落实了抗日民族统一战线各项政策，山西的抗日民族统一战线就有了广泛的群众基础，得以坚持和不断巩固扩大；从而使根据地能够战胜各种困难，不断发展壮大，并实行局部反攻，把抗战坚持到底，直至取得最后胜利。

（三）

抗日民族统一战线在山西的成功实践和胜利，是贯彻执行毛泽东思想和党中央一系列关于统一战线理论、方针、政策的胜利。抗战前夕和抗日战争时期，在山西建立和发展抗日民族统一战线的特点和经验，主要有以下几点：

第一，全党动手，多层次、多方位、多形式地进行抗日民族统一战线工作。中共中央决定和提出建立抗日民族统一战线的战略任务和方针后，就以地方实力派阎锡山统治的山西为重点，采取多层次（上层的、下层的）、多方位和多种形式的方法，积极开展抗日民族统一战线工作。除了中共中央和中共中央北方局始终不断地发出具体指示外，党中央和毛泽东、周恩来、刘少奇等领导同志，还通过宣言、通电、写信、派人联系磋商和直接谈判，对阎锡山及其集团进行争取工作，收到了特殊效果。另外，各级党组织和党员，也都根据党的指示，提高思想认识，在下层进行大量抗日民族统一战线的宣传动员和组织工作。党对抗日民族统一战线工作，不仅在阎锡山统治区及其统治集团和各种训练机构中进行，而且还在广大的敌后抗日根据地以及敌占区进行。从组织形式看，有联络站和办事处，有特殊形式的统战组织牺盟会，有典型的统战组织战动总会；有各抗日根据地的参议会、"三三制"政权；还有大量的各种抗日救亡群众团体，形成了广泛的统一战线网。这是抗日民族统一战线得以在山西胜利开展的重要条件。

第二，根据山西的具体情况，实行公开工作和秘密工作相结合。1936年下半年阎锡山采取"守土抗战"的方针后，在他的下面，形成了一股主张抗战的新派势力，并建立了抗日救亡的牺盟会。中共中央北方局和刘少奇根据这一具体的实际情况，一面派薄一波等组成公开工作委员会，应阎锡山邀请接办和领导牺盟会，进行公开的统一战线工作；一面又派张友清等加强中共山西省临时工委，进行秘密的建党工作和抗日民族统一战线工作。北方局规定公开工作委员会与地方党组织，不准发生横的联系。但公开工作委员会的负责人薄一波和中共山西省临时工委的负责人张友清，不能不发生关系。张友清和薄一波都是北平草岚子监狱中党支部委员和亲密战友，他们心心相印，配合默契。北方局和山西省临时工委的建党工作和统战工作，都注意通过"官办"的公开合法组织牺盟会来进行。这样工作局面就大大打开，而且进行得相当顺利。他们不仅动员大批党员、非党积极分子和外地的青年学生，到牺盟会和所开办的各种训练班工作和学习；而且还通过牺盟会，专门开办"特派员训练班"，积极发展党员。然后把大批党员和骨干分子，派到各地区和县担任牺盟特派员。这些特派员又利用合法身份，进行党的工作，整顿恢复和发展建立党的组织，使各县党的县委很快普遍建立起来。抗战爆发后，北方局和刘少奇又根据当时山西的实际情况，采取了"与山西新派合作的形式，通过新派及牺盟会，建立根据地，建立武装政权，实行三民主义，进行抗战"⑧的方针。使山西各地的抗日救亡运动迅速蓬勃地开展，并发展了大批武装，为抗日根据地的创建创造了极为有利的条件。薄一波在《有关山西新军的几点回忆》中曾说："在发展地方党组织方面，我们支援了临时工委的工作，临时工委反过来，又在我们军队里头进行党的发展工作。"⑨实践证明，公开工作与秘密工作相结合，充分发挥公开合法工作的作用，是山西建立和发展抗日民族统一战线一项成功的经验。

第三，坚持独立自主方针，放手发动群众，掌握武装和政权。毛泽东在党的六届六中全会上指出："我们的方针是统一战线中的独立自主，既统一，又独立。"⑩这是关系抗日民族统一战线的领导权和能否主动开展的大问想。山西各级党组织及所领导的牺盟会、战动总会，在配合八路军创建晋东北、晋西北、晋东南等根据地中，坚决执行独立自主方针，利用阎锡山有利抗战的言论和政策，不受其反动框框所束缚，放手发动群众，建立抗日武装和抗日民主政权，巩固和发展抗日根据地。在发动群众中，除大力进行抗日救亡的宣传动员工作外，并通过铲除汉奸、惩办坏官坏绅坏人和合理负担、减租底息等斗争，提高广大群众的觉悟和积极性，建立了农救会、工救会、青救会、妇救会、儿童团和自卫队等各种抗日的群众组织和团体。据不完全统计，到1939年，山西的牺盟会员达90多万，至于各群众团体的会员则更多（估计约200多万），出现了真正全民抗战的局面。抗战开始时，薄一波在所领导的第三行政区（后改专区），利用其主任权力和牺盟会的半政权性质，把旧县长换为新的抗日县长，把反动分子打下去，"吸收"和取消了公道团，使创建根据地的工作较顺利地进行，就是正确执行独立自主方针的结果。

在放手发动群众的基础上，特别重视抓紧建立抗日武装。当时建立的武装，除八路军游击队外，还有牺盟会及战动总会领导的游击队以及各县脱产的自卫队。这些游击队逐步成长壮大为正规军。到1939年底，山西新军（包括决死队4个纵队、工人武装自卫旅、政治保卫队3个旅和暂一师4个团）已有近50个团。加上牺盟会组织的各种游击队、自卫队等，新军的实际兵力已占阎锡山领导的晋军总数的1/2以上。

山西的各个根据地在开辟时，都十分注意首先建立和改造县政权，使之成为统一战线的抗日民主政权。到1938年，山西105个县，共产党掌握和控制的县政权即达六七十个。

由于坚持独立自主的方针和抓住放手发动群众这一主要环节，便使党比较顺利地掌握了抗日民族统一战线的领导权和主动权，成为抗战的核心；从而控制了山西的抗战局面，把山西的抗日战争引导到最后胜利。

第四，采取"又联合、又斗争"和以斗争求团结的政策和策略。"抗日战争胜利的基本条件，是抗日统一战线的扩大和巩固。而要达此目的，必须采取发展进步势力、争取中间势力，反对顽固势力的策略，这是不可分离的三个环节，而以斗争为达到团结一切抗日势力的手段。"⑪在坚持抗日民族统一战线中，对待反共顽固派必须采取革命的两面政策：对其尚能抗日的方面，是加以联合的政策；对其坚决反共和对抗日动摇的方面（例如暗中勾结日寇和不积极反汪、反汉奸等），是进行斗争和加以孤立的政策。阎锡山是地方实力派，也是大地主、大资产阶级的代表，他有联共抗日的一面，也有反共和对抗日动摇及同日勾结的一面。对他的后一方面，共产党采取了"有理、有利、有节"的斗争，终于使其留在了抗日阵营内。

1939年3月下旬，阎锡山继国民党五届五中全会制定出"溶共"、"防共"、"限共"、"反共"的方针后，在秋林召开了军政民高级干部会议（即"秋林会议"），进行反共、反牺盟、反新军的动员和准备。中共中央北方局和中共晋西南区党委，派张友清到秋林，与薄一波等配合，按照党的"对阎锡山的反共措施表示反对，但不采取决裂态度"等方针，领导与会的秘密党员及新派力量，同阎锡山倒行逆施的反动言论和措施，进行了针锋相对的斗争。由于山西的投降危机不断发展，10月10日，又以中共山西省委的名义，公开发出了《关于坚持山西抗战克服危险倾向的宣言》，提出了开展山西的反汉奸运动，巩固山西的抗日统一战线，坚持山西的一切进步事业等主张。

与国民党反共顽固派改政治限共为主为军事限共为主，掀起第一次反共高潮的同时，山西的反共顽固派也制造了"十二月事变"（亦称"晋西事变"），演出了旧军攻击新军并连带侵犯八路军阵地的惨剧。对此，晋西北、晋东南等地新军，均仍"戴山西的帽子"，组织"拥阎抗日讨逆指挥部"，对旧军的进攻坚决给以回击。为了争取阎锡山继续抗日，在反击作战取得一定胜利后即适可而止。事后，党中央派代表持毛泽东亲笔信到秋林同阎锡山谈判，转达了中共中央及八路军赞助新、旧军团结，拥阎抗日，今后统一于进步，实行阎之十大纲领的主张。⑫最后达成协议，使新、旧军武装冲突得以和平解决，挽救了山西的抗日民族统一战线，使之未遭破裂。

1940年到1942年，阎锡山面对日本的诱降政策和国民党反共顽固派掀起一浪又一浪的反共高潮等情况，加上他自己认为日本可能进攻苏联的错误判断，便派人多次与日酋接洽和谈判，为降日作准备。为了坚持和巩固山西的抗日民族统一战线，党中央和毛泽东派十八集团军驻晋办事处主任王世英，面见阎锡山，阐述了共产党对国内外形势的看法，明确指出：日军不会北攻苏联，南攻则有很大可能。蒋介石在全国人民的压力下不敢公开投降日本。并坚决表示，如他敢降日，我们坚决打倒他。这次谈话，使阎锡山了解了共产党、八路军对降日派的坚决态度。与此同时，延安《解放日报》也公开揭露和批判了阎锡山与日军的勾结活动。这就迫使阎锡山不得不对同日军商订的密约，采取"拖"的态度，终于未敢降日。

第五，重视抗日根据地统一战线政权的民主建设。这是巩固和发展山西抗日民族统一战线与抗日根据地以及争取胜利的重要保证。

中共中央和毛泽东指出："在抗日时期，我们所建立的政权的性质，是民族统一战线的"。"根据抗日民族统一战线政权的原则，在人员分配上应规定为共产党员占三分之一，非党的左派进步分子占三分之一，不左不右的中间派占三分之一。"同时还指出："抗日统一战线政权的产生，应经过人民选举。其组织形式，应是民主集中制。"⑬

抗日战争中，在山西境内的各抗日根据地都是开辟较早的。这些根据地从开创时起，即首先建立抗日民族统一战线的政权，并抓紧进行政权的民主建设。如民主选举各级政权，建立参议会，特别是为了团结一切抗日人士共同奋斗，党采取了"三三制"的联合政府政策。这样一来，党就在根据地内发展和巩固了工农联盟，并把其他抗日阶级阶层和一切爱国民主人士团结在自己的周围，使抗日民主政权真正成为"一切赞成抗日又赞成民主的人们的政权；即是几个革命阶级联合起来对于汉奸和反动派的民主专政"⑭。这从以下的具体事例中即可得到充分证明。

包括晋东北根据地在内的晋察冀边区，1938年1月，在敌人"扫荡"分割的困难情况下，就召开军政民代表大会，民主选出边区临时行政委员会。主任由原山西第一行政区主任宋劭文担任，国民党代表刘奠基也被选为委员，充分体现了统一战线性质。1938年和1940年，进行过两次村选，使老百姓懂得了"还是民主好，大家的事大家办"，"咱们选好人当村长，能替咱们办事"等道理。这在当时落后的中国农村是空前未有的。1943年1月，还正式建立了参议会，使民主制度更趋向完善。

晋东南根据地的山西第三、第五行政区，抗战开始不久，在牺盟会领导及共产党、八路军的帮助和推动下，1938年便有专县行政会议之设，吸收各界代表参加，共商政事。1940年，晋东南分为太行、太岳两区。1941年，在党的领导下，普遍开展了村选运动。1941年，还经由民选建立了晋冀鲁豫边区（包括太行、太岳和冀南、冀鲁豫根据地）的最高权力机关临时参议会，接着选举产生了边区人民政府。参议会和边区政府都是"三三制"。参议会的各党各派各阶层代表中，共产党员72人，约占1/3稍强；国民党人士不下50人，有名的老国民党员邢肇棠和宋维周当选为副议长。边区政府15名委员中只有6名是共产党员。1942年经过普遍深入的减租减息群众运动，又对村区政权改选，打下了"三三制"村政权的基础。

经过"十二月事变"，晋西北根据地于1940年1月建立了新政权，开始仍沿用"山西省第二游击区行署"名称，后改称"晋西北行署"（辖二、四、八、十一等4个专署），公推续范亭为行署主任。1941年、1942年，大部地区进行了村选，同时又试办区选。1942年10月，召开了晋西北临时参议会。145名参议员中，有共产党员、国民党员的各党各派和无党派人员，以及抗日军人、工农商学文化界等人士，也有蒙、回兄弟民族，国际友人朝鲜人民的代表。全部参议员中共产党员只有47人，未超过1/3。"三三制"改革在晋西北全区得到了比较彻底的贯彻。1941年村选中，据11个县55个行政村统计，主任代表中有44%是中农，38%是贫农、雇农和农村工人，17%是地主、富农；村长中32%是中农，54%是贫农，14%是地主、富农。⑮

抗日根据地政权的民主建设，巩固和扩大了抗日民族统一战线，大大激发了广大人民的抗日积极性。这种有共产党领导和人民代表参加的统一战线政权，也"便是新民主主义社会的主要标志"。

总之，党的抗日民族统一战线政策在山西取得了伟大胜利，积累了相当丰富和完整的经验。这些抗日民族统一战线的成果，以及革命武装的成果、革命根据地政权和党的建设的成果，连同各方面的丰富经验在内，为以后人民解放战争的胜利，准备了极为重要的基础和条件；也为新中国社会主义建设和实行共产党领导下多党合作的政治协商制度，提供了宝贵的借鉴。

注释

1. 江泽民总书记 1990 年 6 月 11 日《在全国统战工作会议上的重要讲话》。

2. 毛泽东：《为动员一切力量争取抗战胜利而斗争》（《毛泽东选集》合订本第 328 页）。

3. 毛泽东：《和英国记者贝特兰的谈话》（《毛泽东选集》合订本第 348 页）。

4. 李维汉：《统一战线是中国人民争取胜利的一个法宝》（《统一战线问题与民族问题》，第 303 页）。

5. 见《牺盟会与决死队》第三节《牺盟会工作的开展和抗日救亡干部的培训》。

6. 参见程子华：《党的全面抗战路线在晋察绥的一次成功实践——回顾第二战区民族革命战争战地总动员委员会》一文。

7. 毛泽东：《上海太原失陷后抗日战线的形势和任务》（《毛泽东选集》合订本第 358 页）。

8. 刘少奇：《六年华北华中工作经验的报告》（《刘少奇选集》上卷第 261 页）。

9.《中共党史研究》（1991 年第 2 期第 4 页）。

10. 毛泽东：《统一战线中的独立自主问题》（《毛泽东选集》合订本第 505 页）。

11. 毛泽东：《目前抗日统一战线中的策略问题》（《毛泽东选集》合订本第 703 页）。

12. 见《晋绥革命根据地大事记》（山西人民出版社，第 122 页）。

13. 毛泽东：《抗日根据地的政权问题》（《毛泽东选集》合订本第 69970l 页）。

14. 毛泽东：《目前抗日统一战线中的策略问题》（《毛泽东选集》合订本第 708 页）。

15. 上述各根据地的事例，均参见《抗日战争时期解放区概况》。

16. 见毛泽东《关于打退第二次反共高潮的总结》（《毛泽东选集》合订本第 743 页）。

作者简介

霍成勋，男，1925 年出生，河北省磁县人，副研究员，原山西省人民政府参事室（文史馆）办公室主任。主要作品或参与作品：《汪铭》、《张友清》、《太行革命根据地史稿》、《八路军驻晋办事处》、《山西大事记》等。

对当前提高诗联艺术之我见

——从师资抓起

赵云峰

　　"国运兴，诗运兴。"——"诗运兴，国运兴。"这是我国数千年来文化史上一条无可辩驳的规律和真理。改革开放以来，中华诗词及楹联由复苏到蓬勃发展，一股起于民间、遍布全国、波及海外的中华诗词和楹联长盛不衰。现在，中华诗词、楹联在神州大地已出现了逐步繁荣的可喜景象。比如，从全国到地方诗联组织如雨后春笋般建立起来，并涌现了一批诗联之乡和诗联先进单位，各种诗联活动空前活跃，全国诗联刊物和出版物大量涌现，诗联人口即作者、编者、读者、爱好者等已逾千万之众，且正在向低龄化发展；诗联作品的数量与水平也在与日俱增。所有这些都足以表明，中华诗联已汇入当代先进文化的洪流热浪之中，不信请看当前的诗词热、对联热、国学热，在国家的社会主义精神文明建设中，正在发挥着越来越重要的作用。

　　我国是一个诗的国度，从大量的典籍记载和专家研究，我们的祖先从有生产劳动和社会交往的活动，便有了口头诗歌的创作。王瑶先生说："人民口头诗歌作品是语言艺术的开始，世界上一切民族的文学都是从人民口头诗歌的创作开始的。"这应该是一个正确的结论。这些口头诗歌作品代代传承，随着人类的进步和社会的发展，形成了几千年来体式纷繁、种类众多、流派纷陈、万紫千红、美不胜收的中华诗联泱泱大国，在世界上真可以说是独一无二。

　　显然，中华诗词楹联艺术，也正是随着社会的向前推移，逐渐与时俱进的。就以近代中华诗词楹联的发展来看，晚清新派诗联的出现，就是一个重要的进步。因为元明两代，南北曲盛行，诗词衰颓，而词尤甚。一直到清代，诗联才又逐步兴盛和繁荣起来，诗人、词家、联家辈出，诗联评论也很活跃，产生了很多优秀作品。在我国几千年的诗联史上书写了浓墨重彩的篇章。特别值得提及的是晚清新诗派。自从鸦片战争以后，中国一步步沦为半殖民地半封建的社会。一些反帝爱国的知识分子提出"诗界革命"，扬起了"新诗派"的旗帜，创作了许多具有鲜明时代特色的爱国主义诗篇。这些作品具有与过去中国文学史上的诗歌明显不同的性质，在当时是起了进步作用的。

令人欣慰的是，从20世纪末到21世纪初，中华诗词学会和中国楹联学会，配合有关部门和单位，提出了"让中华诗词和楹联走进校园"的口号，得到了全国各省区市各级各类学校的积极响应，在学校中学习诗联、传播诗联之风逐渐兴起。

众所周知，诗词楹联是中华民族的国粹，有着数千年的传统。它深刻地凝聚着汉语的独特魅力，不仅能折射中华文化的博大精深，而且深受人民喜爱。因此，在校园中尤其是在小学阶段传播诗词楹联艺术，是非常适时的和必要的。完全可以想见，学习诗联必须先从娃娃抓起，是不无道理的。

早在民国初年，我国著名教育家蔡元培先生在《我在教育界的经验》一文中就说过："对课与现在的造句法相近……例如先生出一个'山'字，是名词，就用'海'字或'水'字来对它，因为都是地理的名词。这一种功课不但是作文的开始，也是作诗的基础。"在现代教育中，著名史学家、教育家陈寅恪教授，就力主大学入学考试要考对联，理由是：①可测应试者对虚实字的鉴别和应用；②可测别平仄声；③可测知书、知词之多少；④可测思维条理。近几年来，全国各地在入学考试中，也经常看到有测试对联的题目，这的确是一个良好的开端。

话说回来，中华诗词楹联进入全国各级各类的学校，无疑是件好事。可是，这一大批能够胜任教授诗联的师资力量，就是摆在现实面前的一个特大问题。毋庸讳言，"文化大革命"中，由于狠批封资修的烈焰，烧得广大语文教师对讲授有关古典诗联的课文时，不敢多讲，更不敢深讲，唯恐戴上贩卖封资修的帽子，影响到身家性命，所以就语焉不详地轻轻带过，学生们实际什么也没有学到，可惜的是，这十年来，在诗词楹联的教授传承上，实际是一片空白，一个断层。有一位当时在大学中文系读过书的同志（姑隐其名）就真诚而惋惜地说："XX教授因为怕犯贩卖封资修的错误，他虽然饱学，但不敢给我们讲授这一方面的知识和技能，所以我们什么也没有学到，现在要学，只能是半路出家，从头自学了。"（这恐怕不是个例吧）

不信请看，现在有些报刊上也经常见到发表一些诗联，一些是半生不熟的夹生饭，严格地说是次品，是废品。

为此，我感到，让中华诗联进校园，从娃娃抓起是正确的，是无可非议的。但我想重点提醒一句，就是首先要从师资队伍和质量上抓起，只要老师的水平提高了，那么，把老师的这一桶水，给学生们洒上一点点，也就富富有余了。

我，一个曾经在诗山攀登、联海泛舟了70多年的老旧知识分子，深感诗联传承和它的现实重要意义。现在，愿意把我手头剪辑的四篇短文（都有作者名字）转赠给广大的诗联爱好者一读，也算是我这个88岁的老友向大家"借花献佛"的一片诚意吧。

作者简介

赵云峰，男，1924 年出生，山西省盂县人，从事联艺及教育工作已 70 多年，其作品曾经多次获奖。现任中国国学研究会名誉会长；中国楹联学会顾问；山西省楹联艺术家协会名誉会长；山西日报《对联》杂志终审等。主要著述有《隐芝轩漫钞》、《松涛集》、《太原市园林名胜楹联》、《世界语自学入门》、《恒斋日志》等。

格律诗漫议

姚 剑

写格律诗的人是越来越少了，原因很清楚，就是大多数人被格律诗严格的"格律"所吓退。而古人从启蒙开始就浸淫在格律诗的环境中，他们对对仗、押韵、合辙的运用早已熟烂于心。而现代人则缺乏这一方面的训练，自然感觉困难重重。现在的问题是，中国的格律诗的发展前景如何？随着写格律诗的人越来越少，格律诗这一中国诗词的奇葩会不会也成为文化古董呢？

中国的古典诗词最早可以追溯到《诗经》，作为一部西周和春秋时代的诗歌总集，它收集了那个时代的各个诸侯国流行于贵族阶级和平民阶级的诗歌。雅和颂反映的当然是贵族阶级的生活，雅主要是贵族们在飨宴时唱诵的诗歌，颂主要是贵族们在祭祀时唱诵的诗歌，风则是流行于民间的诗歌，反映了平民阶级的生活和愿望。钱穆先生说，《诗经》可以作为一部史书来读。关于周人发迹的历史，《诗经》记载的最为清楚不过了。那时的诗歌没有格律的限制，不讲究对仗、合辙、押韵。不讲究对仗并不等于没有对仗和押韵，至于合辙基本上还没有这个意识。所以，就诗歌而言，《诗经》时代的诗歌可以说是自由诗的时代。诗都是因歌的需要而产生。有些诗词很像记叙散文（如颂的部分），有些散文很像抒情诗词（如庄子），没有一个严格的界限。我们知道，春秋是中国历史上思想最自由的时代，百家争鸣，百花齐放，无论什么样的学派都可以自由地表达自己的思想。那时的诗歌从形式到内容都与时代的节拍是一致的。

到了汉代，随着华丽的赋和五言诗的崛起，中国诗词开始有一个巨大的变化。特别是五言诗，由于它句式的优越性（主谓宾关系很明确），表达能力更强、更丰富了。对仗和押韵的运用已经成了诗人的自觉。这种自觉的结果是导致声韵的研究有了一个前所未有的发现，即四声规律的发现。我们今天可以想象，古人说话也好、唱诗也好，总有抑扬顿挫，不会是一个节奏、一个声调到底。东汉末年建安时代有个叫李登的人编了一部韵书《声类》，晋代吕静也编过一本韵书叫《集韵》，可惜我们现在已经看不到这部书了。我们看不到，唐代人看见过。唐代封演的《闻见记》说，《声类》是"以五声命字，不立诸部"。《魏书·江式传》说，《韵集》是"宫商甀徵羽各为一篇"。"五声"或"宫商甀徵羽"与后世的声、韵、调是什么关系，两书的体制类型是否与后世的韵书相似，现在都无从深考。根据《颜氏家训·音辞》所说"自兹厥后,音韵蜂出,各有土风,递相非笑"，可以肯定的是,六朝是韵书的大发展时期,出现了很多韵书。韵书的出现与诗歌的发展有极大关系。从汉古风到唐代律诗，中间是魏晋南北朝。此时是文化艺术大发展的时期，诗歌离不开韵，如果说汉代的诗歌对韵的要求还不是特别严格，到了唐代时已经有了严格的规范。隋朝人陆法言的《切韵》中把韵分为207韵，虽然复杂了一点，到底有了规范。金代的平水（即现在的山西临汾）是当时北方的出版中心，平水人王文郁出版了一本《新刊韵略》，将原来《广韵》的206韵简化为106韵。从此平水韵就成为权威的诗韵规范沿用下来。平水韵和现代汉语韵的区别在于，平水韵的四声是平、上、去、入四声。平的就是平了，上、去、入全为仄。问题出在入声字上。普通话没有入声字了，古之入声字，全部划到普通话的阴平、阳平、上声、去声四声中了，划到上声、去声中的好办，还是仄，但划到阴平、阳平中的就麻烦了。因为在平水韵中它是入声字、是仄，但我们今天用普通话来读，却是一个标准的平声字，例如：白、屋、竹，今普通话读平声，而平水韵却读入声，是仄声部。

格律诗的孕育当在南北朝时期，因为这一时期中国的诗歌有了一个脱胎换骨的变化。上述四声的研究、韵书的出现，或许仅仅是技术性的条件，而更为重要的是，那个时代的政治实际上是催生格律诗的土壤。从一个角度而言，中国的文化核心就是政治。无论孔孟或者老庄，其实都把现实政治放在第一位。鲁迅说过，古代的隐士们的隐是为了不隐，从隐士到当官仅有一步之遥。魏晋南北朝是一个很特殊的时代，因为从西周以来，直到汉末，一直是学术主导着政治，也就是文化人在政治领域很有作为。春秋战国的诸侯们都养着大批的门客，不愿意当门客的就游走于各国，谓之游士。秦国的崛起应当归功于三晋学派和齐鲁学派的游士们，商鞅、李斯、吕不韦都是文人客卿，即东方游士。西汉更是如此，前有晁错，后有董仲舒，到东汉时，仅国家的太学就有学生10万，这些未来的官吏们，聚集一起，臧否时政。到了魏晋南北朝时，情况发生了变化，学术与政治脱了勾，政治成了纯粹的赤裸裸的手段，随着建安七子之首孔融被杀，竹林七贤领袖嵇康伏诛，一股玄学热随即兴起。玄学时代的文化人耻与权力合作，以放浪形骸、谈禅隐逸、悠游山水为人生最大乐趣。于是有陶渊明、谢灵运的田园诗、山水诗的出现。或许他们的诗还不能说是格律诗，但是已经朝着这个方向发展了。在内容上，建安以前的诗，基本上继承了《诗经》的文以载道的传统。而纯粹的以山水、田园为对象的诗歌是在南北朝才产生的。在形式上，受南北朝时期骈俪文风的影响，诗人们更愿意注重诗歌的形式美、音韵美。所以说，南北朝是孕育格律诗的时期。唐代是中国诗歌的黄金时代，格律诗已经成熟，七律、五律、七绝和长短句里每个位置上的字句的对仗、押韵和平仄都已经固定。但在唐代，最有影响的不仅是格律诗，还有近体诗。李白的《将进酒》、杜甫的"三吏""三别"、白居易的《长恨歌》《琵琶行》，包括初唐四杰和边塞诗人，都不很在意格律的限制。内容的需要、情感的需要，要超过格律的需要。这与大唐诗人雄阔自由、浪漫恣肆的风格也是一致的。

都说宋代是词的时代。词，这种兴起于唐代的长短句原是为梨园演唱而产生的，所谓的词牌，就是指的音乐形式。由于音乐的需要，在句式上最初只有字数的限制和押韵需要，而无平仄的必然限制。词在宋代经由文人的发挥和规范，才成为一种纯文学的形式。与唐代相比，宋代是规范秩序的时代，宋代的理学就是规范秩序的理论基础。在诗词上的结果就是更加规范化。这种规范，从西昆体的出现进一步馆阁化了。所以我们看格律诗，宋代以后的格律诗最为规范。这与宋以后的时代精神也是一致的。

那么现代的情况如何呢？

现代人写格律诗有一个问题已经争论很久了，就是如何处理古韵和现代韵的问题，就是如何处理古代四声和现代四声的问题。老先生们自小学的是古韵、古声，运用起来不费力气。中年以下的人从小学的就是现代汉语，对平水韵、入声之类从未接触。这样同样是按照宋代的规范写格律诗，结果还是不一样。从审美的角度看，中国的格律诗有一种特殊的美学意味，它不仅仅是一种形式美，而是能够把形式和内容结合在一起表现的美的程序。它的凝练、含蓄、节奏、音韵的组合，是其他诗词形式无法比肩的。因此，它的生命力极强，即使在"文化大革命"那样严酷的年代，格律诗也经常出现在大字报、报纸上。近年来，随着国学热，很多人开始关注格律诗的研究和写作。我个人就是一个旧体诗的爱好者。我个人认为，现代格律诗应当以现代汉语为底本，而不能再拿平水韵做标准。平水韵产生距今已经近千年，普通话的推广已经搞了50多年，这一代人对现代汉语已经能够基本熟练掌握。他们对平水韵是陌生的。再拿平水韵说事，那就不是欣赏古董而是制造古董。关于四声，也要以现代汉语为准，不能以古声为准。有人说，可以不可以混用呢？这个问题本身就很荒谬。因为，但凡能够掌握古韵辙的人，没有必要混用。不懂古韵辙的人，无意识的混用，必然是不懂格律诗的基本规律。我自己有一个体会，我不懂平水韵，有时写旧体诗时，完全按照现代汉语的韵辙。但是完全按照韵辙走，有时不免因词害意。我的办法是，不标榜即可。比如说形式上是七律、七绝，但有某一处或几处不和格律，只笼统说诗而已，不说是七律、七绝。这样，既表达了自己的情感，又让人无可挑剔。但是，随之有一个问题也就来了，这样的诗还是格律诗吗？

毛泽东同志说到古诗词写作时有一句很有名的话，"大致押韵即可。"我体会，押韵对会写诗的人来说不是很大的问题，问题在于合辙，也就是处理平仄问题。古人其实已经看到这个问题，于是有"拗救"之法，也就是前一句平仄错了后一句跟着错，总之有一个规律性，否则就不是格律诗了。对于格律诗本身，我以为应当保留它的特殊性，即尊重它的规律性。比如写七律，在押韵上，"一三五不论，二四六分明"的规律不可突破，三四句和五六句的对仗不可突破，七律所要求的平仄关系不可突破。唯有这些限制，才可以称之为七律，这个底线一旦突破，就不是七律了。有人认为这限制诗词的发展，其实这是杞人忧天。因为除不标明七律、七绝外，完全可以自由发挥。格律诗是在1000多年的过程中发展起来的文学形式，稳定的是其形式，而万变的是其内容。同样是七律，杜甫是杜甫的风格，朱熹是朱熹的个性。格律诗这种形式美已经被实践证明是具有超越时代的生命力。鲁迅的"灵台无计逃神矢，风雨如磐暗故园"，何等苍凉！毛泽东同志的"钟山风雨起苍黄，百万雄师过大江"'何等豪迈！叶剑英同志的"老夫喜作黄昏颂，满目青山夕照明"，何等豁达！

对唐代的文化人来说，不会写格律诗就意味着不能当官，因为诗赋是科举考试的必考课。对宋代的官员来说，不会写格律诗就意味着不配当官，因为宋代的官员个个满腹锦绣。对现代的文化人来说，会不会写格律诗无关紧要，绝不影响当官发财。格律诗在社会生活中的作用是大大降低了。这是社会进步和发展的结果。诚如曾经是人们娱乐主要方式的戏剧已经渐次衰落一样。格律诗与戏剧还不同，戏剧是一种消费形式，而写格律诗则完全是个人的一种爱好，没有利益的羁绊。所以，格律诗不会消亡，当然也不会成为社会主流的文化形式。像兰花一般，没有耀眼的灿烂，却有持久的幽香。

作者简介

姚剑，男，1948年出生，山西省翼城县人，高级记者，曾任山西日报社长助理，山西晚报总编。专长文学评论、历史研究。1988年任山西日报（海外版）主编。创作经历与成果：文学方面，长篇小说《红雾》，短篇小说数十篇散见于《上海文学》等刊物，诗歌数百首。文学评论数百篇见于报纸。新闻作品300多万字主要见于《山西日报》、《人民日报》。1984年获得中国新闻奖。在从事新闻工作期间，业余对中国文化进行研究，主要作品有《山西高平炎帝陵考察报告》、《被戏谑的中国文化》、《被断层的乡村文化》，历史研究专著有《历史没有回声》。

中华诗词和中国地域文化

王宝库

妙语说尽天下事的中华诗词

中国文化艺术的重要内涵及主流表现之一，是起源于顺口溜式韵文的诗歌，民间色彩浓郁。

王力先生说："韵文以韵语为基础，而韵语的产生远在文字的产生之前，这是毫无疑义的。"韵文和韵语的渊源，说明了"诗歌"实在堪称文化艺术和文学创作的"鼻祖"。

"诗"与"歌"原非一体。《尚书》说，"诗言志，歌咏言"，可见"诗"是表达志向的，"歌"是流露心里话的。

《毛诗序》说："在心为'志'，发言为'诗'。情动于中，而形于言。言之不足，故嗟叹之。嗟叹之不足，故咏歌之。咏歌之不足，不若手之舞之，足之蹈之。"

简言之，歌之词即"诗"，是记事的；诗配乐即"歌"，抒情与记事兼备。

文字的产生逐渐使"诗"与"歌"融为一体。最初的诗，皆可配乐歌唱，"歌"就是"诗"，"诗"亦是"歌"，合而为一，通称"诗歌"。

至于"词"，实实在在就是一种广义的"诗"。

"诗"与"词"原先并无明显界限，到了词创作的极盛期，"词"与"诗"才分了家，有了区隔。王力先生关于"词"的定义是："一种律化的、长短句的、固定字数的诗。"

说到底，"词"仍旧是"诗"，所以古人称词是"诗余"。

当代人视"诗"与"词"为一体，名之曰"中华诗词"。

中华诗词之玄妙，妙在遣词的精准，造句的乖巧，平仄的跌宕，对仗的高雅，譬喻的睿智，典故的奇奥，构思的卓绝，意境的高远，气势的恢弘，细节的逼真，出其不意，惟妙惟肖，可歌唱、可咏叹、可诵读、可呐喊、可闻其声、可观其形、可以心领、可以神会……中华诗词之玄妙，妙在它说尽天下事而臻达极致，入骨三分，形象逼真，再用别一种语言翻译和诠释，必定淡而又淡，索然无味。

"衙斋卧听萧萧竹，疑是民间疾苦声。些小吾曹州县吏，一枝一叶总关情"，说爱民之心；"杨柳青青江水平，闻郎江上唱歌声。东边日出西边雨，道是无晴却有晴"，讲男女之情；"昨夜星辰昨夜风，画楼西畔桂堂东。身无彩凤双飞翼，心有灵犀一点通"，表恋人相思；"曾经沧海难为水，除却巫山不是云。取次花丛懒回顾，半缘修道半缘君"，述旧情难忘；"慈母手中线，游子身上衣。临行密密缝，意恐迟迟归。谁言寸草心，报得三春晖"，说尽了母子情深；"天不老，情难绝。心似双丝网，中有千千结"，讲透了心中惆怅。

"床前明月光，疑是地上霜。举头望明月，低头思故乡"，说思乡；"折花逢驿使，寄与陇头人。江南无所有，聊赠一枝春"，说友谊；"死去何所道，托体同山阿。亲戚或余悲，他人亦已歌"，说生死；"渭城朝雨浥轻尘，客舍青青柳色新。劝君更尽一杯酒，西出阳关无故人"，说离别；"碧玉妆成一树高，万条垂下绿丝绦。不知细叶谁裁出？二月春风似剪刀"，说春；"绿树荫浓夏日长，楼台倒影入池塘。水晶帘动微风起，满架蔷薇一院香"，说夏；"金井梧桐秋叶黄，珠帘不卷夜来霜。熏笼玉枕无颜色，卧听南宫清漏长"，说秋；"才见岭头云似盖，已惊岩下雪如尘。千峰笋石千株玉，万树松萝万朵云"，说冬。这些诗将心情与景物描绘得出神入化，无以复加，令人拍案叫绝。

"枕前泪共帘前雨，隔个窗儿滴到明"，说哭泣；"友如作画须求淡，山似论文不喜平"，说交友；"心同野鹤与尘远，诗似冰壶见底清"，说文采；"天籁自鸣天趣足，好诗不过近人情"，评诗之优劣；"唱到竹枝声咽处，寒猿暗鸟一时啼"，论音乐魅力；"风霜何事偏伤老，天地无情亦爱人"、"绿水无愁风皱面，青山不老雪白头"、"莫道天地无愁，风来浪也白头"……这些诗句无所不涉，简直是字字珠玑，字字禅意，都是真性情，都是佛道理。

"云来山更佳，云去山如画。山因云晦明，云共山高下。"这首诗描述山与云之关系，说得不但贴切到位，而且十分辩证。真正的美，包装了美，赤裸裸也美，是为大美和至美。大美和至美，随便怎样都美轮美奂，这便是"水光潋滟晴方好，山色空濛雨亦奇。欲把西湖比西子，淡妆浓抹总相宜"所阐释的真谛。

"白日依山尽，黄河入海流。欲穷千里目，更上一层楼。"这首诗明白如话，却寓意深刻而蕴涵隽永。"红日照遍了东方"，不是说太阳是红的吗，怎么就成了"白日"？其实太阳之色有定，而我们观之的季节和时间不同、地点与条件不同，出现在我们面前的太阳色彩便不尽相同，甚至大不相同。"白日"并没有"依山尽"，它没有动，是地球在动，这便是物体的相对运动和宇宙真理"相对论"。"黄河"为什么要"入海流"？因为海的姿态特别低，是它的谦卑和低姿态导致了万河归海。"海纳百川，有容乃大"，其道理正在于此。低姿态和谦卑酿成了海的伟大，但并非时时、事事、处处都一味谦卑低下才是正确选择。假如"欲穷千里目"，还需"更上一层楼"，因为只有"登高"才能"望远"。如果没有高屋建瓴的高视点，怎么能够有大视野、大胸襟、大气魄、大目标和远大理想？

空前绝后的唐代诗歌文化与唐代诗人群体中的山西籍诗人

大唐文化，以诗歌为盛。唐诗所达到的高度，堪称"空前绝后"，是中国古代诗歌文化的制高点。

唐代诗歌文化积淀丰厚，诗人群体浩如星海，非一两篇短文所能够全面阐述和深入剖析，我们只能概说其要。

作为山西人，从"地域文化"这一命题切入，本文拟对唐代的山西籍诗人群体作一番浮光掠影式的扫描，并且借以凸显唐代诗歌文化。

在中国唐代诗歌发展过程中的各个历史阶段，山西籍诗人大都发挥了"领袖群伦"的重大作用。

初唐时期，南朝之齐、梁余风仍然占据着统治地位，而龙门（今河津市）王绩却追随晋代陶渊明，在唐代诗坛独树一帜，首领一代风骚。

永徽年间及其以后时期，齐、梁之风衰颓，新体诗的萌芽破土而出，逐渐酿成诗坛大势，而促成这一革命性转化的巨擘主将，则是"初唐四杰"和"沈宋"。初唐四杰，以龙门王勃为首；沈佺期与宋之问齐名，山西汾州宋之问与非山西籍的诗人沈佺期相互比肩并列而难分伯仲。

王勃和宋之问的建树，首先是开创了"新体诗"，亦即"格律诗"；其次是通过写作实践，使格律诗从内容到形式、风格，统统具备了清新的气象。

以唐玄宗在位期间的开元和天宝年间为中心，长达半个多世纪的盛唐时期，是李唐王朝从极盛走向衰败的转型期。在这一特定的时空区间，诗坛人才辈出，百花齐放，以李白、杜甫为前后首领和主帅。而此时此际，驰骋诗坛的山西籍著名诗人，有太原王翰、王昌龄，绛州（今新绛县）王之涣、王之咸、王之贲兄弟，祁县王维、王缙兄弟。其中在某种程度上可与"李杜"相媲美的山西籍诗人，首推王维和王昌龄二人。

王维在诗歌创作上所获得的成就体现在各个方面和不同领域。他的五言律诗最负盛名，而五言绝句尤妙，五言和七言古风歌行也都达到了空前的高度，七言绝句与七言律诗尤其不乏上佳之作。历代文人视王维为山水田园派诗人的卓越代表，可以说王维在诗歌领域开创了一个全新的境界。他善于捕捉自然界和人世间的美好事物，将之用出神入化的诗歌语言予以彰显，别具一格，给人以美感，其美在神而不在形。后人称李白为"诗仙"，杜甫为"诗圣"，王维为"诗佛"，可见其诗歌作品的主要特色乃"李杜"所欠缺，故其堪与"李杜"并列。

　　王昌龄是"边塞派"诗人，其所作七言绝句除了李白之外，无人可望其项背。时人誉之为"诗家天子"，可见其声名之高及享誉之盛。

　　中唐时期诗坛的代表人物，是所谓"大历十才子"。《新唐书·文艺·卢纶传》所记载的唐代宗大历年间之"十才子"，以蒲州（今永济市）卢纶为首。"纶与吉中孚、韩翃、钱起、司空曙、苗发、崔峒、耿湋、夏侯审、李端皆能诗，齐名，号'大历十才子'"。卢纶所作《塞下曲》诗六首，堪与盛唐边塞诗相媲美。卢纶同乡耿湋并列"大历十才子"之内，其诗作大多写得质朴无华，亲切自然，感人至深。

　　唐宪宗在位的元和年间，号称李唐王朝的"中兴时期"。当时，蒲州柳宗元在参与"永贞革新"政治活动失败之后，成为唐代文坛古文运动的主将和领军人物。他不但是伟大的散文作家，而且是杰出的诗人。他赋予无生命的自然山水以人格，在诗歌作品中寄寓了自己的真挚感情，用寓言方式写诗是他的一大创造。

　　晚唐时期，"李（贺）杜（牧）"与"温（庭筠）李（商隐）"驰名于诗坛，系此一时期唐代诗人的优秀代表。山西祁县温庭筠与李商隐齐名，号称"温李"。其诗风绮丽，是唐代名列第一的写词"专家"和"大家"。他把长短句的新体讲究格律的乐府诗提到了诗歌史上的重要地位，文学史上从此便出现了众多的词人。

　　此外，太原唐彦谦、蒲州聂夷中，值得一提。唐彦谦博学多艺，以写诗见长。青少年时期，他始学温庭筠，后学李商隐，其诗作以文辞华丽享誉于诗坛，故宋代模拟李商隐诗歌创作的"西昆体"诗人颇推重唐彦谦。后来其诗风有所改变，语言趋于朴素而爽朗，诗歌内容注意反映社会矛盾，显然是受到了杜诗的影响。聂夷中是晚唐杰出的现实主义诗人。他出身贫寒，知"稼穑之艰难"，因而不少诗作深刻反映了农民受剥削、受压迫的痛苦，抨击了豪门权贵骄奢淫逸的生活。其所作诗歌语言朴素，生动通俗，形象丰满，内容充实，尤其善于用概括性极强的语言揭示深刻的思想。在风格和形式日趋华丽纤巧的形式主义的晚唐文学作品中，其诗作堪称不可多得的文学瑰宝。

　　蒲州司空图是李唐王朝灭亡之前的著名诗人，他所强调诗歌创作的"韵外之致"和"味外之旨"，是对于诗歌创作理论的深入研究和高度总结。其《诗品》一书具有深邃的见解与独到之处，极大地丰富了古代的诗歌理论。

　　有唐一代，几乎人人都能懂诗，人人皆可写诗，优秀诗人多如牛毛，其中最为出类拔萃者，以仙、圣、佛、人、鬼划分之，则是"诗仙"李白、"诗圣"杜甫、"诗佛"王维、"诗人"白居易、"诗鬼"李贺。

　　仙、圣、佛、鬼或非常人，或是超人，其人其诗，因篇幅所限，我们姑且不论。且说山西籍"诗人"白居易，通过白居易与"人"，也就是与人类社会，特别是与社会底层最贴近的诗歌作品，对于唐代社会以及白居易其人进行全方位的扫描和透析，可以深切地感受李唐王朝那远逝的辉煌，特别是辉煌背后的阴影，以及阴影里的哭泣。

　　白居易祖籍太原，其祖父迁居下邽（今陕西渭南）。他生活清贫，刻苦攻读，精进不懈，

16岁赴京，拜访诗坛名人顾况，图谋出路。顾况观其名而哂笑作答："长安米贵，'白居'不'易'！"稍后阅白诗《赋得古原草送别》中"野火烧不尽，春风吹又生"句，叹曰："有句如此，居亦何难？"

长安果然"白居不易"，他返乡致学，参加科考，应试及第，踏上仕途，做了小京官。

白居易仕途坎坷，历尽艰辛。其诗作是唐王朝历经"安史之乱"由盛而衰的特定时代的全息反映，具有多含教训意蕴、多写民间疾苦、多通俗易懂之"三大特点"，因而受到了当时和后世各阶层人士的普遍传诵。

对于人情冷暖和人心险恶，他体悟至深，告诫世人："天可度，地可量，惟有人心不可防……笑中有刀潜杀人。阴阳神变皆可测，不测人间笑似嗔。"

诗人对于"家田输税尽"而无地可种，只能"右手秉遗穗，左臂悬敝筐"捡拾麦穗以充饥肠的贫妇人深表同情，对于自己"曾不事农桑"却"吏禄三百石，岁晏有余粮"而"念此私自愧，尽日不能忘"。"

杜陵叟由于"三月无雨旱风起"而酿成"麦苗不秀多黄死"的自然灾害，心急如焚。但是"长吏明知不申破，急敛暴征求考课"，杜陵叟被迫"典桑卖地纳官租"，发出了"明年衣食将何如"的哀叹。诗人向"剥我身上帛，夺我口中粟"的长吏愤怒责问："虐人害物即豺狼，何必钩爪锯牙食人肉？"

诗人关注的目光不仅在于农村、农业、农民之"三农问题"，还对"伐薪烧炭南山中"的烧炭工人和织造缭绫的纺织女工所遭受的苦难深表同情，有关诗作，写得极生动，很有感情色彩。

诗人贬官为江州司马时，写了一首抒发长安故伎天涯沦落之恨的长篇佳作《琵琶行》，千百年来脍炙人口，传颂不竭。他在诗中将社会底层的长安故伎和被压抑的正直官员之命运相提并论。如此诗作，此前罕见。

白居易的《长恨歌》，将诗歌创作题材的范畴拓展到了皇帝、贵妃的爱情经历与宫廷生活，可见其视野之开阔与博大。诗人并没有像后来的儒教卫道士那样，对于"公占儿媳"的乱伦行为予以道德上的谴责，这是因为开放、达观的唐人并不注重婚恋的形式，只看重情与爱的实质。全诗词采绚丽，气韵生动，想象丰富，情节曲折而跌宕起伏，艺术魅力极强，是对于唐代社会全景式的扫描，堪称"千古绝唱"。

白居易创作态度十分认真，语言通俗，诗意直白，几乎无需想象便可一目了然，这是唐诗完成于白居易手中的革命性转变。他主张"文章合为时而著，歌诗合为事而作"，提倡用诗歌来补察时政，泄导人情。他构建了现实主义的诗歌创作理论，掀起了波澜壮阔的现实主义诗歌创作的"新乐府运动"。

白居易的诗歌作品流传极广，影响深远，"禁省、观寺、邮候、墙壁之上无不书，王公、妾妇、牛童、马走之口无不道"，甚至日本、朝鲜、越南等国的人民也视"白诗"为珍馐佳肴，品尝咀嚼，深得其味。

白居易诗如其人，重在一个"情"字，诚如其《夜筝》诗所说："弦凝指咽声停处，别有深情一万重。"

中华诗词与三晋大地

诗人的诗歌创作，由其成长的经历和生存的环境所决定，无体验，无认知，当然无从作诗。诚如《般若波罗蜜多心经》所言："无眼界，乃至无意识界。"凡夫俗子，不悟佛法，眼无所见，心无所思，当然不会有与眼目所见者毫无关联的"意识界"及精神产品。

三晋大地位于黄土高原之上，在黄河之东，太行山之西。境内山脉纵横，关隘重重，气势磅礴，阳刚雄健。如此环境，不会产生"千里莺啼绿映红，水村山郭酒旗风。南朝四百八十寺，多少楼台烟雨中"和"烟笼寒水月笼沙，夜泊秦淮近酒家。商女不知亡国恨，隔江犹唱后庭花"之类的小曲。

三晋大地承载的文化，是"尧天舜日出斯地，晋韵唐风冠中华"的源远流长的农耕文化；是"雁门关外野人家，不植桑榆不种麻"、"天苍苍，野茫茫，风吹草低见牛羊"的游牧文化；是"饮马长城窟，水寒伤马骨"的边塞文化；是"三边冲要无双地，九塞尊崇第一关"的关隘文化；是"黑云压城城欲摧，甲光向日金鳞开。角声满天秋色里，塞上燕脂凝夜紫"的战争文化；是昭君出塞、文姬归汉、边贸互市、彼此通婚、"华夏匈奴共中国"的民族交融文化；是"幽并重骑射，少年好驰逐"的尚武文化；是以上党太行为代表的"北上太行山，艰哉何巍巍。羊肠坂诘屈，车轮为之摧。树木何萧瑟，北风声正悲。熊罴对我蹲，虎豹夹路啼"的山地文化；是"佛土休将人境比，谁家随步得金莲"、"廓周沙界圣伽蓝，满目文殊接对谈"的以五台山为代表的佛教文化；是"碧瓦朱甍谱韶乐，飞檐翼角写华章"的古建筑文化；是"深入戏场小天地，看透天地大戏场"的戏剧文化；是"哥哥你走西口，妹妹我泪长流"、"想亲亲想得我腿发软，拿起筷子端不起碗。想亲亲想得我心里乱，煮饺子下了一锅山药蛋"的北国民歌文化；是"问我祖先来何处？山西洪洞大槐树"的迁民文化；是"市场博弈谁称雄？海内首富数晋商"的晋商文化……

"山西之形势，最为完固。关中而外，吾必首及夫山西。盖语其东，则太行为之屏障；其西，则大河为之襟带；于北，则大漠、阴山为之外蔽，而勾注、雁门为之内险；于南，则首阳、砥柱、析城、王屋诸山，滨河而错峙；又南，则孟津、潼关，皆吾门户也。汾、浍潆流于右，漳、沁包络于左，则原隰可以灌注，漕粟可以转输矣！且夫越临晋，溯龙门，则泾、渭之间，可折筹而下也。出天井，下壶关，邯郸、井陉而东，不可以惟吾所向乎！是故天下之形势，必有取于山西也"（引文见顾祖禹《读史方舆纪要》）。

黄河、太行山、黄土高原这三个中华民族历史进程中至为重要的地理坐标，皆与山西有地域之缘。这方热土对于中华民族的生成、繁衍、发展、壮大，发挥了生死攸关的重大作用，并且酿成了一种雄浑、伟岸、雄气、大气、虎气、龙气、霸气、王气的独特的地域文化。

　　俗话说："一方水土养一方人。"山西这方水土孕育了山西人民，山西人民同时也培育和耕耘了这方土地。人与土地的相互依存，令彼此具有一种独特的体魄与神韵，于是这地方人写的诗，客居或途经这地方的人在这里写的诗，或者写这个地方、写这个地方的人和事的诗，也因之而具备了一种独特的内涵、风格与神韵。

诗　　说

黄克毅

　　我国是有着上下五千年的文明古国，也是诗的国度，编成于春秋中叶，分为"风"、"雅"、颂三大类的《诗经》即为证明。

　　诗歌是最早的文学形式，是从诗、歌、舞"三位一体"和原始艺术形式中分化出来的。由于与歌舞的密切结合，使它"生来"就具有节奏性和韵律性，中国古代的词、曲（如宋词、元曲）和现代的歌词也是与音乐相联系的。这样就在文体结构和语言运用上形成了一定的要求，格律也就成了诗歌形式上的鲜和明特色。中国古典诗歌有着极为严谨的格律，特别是律诗和词，句式和音律形成了特定的模式。

　　其格律包括韵律（押韵的规律）；声律（平仄的规律）；对仗；字句数的规定。

　　大致分五言律诗、七言律诗、五言和七言排律，以及五言绝句、七言绝句。

　　五言律诗，简称五律。言，就是字。一首诗中，每句都是五字者，即为五言。句，就是行，一行为一句。五律，每首定格八句，全诗共四十字。

　　七言律诗，简称七律，每首定格五十六字。

　　六言律诗，八句，四十八字。

　　三韵小律，每首六句，三个韵脚，七言的四十二字，五言的三十字。

　　排律，就是铺排的意思。排律是五宫律诗七言律诗的延长，又叫长律，最少十句，多则不限，排律的韵数（两句为一韵），通常为整数，如十韵、二十韵、一百韵等，有的多到一百二十韵。

　　绝句，又叫"截句"、"断句"。"截"与"断"即为"短"。五绝二十字，七律二十八字。

　　律诗的一行为一句，两句为一联。

一、二句为首联；三、四句为颔联；五、六句叫颈联；七、八句是尾联。

韵律是格律诗的基本要素之一。格律诗一般不仅要求押平声韵，而且要求押同韵部的字，不同声调的字不能押韵。格律诗的押韵：单数句（第三、五、七句）也就是出句不押韵；偶数句（第二、四、六、八句），也就是对句的最末一个字，一定要押韵。一联一个韵脚，第一句押韵叫"协韵"。也叫首句入韵，其韵字是一、二、四、六、八句句尾。正规的五律是首句不入韵的，入韵的较少；正规的七律是首句不入韵的，入韵的较少。

格律诗的对仗有：工对，如名词对名词、数词对数词、动词对动词、形容词对形容词、副词对副词。宽对，一般对得不太工整，或者说不如工对那么严密。

工对和宽对是格律诗的基本对仗，此外还有流水对、句中自对、借对、错综对、双声叠韵对和扇面对。

写诗还需注重比、兴，没有比、兴，也就不成其为诗，至少是诗样的散文罢了。

比者，"托物取喻"，即用生活中显而易见的事物来作比喻；兴者，"借物发端"，即通过事物，抒发、寄托作者情怀，以具体可见的形象，表达深刻、复杂的道理。

诗需情真。情真意切，自然流露，不得不发。这样的诗，才会感到亲切、真挚，读起来就像和知心朋友谈心，或者重温过去了很久的令人难忘的倾吐。这样的诗，字里行间存在的情感是真实的，强烈的，假情假意产生不了诗，即便写出来了，也不会令人喜欢，诗就是倡导真、善、美。

东方树（1772－1851）在《昭昧詹言》中指出，"作诗切忌议论，此最近腐、近絮、近学究。叙述情景，须得画意，最为上乘。"即诗中有画，画中有诗。文中又云："诗有三法，即事、情、景。诗乃摹写情景之具，情能乎内而深且长，景耀乎外而真且实。"何等精辟！

别林斯墓说，感情是诗的天性中一个重要的活动因素，没有感情就没有诗人，也没有诗。

关于诗味，在诗里要有鲜明的形象、强烈的感情、丰富的想象、优美的意境、动人的旋律。否则如嚼蜡味。

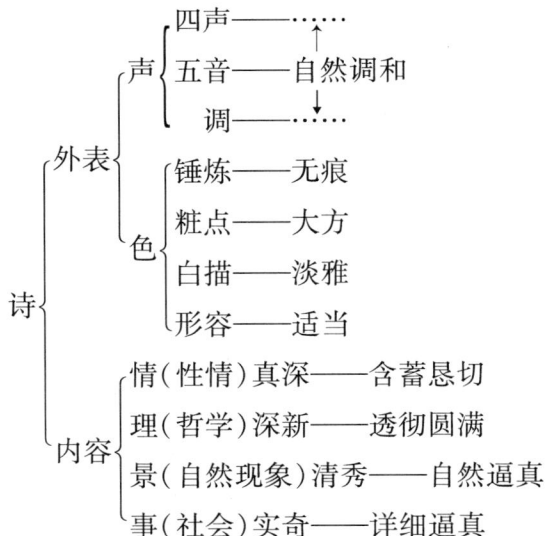

```
         ┌ 声 ┌ 四声 ——……↑
         │    ┤ 五音 ——自然调和
         │    └ 调  ——……↓
    ┌外表┤
    │    │    ┌ 锤炼 ——无痕
    │    │    │ 粧点 ——大方
    │    └ 色 ┤ 白描 ——淡雅
 诗 ┤         └ 形容 ——适当
    │    ┌ 情（性情）真深 ——含蓄恳切
    │    │ 理（哲学）深新 ——透彻圆满
    └内容┤ 景（自然现象）清秀 ——自然逼真
         └ 事（社会）实奇 ——详细逼真
```

诗歌的分类，根据表达方式的不同，分为抒情诗和叙事诗；根据语言格式的不同，分为格律诗和自由诗；根据内容的不同，分为史诗、诵诗、讽刺诗、风景诗等。

欧洲的十四行诗，一首诗分两段，每段两小节，上段每小节四行，下段每小节三行，对每行诗的音节也有要求。

现代的"自由体"诗歌，形式上虽然没有严格规定，但也讲究节奏和韵律，小节和句式也要相对整齐一致。

诗歌还具有高度凝练的特点（其凝炼程度与楹联相比略显松些），被认为是一种最集中地反映社会生活的文学样式。它总是选择最使人感动的内容去表观，并且以少胜多地使它获得广泛的意义。诗歌的描写总是抓住最具有特色的事物，从而架构成一个完整的境界。诗歌的语言也是最为精炼的，诗人艾青在《诗论》中称它是"最高的语言，最纯粹的语言"。

形象思维关系着诗创作的得失成败；不但关系到诗人个人，而且会影响到一个时代。用形象思维来创作，就可能写出好诗；违反这个规律，就只能写出诗形和文字。因此，形象思维是创作过程中思维活动的基础，离开生活形象，思维活动就失去对象，创作就失去原料，决然产生不出作品。诗如果没有生活形象，那就像无源之水，无本之木，激不起浪，开不了花。

进行创作，首先是生活实践。笔者近1800首诗就是从实践中创作、实践中延生的，只有深入生活，用真情实感来反映生活，才能写出可以称作具有风格的、富有感染力的作品。

兵贵神速，作诗亦然，笔者认为这与"吟安一个字，捻断几茎须"并不相悖。如曲水流觞，酒杯浮到眼前，吭哧半响，难以唱和，这等尴尬，如何了得。笔者在长安雅集的《相聚》、《雁塔题名》、《城雕、丝绸之路》、在新疆的《西域盛会、高士如云》；庆祝《義之书画报》创刊二十周年，《致四川文史馆赴晋考察团同仁》，都是在紧急要求下迅笔而就的，这既反映了作者的功力，也体现了作者尽快"进入角色"的激情创作。

立意新颖、文辞精妙，是诗作的生命。因此，诗作者需不断地提升自己的文字功夫，经常深入生活实践，虚心阅读古今诗文，学到手，用得上，又有创新。

"笔墨当随时代"用诗的形式赞美今天，讴歌今天，为文化强国，为民族复兴的中国梦繁荣创作。

作者简介

黄克毅，男，1939年出生，浙江省人，美术编辑，山西省财政税务专科学校书法教师。山西省书法家协会创建人之一（原为山西省书法研究会）。山西省书法家协会第一、二届理事；中国书法家协会会员。专攻书法、绘画、诗词。

我对"中国画新六法"形成的实践与思考

李夜冰

艺术是时代的语言

中国的文字，绝不是仓颉一人所造，八卦也并非伏羲所画，仅仅是艺术加工的"代名词"而已。绘画艺术产生于人类的劳动，是与生产实践紧密结合的，是时代的语言。它在各个历史时期，通过不同的艺术形式，反映着人们的实践活动和丰富的精神享受。我们的祖先创造了生存与发展的辉煌历史，同时也发展了反映各个时期的丰富的艺术形式，形成了它各个时期独特的艺术语言。我们民族的传统文化艺术在悠久的历史长河中创造了各种艺术门类及精湛的艺术作品，在世界文化宝库中放射着灿烂的光辉。

艺术是通过形象反映社会生活的意识形态。我国新石器时期出土的彩陶，丰富的绘画形式早已验证了这一点。如西安半坡出土的彩陶"人面鱼纹陶盆"，距今 6000 年左右，"据考证人面图形是氏族部落成员举行宗教活动的化装头像，头顶戴着盛饰的帽子，面颊及口角两边的鱼形纹，可能与图腾文身有关，人口衔鱼，大约是表现了渔猎季节开始时，人们为祈求获取大量生产物的愿望。"《中国古代绘画百图》又一赏析解读，"彩陶盘上的装饰主题是鱼和太阳。太阳夸张为人脸形并放射光芒。鱼作者加强了小鱼和大鱼的特征，小鱼强调了小眼减省了鱼鳞，看去十分天真可爱。"（雷圭元编著《图案基础》）总之，此图引发出了观赏者的丰富想象力。又如青海大通上孙家寨出土的"舞蹈彩陶盆"。舞蹈在原始文化生活中占有重要地位，最早的舞蹈是模拟式的，如仿效狩猎中禽类的飞跃、野兽的奔跑。后来逐渐增加了抒情的内容，如欢呼猎人凯旋而归或是节日的欢乐，特点是多集体舞，盛行装饰。这件彩陶盆，内壁上有15个舞蹈的人，分三组，每组五人，他们头上都垂有发辫，并肩携手，翩翩起舞，衣带随风飘动，姿态真切，生动地描写了人们在节日里的欢乐气氛。这幅珍贵的原始绘画和描写大量动植物、自然风光、劳动情节，以及各种纹样的器皿造型等，形成了精美的彩陶文化风格，洋溢着浑厚、质朴的生活气息。这些富有想象力的绘画作品，表达了原始人类对劳动生活的情感和认识。

又如秦汉时期的画像石、画像砖，简洁概括，生动传神，气势博大的绘画风格更为突出，通过砖雕的手法表现着当时的劳动情节、社会现象和传统故事等。如1935年山东武梁祠出土的汉画像石"神农像"，这幅"神农像"双手拿叉，仿佛是在种田劳动，传说中的神农造像，记载了农耕时期的历史。画像砖形式多样，内容非常丰富，有狩猎、捕鱼、种田、收获的场面，有制盐、烧陶、打井、收租等工作场面，有群马战车的战争场面，又有历史故事、神话传说、宗教祭祀场面，还有鹿、雀、虎龙等生动的动物形象，风格粗犷概括而传神，这个时期的画像砖反映了当时的人民生活和社会现象。我国历史悠久，除了以上彩陶与汉画像石举例之外，商周时期的青铜器戈鼎纹样、战国时期的帛画等都有艺术精品的发现，以至唐宋以后中国书画艺术达到了高峰，便更加有序地发展传承下来。艺术无一不是随着时代脉搏的发展而发展，无一不在记载与反映着这个时代的社会现象和精神享受。

传统的精华不可丢

我国传统绘画源远流长，有着几千年的历史，在这不同的历史时期，艺术品种门类繁多，涌现出许多具有历史价值和艺术价值的、丰富的精品力作。他们在创作理论和绘画实践上都是我们民族文化的宝贵财富。

我国古代绘画，素有"丹青妙笔"之称。多五彩兼施，然以丹青为主色，故称"丹青"。唐宋以后渐向水墨发展，而达以墨为绘画之主彩，在"水墨为上"的观念指导下，文人画的体格达到了登峰造极的发展。传统的文人水墨画，用简洁书写的线和墨色作为基本手法，用黑白两色描写自然万物，表现心灵的色彩世界，加之中国绘画与书法艺术的结合、中国绘画与文学的结合、诗书画印为一体的中国文人画，增强了绘画的内涵。更加成熟的笔墨语言在世界艺术史上独树一帜，是形成中国民族风貌的因素之一。中国的文人画以书法用笔为基本元素，受到了道家体悟自然原象与本质的思想的影响，如老子曰："五色令人目盲"，追求清静纯真，含有禅的意味，这是中国人对自然与艺术独特的体悟，其文化价值与艺术价值是永恒的。中国历代画家在画理、画史、画迹、章法、题跋、诗词、制印等方面都留下了丰富的遗产。这些遗产，除历代的精品绘画真迹供后人临摹学习研究外，在绘画理论方面，如东晋顾恺之提出的"以形写神"，南齐谢赫的"六法"画论，唐王维的《山水画诀》和《山水画论》，张璪的"外师造化，中得心远"名言，张彦远的《历代名画记》，五代荆浩《笔法记》中的"六要"，宋郭熙提出的"三远"山水画取景法和用笔用墨的技法，元《图绘宝鉴》、《绘宗十二忌》等著作。清石涛的"师法自然"、"搜尽奇峰打草稿"、"借古以开今"、"笔墨当随时代"、"无法而法，乃为至法"一系列画语录等。这些历代画家的宏著名言，真是一座取之不尽的绘画理论宝库，对中国绘画的继承和传承有着极其重要的价值。

中国文人画在中国民族文化艺术的发展中有着极高的艺术成就，但文人画有它的特殊性，并非普遍性。纵观中国的民族民间艺术，如金碧辉煌的庙堂壁画艺术、造型生动形式多样的民间绘画、经久不衰的建筑装饰绘画、功力深厚的工匠绘画以及工笔重彩、漆画、版画、石色画等，真是浩如烟海。他们的色彩、章法、制作手法与丰富的实践经验以及他们的人民性等艺术成就，在中国民族绘画中的地位绝不能忽略。如张大千、常书鸿等一批画家被精湛的敦煌壁画泥塑艺术所吸引。又如上海画家程十发吸取了民间艺术的特点形成了自己独特的艺术风格等，取之不尽的民族民间艺术为后人留下了丰富的宝贵财富。

学习传统绘画要有辩证的观点，要深层次地研究学习领悟它的艺术内涵。如中国画用笔讲究"一波三折"、"宁减勿繁"、"无中生有"等。"一波三折"是指用笔要有变化，如全幅画面都用一波三折的笔法，就会感到主次不分、零乱无力；"宁减勿繁"是指表现形象防止废笔败笔，要高度提炼概括，但要从塑造形象的精神出发，可繁可简。"无中生有"，"无"是多种"有"消化、升华了的"无"，并非空中掉下来的"无"。又如文人画提倡"画意不画形"（欧阳修），"论画以形似，见与几童邻"（苏轼），以及强调"逸气"与"逸笔"（倪瓒）等。就举倪瓒为例，他提倡"逸笔草草，不求形似"，抒写"胸中逸气"等理论。但他的作品如《六居子图》、《紫芝山房图》、《西林禅室图》、《虞山林壑图轴》、《春山图》、《竹枝图》等幅幅作品的树木山石造型，笔墨精道，章法严谨，从没看到有逸笔草草、不求形似之迹。总之，继承传统要用辩证的观点去研究消化，不能照搬。

我们既要学习中国古代以文人画为代表的老传统，又要重视20世纪以来中国画改革之后的新传统。我认为新中国成立初期，我国的绘画艺术主要由三个方面形成。一部分是以齐白石、黄宾虹为代表的有着深厚传统文化学养和笔墨语言高度成熟的一批画家；一部分是以徐悲鸿、林风眠为代表的，从西方引进了如素描、色彩、解剖、透视、构成等科学的美术教育和美术创作方法的一批画家，他们为传统绘画发展增加了生机，如素描对中国画特别是人物画，丰富了刻画形象的手法，增强了笔墨塑造形象的表现力；再一方面是以石鲁、王式廓、罗工柳、张仃等为代表的从解放区来的一批画家。他们因工作需要涉猎过多类画种，思想开放，提倡深入生活，深入实践，反映时代，艺术为人民服务。这三方面的力量各取所长，相互交映，形成了一个激昂奋进的革命美术历史时期。这个时期虽在题材上有一定的时代局限，但在百花齐放、百家争鸣、洋为今用、古为今用、推陈出新以及取其精华、去其糟粕等重要理论观点的指引下，创作了大批不朽的美术作品，为我们民族文化的发展起到了一定的推进作用。

总之我国艺术的精华绝不能丢，要继承精华的传统遗产，为现代创新服务，为今天经济腾飞的时代服务。

借鉴与丰富

历史在发展,社会在前进,特别是我国改革开放以来,经济飞跃发展,人民生活不断提高,呈现出空前繁荣的时代。作为时代的艺术语言,如何反映时代,如何与时俱进,开创中国特色社会主义文艺发展的新征途,在我的脑海里思考了很久很久。我认为,只有在继承传统文化精华的基础上吸纳和融合多种艺术之长,经过消化丰富我们的绘画语言,才能很好地反映我们这个光辉灿烂的时代。如今天的建筑、城市、交通、公共场所设施等是一个灯火辉煌的彩色世界,人们丰富的风俗活动、多彩多姿的服饰装饰等,色彩的感受和刺激无不反映着人们的情绪和思想感情。传统文人画黑白两色的表现手法反映这个时代,是有它不足之处的,只有吸纳融合多方面的色彩知识才能丰富我们的绘画表现语言。如西方绘画的光源色彩学、民族绘画的装饰色彩,以及以墨线为主的中国画淡彩等,均可经过消化,为我所用。其次如中国的传统花鸟画,在千年来形成了它的折枝等章法格局,是有很高的艺术成就的。如果今天把案头上传统的花鸟画搬到充满阳光的大自然中来也许会长得更旺。又如黄宾虹先生的笔墨,强调"内美"、"山川浑厚"、"草木花滋"等有它极高的艺术境界,对当代中国画发展有着重要的价值。但如不从深层次去领悟,一味临摹套用,去描写今天祖国的山河新貌,是否会出现"千篇一律"的单调之感呢,如何用更加丰富的多种绘画语言,去表现今天在飞快发展变化中的、而具有丰富情感的山川新貌呢,如此种种,我在反复思考着。

"新六法"的形成

中国绘画的笔墨语言是中国文化的瑰宝,在世界艺术史上独树一帜,我们要继承发扬,要提高它的表现力,为时代服务。那么如何既能继承传统的笔墨语言,又能丰富它的表现力,去反映时代呢,这是我思考的重点。我在想,"笔墨"笔是第一位,墨是第二位,作品的优劣是作者的修养与用笔技法的总和,只有两者结合,才会体现出它的精神、力度、张力、个性等,如将丰富的色彩与墨结合,把墨看成是色的一种,同时用笔书写,效果可能会更加丰富而不会失去笔的功能。传统的墨法无论"五墨"、"七法"等,基本都是讲轻重干湿等变化效果,如墨与色混用,同样不失墨的韵味,而会更加丰富了它的变化。中国古代绘画,主要用线去组合画面,如画面上增加部分面的效果,会增强它的分量感,那么面怎样与线去统一呢?既要保持线的优美,又要强调画面的整体效果,只有线面同时以"骨法用笔"去统一它的格调,才会增强画面的整体气氛。在刻画主题方面,用多种方法、多种笔法去表现,可以说"不择手段"地去塑造它的精神内涵,但一幅作品的创作,必须统一以书写用笔去完成,要保持"气韵生动"的完整性等。经过长期的思考与实践,我总结出"中国画新六法",即:以色代墨见其笔;色墨混用求其韵;线面结合含其骨;疏密得当观其势;有法无法取其度;有笔无笔重其神。

"新六法"，是在实践中逐步探索形成的，仍需不断地探索、提高、完善，恳望同仁们指导。

"以色代墨见其笔"。就是色、墨同时都要见笔。将墨看成色，色看成墨，墨是色的一种，同样都用笔书写。中国画讲究用笔，"笔"就是书写，每笔下去要表现出筋、骨、气、韵、神。笔笔都要有力度、精神和内在功力。

"色墨混用求其韵"。中国画讲墨分五色，即：焦、浓、重、淡、轻。笔笔求它的韵味。"色墨混用求其韵"就是色墨同时求韵，更融合丰富统一，变化无穷。

"线面结合含其骨"。中国画讲究"骨法"用笔。表现的景物要有"骨架"就是它的基本结构。一般是用线去表现。"线面结合含其骨"，在表现线面的同时既要重视内在的骨法用笔，又要考虑到整体的块面布局。

"疏密得当观其势"。中国画讲：远观气势近看质。"疏密得当观其势"，就是既要准确合理（指的是艺术的准确合理）地表现客观物体，又要大胆取舍概括求其总的气势。

"有法无法取其度"。石涛曰："无法而法，乃为至法"、"有法必有化"。"无法"是无定法而用一切法为最高原则。"有法无法取其度"，就是用多种方法表现主题，要适度，要有主有次，要恰到好处，求其画面格调的统一与所表现主题内容的统一。

"有笔无笔重其神"。为了强调作品主题的精神，可用多种笔法，多种方法去表现，加强它的表现力和视觉效果。要为主题所用，不要被笔法所限。

融中国画色彩、西画色彩、装饰画色彩为一体，融传统技法与形式构成为一体。程式化方法和新法要根据主题需求，不求一律。

作者简介

李夜冰，男，1931 年生，河北省井陉县人。中国美术家协会会员、中央文史研究馆书画院研究员。作品在继承传统的基础上吸收外来艺术之长，其国画风格更加丰富了自己的绘画语言，超越了新老两种传统的制约，开拓出了一条新的道路。曾多次参加全国及国际展览并多次获奖，《胜景银装》等多幅作品被国家重点单位收藏，《愿和平之花遍全球》曾在纽约联合国总部展出并收藏。出版有多种画集。

继承与借鉴

——关于中国画现状的一点思考

李夜冰

要有更大的空间去继承传统

中国传统艺术历史悠久，博大精深，有着取之不尽的精华，我们应该认真地去学习继承传承。中国绘画从魏晋南北朝之后，历代名家之画论、画迹等方面都有了完整的记载，作品有了有序的传承。特别是从1500多年前谢赫的"六法"开始，有了系统的绘画艺术标准，由谢赫的"六法"到约300年之后张彦远的《历代名画记》，就更加丰富了当时以人物画为主的论说。中国的"文人画"提倡诗、书、画、印结合，提倡画外功、画修养、给绘画注入了更深的文化内涵，是我们传统绘画中的精华，应该很好地继承发扬，但"文人画"尤其是"文人写意画"仅具有特殊性，画家画才具有普遍性。[①] 所以，我们继承传统要有广大的包容性，应该从更广泛的空间去挖掘，吸取营养，学习继承，使我们的传统文化更加辉煌。应当看到，远在新石器时期的彩陶纹样，商周时期的青铜器戈鼎纹样，战国时期的帛画，秦汉时期的画像砖、瓦当等，这些时期的作品大部分出自工匠之手，虽没有完整的文字记载，但流传下来的极少作品本身也已反映出我们这个民族雄宏博大的精神世界。如仰韶文化的彩陶纹样，人物动物图案形象生动、简练概括，色彩单纯而浑厚，与器皿造型非常吻合，装饰味极强，形成了一种完美的艺术风格，它既是这个时期的物质财富，又是这个时期的精神财富，更是我国远古时代灿烂文化的重要标志。又如汉代的画像砖，瓦当。有一次我在日本富士山下的一个美术馆观看毕加索画展，展品中有几个盘子上画的动物形象，简练概括，非常生动，使我联想起我们汉代瓦当上的动物形象鹿以及"四方神"等，可与毕加索的作品媲美。四川成都出土的东汉画像砖《弋射·收获》，更为精彩，一块画像砖上组合了两幅画面，弋射画面在上，占了整个砖的三分之二，收获画面在下，巧妙地将上图下部的鱼形夸大，起到了画面整体空间的均衡作用，人物生动传神，布局得当而富有变化。还有採莲画像砖、播种画像砖、杂技画像砖、宴午画像砖、盐场画像砖等题材非常广泛而丰富，在这个时代画像砖从整体风格上讲构图粗犷简练、人物概括、动物夸张。更有寺观、墓室壁画，如敦煌以精美的壁画、雕塑闻名于世，历经十六国，北朝、隋、唐、五代、西夏、元等历代兴建，现存彩塑 2499 身，壁画 45000 平方米，是世界上规模最大、内容最丰富的佛教艺术宝库。又如，可与敦煌壁画媲美的山西永乐宫元代道教壁画，场面宏大，人物生动，衣着线条疏密有致，几米长的线条不知当时画师运用何种工具勾勒得那么抑扬顿挫、刚柔相济。徐悲鸿先生视为"悲鸿生命"的《八十七神仙卷》，张大千、谢稚柳、徐悲鸿等大师推想可能是唐代吴道子或北宋武宗元等大师之作，都认为它是壁画的粉本，作为具有"吴带当风"特征的粉本与山西永乐宫的元代壁画的画风非常近似。但画上并未有署名，是否是民间高手所绘也未可知。所有这些都说明，广博的民间艺术浩如烟海，虽然大部分作者都出自于民间艺人之手，他们并非都有诗书画外功，但他们艺术作品的成就，并不低于"文人画"的艺术价值。我赞同黄永玉先生的一句话"艺术没有超越，只有辉煌，一个时期有一个时期的辉煌"。

近几年来在日本回来的一些画家，引进了日本的"岩彩画"进行创作和研究，成果显著。其实岩彩画就是中国民间庙宇、殿堂、壁画运用的矿物质颜料，民间叫"石色"，人家借鉴去经过创造、创新、研究、发展逐步形成了风格鲜明的日本民族绘画的一个独特的画种。他们的代表画家，高山辰雄、东山魁夷、平山郁夫，称之为日本的"三山"，享誉全世界。我们民间的"石色"绘画是我们民族艺术的宝贵财富，为什么不被重视？我认为这是由中国几千年来封建残余等级制思想形成的捧"文人画"贬"匠人画"的现象所造成的。和在西方的大师们同样去画教堂壁画、画天花板，是没有高低贵贱之分的。现在有人提出，中国画在本意上讲应该是指中国绘画，包括壁画、帛画、民间版画、年画、漆画、重彩、水墨等，但到了近代"中国画"逐渐成了"水墨画"的代名词，中国画的色彩也从丹青彩绘演变成水墨五色。总之，我国民族的传统艺术精华取之不尽，我们应该认真挖掘研究，继承发扬，要把中国的传统艺术全面地整合起来，然后再转变到自己的创作之中。

要有包容的心态去借鉴各种艺术之长

关于借鉴外来艺术谈论的焦点，主要是谈中西方文化的差异。比如说："中西方是两个文化源[2]，其源流和学流各自成章，各有走向。""重在继承不再创新，""西方文化的思维是科学的，所以艺术的表现趋向于再现客观事物，是极端写实的"，"中国画对待造型艺术的观点是以心象为突破点，强调诗的思维方式，如'气韵'、'心源'、'以形写神'、'物我交融'、

'天人合一'等"，"以线造型的中国画是一套完美的，封闭的，不易被其他形式所代替的艺术语言"，"按老庄思想哲学，中国画离开世俗越远越好，人间烟火气越少越好，提倡隐士精神"……凡此种种，多少年来争论不休，各抒己见。其实继承传统，吸取外来艺术与创新并不矛盾，前辈大师们的观点早已说明这个问题。如"笔墨当随时代"，"有法必有化"等。一次吴冠中先生在潘天寿艺术研讨会上讲："如果说中国画是文学，西画是建筑的话，潘先生的画既是文学又是建筑。"黄宾虹的绘画艺术显然是传统演进型的，非中西融合型。但他却具有极开阔的思维，他对现代艺术并不一概排斥，他认为："画无中西之分，有笔有墨，纯任自然，由形似进入神似，即西法之印象、抽象。"又说："欧风东渐，心里契合，不出二十年画当无中西之分，其精华同也。"新中国成立后李可染先生进一步致力于中国画艺术的革新，立"可贵者胆，所要者魂"，"用最大的功力打进去，用最大的勇气打出来"为座右铭。他讲课时曾对学生说如果有时间他还要继续画素描，不仅要表现三维空间，还要表现六维空间[③]。1959年我与几位同志到中央美术学院参观李可染先生赴桂林写生画展，先生还讲到"以少胜多，以小见大"等取景方法。他不断深入生活，用写生去捕捉素材来丰富自己的山水画艺术创作。李可染先生的山水画作品多采用逆光，深厚凝重，博大沉雄，以鲜明的时代精神和艺术个性，使古老的山水画艺术获得了新的生命，促进了民族传统绘画的嬗变与升华。冯法祀讲："齐白石说，我要晚生20年要跟徐悲鸿学素描。"关于吸收西方艺术和姊妹艺术之长来丰富我们民族艺术的问题，我只想谈一点在我几十年艺术实践中遇到的一些问题对我的一些启示和思考。我是抱着一个要有包容的态度去吸纳和借鉴外来艺术的。我认为，我们应该用开放的心态对待艺术的发展，因为开放是任何一个生命继续发展的首要条件。实际上，全世界各个国家、各个地区、各个民族，都有它各自的传统文化，精华部分都是全人类的宝贵财富，既有各个民族的个性，又有全人类的共性。如中国艺术提倡的"形神兼备"、"内美"、"大美"、"传神"等，西方艺术也有。西方艺术的具象、抽象，中国艺术也有。各地文化都有不同和相同之处，我们应更加深层次地去认识造型艺术规律的世界性和东西方文化精华本质的统一性，各民族的艺术精华都是全人类的宝贵财富。正如费孝通先生所言："自美其美，美人其美，美美与共，世界大同。"他强调要用"美美与共"的心态来看待中西艺术，既要重视传统艺术，又要重视西方艺术，更要找到不同民族不同地区在绘画中共同一致的东西，兼收并蓄来创造自己的画风。比如：欧洲艺术的丰富与悠久、美国艺术的现代、非洲艺术的夸张变形、拉丁美洲艺术的艳丽多彩、日本艺术的精细、大洋洲艺术的澳大利亚"海德堡画派"的风景画等都有吸取的余地，经过消化，取其所长，为我所用。

我们知道巴黎是世界上著名的艺术之都，有许多艺术博物馆和大量的艺术藏品，其中蓬皮杜艺术博物馆，从1977年揭幕起便被称为世界现代艺术思想的源泉和创作上的发源地。我国观众看法就有所不同，很多人认为它是垃圾堆，很难称之为"艺术"。我有一个观念，在垃圾堆里有时也会发现金子，何况不一定都是垃圾。如在"蓬皮杜"陈列品中，有非自然模写的，纯以色块、线条、符号组成的画面，渐变的纹样陈列，巡回转动的立体图案，压碎了的小汽车，多种立体现成物布成的环境气氛，不同造型器皿的陈设等。一次我在东京的一条街上看到一尊雕塑，长方形的石块一层层垒起来，有3米多高，每块石块在不同角度的一边削去了一角，构成了一尊雕塑，与周围灵巧的建筑和小型的花园形成了一个整体的小环境，非常幽雅。如果把这些石块搬到太行山仅是几块垒地沿的石头罢了。又一次我在芬兰的赫尔辛基，参观芬兰伟大作曲家西贝柳斯命名的西贝柳斯公园，公园里有一尊管弦乐器形状组成的抽象的西贝柳斯纪念雕塑，在一片皑皑白雪覆盖的花木林丛中显得格外明快，仿佛听到远处传来了音乐的回音。这些都使我联想到"蓬皮杜"陈列品中各种艺术形式营造出各不相同的变化和强烈的气氛，它是否也会给我一点启示和想象呢？

埃及是一个古老的国家，公元前3000多年的埃及古城——"孟菲斯"已被建成埃及的首都，历史非常悠久。据1850年德国探险家在撒哈拉沙漠发现的岩画考究，这里可能远古是一片绿洲，现在成了茫茫一片一眼望不到边的撒哈拉沙漠，有些地区接连数年都不下一点雨，由于历史的变迁及环境的不同，埃及乃至非洲，形成了它独特的文化艺术现象。在举世瞩目的金字塔下，当地人有他自己的审美情趣。埃及妇女，特别是年轻漂亮的妇女，喜欢头巾遮面只露眼部，身着肥大的长袍拖地，形成了一种金字塔式的上小下大的稳固庄重之美，骑上骆驼行走在金字塔下广阔的沙漠上与环境非常协调。和我们中国妇女追求的苗条淑女、杨柳细腰的身材之美是截然不同的。中非、南非的艺术更有特色，如一根手杖可以雕刻成一副脸谱，壁挂常用黑、红、赭、黄等暖色调，粗犷概括而醒目。绘画将当地人及事物的特点加以突出、夸张、变形，极具装饰味以及民间舞蹈等，浑厚、奔放、强烈的民族特色和艺术风格使我震撼。然而在这些民族艺术之中同样有现代意识的汇合与交融。

艺术离不开生活，各地有各地的特点，各个民族有各自的文化艺术。我们的民族文化艺术历史悠久，博大精深，只有深入生活，扎根于自己民族环境之中去深层次地领悟，去继承，去发扬，只有强化自己民族文化的个性，才能立于世界艺术之林。实际上，我们的民族文化艺术、绘画艺术历来都不是静止的，都是在不断吸纳、不断创新中发展的。只有多方面地吸取外来艺术及姊妹艺术之长，不断丰富我们的绘画艺术语言，我们民族的绘画作品才会有深远的生命力。

注释

1. 徐建融著：《中国画的传统与二十一世纪》。

2. 西方文化是多中心的。古希腊文明和古罗马文明、拜占庭文明都像一座座高山。中华民族的文化血脉源远流长，像黄河。

3. 姜宝林：《试谈黄宾虹的现代意识》，载《中国画研究院通讯》，2005年第4期。

敦煌壁画艺术浅谈

王木兰

    壁画是我国民族文化中绚丽多彩的艺术遗产之一，起源甚早，流传很广。它不仅是极为可贵的艺术瑰宝，也是当时社会风貌和社会生活的真实记录。

    那年 6 月，我在应邀参加了甘肃省黄河文化经济发展研究会成立大会后，有幸观瞻了敦煌莫高窟壁画艺术。敦煌石窟中所保存的大量精美的古代壁画，让我震撼，让我动情，让我久久难以忘怀。

    莫高窟的壁画堪称"墙壁上的图书馆"，它在美术史上的价值更是弥足珍贵，在结构布局、人物造型、线描勾勒、赋彩设色等方面系统地反映着各个时期的艺术风格及其传承演变和中西艺术交流融汇的历史面貌。古代艺术匠师们是根据现实和当时社会生活塑造神灵和人物的形象、生活场景以表现故事情节内容，因而它是直接客观地反映着社会历史。如 252 窟北魏时期的连环画《九色鹿王本生》，这是一个歌颂真善美，宣扬因果报应，劝世人积德行善方能得道升天的佛教故事。这和 323 窟唐壁画张骞出使西域图是一样的绘画形式，但是在风格上不同。北魏壁画艺术动态传情，形象拙稚，富有装饰性，不求比例。九色鹿造型十分优美，体格比人还大，人体比例也不讲究，在后面 257 窟的须摩提姻缘及 285 窟的飞天造型也是如此。为了突出主题缩小次要形象，不管周围物象之间的复杂的比例关系，反而形成了特殊效果，十分真实自然，似乎是信手画来，充分遵循情感的逻辑，带有一种天真的童稚意味。可能是那个时代造型观念的特殊性，表现出装饰化，避免真实的三度空间感，增强了画面的趣味性，色彩和线条是一种粗略质朴而又强烈的特色。

    莫高窟艺术雄辩地证明这样一个事实，那就是国力愈强盛，文化愈发达，在艺术上吸收外来因素的能力也就愈强。唐代壁画艺术之所以金碧辉煌，发展到鼎盛时期，就是民族文化和外来文化兼容之结果。唐代敦煌壁画的特点：其一是气魄宏大。占整个莫高窟壁画面积的半数以上，每幅画的面积大、场面大、规模大，人物多而壮观，神情舒展自如，色彩富丽辉煌而绝无纤弱拘板之病，它显示着一种气格和魄力，宏大、向上、强健。这是唐人社会心理的外化，其本源自它的社会的强大和朝气。文化艺术风格的反映与当时社会的政治、经济、文化、宗教、习俗、风尚有着密切的关系。盛唐时期的社会经济繁荣，政治稳定，有着更多的欢乐和自信的时代精神。艺术家主要是根据他们所见到的社会风貌和贵族生活情景来塑造那幻想的美好境界，如他们所创造的净土变。净土变描写的是西方极乐世界的欢乐和美好景象，所描写的境界庄严、圣洁、华丽、没有痛苦和烦恼。在172窟壁画中所见就是这样的场景，阿弥陀佛端坐中央，左右观音，两旁菩萨，四壁周围是众仙圣，佛前有伎乐歌舞宝池莲花，池中是奇异神鸟，佛后是菩提双树、龙阁凤阙、玉辇金鞭、罗帷翠帐、碧树银花、楼台殿阁、空中飞天彩云，徐徐升降的天乐自行奏鸣……真是一个美妙的境地。然而那种幻想中的极乐净土歌舞升平的景象又有着现实依据——它们是唐代社会和唐人心情的某种折射。所以唐代壁画呈现宏伟、热烈、绚烂、富丽、喜悦的面目。与其说这是西天佛国极乐世界，不如说这是地上李唐王朝现实生活的细微投影，犹如一面召唤着大唐雄风的旗帜。这立即引起我的情感共鸣，壁画上所呈现的一派"万国笙歌醉太平"的情景，宏伟、热烈、壮观，极尽华丽的盛唐景象以及那一气呵成刚柔相济、清秀婉丽的线描、绚丽和谐的色彩，开朗自信，欢乐向上，充满力之美，时代风格极其鲜明，洋洋乎一派辉煌风度，展现出曾光耀世界的大唐帝国昔日的荣华，给今日重振中华雄风的炎黄子孙们以精神的慰藉和鼓舞。

其二是成熟性。唐代莫高窟壁画主要造型手段的线描，既吸收了印度西域铁线描的长处：挺拔、刚劲，又创造了兰叶描均匀圆润的风格。再加上晕染法，本是来自西域的人体表现方法，而唐代的艺术家们在晕染方法上融合创新，不仅干染、湿染，还用同类色由深至浅依次而画，造成物象的立体效果，创造了叠染法，同时在构图方面追求对称、均衡的装饰效果。在色彩的营造方面，创造以黄色为主体，增强了画面色调的绚烂华丽，并且多层次叠染，表现出不同色度和立体感，使画面既富于变化，又和谐统一，达到了富丽堂皇的艺术效果。壁画中还有一个突出的风格，就是大、密、精的美学品格。大幅的壁画绘制的成功，都具备复杂的构型，满密的空间感，严谨、精致的创作效果。这些都是唐代艺术家既有传统又有创新的艺术造诣，也是画家修养和精神气质的一种表现。

在唐代《寺塔记》中，赞敦煌壁画的西方净土变中宝池"觉水入浮壁"。赞壁画中的侍女"身若出壁"，足见其生动。吴道子是唐代第一位画圣，他画的佛像菩萨"立笔挥扫，势若风旋"，画鬼神"笔力劲怒，变状阴怪"，画山水"吞云吐雾，崩石摧山，势若脱壁"。杜甫"森罗边地轴，妙绝动宫墙"的名句就是描绘吴道子的画，苏轼赞吴道子的画是"当其下笔风雨快，笔所未到气已吞"。吴道子的画是以其卓绝千古的气势力量、高度熟练的技巧和创造性永垂画史。不知吴大师是否到过敦煌，但他的画风在敦煌壁画中可见。壁画中线描顿挫起伏、劲健有力的兰叶描，就是"吴带当风"的大师风格。衣裙的勾线一气呵成，圆润、流畅、轻松、不滞不飘。面对这线描，还能感到一种悠扬、沉着的节奏韵味，这是形式美的力量，是艺术家纯熟又饱和着情感的那些抽象线条的力量，正像张彦远在《历代名画记》里所说："循环起忽，满壁生风。"

唐代敦煌壁画中的飞天是历代飞天中的精品。飞天在佛教中称为香音之神，能奏乐，善飞舞，满身异香。飞天一般在壁画上端窟洞四周及窟顶图案之中，在佛国天界为佛唱赞、奉献、供宝、歌舞、散花。经过画家的想象、绘制，飞天凭借衣裙飘带凌空升腾。320窟两组飞翔在极乐世界的飞天，一个在前边回头散花，一个在后面腾跃追赶，前呼后应，体态婉妙，姿媚飞动，裙带线条流畅绵连，体盈飘曳，浪漫超逸。尤其是在画彩带上用装饰性的夸张手法，将几丈长的绸纱左拂右飘，轻绕玉体，撒花飞舞，与周围的空间感有机地结合起来，突出了飞天飞的感觉，更衬托出飘举轻盈和飞姿行云流水之体态。如此流畅的处理艺术肌理，说明唐代画家们技巧的娴熟精湛和气韵生动。更值得一提的是舞乐壁画、乐队壁画。在华丽的地毯上，坐着千姿百态的吹弹乐手，各式各样的服饰、头饰、面饰、颈饰、耳饰、足饰、腰饰绚丽多彩，雍容华贵的舞蹈家挥动着彩带翩翩起舞，舒展的舞姿，优雅的造型，整体艺术构成对称，疏密相兼、粗细相间，创作细致，一丝不苟，繁缛奇丽，细密且奔放。说明画家艺术修养之深。望着壁画中的舞乐场面，想到《长恨歌》里的"云鬓花颜金步摇……承欢侍宴无闲暇，春从春游夜专夜……丽宫高处入青云，仙乐风飘处处闻，缓歌漫舞凝丝竹，尽日君王看不足……"不知是画家读了白居易的诗，还是白居易观赏了画家的壁画，却从同一个艺术境点构思，把盛唐豪华的宫廷生活描写得惟妙惟肖，可真是异曲同工，珠连璧合也。我曾画过的"回眸一笑百媚生，六宫粉黛无颜色"的杨贵妃，也是当时杰出的舞蹈家。胡旋舞、霓裳羽衣舞流传千古，一曲"反弹琵琶"在1300年之后改编成《丝路花雨》。可见华夏传统文化艺术的慧根有着永恒的时代魅力和审美价值。我不懂音律，可是，音乐、舞蹈、美术是有亲缘关系的姊妹艺术，所谓绘画中的韵律，就是包含着舞的节奏，乐的韵律。我喜欢欣赏学习多方面艺术形态，丰富自己的内涵。我也是一个爱思古念旧的人，一曲古老的民谣就能使我潸然泪下，我看重生活中那些让我动情的瞬间，并将这些闪光点用仕女画形式表现在画面上，使他们永远地凝固在我的生活中。

其三是佛教形象的人格化和世俗化。早期佛教美术神化的色彩浓厚，情感不确定，表情难以捉摸，庄严可畏，高度理想化。至唐以后渐渐"人化"，情感较明晰，表情可领悟。更多地出现了笑容，姿态富于生活气息，趋于类型化、个性化及人格化。纵观我国古典美术，无论壁画、绘画、山水花鸟、青铜艺术和彩陶，总有一种强烈的精神内涵蕴藏其中，一种包容着儒、释、道三家哲理的精神性追求。如郭若虚在《图画见闻志》里论创作楷模时说："画人物者，必分贵贱品貌，朝代衣冠，释门则有善，方便之颜，道必具修真度世之范，帝王当崇上圣天日之表，儒即见忠信礼义之纲，仕女宜赋秀色娇丽之态"等等，都说明了观念的规定在古代人物画中的作用和影响。在前465窟说到净土变里就充分体现了画家们所塑造的那种生活情感，幻想场景仍然是等级森严的境界。而人物画在画史上属于功利性最强的画种，反映在壁画中也是一样的，它依附于政治教化的功能，故与统治阶级、儒家、佛家等思想关系极为密切，这在一定程度上也决定了艺术的盛衰。当封建社会勃勃上升之时，统治阶级的力量与自信以及它强大的宣传必然造成艺术的繁荣。唐代是封建社会发展的鼎盛时期，唐代的造像艺术为适应当时社会的审美时尚，以丰腴健壮、雍容华贵为美，其造像发展风格特点，更加人格化和世俗化。佛、菩萨、伎乐飞天人物造型，创作精美，风度典雅，体态婀娜，丰腴光润，肌体细腻，身佩璎珞、头戴宝冠或束高髻，素面如玉，长眉入鬓，丰乳细腰，大臀，上身半裸。有的如贵族妇女庄淑典雅，有的如妙龄少女亭亭玉立。到开元、天宝时，丰满健壮再加肥硕，唐人有"宫娃如菩萨"之说。如 220 窟供养菩萨两手自然相扶，手指丰柔有力，肤色莹白，眼若纤月，温文典雅，嘴唇上翘，眉梢嘴角露出微妙的喜悦，笑容可掬，和"蒙娜丽莎的微笑"可以媲美。服饰线描畅快灵动，行云流水般贯穿全身。神情妩媚，富有少女纯洁无瑕天真烂漫的魅力，艺术家赋予神像以人的思想感情。我望着她多么赏心悦目啊!难怪书生看见菩萨三圣母塑像一见钟情，失魂落魄，演出一幕"宝莲灯"情洒人间。还有观音菩萨，历来受到信徒的崇拜，她在佛教中以大慈大悲的形象出现。从唐以来观音呈女性化身有 33 种变化，可以应机以种种化身救众生于苦难，因此，人们都非常喜欢她。她姿态多样，但形象人格化、世俗化及女性化，这是观音造像的显著特点。她和人之间最亲近，她往往被单独供养，称自在观音菩萨。她发髻高耸，长发披肩，五官清秀，相貌温和慈祥，上身裸露，仪表恬静，姿态舒坦自在，轻松闲适，用佛教语言就是氤氲玉润，皎洁冰净，细密丽泽。她坐于莲台，脚下山峦起伏，象征着居于普陀山道场，当人们期盼着灵魂的永生和来世的幸福时，就通过拜观音去表达这种美好的希求。在这千年的菩萨面前，随之唤起的是无法描摹的神秘与震颤之感。可见敦煌艺术达到了多么灿烂辉煌的境界，壁画和雕塑以卓绝的造型、栩栩如生的表情、饱满的色彩及高超的艺术水平而载入史册。

其四是民族形式的成熟。早期佛像和中国传统的神仙等形象并列在一起，它除供养在寺院殿堂作为顶礼膜拜的偶像外，还作为一些器皿、铜镜甚至墓面的装饰纹饰，被当做吉祥赐福的象征。佛头高起有光圈，服饰整束，仍具中国特点，造型手法古朴、粗拙，具有中国雕刻艺术风格。经过发展演变，随着丝绸之路的日益繁荣，佛教在中国日盛，外来的佛教艺术经过无数中国艺术家的吸收、融合，创造了具有中国民族特色的佛教艺术。如明显的外来特点的造型艺术，深目高鼻，大乳，半裸，赤足，半披袈裟等等，渐变为中国化的、中国精神的佛像。看来唐人消化外来艺术的能力极强，虽大量吸收它们，却可以迅速化为自己的血肉，成为统一的、完整的、中国式佛画艺术。158 窟的卧佛释迦牟尼在此涅槃，他长目微闭，面相丰满圆润，表情平静安详，表现出已经超脱生死境界，进入极乐世界。艺术家完全以熟睡的人体姿势，传统民间艺术手法来处理。景象寻常，色彩含蓄，呈现出广袤、空寂、深邃、自然的审美意象。服饰线条以飘逸洒脱的笔法钢劲曲折，富于力度。整个造型像工笔画一样游离于民族绘画之中。

这里我想谈一下敦煌彩塑和壁画的服饰文化。初期，佛画造像服饰受印度佛教影响，薄衣透体，褶纹繁密，璎珞严身，披巾绕臂。北魏时期褒衣博带，帔帛交于腹前并穿环打结，大裙下摆呈锯齿向外散。到了隋唐服饰呈现半裸上身，斜披短巾，下裙贴身，璎珞华美。因为佛画造像服饰的变化与各个时期社会的发展特征、时尚有关，为此唐代的服饰最为开放和华丽。唐代大画家周昉《簪花仕女图》描绘的几位体态丰腴的贵族妇女，盛装华美缛丽，头戴大花，身着透明纱衣，轻如云雾、薄如蝉翼的罗衫连肌肤都隐约可见。丰满华贵的长裙曳地，袒胸露半乳，裙束之胸下，一派富丽堂皇的气势。当时流行的就是"薄罗衣纱透肌肤"、"粉胸半掩疑暗雪"、"长留白雪占胸前"的这类服饰。陕西出土的永泰公主墓的壁画《宫女图》，规模很大，人物有真人高度，描写唐代贵族的生活场景，服饰也同敦煌一样。唐代的服饰最能表现东方女性阴柔美和性感美。我画唐代仕女画中，在晕染轻罗衫透肌肤上下了很多的功夫，真可谓三凡九染，一层又一层，一遍又一遍，既要透出身体的肌肤美，又要染出轻如云雾、薄如蝉翼的罗衫质感，这是我国特有的民族绘画技法。唐塑所着的贴身双层长裙，袒胸露臂，斜披巾带，也是这种服饰的反映，袒胸的部位要比现实中的仕女更多些。而这种造像的服饰一直沿袭至今，已被我国人民所接受和认可，这就是外来艺术影响和民族艺术融合的形态美的服饰文化。

走进莫高窟就像走进灿烂的佛国，纵观诸多佛像菩萨、彩塑壁画，佛教色彩很浓，作为佛教文化艺术的形态，呈现着象征美、神秘美、融摄美的佛教美学特征。这正是莫高窟的艺术价值所在。象征美：富有迷人的色彩，深蕴着精神内涵，其内质象征着佛祖、佛法，象征着美。即人在日常生活和艺术创造中，借用一些具体可感的形象或符号，传达一种概括的思想情感意境或抽象概念、哲理时产生的一种审美属性。如人格化、女性化和世俗化了的菩萨既有佛的光辉尊严，又象征着人格美、仪表美、形象美、意识美等，总而言之象征着美。神秘美：宗教色彩浓厚，具有一种神秘感，亦称神秘美学，其往往给人以超乎寻常的神美奇趣，包括信仰，深奥的法经和瑰奇斑斓的审美理想的极乐世界。还有那诵念秘咒声，给人感到那参差变化、和谐悦耳的密语，像音乐一样能唤起念诵者的虔诚崇敬之情，激发其对神幻世界的丰富想象。就菩萨嘴角挂的那一丝神秘的微笑，你能说清楚是为什么吗？你能将你的感悟讲明白吗？这更是一种神秘美。融摄美：这种融摄美表现为佛教各宗派之间的圆融性，又是佛教文化与其他文化的调和性，这从敦煌的佛像和壁画中反映得很明显，造型、形象服饰色彩无不渗透着中外文化艺术交流的显著特色，并且融合着艺术家自己和人民的思想感情，使作品在某种程度上冲破宗教的樊篱，具有永恒的艺术生命力。

作者简介

王木兰，女，1943 年出生，祖籍山西省文水县，山西省艺术学院美术系毕业。国家一级美术师，中国美术家协会会员，享受国务院政府特殊津贴，主攻仕女画。美术作品九次入选由文化部、中国美术家协会主办的全国美展，其中六次获奖。多次赴美国、日本等国家和台湾等地举办个人画展。

山西古代壁画精品叙要

董智敏

概　　述

中国古代壁画艺术，滥觞于春秋，兴于汉晋，盛于唐宋，延至明清。在明清前一直是中国画的主流样式。它在形式上附存于各类建筑，而在功能和审美上又自成体系、独具价值，且传统积籍深厚并源远流长，蔚为大观。它是我们中华民族历史文化遗产中的宝贵财富和中国古典艺术文明的骄傲。

山西作为华夏文明的主要发祥地之一，现存已知的古代壁画（以寺观、墓室为主）达25000平方米之多，是中国古代壁画遗存在数量上最多的省份之一，且在质量上有着自己独特的价值和鲜明的艺术特色。因而在中国古代壁画遗存中占有重要的地位。

山西古代壁画遗存，年代序列完整，从汉、唐、五代至宋、辽、金、元、明、清的各朝各代，历时不断，时间跨度达2000年之久。

山西古代壁画艺术，以其"图画天地、品类群生"之内容的丰富、内涵的丰厚，集建筑、壁画、雕塑三位一体，反映了中华文明在不同历史时期政治、经济、宗教、民俗、艺术、民族交流、天地人生等观念和理想，体现着"成教化，助人伦，穷神变，测幽微，与六籍同功，四时并运"的"文以载道"的艺术理想和特殊文化功能。

山西古代壁画艺术之独特，是在以寺观、墓室两大类为其主体和宗祠、衙署等殿堂类型的表现上，形式多样、自成体系、技艺精湛、精微恢宏，具有鲜明的民族特色和东方美学品格的代表性。它的现实主义和浪漫主义创作手法；它的"非壮丽无以重威"充满想象力的处理与表现；它的构图、设计、工艺绘制和与建筑相得益彰的综合构成以及在色彩、线条上富丽风动的装饰风格与绘画传统，无不展示着中华文明的瑰丽风采和绘画技能于观念表现上的绝世历史成就，它们是凝结着技巧与智慧交相辉映的灿烂结晶。

"千载寂寥，披图可鉴"，正是这些历经岁月风尘、弥足珍贵的古代壁画艺术精品，体现了中华文化的思想观念，揭示了中西文化交流的演进，表现了绘画艺术的发展轨迹，再现了古代社会的生活场景，具有极其重要的、不可再生的历史、文化和艺术价值，成为我们民族自信、自豪的精神与物质财富。同时，它也将与占全国之首的山西古代建筑、彩塑艺术等历史文化遗存相映成晖，是山西，这一"中国古代东方艺术博物馆"中的一颗璀璨明珠。

一、古朴汉风

东汉以来，儒学、谶纬之学结合，成为官方的统治思想。儒学神秘化，佛道二教兴起，影响和推动着壁画艺术广泛流行。其次，社会迷信和"行孝"盛行，厚葬成风。壁画不仅服务于各类建筑，也用于墓葬，并成为时尚。

汉墓壁画因建筑不存而无以查考，但大量用之于墓室、祠堂和石阙的画像石、画像砖（可称为石刻壁画）可见其貌。在题材、内容上有历史故事、神话迷信、日月星辰、天神四像、农耕经济、家居出行、宴猎舞技等等，可谓"图画天地，品类群生"。它们形象生动地记录和反映了当时的社会风貌、生活风情，蕴含着丰富的历史、文化内涵和艺术价值。

汉墓壁画在构图、造型和色彩构成上所具有的装饰性，审美风格上的简朴大方、朴实浑厚、浪漫奔放，为中国绘画艺术的民族传统奠定了基础并对后世产生了极其深远的影响。

山西平陆枣园村的汉墓壁画（1959年发现），就艺术表现的特点而言，在中国美术史上具有其典型意义和代表性。

其中《牛耕耧种图》或《耧播图》被认为是"中国现存最早的牛耕耧种图像"[1]的农事图壁画。而北壁所绘的《坞壁图》，其"俨然似宋元山水画的开合章法"，"无疑是中国山水画在确立形成之前的一种过渡形象，或称之为雏形"，而引以美术史家的"特别值得注意"[2]。它有着对中国山水画之渊源探迹的特殊价值和意义。

山西吕梁地区出土的东汉"彩色画像石"，以墓主升仙和墓主出行为主要表现题材，表达了"天人合一""视死如生"的宇宙观和生死观。刻画艺术手法细腻传神、潇洒飘逸，充满动感和力量。这种浪漫主义的创作画风，把神话世界和人间百景融为一体，呈现出神秘而欢快的气氛。它粗犷的地域风格和鲜明的艺术特色，在众多汉画像石中独放异彩。

汉画像石、画像砖

画像石与画像砖是中国汉代的石刻画，是汉代美术遗存的重要载体形式。其特点是艺术家以刀代笔，在坚硬的砖石面上，雕绘了精美的图像，是雕刻和绘画相结合的艺术品。

画像石大体始于西汉晚期，盛行于东汉，是用于构筑墓室、石棺、墓前祠堂和石阙等墓葬建筑的装饰石材。画像砖是用于墓室建筑的砖刻绘画，是具有装饰意义的建筑构件。

画像石与画像砖所表现的丰富内容与简洁夸张、古拙雄健的艺术形式美，不仅是一部"绣像的汉代史"（翦伯赞），鲁迅先生亦给予"深沉雄大"的赞誉。它的艺术表现性为以后的绘画艺术发展奠定了坚实的基础，成为中国绘画史上的第一个高峰。

二、北朝风采

动荡、征战、阶级矛盾、民族间血与火的冲突与融合，玄学的产生、佛教的兴盛、中外文化交流的影响，作为魏晋南北朝的社会主题和文化思潮的多元风采形成的历史背景，为中国文化的发展增添了新的因素，推动了建筑艺术、绘画艺术的发展和丰富。

三国承续东汉艺术，经两晋过渡，南北朝形成自身的特点并至后期（北魏后期至 6 世纪）达到顶峰。其中壁画艺术写实严谨、文静雅致和清新俊逸风格的成熟与风采，开启并直接影响着隋唐艺术黄金时代的到来。

在以佛教寺院、石窟造像为主体特征的北朝美术，能代表和弥补中国绘画史的墓室壁画，"如果以壁室壁画的规模和技艺而论"③，"其保存最好，艺术水平最高，要数北齐山西太原的娄睿墓壁画"④，"为北齐传世作品中最为难得的珍品"⑤。显示出北朝末壁画艺术的惊人发展和不凡成就。

太原王郭村出土娄睿墓和王家峰村、徐显秀墓壁画，整体布局合理，内容丰富，场面宏大，主从有序。出行、回归、门卫仪仗、日月星辰等内容，以艺术长卷形式展开，表现出墓主人生前生活的显赫场面，以及死后升天的空幻境界。壁画保留了汉魏壁画单纯、粗犷的风格，画面构图宏阔、形象生动、线条流畅遒劲，色彩鲜丽，晕染成熟。表现上既融合外来艺术成分，又显示出中国传统绘画单线勾勒、重彩晕染的表现特征。其中西合璧，超凡卓绝，显然是出于当时绘画名家之手。绘画者的艺术手法，展示出上承汉晋，融会西域，下启隋唐的创新风格，填补了这一时期中国绘画史的空白。

附娄睿墓简介：娄睿、北齐皇室外戚，即武明皇太后的内侄，生前为大将军、大司马，官至录尚书事，封始平县开国公，死后谥号为恭武王。入葬于武平元年，即 570 年，距今 1400 多年。

徐显秀，北齐政权的太尉太保尚书令，被封为武安王。名颖，恒州忠义郡（今河北北部）人。武平二年（571）年死于晋阳城并葬于城东王家峰。

出行仪卫图北齐太原王郭村娄睿墓壁画

出行图位于墓道西壁中栏。左为导骑二名，着白衫者，乘橘黄色马，扬鞭前行。穿红衫者，骑乘的枣红马昂首挺胸，有惊厥之状，骑者躬身前倾，微露惊慌神色。两人袖边衣纹迎风飘扬，增强了画面的动势。随后的一组骑卫有八人三马，执旌旗仪仗。此乃北齐贵戚外出时的写照，画面构图紧凑，人物顾盼传神，艺术水平卓越。

墓主出行图北齐太原王家峰徐显秀墓

墓道西壁是墓主准备出行的画面。这幅画面以青罗伞盖下的枣红骏马为中心，前面是三旒旗手，佩剑武士；后面有羽葆执事，捧官印者以及其他随从人员；前呼后拥，威风十足。枣红马身躯高大，精神健俊；昂首挺立，神气飞扬；后蹄抬起，动感凸现，画手不凡的绘画技艺令人惊叹。

车驾出行图北齐太原王家峰徐显秀墓

墓道东壁是墓主夫人出行的场面。前面为几个三旒旗手，羽葆华盖之下，是一辆卷棚顶牛车，豪华富丽。旁边一名胡仆前后张望，车后是一群贴身侍女，静候老夫人上车。最引人注目的驾车之牛，体型雄健，形态剽悍，昂首奋蹄，动感强烈，气韵神态似欲破壁而出。

三、大唐神韵

隋、唐、五代是中国封建社会高度发达成熟的时期和政治、经济、文化艺术的黄金时代。"以五彩施于壁上"的壁画艺术迎来了划时代的"焕烂求备"的全盛发展时期。其华彩神韵、各体具备、题材丰富。图形写真、丹臒之事，蔚为大观，并且从宫廷画家到民间画工，系脉承传、大师辈出。

中国古代壁画艺术，是古代建筑最重要的组成部分之一，是建筑物"画龙点睛"的重要标志，山西寺观壁画的大量遗存与古建筑遗存之多有着重要的关系。隋唐盛世的寺观壁画极为繁荣，从隋代展子虔、董伯仁、郑法士等，唐代吴道子、周昉、尉迟二僧，五代荆浩等著名的绘画大家，都以善绘宗教壁画著称。据史籍记载，他们亲手绘制的壁画数以百计，作品代表了当时中国绘画的最高水平。

山西五台山佛光寺唐代壁画、平顺县大云院五代壁画，因其现存的唐代建筑的遗存，使其成为当今国内仅存的隋唐、五代时期寺观壁画珍品。佛光寺壁画，是中国现存最早的佛寺壁画。画面素雅俏丽，绘制技艺高超。浓淡墨色虚实相映，有"焦墨淡彩"的唐画之风；人物衣着线条流畅飘逸，仍有吴道子"衣带当风"之笔意。绘画艺术水平之高可与敦煌莫高窟唐代壁画媲美。

五台佛光寺东大殿（唐）

佛光寺位于山西省五台县豆镇东北 6 公里的佛光山中，为国家重点文物保护单位。

佛光寺创建于北魏孝文帝时期（471—499），当时名震长安、敦煌。寺内主建筑东大殿重建于唐大中十一年（857），面阔七间，进深五间，单檐庑殿顶，建筑规模宏大，气势壮观，是我国现存唐代木结构建筑中的代表作。殿内塑像、壁画和墨书题记均为唐代原物，四种唐代艺术品荟萃一堂，弥足珍贵。

《天王镇妖图》《西方佛会图》：

此壁画作于唐大中十一年（875），画风简而疏群（80 厘米×30 厘米）线条奔放遒劲，兰叶描表现骨骼肌肉，劲健有力。颜色简淡，并有渲染。画有天王、小鬼、天女、力士、妖猴、神龙等，与吴道子《天王送子图》（摹本）相似，体现了唐吴道子画派的风貌，说明了"吴家

样在壁画史上的深远影响"。(《史纲》,第 43 页)

平顺大云院弥陀殿（五代）

大云院位于山西省平顺县城西北 26 公里实会乡以北双峰山中,为国家重点文物保护单位。

大云院弥陀殿建于五代后晋天福五年（940）,面阔三间,进深三间,为单檐歇山式屋顶。原殿内供阿弥陀佛,故殿名由此而来。

弥陀殿内四壁满绘壁画,清康熙年间因雨浸墙体,致使大部分壁画毁坏,仅东壁、北壁等少部分壁画残存至今。壁画采用笔重彩画法,线条流畅并有变化。色彩艳丽,沥粉贴金（大概是最早的沥粉贴金的壁画）。人物形象丰腴柔丽,表现出中、晚唐大云院壁画,为五代仅存的佛寺壁画,作于后晋天福五年（940）。

工流行的周昉画风（周家样）,具有鲜明的代表性。这是迄今我国仅存的五代壁画,弥补了我国古代寺观壁画史上的空缺。

四、千年画卷

宋、辽、金时期由统一到分裂、对峙、争战,使民族矛盾一直复杂又尖锐地存在着。但统治者都对各种宗教采取了兼收并蓄的态度。社会文化的多元发展和美术样式、形式的空前丰富,使绘画艺术进入中国中古时期的又一高峰期。同时各种宗教壁画都得到了较大的发展,其中寺观壁画便是重要的表现形式之一。

宋、辽、金时期的寺观壁画的绘制很多是由民间画师、画工群体承担。画风、画技既受唐代影响,同时,民间画工以现实社会的世俗景象描绘佛教传说,扩展了宗教壁画的内容和形式,使寺观壁画中对当时社会生活的描绘,丰富真切,颇有新意。

高平开化寺壁画（1096）,是目前国内仅存的宋代寺观壁画的重要代表作品,其中国化、生活化、世俗化程度前所未有。壁画构图饱满严密,线条流畅遒劲,有莼菜条之笔意并具"吴派风范"。设色艳丽,沥粉贴金（可能是最早的沥粉贴金）⑥,红绿加金、金碧辉煌。画风细密,尤其是对女性的描绘,精妙入微、秀丽妩媚,表现出世俗之美,是典型宋代画风和宋代壁画的代表作品。

繁峙岩山寺文殊殿金代壁画,为宫廷画师王逵所作,是迄今仅有的金代佛寺壁画。它承宋而发展,并达到了新的高度。壁画内容以佛教经传故事为主题,它们所表现的许多形象和画面,"正似张择端《清明上河图》的描写"⑦,是当时社会形态与生活情景的缩影,亦被称之为墙壁上的《清明上河图》。此壁画之内容丰富,囊括各科,构图严密、形象生动、笔力遒劲、设色华美精湛程度达到了中国壁画史上的另一高峰,是山西乃至中国古代壁画的精美之品。同时还是研究金代历史、社会、宗教、建筑、生活习俗和美术的珍贵资料。

高平开化寺大雄宝殿（宋）

开化寺位于山西省高平市东北 17.5 公里处的舍利山,为国家重点文物保护单位。

开化寺原名清凉兰若寺,创建于北齐武平二年（571）,据记载北宋天圣八年（1030）改称开化寺，熙宁六年（1073）重建大雄宝殿，殿内四壁满绘佛传与佛教故事壁画，由画师郭发等人于北宋绍圣丙子三年（1096）绘制完成，壁画工艺精湛、构图严谨，是我国现存古代寺观壁画中的稀有佳作。

繁峙县岩山寺文殊殿（金）

岩山寺原名灵岩院，位于山西省繁峙县城东南 36 公里处的天严村，为国家重点保护单位。

岩山寺创建于金正隆三年（1158），五槛正殿内绘制了水陆壁画。随后重建的文殊殿面宽五间、进深三间，为歇山式房顶，殿内壁画题材丰富、画技高超，除宗教题材的作品外，还反映了许多世俗社会生活场景和风貌，并使我们可以从中一睹中国金代建筑的风采。作品为宫廷画师王逵等人所绘制，是中国古代壁画中不可多得的优秀作品。

岩山寺壁画介绍

西壁画佛传故事，表现释迦牟尼一生的事迹。

东壁为来生故事，中为说法图，两侧画鬼子母变相图。

整个壁画采用青绿山水画法，写实精细，一丝不苟。勾勒、皴擦渲染、敷色、沥粉贴金、重彩界画等多种画法综合运用，使整体壁画画风清丽精细，极具特色和品位。构图的人、物、故事，山、石、树林分隔、联接布局（上承北宋开化寺下启元代永乐宫），其构成法影响至今。

画面人物故事，种种生活细节生动，生活气息极浓，形象入微地反映了宋金社会的生活面貌，这种以中国现实场景和社会风俗（宫廷城阙、衣冠服饰以及世俗生活）来表现外传佛教的审美图式，表现出佛教美术历经千年演变并至中国化的成熟。

经变故事·宋·高平市开化寺大雄宝殿

佛经故事加以改编，配上音乐，边讲边唱，叫做"俗讲"或"变文"。把佛经故事画成图画，绘制在石窟、寺庙的墙上，就称为"经变"，亦称"变相"。佛教经变画在隋代已趋发展，至唐、宋极盛并在大型经变画创作中展现出新的面貌。其中，表达释迦牟尼佛今世或过去世的事迹的绘画，称为佛传图或本生图。

观音法会图·宋·高平市开化寺大雄宝殿

此图描绘观世音菩萨在普陀山设法会的情景。画面上寺院重叠，楼阁满布，上层楼阁中心为观世音菩萨。阁前舞伎旋转跳跃，躬身甩袖，双目凝神，似在迎合乐伎弹奏的节拍。周围菩萨、天王、神将等姿态各异，主次分明，展现出法会庄严、道场瑰丽的景象。

释迦牟尼本行图·金·繁峙县岩山寺文殊殿西壁

本行故事是释迦牟尼生平事迹的故事传说。画面构图宏大，题材丰富，技艺高超，画风写实。壁画色调素朴儒雅，沥粉贴金处夺目生辉，富丽华美。它所表现的许多形象和画面，细致入微，反映出许多当时的世俗社会生活和市井风貌，是全面研究宋、辽、金时期历史、社会、宗教、建筑和美术的珍贵资料。

五、彩壁恢宏

公元 1271 年，元世祖忽必烈定国号为元，于 1279 年灭南宋统一全国。在元朝将近一个世纪的统治期间，道教被立为国教。其疆域辽阔，中外文化交流增加，各种宗教美术均得到了发展，尤以道释绘画艺术更获得了复兴和发展的全盛时期。

元代壁画继承、发展了唐宋画家的优秀传统，形成宗教壁画发展的又一个高峰。现有的元代寺观壁画仍主要集中于山西，计有永乐宫、广胜寺水神庙、青龙寺等 5 处之多。

绘制于 1325—1368 年间的永乐宫壁画，场面宏伟、构图壮丽，人物刻画，形神兼备，一气呵成，铁线描技法精湛，功力非凡。重彩勾填的画面用色多达十几种，并大量使用沥粉贴金法，在庄重深沉中渲染出华美富丽的艺术效果。它是元代寺观壁画上的代表性作品，堪称中国乃至世界壁画史上的杰作。

稷山青龙寺腰殿壁画，气势恢宏，线条均匀流畅，笔法刚劲有力，人物刻画精彩传神。人物造型、画法以及色彩运用上与永乐宫壁画诸多相似，体现元明之间的画风过渡，描绘工精、写实成熟、线条流畅、铁线描为主，略有变化，不作沥粉贴金，不加渲染，画风简洁明朗，是元代壁画中的又一精品。

永乐宫三清殿（元）

永乐宫，原名大纯阳万寿宫，是一组著名的元代道教宫观建筑群。位于山西省芮城县城北 3 公里龙泉村东隅，为国家重点文物保护单位。

三清殿，又名无极殿，是永乐宫的主殿，建于蒙古中统三年（1262），面宽七间、进深四间八椽，为单檐四阿顶。殿内原奉三清（太清、玉清、上清）神像，殿名由此而来。三清殿四壁满绘巨幅人物画，场面宏大、色彩典雅、构图严谨、技法超群，为中国古代绘画史留下了宏伟的篇章。

稷山青龙寺腰殿（元）

青龙寺，佛教庙宇，位于山西省稷山县城西 4 公里马村土冈上，为国家重点文物保护单位。

腰殿，建于元至元二十六年（1289），面阔三间，为悬山式顶，殿内四壁绘满的壁画是青龙寺所有壁画的精华。其人物造型、技法与色彩同永乐宫三清殿壁画颇为相似。画面笔力劲健纯正、风格浑圆持重，较永乐宫壁画毫不逊色。是元代壁画中的又一精品之作。

洪洞县水神庙明应王殿（元）

水神庙位于山西省洪洞县城东北 17 公里处霍泉北侧，是风俗神庙，为国家重点文物保护单位。

明应王殿创建年代不详，原建筑于元大德七年（1303）的大地震中被毁，现存明应王殿为元延六年（1319）所建，到元泰定元年（1324）完成殿内壁画的绘制。（有史料佐证）殿面宽、进深各五间，为重檐歇山顶，四壁绘满了壁画，由民间画师完成，生活气息非常浓厚，是我国元代风俗民情的优秀之作。

洪洞广胜寺下寺（元）

广胜寺位于山西省洪洞县城东北 17 公里处霍泉北侧，与水神庙仅一墙之隔。是一佛刹，为国家重点文物保护单位。

广胜寺创建甚早，遇金"贞兵乱"被焚重建，元大德七年（1303）大地震被毁后，于"大元国大贰年"（1309）重建。其建筑、塑像、壁画皆为元代之物。

大雄宝殿内四壁绘满壁画，但绝大部分壁画于 1928 年被美国人华尔纳、普爱伦、史克门等人廉价购买，偷运出国。这些珍品现分别藏于美国堪萨斯城纳尔逊美术馆和费城宾夕法尼亚州立大学博物馆。

朝元图（局部）元永乐宫三清殿西壁

朝元图，是道府诸神朝谒元始天尊的大型仪仗场面。此图为朝元图之局部。图中的主像为古代神话传说中的西王母。周围的群仙有玉女、十太乙、八卦神及雷公、电母等。画中右侧玉女冠戴华美、衣饰瑰丽、面目俊俏、举止优雅；太乙须髯垂胸，举圭恭请，表情真实，动感强烈。图中大型人物高达 3 米，而其毛发飞动，根根见线，衣带飘扬一笔构成，令整幅画面有满壁风动之感。

水陆画神祇元稷山青龙寺腰殿（西壁）

水陆画出现于唐代末年，是为举行水陆法会而逐渐形成的一个绘画体系，表现为儒、释、道三教合流、佛道杂糅的图像。图中各组神祇之间用彩云连接，从而形成了一幅浩大的群仙礼佛图。整幅壁画的构图，图中人物的线条、用色、技法与永乐宫三清殿几无二致，水平相当，精美绝伦。壁画上部被切割的几个方块，是 1928 年古董商企图将此画倒卖国外未遂而留下的残迹，令后人警醒。

六、精粹撷英

明、清两代是中国封建社会急剧变革，并由强而弱并逐步走向衰落的历史时期。明清壁画总的趋势虽日渐式微，但西学的输入、资本主义生产关系萌芽的出现，市民、市井通俗艺术，民间、民俗艺术的兴起，对明清时期以寺观为主的壁画艺术，尤其是以用于超度亡灵的水陆法会、释道佛三教合一的水陆画发展，从内容表现上、形式风格上都产生着重要的潜移默化的影响。因此在表现内容和绘画风格上有着更接近于世俗生活的倾向和特征。

现存山西明清时期的壁画，以数量众多、题材丰富、艺术性强享誉海内。汾阳县圣母庙壁画，描绘出皇家的生活场景，充满宫廷气息。新绛县稷益庙壁画，以神话传说为题材，描绘大禹、后稷、伯益三圣为民造福的业绩，在寺庙壁画中可谓独树一帜。其中不少情节，如耕获、捕蝗、田猎等，都取自现实生活，颇有风俗画意趣。壁画中的帝王高官、文人雅士、猎手、农夫等人物形象和生产、生活情景，是对当时社会各阶层人物和民俗风情的生动写照。画面上人物以建筑为背景，主体突出、繁而不乱、场面壮阔。壁画采用工笔重彩画法，线条雄健、色彩浓丽、宏伟壮观。其中精工彩绘的殿堂楼阁亦是当时殿宇建筑的真实刻画，是不可多得的建筑史资料。

新绛县稷益庙正殿（明）

稷益庙位于山西省新绛县城西南 15 公里的阳王镇，俗称阳王庙，为国家重点文物保护单位。

稷益庙始建年代不详，明嘉靖二年（1523）重修，正殿面阔五间，进深六椽，为单檐歇山顶。殿内除门窗外，四面墙壁上由民间画师常儒、常耜、陈圆等人依据中国古代神话和历史传说绘制，壁画内容丰富、形象生动、艺术精纯，十分珍贵。

汾阳圣母庙圣母殿（明）

圣母庙，俗称娘娘庙。位于山西省汾阳市区西北 4 公里的田村，为省重点文物保护单位。

圣母庙创建年代不详，于大明嘉靖二十八年（1549）重建。圣母殿面阔三间，进深四椽，为单檐悬山顶。殿内东、西、北及两次间所绘壁画全为与圣母（即西王母）有关的神话故事和圣母后宫生活场景。画面人物刻画细腻，动静结合，疏密有致，是我国明代壁画中的精品。

浑源永安寺传法正宗殿

永安寺位于山西省浑源县城内东北隅，俗名大寺。为国家重点文物保护单位。

永安寺创建于金，传法正宗殿于元延二年（1315）重建，此殿面阔五间，进深四间八椽，为单檐庑殿顶。殿内四壁绘满壁画，所绘内容可称为中国宗教神祇之大全，是研究我国儒、释、道三教合流的珍贵实物史料。

七、海外遗珍

山西古代壁画，在以元代永乐宫、金代岩山寺、太原北齐墓三大精品为代表的寺观殿堂和墓室壁画类型中，标志着中国传统壁画艺术几个特殊的时代风格、样式与水平，其精美绝伦、精绝于世，举世无双。然而还有部分精品在上世纪初年或被盗、被毁或珍遗海外已不复存。这永远是我们中华民族和山西文化史上的精神伤痛。

如元代稷山青龙寺腰殿（西壁）壁画上部被切割的几个方块，是 1928 年古董商企图将此画倒卖国外未遂而留下的残迹。

又如广胜寺大雄宝殿内四壁的壁画，绝大部分壁画于 1928 年被美国人华尔纳、普爱伦、史克门等人廉价购买，偷运出国。这些珍品现分别藏于美国堪萨斯城纳尔逊美术馆和费城宾夕法尼亚州立大学博物馆。而兴化寺壁画中的《帝、后削发图》，此壁画的精美，作为另一风格之精品，其艺术水平不亚于永乐宫壁画。现存加拿大。

就现有资料可知，山西古代壁画被盗精品在美国大都会博物馆、加拿大安大略美术馆都有所陈列。所有这些遗失的精品，许多已少有人知、难睹真颜。但我们绝不该忘记它们！在某种沉重的期待和愿望中除了今天应倍加珍惜、珍重我们现有的壁画精品和历史文化财富外，或许我们今后有能力创造条件，迎接它们回归。

附：

山西现存古代壁画年代排序表

一、西汉　山西平陆枣园村墓壁画（约公元前 23 年）

二、北齐　山西太原王郭村娄睿墓壁画（北齐武王元年公元 570 年）

　　　　　山西太原金胜村墓壁画

　　　　　山西太原王家峰徐显秀墓壁画

　　　　　山西寿阳贾家庄厍狄迥落墓壁画

　　　　　山西大同北魏司马金龙墓漆画屏风

三、唐、五代　山西太原董菇村赵澄墓壁画

　　　　　　山西太原金胜村 6 号墓壁画

　　　　　　山西五台山佛光寺壁画（唐大中十一年统 857 年）

　　　　　　山西平顺大云院壁画（后晋天福五年 940 年）

四、宋（公元 1096）山西高平开化寺壁画

　　　　　　　　山西稷山小宁村兴化寺壁画

五、辽　山西大同善化寺壁画

　　　　山西应县佛宫寺释迦塔壁画（公元 1056 年）

　　　　山西灵丘觉山寺舍利塔壁画

　　　　山西高平天化寺壁画

六、金　山西朔县崇福寺壁画（公元 1141 年）

　　　　山西繁峙岩山寺壁画（金大定七年公元 1167 年）

　　　　山西应县佛宫寺壁画

　　　　山西长治安昌村墓壁画（公元 1195 年）

　　　　山西长子石哲村墓壁画（公元 1158 年）

七、元　山西芮城永乐宫壁画（公元 1325 年）

　　　　山西稷山兴化寺壁画（公元 1238–1358 年）

　　　　山西稷山青龙寺壁画

　　　　山西洪洞广胜寺壁画

　　　　山西洪洞水神庙壁画（元泰定元年公元 1324 年）

　　　　山西大同冯道真墓壁画（元 1265 年）

　　　　山西汾阳五岳庙壁画

八、明　山西平遥双林寺迴廊壁画（明天顺五年公元 1461 年）

　　　　山西高平定林寺壁画

　　　　山西五台山佛光寺文殊殿壁画

山西浑源永安寺壁画

山西太原多福寺壁画

山西太原明秀寺壁画

山西繁峙公主寺壁画

山西灵石资寿寺壁画

山西新绛稷益庙壁画（公元 1507 年）

山西汾阳圣母庙壁画（公元 1549 年）

山西大同九龙壁（明洪武年公元 1391 年）

山西阳高云林寺壁画

九、清山西晋城玉皇庙壁画

山西大同华严寺上寺壁画

山西平遥镇国寺壁画

注释

1.《中国壁画史纲》，（《考古》1959 年第 9 期）。

2.《中国绘画历史》，第 87~88 页。

3.《中国绘画通史》，第 196 页。

4.《中国壁画史纲》，第 29 页（《文物》1983 年 10 期）。

5.《中国绘画通史》，第 196 页。

6.《中国壁画史纲》，第 63 页。

7.《中国绘画通史》，第 518 页。

作者简介

董智敏，男，1957 年生，芮城县人。著有《山西古代壁画精品》，创作、合作国画、壁画作品入选六届、八届、十届全国美展。现为中国美术有协会会员、中国壁画学会理事、山西省美术家协会副主席。

丹青留痕阅沧桑

——百年山西美术掠影

董智敏

一

山西是华夏文明发源的中心区域之一。从《史记》"尧都平阳、舜都蒲阪、禹都安邑"的记载，到近、当代以夏县东下冯、襄汾陶寺为代表的考古发掘和大量文化遗迹的佐证，都告诉我们：山西是华夏文明的重镇，它在中华民族文明的历史和文化发展进程中一直占有着重要的地位。

山西之称谓，沿于古唐国、古三晋之续的秦置郡县至今。历史上虽几经变化，但其地域文化内涵和绵延不绝之文脉的不断充实，使其影响力持续不断，代有更新。且英雄辈出、人文荟萃、文化艺术大家峰起。他们如璀璨的群星，在漫长的岁月时空中，闪烁着永恒的光芒辉映天地。

就传统绘画艺术而言，在山西历史上，有以薛稷、王维、米家父子、马远家族等为代表的开宗立派的大家巨匠；有以张彦远、郭若虚、荆浩为标志的中国古代美术史论、画论的百代宗师；有以元代朱好古及其弟子为代表的后世民间画工群体。其人才辈出、巨星煌煌，他们的智慧和艺术创造，对中华民族传统绘画艺术的形成、发展和辉煌成就，都起过巨大的推动作用，并留下了深远的影响。

回眸百年美术，纵览近世画人。百年山西美术的发展既是百年中国美术史的一个缩影，又有着它独特的历程。它经历了从 20 世纪初期及其后的戊戌变法、辛亥革命、五四运动、抗日救亡和新中国建立等社会与政治的巨变，在文化上还历经了西学东渐、新文化运动、解放区文艺、社会主义革命现实主义、"文化大革命"和改革开放等正与反的动荡、选择、洗礼。它是在中华民族近代以来,完全不同于任何一个历史时期的特殊背景下曲折地展开和走过的。因此它留下了鲜明和独特的时代印痕,并给我们的今天和未来以诸多的深刻影响和重要启示。

二

纵观百年山西美术的发展历程,在时间跨度上似可分为清末民国、新中国成立前后和改革开放新时期以来的三个历史阶段。也由此从画家身份、职业和成就上,似又可大致分为清末遗士文人、民国至新中国前的学人智者和新中国成立后的几代美术工作者及画家等几种类型。正是在这三个阶段和具有从传统绘画走向现代美术的启蒙、过渡和发展的意义上,几代人交叉跨越不同历史时段的努力探索,以及他们依据着自身不同的社会文化背景,以不同时代的审美追求和不同艺术价值观的表现,从多角度、多形态、多侧面和多种风格样式上,既有内在联系、又相各自独立,既有渗透传承、又富特质发展地穿越百年岁月,丰富了百年山西美术和绘画艺术的独有景观。

就传统的中国绘画的历史走向而言,宋元以来所形成的文人画,无论从其独特的题材表现、笔墨法式、传承方式以及集诗、书、画、印为一体的审美形式和审美功能,基本成为后世文人、雅士、官绅等群体在文余、工余和业余作为修身养性、陶冶志趣、抒情自娱的一种体式和方式。而相对的作为严格意义上的专业画家者,就近代有限的山西绘画历史资料来看,为数者甚少。如20世纪初期像清末孝义的光绪秀才冯济川,河津的光绪侍御杨殿栋,临汾的赵城知事陈风标以及襄汾人刘笃敬、闻喜人杨深秀、汾西人李立魁等有画名于世等辈,大都为士绅、官吏、社会贤达。他们一般都幼承家学、博文习艺,而史载也多以"工书画"、"善鱼"、"工花卉"、"善马"或"通书画金石"等述及。这一时期,绘事及画人基本上是以心传口授的方式,秉承着传统的中国画题材、样式、方法,走的是传统文人画一路。他们一方面传承和延续着传统文人画的香火余脉,同时也给后辈以启蒙。如陈风标的金石书画之技,对早期的董寿平就有过直接的深刻影响。

与此同期作为已专业化的画家和成就较突出者,应是柯璜(字定础,1876—1963),赵延续(字缵之,1897—1988)、吴子超(1899—1973)、苏光华(1901—1938)、刘子凌等从事专业美术教育者为其代表。他们或以传统的继承或留学归国从教(如赵延续),不仅有大量的花鸟、山水、走兽等作品传世,而且为山西培养了一批如版画家力群、美术史论家阎丽川、电影表演艺术家赵子岳等艺术大家,影响数代人,为山西百年美术发展,有着特殊的从启蒙到奠基的贡献。

20世纪初期至新中国建立的半个世纪,是中华民族比任何一个历史时期都动荡剧烈的时期。一大批出生于晚清、民国初年,求学发展于特殊的社会环境和背景下画人,在经历了传统文化裂变、中西文化碰撞、社会现实变革等等经历中,跨越不同时段的人生与艺术的磨砺后,而于新中国成立前后进入了艺术上的活跃期、成熟期和全盛期。正是在这种特殊的历史、现实与文化空前的碰撞、融合、选择的艺术实践中，产生了以卫天霖为代表的引进西方油画美术教育体系并在创作上被誉为"中国的卢梭"和"塞尚"而具有里程碑式的大家，以董寿平为代表的传统文人画新的新时代成就者；和以力群为代表的在共产党领导下的解放区文艺的时代精神等三种美术文化现象。同时他们作为领军人物，也形成了山西百年美术的三个既有着特殊个案的典型性又有着文化史上普遍意义的，对山西乃至中国百年美术发展有着特殊影响的三种类型。

其一是卫天霖先生（1898—1977），字雨三，山西汾阳人。幼年卫天霖能书善画，对傅山先生的字画人品情有独钟，更对家乡和山西的民间艺术酷爱有加，这种积淀和意识始终在他一生绘画艺术内在的精神气质和风格特色上留有着特质的印痕。

卫天霖先生是山西历史上第一位公派留学生，东渡扶桑，先入日本川端画学校，后考入东京美术学校西画系，从师于日本油画家藤岛武二学习油画并成为其研究生。1928年学成归国，终身从教和创作。创立了北京师范大学美术系，为中国油画事业培养了大量人才。在中国百年油画史和艺术教育史上是被公认的与徐悲鸿、刘海粟、林风眠等大师等量齐观的中国油画的先驱者和教育家。

卫天霖的绘画不仅吸取了西方印象派和后期印象主义的色彩特点，并融入进对民族传统绘画、民间美术和工艺美术的装饰性特色，创造出自己浓郁、绚丽、凝重的独特风格，成为西方油画中国化的历史进程中一座绕不过去的高峰和色彩大师。他的意义不仅在于他是20世纪的中国文化面对着中西文化交流、碰撞和融合进程中所具有的鲜明代表性，和他对后世现代主义画风具有先行者的探索和启示，同时他还将对我们当代中国文化和21世纪美术走向世界，从思想到学术、从精神到气派、从方法到实践都提供着生动的范例和启示。

其二是董寿平（1904—1997），山西洪洞人。他出生于河东书画世家，一生致力于对传统书画、文物的研究与创作。他早年深受陈风标的影响并游学于诸大家之间，吸纳深广、记忆超绝。其画精于梅、兰、竹，山水。世有"黄山之巨臂"之称和"董梅"、"寿平竹"之誉。他的人生和艺术之路，践行着传统中国文化人对深厚博大的传统文化精神气脉的继承和发扬，而最终成为传统中国文人画在当代享誉世界的"国粹"型代表人物。正是这种代表性和成就，给我们在以如何传承民族绘画优秀传统和特质上树立了一个极可资鉴的典范。

鸦片战争以来，从中国沦为半封建、半殖民地人民的反帝反封建的抗争，到抗日战争救亡图存的民族革命和中国共产党领导人民建立新中国的新民主主义革命，不仅从制度上改变了旧中国，在文化意识、精神思想上以解放区文艺为标志的美术实践，亦成为最动人的篇章。以解放区木刻为主体的美术活动，带动并形成了一大批新中国美术事业的骨干力量，力群先生就是其中最重要的代表人物之一。

力群，1912年出生于山西灵石。1931年入国立杭州艺专。受鲁迅先生的号召，1933年与曹白等组织"木铃木刻研究会"并参加了中国左翼美术家联盟。创作了《病》、《抵抗》、《三个受难青年》、《采叶》等木刻作品。1936年赴延安任鲁迅美术学院教员，他是在共产党领导下成长起来的美术家。

在中国共产党领导下的八年抗战和人民解放战争中，以山西为据，先后创立了太行、太岳、晋绥、晋察冀等革命根据地，历史性地在山西这块血与火的大地上，云集了一大批以五四新文化以来，鲁迅所积极督导的"高个的，钢键分析、青年的大众的美术"的木刻为武器，以《延安文艺座谈会讲话》为指导，以"团结人民、教育人民、打击敌人"、"为大众服务"的文艺方向，以革命战争和人民生活的现实为题材的美术家群体，并创造出大量传世佳作，奠基了新中国的文艺走向和开创了具有战斗性、现实性和人民性的艺术审美风格。并且这种解放区文艺思想和基本样式直接和间接地影响了新中国成立后美术的主流发展。力群的意义也正在于此，其版画艺术所体现出的民族化风格和在美术评论方面的成就，对新中国成立以来的山西美术事业有着直接的影响和贡献。

客观地说，以卫天霖、董寿平、力群为代表的三种美术现象和类型，既是20世纪前半叶整体历史文化背景下的现实要求，又体现着艺术和美术文化三类不同性质的文化传承功能、社会功能与审美功能的特征。它完成了传统绘画向着现代美术的转型过渡，同时还从不同角度和文化层面反映出百年中国美术发展的基本格局、脉络和成就，也揭示出百年山西美术和美术家对整体的中国百年美术发展进程中，所起到的个性鲜明而又独特的影响和作用。

三

新中国成立至今的50余年，可称之为山西新美术事业的发展。在经历了建国初期17年的拓荒创业，10年"文化大革命"的阵痛磨难和改革开放、反思进取，并走向新世纪繁荣发展的三个进程的曲折历程中，留下了山西几代美术工作者开拓进取、耕耘探索的足迹和身影。

从历史文化资源来看，山西作为华夏文明的发祥地之一，其地域文化特色鲜明，有着丰厚的历史文化的积淀和丰富多彩的民间美术遗存。就传统而言，除了绵延不绝的三晋文脉的厚重，更直接地得到在以太行、太岳、晋绥、晋察冀等解放区文艺思想和革命美术的孕育启蒙。而这也正是新中国新中国成立后山西新美术事业得以特色发展、进步的起点和有组织推进的基础。也就从这个意义上讲，山西建国初期美术事业的拓荒创业，正是依据着这些资源和财富，在党的"双百"和"二为"文艺方针的指引下，遵循《讲话》精神，通过以民族、民间传统美术形式的继承改造，大众美术的普及提高，对新生美术力量的组织培养，打下了广泛而可靠的基础，开创出第一个活跃生动的兴盛期。

这一时期的美术工作，在创作上以"新年画"、版画、连环画、漫画等群众喜闻乐见的形式为主体；以社会主义革命和建设的新思想、新风尚、新事物等现实生活为内容；以《山西画报》、《天龙画报》和《山西群众画报》的先后创办发行为普及宣传的载体和园地；以解放区成长起来的美术工作者、新中国成立初期分配到山西的美术专业人才和先后以山西艺术学院培养起来的300余名基层美术干部为骨干，创作出一大批如新年画《读报图》（力群）、《新农具表演》（张怀信）、《喜事新办》（张怀信、药恒、吉林）、《好家具》（聂云挺）、《拖拉机来了》（王光宇）、《买小鸡》（魏振祥）和连环画、漫画《互助比单干强》（力群等）、《满城老汉》（李济远）、《一贯害人道》（田作良）、《孙老大单干》（程曼、李享）等为代表并获得文化部表彰的作品，产生了广泛的影响，带动了各类群众美术文化活动的展开。

尤其是 1959 年春，为迎接建国 10 周年全国美展和 1961 年为人民大会堂山西厅大型壁画作品的大规模创作活动，创作出一大批如版画《铁水奔流》、《夏收》、《春播》，新山水画《同蒲风光》，国画《刘胡兰》、《龙口取水》，雕塑《红军来了》、《武工队员》、《左权将军》、《傅山先生像》以及大型漆刻壁画《黄河颂》、《平型关颂》、《太行山》、《炼钢》等好作品。并且这一时期的创作成果在 1965 年 4 月由中国美协、北京、天津、河北、山西及解放军驻军单位联合举办的"华北地区年画、版画展"于中国美术馆的得以成功展出为契机，而标志着山西美术的事业形成了一个空前的高潮。并受到了刘少奇、周恩来等党和国家领导人的接见和肯定。

随着这一高潮的持续，在 20 世纪 60 年代，山西美术事业也大体由新中国成立初期的群众美术文化的普及，进入到提高的层面。此一时期的国画《群英赴会》（张振发、姚天沐、李玉滋）、《创业图》（李济远、李玉滋），版画《黄河的黎明》（力群）、《山村秋景》（董其中）、《桃李满山》（胡有章）等一大批作品的问世，使山西美术在以年画、版画无论从作者和创作为其强项画种，并带有鲜明浓郁地域文化特色的成就，得到了全国的认可。它们成为新中国成立以来拓荒与创业这一时期或第一阶段的优秀成果。

历史地看，山西新美术事业的发展在特定的历史环境中，一直坚持着革命现实主义和浪漫主义相结合的创作思想方法和创作道路。在表现重大历史、现实生活，表现社会主义革命和建设题材与方向上，有着自己独特的美学追求和责任意识。即使在经历着"文化大革命"的阵痛和磨难中，也曾以"纪念讲话 30 周年全国美展"为契机，创作出以《红太阳光辉暖万代》（亢作田）、《煤海盛开大庆花》组画（李延生、黄发榜、任贵生）、《文武之道、一张一弛》（苏光、杨力舟、王迎春）为代表的，以及同期陆续创作出的《战太行》（张明堂、赵益超）、《出征》（王醇）、《开学典礼》（王秦生）、《在艰苦创业的日子里》（姚天沐等）、《再夺高产》（蔚学高）、《太行浩气传千古》、《挖山不止》（王迎春、扬力舟）等优秀作品。它们在当时所产生的全国轰动效应和就今天看来所具有的特殊价值和历史意义，在山西美术发展史上，写下了不可磨灭的一章。

四

三中全会后，我国进入新时期以来，改革开放，建设有特色社会主义的历史进程，为山西美术的发展开辟了新的历史机遇和广阔空间，山西美术迎来了新中国成立后的第三个繁荣期。

这一时期，从美术工作的组织机构、专业创作体制的建立；从思想学术和美术本体规律、形式语言的观念创新，交流开放；从过去的画种相对的单一到"国、油、版（水彩、水粉）、雕、年、连、宣以及独立的山水、花鸟和各类的工艺美术品种的全方位发展；从 1983 年太原画院、1985 年山西美术院（画院）和相继其后阳泉画院、晋城画院等专业美术创作机构的成立；从山西美术院校规模的扩展、美术出版比重的加强，以及在省美协指导下的各种专业画会、协会、学会的陆续建立等等，都从整体社会美术文化资源上形成了从未有过的良好氛围和社会环境。

这一时期山西美术发展的基本特点，其一，它是在拓荒创业的历史基础上，对"文化大革命"的反思、对美术文化本体规律、对中西文化更深度和广泛的借鉴并以多样化发展态势，而成为又一次新的历史性的探索式进军。其二，这时期的创作以全国美展和全国各类单项画种的参展之多、获奖之多、从数量到质量都成为新中国成立以来的最活跃时期。并且一大批从专业素质、艺术品位、审美观念和从表现内容到艺术形式有其特色的画家，在国内、国际上崭露头角。其三，在创作表现更为自由和民主的文化环境中，各类自发的、个性化的、专业和非专业群体性美术活动、展出更为踊跃。同时出访交流，请进来、走出去的机会也大为增加。其四，随着经济的发展、体制的转型，社会美术文化的形式也日趋多元化。画廊、展览公司、收藏机构、博物馆等行业的兴起，美术作品商业活动的发展，也不同程度地催生着画家、美术家自身的职业化和市场化。它在一方面在顺应着社会发展，满足着社会和广大人民群众精神与审美要求的同时，也给山西美术的社会发展在体制的改革和美术家的社会责任、艺术理想、创作行为等方面提出了新的历史的课题。

就参展和获奖而言，截止 1999 年的不完全统计，从 1979 年，赵益超、张明堂合作的国画《考试》获《庆祝建国 30 周年全国美展》二等奖。1980 年我省共有 5 件作品在"第二届全国青年美展"中获奖，其中冯霞创作的版画《道路的性格》获二等奖。1982 年，李玉滋、冯长江合作的中国画《血与火》在"法国春季沙龙美展"中获金质奖。1984 年由文化部和中国美协主办的"第六届全国美展优秀作品展"在北京隆重开幕。从此，5 年一届的全国美展，便成为全国级别最高、规模最大、影响最广的美术展览。这次展览，我省李玉滋、冯长江合作的国画《飞花时节》、王秦生创作的国画《故乡》获铜牌奖。刘素珍、冬敏合作的《雪打灯》获优秀作品奖。1989 年"第七届全国美展"赵益超、张明堂合作的国画《晓色初动》获金牌奖。获铜奖的有：中国画《初雪》（梁海福）、年画《梅兰竹菊》（王木兰）、油画《走进村庄》（刘建平）、版画《乡村之春》（刘彩军）。1994 年"第八届全国美展"我省 16 件作品获优秀作品奖，如版画《黄河腹地》（姚天沐）等（不分金、银、铜）。1999 年"第九届全国美展"，我省 5 件作品获优秀作品奖；黄山、崔俊恒合作的漆画《梨花蜜》，李二保创作的漫画《我的牛》获铜牌奖。

此外，在全国的多类单项画种、多种形式的全国性美展中，我省作者也取得可喜的成绩，涌现出许多好作品。总计获奖作品 44 件，其中主要获奖作品有：油画《捻毛线》（武尚功）、国画《大河上下》（冯长江）等获"庆祝建军 60 周年全画美展"优秀奖（1987 年）。《隆冬时节》（杜玉曦）获"中华杯中国画大奖赛"二等奖。油画《惊蛰》（忻东旺）获"中国的四季美展"银奖。版画《黄河人》、《生生不息》（李晓林）分别获全国"第十一届、第十三届版画展"银奖（1992 年、1996 年）、水彩《轻柔的风》（王爱忠）获"第三届全国水彩粉画展"

金奖（1996年）、国画《黄土雄风》（吕十锁）获"世界华人书画展"银奖（1997年）。国画《山村童趣》（王玉玺）获"第四届中国体育美展"二等奖（1997年）等。

从这许多在全国获奖的主要作品中，我们可以看到改革开放20年来山西美术事业的飞速发展和进步。这些作品从内容到形式都达到较完美的统一，代表着这一时期我省乃至全国美术创作的一个较高水准。特别是中国人物画创作，出现了《血与火》、《晓色初动》等这样具有强烈的时代精神和鲜明艺术特色的好作品。旧时，专题电视艺术片《回音》的拍摄和《深沉的呼唤、崇高的责任》等评论、介绍，从创作实践和美术评论等方面，使其成为山西美术新中国成立以来最为辉煌的实录与见证。这些作品仍然坚持了社会主义现实主义的创作方法，但在形式的多样、语言的纯化、技艺的精湛等方面均未达到前所未有的高度。许多作品在融会中西、通贯古今的艺术实践和艺术探索中也取得可喜成果。这些作品基本呈现了我省美术创作视觉表现语言的审美风格和特质，也代表着健康的主流方向和艺术导向。（摘自《山西文联50年·美术卷》1999年出版）

其次，在这一时期，"出作品、出人才"举办展览，仍是新时期山西美术发展的主要手段。改革开放20年来，由省美协参与举办的主要大型美术作品展览有个人展览、进京或赴外交流画展等等，据不完全统计达40余次（见《山西文联50年·美术篇》）。到目前为止，我省的省美协会员已有近千名，全国会员近200名，其事业兴旺、人才济济。

进入新世纪以来，山西美术更趋于多元的发展和活动群体化走势，而相对淡化了对国展、大展的趋向。就2004年"十届全国美展"山西的情况看，除黄山的漆画、侯琪的版画分别获得银奖和优秀奖外，并首次以《惠泽三晋、剪桐封弟》（于平）、《晋风、晋水、晋韵》（王学辉）、《三晋英杰》（柏学玲、董智敏）、《山西博物院浮雕》（王纪平等）4件大型壁画作品入选的比例，而显示出美术创作延伸进社会公共艺术领域，注重历史文化表现的走向和意义。而其余油画6件，版画8件，漆画、国画、宣传画、雕塑各1件，水彩画3件等传统画种，均为入选参展作品，与往届形成了落差。

这一时期，老中青几代人和新中国成立以来成长起来的画家进入了创作的成熟期和鼎盛期，并成为各画种、画科的领军人物和骨干，也形成了不同的阵容和群体。其中，有以赵球、王朝瑞、张培林、陈建明、王茂彬、王学辉、贾大一等为代表性的或以崇高悲壮为美学取向、或以空灵秀俊为风格特色、或以浑涵质朴为视觉印象的北派黄土风山水画群体；有以赵梅生、祝焘、史秉有、裴玉林、李才旺、李文亮、乔亚丁和2003年首次花鸟画获得全国书画院系统最高学术奖——徐悲鸿美术奖的裴文奎为其代表的花鸟画群体；有以亢佐田、杜玉曦、王步超、崔俊恒、王建华、冯长江、王木兰、李庆富、王玉玺、孙海青、许华林、任晓军、霍俊其等为群体的中国画人物画家。还有其他在油画方面的韩植墨、刘建平、张保亮、白羽平、周毅、忻东旺、王卫东、金小明等人；版画方面的董其中、姚天沐、张顺清、胡有章、冀荣德、刘彩军、李晓林等；水彩、水粉、漫画、漆画方面的朱同、宫来祥、黄山、王爱忠、赵国荃以及出现了李德仁、张明远、董智敏、刘淳等在美术理论、评论、美术史论研究、教学方面的领军人物。……此一时期其人才济济、业绩丰硕，成为当代山西美术发展的骨干力量。

其次，我们还应感到自豪和骄傲的是，作为山西人和出自山西的许多国家级著名画家如：李琦、林凡、杨力舟、王迎春、马西光、苗重安、王有政、丁绍光、姚奎、李延生、雷正民、苏高礼、冯向杰以及美术批评家赵立忠、王志纯等。他们以自己在国际、国内画坛上特殊的地位和影响力，一直为山西美术带来活力和张力，也始终影响和推进着山西美术事业的发展。与此同时，上世纪80年代出生并在改革开放进程中成长起来的青年画家，渐成为画坛的主体，而更趋自由表现的风格化倾向。市场审美风气亦渐形成，也使山西美术的发展空前地在更多样化的状态下，呈现出多途、多态格局。然而我们不得不承认，在当代的环境中和表现空间更为广阔的今天，它对美术家和画家的选择与突破提出了更大的难度和要求，事实上我们面对着新的历史挑战。

正是在这种情况下，应特别提及的是2003年在省委宣传部申维辰部长主持下创意与策划的"华夏文明看山西——历史人物画展"的规模化运作、实施和它在北京、长三角、珠三角地区及省内多次巡展所取得的成功经验、影响与效益。它以建设文化强省为方向，以弘扬民族优秀文化精神为内容，以宣传"推动和影响中国历史的山西人"并增强我们建设新山西自强、自信心、自觉意识为目的，以整合全国及我省的美术资源为运作方式，它云集了全国、省内知名人物画家的参与，而形成140余幅作品、两幅大型仿铜浮雕壁画《三晋英杰》、传统云雕漆刻壁画《表里山河》创作的规模、效应，给我们山西美术在新世纪发展提供了一个有益的方法、思路和具体尝试。而对这一画展从主题、元素、方式和美术社会资源整合创新的认识、分析和借鉴上，会给我们在当代如何把握、开掘、组织和形成具有时代主题并结合经济社会发展以及有效地推动山西美术文化的创新与进步，有着积极而深刻的启示。

五

回顾百年山西美术，并对它作以粗略的梳理和评介，给我们欣慰的是在这穿越百年、曲折发展并为之耗尽几代美术家心血的历程中，我们能够看到：无论在任何一个历史时期，山西美术和山西的美术家的探索与创造，从主体上一直有着自己鲜明的历史主题，它体现着与时代的紧密联系，凝结着对真善美追求的人格魅力和责任意识；一直自觉承载和发扬着优秀的传统文化精神和地域文化的特质，在表现内容、内涵和精神气质上，在表现形式、风格、特色上，都曾给世人留下了鲜明质朴的印象和影响；一直具有对近代文化变革和中国美术发展在精彩个案与现象上的代表性、影响力和启示性。正是这几代人的努力和他们以勤奋、智慧的创造性劳动以及所做出的贡献，给我们以山西人的骄傲和希望。

然而同时它也留给我们许多的启示和反思，给我们以警示和提醒，引以我们去思索和践行。

我们应该看到并承认，山西美术文化的发展与整体经济社会发展的节奏、速度和成就所存在的不均衡、不对称、不相适应的现象由来已久。然而，值得欣慰和鼓舞的是，进入新世纪以来，在省委、省政府文化强省的战略推进中，我省的美术发展也得到了不断的关注和重视。

首届中国煤炭与新能源博览会期间，由省委宣传部、省文联、中国文联牡丹书画艺术委员会发起、举办的"山西百年书画名家作品展"便是一次回顾、展望、推动和打造山西美术文化品牌的重要举措和历史盛事。它以经济发展和文化创新并举的战略立意；以山西美术走向国际的视野、吸引世界眼光的胆识和气度；以展示丰富多彩的百年山西美术历史成就，调动山西美术工作者的创作热情和时代责任，并推动山西美术事业新世纪的繁荣发展的自强、自信为己任，将为山西美术史写下新的一页。

回顾百年、感念先贤，面对着新世纪的挑战，面对着当代文化创新的历史课题；面对着我们山西美术与全国部分省份和地区发展的差距，我们应充分意识到我们的优势和传统；也应承认我们的困难和不足，同时我们应以我们的前辈先贤为榜样，自觉树立和提高我们的自主、自强精神和对山西美术事业的时代责任感、使命感，努力完成和实践他们的期待与人民的期望。用自己真诚的努力、真挚的情怀、真实的业绩，去迎头赶上，再创辉煌。

参考资料

1. 王睿、张裔著：《山西古代画家传》，山西人民出版社1991年出版。

2. 董智敏：《山西文联50年·美术篇》，1999年出版。

3. 柴建国著：《山西书法通鉴》，山西人民出版社。

4. 祝重寿著：《中国壁画史纲》，文物出版社1995年出版。

5. 申维辰著：《华夏直根》，中华书局，山西教育出版社2006年出版。

6. 《山西百年书画名家作品展》画集序言，山西人民出版社2007年出版。

论中国古代妇女美

王木兰

一、绘画是美术

妇女画是妇女美术。仕女画是中国古代妇女之美术。从我数十年作画中理解到，只有认真研究中国古代妇女美在何处以及美的观念的变化，才能不断提高仕女画的美学品位，画出具有高度美学价值的仕女画杰作来。

二、妇女之美

大体可分为四个方面：姿容美、服饰美、才华美、人格美。我把仪表、形体归于姿容美；装束、饰物归之为服饰美；聪明、智慧、才华归之为才华美；心灵、思想、情操、品德归之为人格美。这四个方面可把妇女之美基本概括。

三、美有共性，又有个性

容貌姣好、美目流盼、隆乳丰臀、身材匀称、风度绰约，世界妇女皆如此，但东方与西方在美学鉴赏标准、习惯上有很大不同。东方妇女的发色以黑为美，西方则以黄为美。东方妇女含蓄为美，西方则以奔放为美。我画中国古代妇女，自然要研究中国古代妇女美学，包括它的美学内涵以及美学观点的发展变化。

四、中国古代妇女的姿容美

姿容是妇女的外在美、自然美，也就是白居易所说的"天生丽质"。男性主阳刚，女性主阴柔，姿容美是阴柔的重要表现形式。姿容是可以修饰的，但修饰可以增其美，不能改其本。

中国人有自己的姿容观。在中国人眼里，尤其是男人眼里的女性姿容美，主要表现在以下几个方面：

(1) 以肌肤丰满、洁白为美。如"书中自有颜如玉"、"丰姿玉肌"、"手如柔荑，肤如凝脂"等。

(2) 以头发乌黑油亮为美。如"巧持玉篦梳云丝""张丽华发老可鉴"。

(3) 以腰肢细、曲、柔、轻为美。如"杨柳小蛮腰"、"腰如束素"、"飞燕身轻，掌上可舞"。

(4) 以眉俊、目秀、口小、齿皓为美。诗经中有"巧笑倩兮，美目盼兮"。小说、散文的描写有"樱口欲动，眼波将流"、"眉如翠羽，齿如含贝"。诗人描写的有"还讶桃花女，横波眼最好"。《红楼梦》里，宝玉送给黛玉一个"颦"字，也是着力在眉上、口上做文章。古代画家认为"传神之难在目"，因此，特别在画眼上下工夫。

(5) 以手是纤巧为美。古人说手指为"十指纤纤""纤纤出素手"，说脚为"潘妃步莲"。指法千姿百态，画指最能产生动感。"纤纤细步"，可增阴柔之美。但从五代开始，妇女被迫缠足，所谓"三寸金莲"，就是一种病态了。

(6) 以体态端庄、风姿绰约、仪态万方为美。宋玉《登徒子好色赋》，描写东家女子"增之一分则太长，减之一分则太短"。曹子建《洛神赋》描写洛神"披纤得衷、修短合度"。都是描写体态的。但体态不全是自然美，已经包含有气质、风度、神韵这些后天因素在内。

(7) 哭和笑是感情表现的形态，也是美感的重要内容。笑可以给人以愉悦和美的享受。所谓"回头一笑百媚生，六官粉黛无颜色"，"一笑倾人城，再笑倾人国"。哭的外在表现不能算美，但一和高尚感情联系起来，就很美了。明代女诗人齐景云诗："愿将双泪啼如雨，明日留君不出城。"这样的哭，不是很美吗？

(8) 姿容美在动态之中，这是我国作家艺术家的一个发现，于动态中画美，可增强美的生动性。元，汤垕指出，周文矩画的《宫女图》"置玉笛于腰带中，目观指爪，情意凝伫，知其所思也"。

(9) 美的观念在变化之中，唐人画女，曲眉丰颊，体态肥胖。到了明代，面型都较清瘦，以秀气为美。而到了清代，则变为"削肩、尖脸、柳腰"，显得弱不禁风了。

五、中国妇女的服饰美

民谚讲："人是衣裳，马是鞍缰"。服饰美是艺术美，它可使女性的自然美美上加美。

中国是衣冠王国，服装、饰物之多、之华丽，世界称冠。历代画家都强调研究"朝代衣冠"。清代画家范玑说："画人物，须先考历朝冠服、仪仗、器具制度之不同，见书籍之先后，勿以不经见而裁之，未有者参之，若汉之故事，唐之陈设，不贻笑于有识耶？"

服饰美包括：美容、饰物、服装三部分。

美容有画眉、敷粉、涂脂、挽发几项内容。画眉的眉式有娥眉、八字眉、宽粗眉、细长眉四类，其中宽粗眉又分十种。现代仕女画眉式，主要有弧形眉、柳叶眉、修长眉三种。涂脂也是美容方式。胭脂起于纣，因在燕国，名为燕脂，后改为胭脂。敷粉起于秦，萧史为弄玉烧炼水银，有了铅粉。唐代胭脂点唇，有十几种之多，如胭脂晕品、石榴娇、大红春、嫩足香、半边娇等。

发式在中国可谓极尽其妙，从周到唐，有十种之多。如凤髻（周文王时）、近香髻（秦始皇时）、飞仙髻（汉武帝时）、同心髻（汉文帝时）、堕马髻（诗中有"更思孙寿娥，堕马髻偏妍"之句）、灵蛇髻（魏甄后）、芙蓉髻（晋惠帝时）、坐愁髻（隋炀帝时）、反绾乐游髻（唐高祖时）、闹扫粧髻（唐贞元时）。

中国的服装和饰物，璀璨多彩，富丽堂皇，制作精绝。服装有广袖、窄袖、半宽袖、半窄袖之分。饰物有头饰、面饰、首饰、足饰之分。古代妇女的头上，金银珠翠，凤凰牡丹，千姿百态，极为华丽。故杜甫诗有"翠微匐叶垂鬓唇"、白居易诗有"云鬓花颜金步摇"之句。金步摇就是头上的一种饰物，因步步摇动而得名。曹子建在《洛神赋》中描写："披罗衣之璀璨兮，珥瑶碧之华琚。戴金翠之首饰，缀明珠以耀躯。践远游之交履，曳雾绡之轻裾。"极状衣饰之美。不过，也有人提出三条原则，说"妇人之衣，不贵精而贵洁，不贵丽而贵雅，不贵与家相称而贵与貌相宜"，这也是深得美中三昧。

六、中国妇女的才华美

仕女画中之妇女，必须透出几分灵气，几分涵养，看出人物才华横溢，钟灵毓秀，才能超凡脱俗，真正在纸上活起来。人物有无学问、有无才气，境界大不相同，而人物有无灵气，全看画家有无灵气，是否学识渊博，博古通今。因此，了解中国妇女中的才女、帅女，了解她们对中国文化发展和社会历史发展的重大贡献，就成为仕女画家的重要课题。

中国妇女的才气，是在重重压迫下，在极其艰难的环境中表现出来的，古书上讲："女子无才便是德"，"女子当治织纺组纫……辞翰非所事也。"这话就是说：你们妇女老老实实去做针线活吧，写文章这些事不是你们干的。毛泽东曾说，中国人民身上有三条绳索：政权、族权、神权，妇女除了这三条绳索，还外加了一条绳索：夫权。然而，这么多的绳索，都未能完全抑制住妇女才华的光辉。正因为是在高压之下凸现出来的智慧才能，所以妇女的才华便特别显得光泽有灵气。

在古代中国妇女中，有政治帅才，如女皇帝武则天、帮助唐太宗治理天下的长孙皇后、帮助朱元璋治理天下的马皇后等，这些人的胸襟宽，见识高，作为大，即使是封建文人所写的正史，也难以掩其光辉。女军事家也不乏其人，如佘太君、花木兰、梁红玉、镇守娘子关的平阳公主等。至于文学家、艺术家，就更多了。晋卫夫人是挥毫能手，唐公孙大娘是舞蹈家，绿珠、小蛮、飞燕等艺妓，声歌袖舞，抚琴操笛，无所不能。蔡文姬传有笳谱，曹大家续完汉帙，李易安词坛圣手，蜀薛涛才思翩翩。中国历代妇女作品选，辑录了 380 多位女作家的 600 多篇作品，这是流传下来的一小部分，未留下的还不知道有多少。女作家的作品，婉约、纤丽、细腻，在文学上独领风骚，为许多男士所不及，她们的作用是男士所不可替代的。

七、中国妇女的人格美

人格美是中国妇女美中最崇高、最有价值的部分。

人在动物中最具有社会性，马克思指出，人是各种社会关系的总和。人只要生存在世界上，就要与别人发生社会联系，在同别人的联系中，是维护群体利益，包括国家、民族、他人的利益，不是极端利己主义，这就分出了人格的高下。因此，妇女的人格美，就极其可贵。

中国画家特别主张写人要写心。宋代画家陈郁讲："盖写其形，必传其神；传其神，必写其心，否则，君子小人，貌同心异；贵贱善恶，奚自而别？形虽似何益？故曰写心惟难。"清代画家郑绩讲："写其人，不徒写其貌，要肖其品。何谓肖品？绘出古人平素性情品质也。"仕女画只有写了人的精神、人格，才是上品。

中国古代之女性，特别是其中的劳动妇女，勤劳、节俭、宽厚、善良、温柔、贤惠、含蓄、内秀。娇羞是女性的内在特点，是女性的魅力。慈祥是女性的本质特点，母亲的慈爱是永远画不完的主题。女性有很高的精神境界。国家危难时，能舍身成仁；他人病危时，能舍己救人，对父母公婆曲尽孝道；对丈夫子女体贴温柔；对爱情忠贞不贰；在邪恶势力面前不甘屈辱，是人类社会最可贵之品格。我国历史上这方面的题材，可谓汗牛充栋，如缇萦上书救父、卢氏冒刃卫姑、孟母断机教子、软宗后以死殉节、陶侃母截发延宾、王昭君大义和亲……红粉亮节，光照千秋。画女性人格之美，用她们的品格来净化人们的灵魂，是仕女画家崇高的历史责任，也是社会主义精神文明建设的光荣任务。

水墨重彩画技理初探

陆贤能

在中国画论里，尚无"水墨重彩"一词。但在林风眠、黄永玉等人的作品中早已有了水墨重彩画法。笔者 30 多年一直从事色彩、设计、中国画教学与创作，将三者的理论、技法异同变通，反复实践研究，"水墨重彩画"逐渐成形。在中国画大家族里一张新的面孔清晰起来。

一、"水墨重彩画"名称含义

第一，早先水墨勾勒加重彩（张大千的《华山图》）、林风眠的彩墨画，发展到黄永玉的水墨重彩荷花，经历了多半个世纪，中国画坛已经形成了融合中西的潮流。

第二，郭怡琮"重彩写意"面世，直接激发笔者确定了"水墨重彩画"这一名称，但与"重彩写意"有本质区别。"水墨重彩画"的基础是由三个方面构筑起来的：一是传统的中国水墨画艺术；二是以归纳、变异为手段，融绘画、设计和中国画用笔于一体的色彩体系——李有行体系（李有行，四川美院创建人）。三是构成学（平面构成、色彩构成）的应用。

二、水墨重彩画的基本特征

第一，造境。造境与写生取景不同。造境能"无中生有"——根据现实的，营造出现实中没有的。顾恺之画人"以形写神"，造境的方法是以神造型。"型"，是"景"的抽象和再造，是艺术作品的"身体"。我们面对现实生活中的种种场景，都有具体的形象，但它们都不是艺术作品的型，只有当我们从中感受到了某种精神，并把这种精神所支配的形象、形式等等从纷繁的场景中区分开来，整合起来，构建出不同于景的"型"来，神存于型，便产生出富有神韵

234

的艺术作品。这便是造境的含义。"以神造型"摆脱了取景构图和"应物象形"的局限，为创作开辟了一个新空间。

第二，笔墨为基础，注重色彩表现。色彩与构成使水墨重彩画突显出现代性和融贯中外古今的新品质，色彩摆脱了从属于墨的地位，发挥了强有力的表现功能。色彩表现有三大特征：其一，借底发挥、墨彩相成。借底是李有行体系的一种方法，即利用画纸的颜色：白纸或有色纸的颜色、染出来的底色、作画中先铺陈的基色等，皆为底，让后画上去的颜色与底色产生美妙的关系。必须明确底色的价值和激活底色的原理方法。水墨重彩的底色，基本上就是一幅水墨画。画这样一幅底图时，有三种选择：第一种，极尽笔墨取势，超常发挥，宁过勿欠，然后以轻轻重重之色深入表现，手法自如；第二种，水墨底图为色彩表现留有充裕空间，然后墨彩并施完成作品，具体方法以色墨并置为主，用笔严谨，关系细腻；第三种，以水墨笔意渲染气氛，完成作品的整体布局和画出主要形象，然后墨彩并施具体表现，手法随意，但要求统一。为避免脱墨或产生胶腻感，尽量不要在浓厚的彩色上覆盖浓墨！其二，用色讲究用笔，要与底图在笔情墨趣上相契合：笔墨佳处色应之，笔墨差处色扶之，笔墨不足色就之，笔墨过盛色冲之……操作过程充满了随机、奇险和意外，主体与对手之间不断遭遇、不断发现，情绪跌宕起伏，画家便进入境界中。其三，应用传统色墨法，一笔之中，黑白鲜灰浓淡皆有之，并相继结合上述诸法完成作品。……水墨重彩画能使笔墨色各臻奇妙，玄素辉华，同谱奇章。

三、水墨重彩画的墨彩构成原理

卢沉在上世纪80年代出版了中国画的《水墨构成》。墨彩构成，就是以中国画的水墨技艺为基础，结合平面构成和色彩构成的理论和基本方法，联系写生色彩学和工笔重彩的相关技法，以平面图像的设计、配置和视觉词汇的研究，创造为目的的观念色彩创作。中国画的创新不可放弃独特的传统，这一前提决定了墨彩构成是把中国古代"五正色"（赤黄青白黑为正色，余为间色）的体系与当代色彩前沿理论相结合并进行阐释，通过宣纸，笔法转化为现代中国画的色彩体系，可概称为"五墨十彩"。五墨即墨有五态：焦、浓、重、淡、渗（渗即为宣纸发墨渗化形态）；十彩即墨的五色（传统"墨分五色"）与现代色彩学的冷、暖、鲜、灰、变总起来即十彩。五墨十彩的运用集中在最后的那个"变"字上，变，即变化：颜色互混变化，色的冷暖鲜灰对比变化，色墨两系对比变化，黑白灰层次（明暗）变化……上述各系的变化再加上焦浓重淡渗的变化，这是一个及其庞大的色变体系！中国画有了此色彩体系作支撑，谁还说中国画不讲色彩呢！

墨彩构成有三条原则：（1）在中国画的笔法统帅下，色即墨，色墨身份平等。（2）在色彩的对比调和规律主导下，墨即色，应用时多采取墨色并置"空混"交融，求其莹润丰满。（3）墨彩构成是以研究和发展当代中国画的语言体系为目的的新课题，允许有宽广的创想天地，也允许批评改进。

墨彩构成有两个基础：

（1）掌握"五墨十彩"的基本形态和变化规律，能熟练驾驭毛笔和生宣纸——比较好的中国画水墨功底。

（2）掌握色彩的对比调和规律：色相对比、明度对比、彩度对比、补色对比、冷暖对比、同时对比、面积对比、形状对比和肌质对比等，皆能运用自如。"同时对比"在中国画中尤为重要，它能大幅度提高水墨和宣纸质量，使单纯的明暗层次获得最神秘最优雅的彩色而加深美感意韵。

水墨重彩画的创作实践和理论研究期待完善与深入。中国画的色彩学探索——墨彩构成，是与水墨重彩画的实践紧密相连的。

作者简介

陆贤能，男，1938年12月生，四川省合江县人。本科学历，教授，中国美术家协会会员、原太原理工大学美院美术系主任。专长中国画。论文主要有《色彩写生三变》（《美术研究》2001年第1期）；《色彩的空间形态和运动轨迹》（《流行色》2001年第1期）；《水墨重彩画管窥》（《中国美术》总第三期）；2011年山西省委大会议室巨幅山水画主创；2011年为山西省政府会议室作红梅《长天一帜》；2012年为人民大会堂山西厅作《三晋览胜》巨幅工笔画。

论 画 语 要

吴德文

笔分笔尖、笔肚、笔根三个部分，作画用笔当笔随形变、形随意变，如果一味只用笔尖作画，就跟锥子一样，只会划简单的道道，其结果只能是单调而无变化。

作画运用特技，会使画面别开生面、异趣横生，如洒矾、洒胶、洒盐、揉纸、拓印、油水分离等等，但必须建立在具有一定的绘画功力和相当的艺术修养的基础之上，否则即便出现了很好的肌理，但运用不上，无法收拾成为一幅理想的绘画作品来。不下扎实的基本功，过早玩弄特技，等于投机取巧，不会有好效果的。

作画要遵循三理，即物理、心理、画理。物理即自然规律，不了解自然规律不行；画家不尊重、不关心群众不行；不遵循艺术规律进行创作也不行。三者能作巧妙的结合，那是最好不过的，如果三者在某种情况下产生了矛盾时，应大胆让一切服从于画理。当然要尽可能不违背群众的心理和审美要求。

学画既要学会写生，更要学会记忆和默写。学会写生，可以提高造型能力，也便于在现实生活中搜集素材。学会记忆和默写将大大有助于创作。

中国绘画历来讲究在单纯中求美，因此在用色上与西画各有侧重，相互媲美。过量用色，将大大有悖于中国画的民族特色。

创作中最大的敌人是潦草，没有比潦草更可怕的了。凡大艺术家都是兢兢业业、精益求精，从不粗制滥造，以高度的责任心对待自己的艺术创作。

作写意花卉，枝叶难于画花，花头比较具体，所占面积也不大，故而难度较小。枝叶充满全局，而且风晴雨露各种情态、动势，全凭枝叶显现，所以画叶不必拘于真实，要尽量注意整体气氛和外形变化的表现。

一个善于学习的人，就是要善于发现自己的缺点、毛病，同时又是勇于改正自己的缺点、错误的人。学画也是如此，发现不了自己的缺点、错误，即使发现了又不愿痛改前非，时间长了，积重难返，是会遗憾终生的。

艺术作品绝不是某一事物的图解和说明。它是艺术家在现实生活中得到了深刻的认识和强烈的感受，在情不自禁的激情冲动下，通过了高度的意匠加工而创造出来的。

画家可贵之处是要敢于否定自己。一旦觉得画画吃力，甚至不会画了，其实就是自己的认识提高了，看着自己过去的画感到一无是处这就是进步了。如果总是都觉得自己的画比别人的好，这是你的认识总停留在一个固定的位置上，是很难有所进步的。

作画调色不可太匀，调色过匀，画到纸上后会感到呆板无味。一般粗略调几下，让笔尖、笔肚、笔根呈现深浅不同的色阶，这样，笔一落纸，深浅浓淡自然形成，效果极佳，而且令人难于捉摸。

在世界绘画领域中，把四种植物（梅、兰、竹、菊）作为绘画题材，反复创作，反复钻研，无论从数量到质量或从技法到理论上的详备、系统，都达到了举世无双的辉煌成就。任何自然和社会的变化均遏制不了它的继续发展，致历千年而不衰，并公然能随着高科技的发展，越演越胜，越来越受到广大群众的青睐。这的确是世界史中绝无仅有的事，这就充分说明了中国绘画强劲的生命力，是谁也否定不了的。

如果一幅绘画作品，给人的感觉是费了很大劲才画出来的，那就失败了。要给人以轻松、愉快，而且是理应如此，即是成功之作。

画面的奔放、泼辣和清秀、严谨，是随作者的性格、意趣、作风等自然流露，各有侧重，没有高下之分，肆意褒此贬彼，是没见识的表现。另外彼此勉强效法，则难免东施效颦之谓。

提笔作画最忌三病：描、涂、抹。

描者：用笔没有起笔、行笔、收笔及一波三折等诸多变化。

涂者：光见墨痕，不见笔迹，正所谓有墨无笔也。

抹者：横涂纵抹，漫无目的，不是人在用笔，而是人被笔左右了。

唐人作画偏重色彩；元代画家好作水墨之作，这是画随时代之变而变，没甚奇怪。但是我们作画，偏重彩色也好，好作水墨也罢，各尽其妙，无甚高下，颂此贬彼，此乃偏见。

有一次在野外写生，当画正进行到七八成的时候，突然骤雨来临，不得已，只好护着画板逃跑。事后这张画经过反复审视后，仅在个别地方加了几笔即完成了。这张画简洁、轻松，毫无雕琢之感。而往往在家作画时，由于时间充裕，慢条斯理，一忽儿感觉这儿不舒服加上几笔，一忽儿又嫌那儿不理想加上几笔，加来加去，越加越繁，越繁越乱，最后无法收拾，只好以失败告终。所以一幅画画到七八成的时候，最好悬挂起来，经过仔细斟酌、反复思考后再完成。据杨秀珍老师（齐白石入室弟子）介绍说，齐白石作画常常如此。

传统京戏令人百看不倦、百听不厌，可是有不少现代歌舞、相声、小品等只要看过一遍或听过一次就不想再来第二次了。这当中即存在一个"精"与"粗"的差别。一出传统折子戏是经过几代艺术家不断的琢磨、提炼、改进、完善所致。而不少现代歌舞、相声、小品等，从妊娠到分娩未免太仓促，难怪经不住考验。

学习绘画，临摹是重要的学习方法之一。当临一幅画前，首先要学会读画，要仔细看仔细读，经过反复分析、研究以后，心中要清楚地知道什么地方是重点或优点，重点、优点要一丝不苟地认真摹写，一遍不行，再来二遍，二次不行再来三遍，不厌其烦，精益求精，如此以往，看似很慢，其实你在不知不觉中已获益不少。

我们从事书画艺术的人，对褒奖自己的话最好少听或不听，一则易滋长自己盲目傲慢的作风，于己不利。二则也许褒赞的人与自己的水平不相上下，甚或是一窍不通的门外汉，虚荣心的满足，易使人倒退。

学画要讲方法，学习方法不对，即使再下工夫，往往也是事倍功半。临摹是正确的学习方法之一，但临摹同样要讲法，如果一味依样画葫芦，看一点临一点，未必是明智之举。临摹首先要练眼，练目测能力，主要是看作品的布白关系，分析它的结构。大结构中可分解为几个块面，黑白虚实如何安排，其位置得当则画得其势，俗话说得好："外行看热闹，内行看门道。"只要能看得出别人画中的内部结构及其精神要旨，轮到自己作画时，方能取精用弘，学有所获。

治学要循序渐进，首先要求弄通一个问题，了解了一个事物的规律，再研究另一个问题，弄通了另一个事物的规律，进而把握几个事物的共性。深入一点，普及全面，所谓"触类旁通，举一反三"，关键在于先对一事物的规律有了充分的认识与理解，再及其余。大千世界，气象万千，要逐个认识，谁也难及，所以循序渐进、触类旁通的学习法，是最为科学、有效的。

人的机遇十分重要，大好机遇一旦错过，将是终身的遗憾。所以能有机会见一些有成就的画家，亲眼见他们作画，听他们谈艺，请他们指教，往往胜过读几十万字的文章。任伯年青年时期因贫卖扇，巧遇任渭长，是他成家的大好机遇；傅抱石在南昌时结识了徐悲鸿，得以推荐赴日学习，是他所以成家的大好机遇；何海霞在北京拜识了张大千，得以随其身边习画多年，这也是他所以成家的大好机遇。所以一旦机遇到来，千万千万不要轻易放过。

鲁迅先生曾说："旧形式不能适应新内容，必然有所增益，有所删除、有所变革。"有人专以仿古为能事，没有自己的感受，自然就会陷于公式化，这不是学习和继承历史遗产的正确态度。

中国画以线勾勒和墨色变化为其表现基础，形成了自己独特的艺术特色。因此对笔墨的研究，也就成为中国画的一个重要问题。所以我国历代有成就的画家，无不在笔墨上下过极深的功夫，几千年来积累了极为丰富而宝贵的经验，以至达到了出神入化的程度。要提高中国画的水平，必须在笔墨技法上下一番苦功夫，虔诚地、认真地向我们的前辈学习。要做到这点，还必须从思想上纠正不重视中国画的工具性能的错误看法，以为只要能用中国的毛笔和墨汁在宣纸上画速写就算是中国画了。这种观点是错误的，有害的。

画家的鉴别能力至关重要，既要能看出自己作品的优缺点在什么地方，对于别人乃至名家的作品同样要能正确指出它们的成功与失败之所在。没有较高的鉴别能力，很难提高。对待自己的优点，毋需沾沾自喜，对待缺点要尽力设法改进。对待别人或名家的精彩之处，要虔诚地学习、借鉴。尤其对别人的不足之处，一定要有个正确态度，自己看出来了，知道了，就行了，千万不能背后胡乱指责，甚至公开攻击、诽谤。有此作风的人，不外三个目的：一是抬高自己，打击别人；二是当众炫耀自己能挑别人的毛病，就是比别人高明；第三是好出风头。但他忽略了自己的品格也无形中随之而暴露无遗。

我是美术教师，我很爱我所从事的职业。人们常说"教学相长"，这话十分中肯。我教学生，反过来学生也教了我。我的不少知识和绘画技巧是从学生那里学到的，关键是要善于发现。有不少出奇的新东西，他们是在无意识中偶获，但并没意识，这时教师就要善于及时发现和总结。长期和学生在一块，总觉得自己也年轻了许多，充满着无限的活力。从教已40余年，从不感到厌烦，尤其知道了毕业出去多年而在事业上取得了一定成绩的学生的消息后，更是兴奋之极。每当节假日有学生来看我时，更是格外高兴。尽管我不是大款，一无汽车，二无洋房，但我很富有，因为我有大量的书画陪伴着我，更有学生常来看我。还有什么不满足的！

每当我画了一张自认为满意的画时，每当我的画参展或获奖时，每当我的画发表了时，高兴之余，难免夹杂着几分惆怅之感。不知为什么，在这种情况下，我总要情不自禁地想起我的老师来。李有行、毕晋吉、何方华、苏葆桢、张仰俊、张采芹、张静涛、牟于天、穆仲芹……他们有的是我美院时的老师，有的是我校外的老师。每当想起他们，当年亲聆教诲，看他们作画，动手为我示范，给我的画逐张指教，或者一起外出写生，一起促膝谈心，一桩桩、一件件，总不断地在脑海浮现。而今一个个相继作古，想要复得当年的幸福情景，却只能是在梦中了。高兴时，我深知我所取得的一切成绩全是他们苦心教导的结果。我惆怅，我更明白我距他们对我的要求和期望还相隔甚远。惆怅之余，我也曾暗暗许愿，尽管我已年逾花甲，我不气馁，我也绝不满足于现状，我要倍加努力，活到老，学到老，以贾岛之诗"夜吟晓不休，苦吟神鬼愁，两句三年得，一吟双泪流"的精神严格要求自己，以此来报答师长们的辛勤教诲，并以告慰在天之灵。

作者简介

吴德文，男，1938年出生，四川省叙永县人，太原理工大学轻纺工程与美术学院教授，中国工艺美术家协会会员，中央文史研究馆书画院研究员，2009年3月因病去世。

吴德文同志从事美术教育教学工作之余坚持艺术创作，作品曾多次在国内外展出并发表。曾为人民大会堂山西厅创作巨型壁画《永乐撷粹》。巨型国画《争艳斗翠》等作品分别为新加坡政府、英国达比郡高等教育学院、中央电视台等单位所收藏和陈列。

浅谈楷书的基本要求

袁旭临

　　书法，在我国是一门传统的艺术，从甲骨文、金文发展为小篆，再发展为隶书和八分，以及章草、楷书、行草。从周秦的篆，汉魏的隶，晋唐的楷，每一个朝代，对书法都进行了继承和发展，出现了许多著名的书法家。

　　书法，在隋唐以前，只有少数书法家撰有写字经验的文字流传于后世，很少有系统的"法"方面的理论。发展到唐朝，把写毛笔字作为一种考取功名的途径，于是书家辈出，虞、欧、颜、柳等名家都分别出在唐的初、中、末三个时期，这时候，楷书便达到了成熟阶段，于是理论著述就出现了，法也就产生了。

　　按书法的源流追溯起来，真正奠定楷、行书基础的是晋代的王羲之。王羲之学魏钟繇之楷书而进一步发展、充实、巩固，形成了自己的风貌。后世人虽然在书法方面的成就又有创新和发展，但大都离不开钟王的法度。唐朝书法极盛，出现欧阳询、颜真卿、柳公权诸名家，将楷书又进一步丰富发展了，以及后来到元朝的赵孟頫。欧、颜、柳、赵这四大家，成为中国书法艺术，特别是楷书的典范，为后世人所推崇。我们初学楷书，研究楷书，也应该着重学习、研究这四家的书法特点。他们的共同之处，都是继承了晋二王（王羲之、王献之）的法度，独特之处是在风格上、在表现手法上均有创新。书法，贵在创新，起点是继承。我们学习楷书的立足点也应是如此，首先是继承，在继承的基础上创新。

　　学习书法，首先要求"入法"。"入法"者，临摹之能也。这样做的目的，是为了少走弯路，但是，到学有一定基础之后，一定要"出法"而走自己独创的道路。这是一个由必然王国到自由王国的过程，书法中的要求叫做"从有法到无法"。要求"入法"，主要是掌握基础知识和技能，进而研究、学习书法的各种技法。研究学习，要坚持辩证唯物主义观点，不要陷入不可知论或走向神秘化，觉得高不可攀，深不可测。了解、学习书法理论是必要的，但主要靠实践、靠勤学苦练，在练习中总结，和理论密切结合，这样才便于"入法"，也便于"出法"。

学习书法，应该先学楷书。楷书为行、草及其他书体之本。以正、行、草而论，正如站立，行如行走，草如奔跑。先站后走再跑，循序渐进，事半功倍。学习书法，关键是学好"用笔法"和"结字法"。这是楷书的两个基本要素。基本笔画和间架结构是构成一个标准字体的两个方面。解决好这两个方面的问题，就是解决局部（笔画）与整体（结构）的关系问题。初学者应着重把精力放在基本笔画的练习上，可以摹为主，以临为辅；到笔画练有成效后，再把练习重点转移到间架结构上来。以临为主，以摹为辅，这样有重点的学习，容易进步。

用笔法，是书法的基本功。要达到形似与神韵统一的效果，就必须掌握纯熟的用笔技法。所谓纯熟，主要是指用笔、结构、章法、点画四个环节上的东西。在点画结构上，一定要写得有筋骨，有向背、有变化，千姿百态，神采生动，要达到这种效果，只有掌握了提、按、顿、转、折、回等用笔技巧才行。在章法布局上，要使整篇字幅达到每一字、每一行及至整篇具有端庄秀丽、风神飘洒、富有运动感、变化感的特点，也必须有纯熟的书写技能才行。

现在，把楷书的一些基本要求具体分析如下：

第一要求平稳。字写出来，首先要求给人的感觉是平安、端正、稳重。作为楷书，如果写出来歪歪斜斜，或者头重脚轻，或者失去重心，都给人留下一种不适的感觉。唐代孙过庭说："初学分布，但求平正"，又说"既知平正，务追险绝；既能险绝，复归平正"。这就是说初学字的布局，必须首先要求平正，在达到平正的基础上，再去追求险绝；虽然险绝，但总的看上去并未失去重心，总归是一种平正的感觉。所谓平正，并非说每一字的横画必平，竖画必直，横竖的直平都是相对而言的，但是每个字的点画的安排分布必须建立在一个支点之上，不能失去重心。

欲求平正之字，特别要注意单字，如"心"、"文"、"夫"、"必"等字的写法，一定要掌握好重心。但是，对于多部首的结体字，如"當"（当）"慕"、"聲"（声）等，不仅要平正，而且要稳重，只有稳重，才能产生美的感觉。王羲之说："金书饰字，以平稳为本"，"字之形势不宜上阔下狭，如此，则重轻不相称也"，"分间布白，远近宜均，上下所得，自然平稳"，如果一个字上面写得过重，下面写得过轻，或者上面过大，下面过小，那么一定给人以不美的感觉。如"守"、"宗"、"宇"、"室"等字在安排分布上，一定要上面较下部为大，就是凡画应皆于帽"宀"下；而"盖"、"孟"、"表"、"恭"等字，又一定要下部较上部为大，即凡画皆于"皿"、"衣"之上，否则就会产生不稳的感觉。总而言之，每一个汉字的造型分布都有自己的规律性，我们研究结构也就是学习掌握这种规律性。然而有些楷字，也有超越规律性者，即独生一体，如郑板桥的字就是这样。这种情况用颜真卿的话说，叫做"意外生体，令有异势，是之谓巧"。意外生体，意外生巧，实际是纯熟的结果，而不是故意造作，书法达到纯熟程度，自然有变态出。初学写字，且不可追求其巧而忽视严谨的一面。正确的学习态度，应该先求"入法"，而后"出法"。

第二要求均衡。何谓均衡？就是匀称，平衡，也就是说在字的造型上，不管有几个部分组成，安排时一定要适中，大小、疏密一定要讲究比例关系、轻重关系。均称平衡问题，一般是讲字的左右上下排叠和分间布白疏密的。研究好排叠、疏密的处理原则，也就是均衡的原则，是我们写好汉字非常重要的一个环节。在匀称上来说，有些字要求绝对排叠匀称，如"非"、"林"、"开"等字；有的要求相对匀称，如"轻"、"兆"、"愿"、"辅"等字。绝对匀称和相对匀称的字，在左右比例上，基本上是一比一的比例关系，就是左右各半，在基本点画上，一般也是要粗细匀称的。还有的字表现为部分匀称和不规则匀称，如"禁"、"榮（荣）"、"鬱（郁）"、"學（学）"和"繁"、"聲（声）"、"赢"等字，对这种字的安排要掌握好应相对匀称就相对匀称，不能相对匀称的就化疏为密或化密为疏，以求其匀称。匀称平衡是一个问题的两个方面，匀称是侧重讲上下左右的宽窄、大小、轻重关系的。而处理左右不同、轻重不等之类的字，又应注意大小平衡、轻重平衡的原则。这样，看上去既匀称又平衡，美的感觉就出来了。至于一些偏斜不正的字的处理方法，如"人"、"乙"、"勿"、"易"等，如果在一行之中，笔画应写得粗些，如果就一个单字的结构而言，主要则是掌握好重心问题。重心掌握准确了，就变偏为正、变斜为正了。

第三要求调和。调和就是讲统一问题。一个字、一张条幅往往由许多部首和许多字组成，要使其众多部首或许多单字组成一个整体，不使其四分五裂、支离破碎，这样就要掌握好调和统一关系问题。统一问题即调和问题，也主要是讲分间布白、疏密均匀、肥瘦得宜等方面的关系的。这是写好楷书应研究的又一个重要环节。

分间布白、疏密均匀、肥瘦得宜，在一个字、一行字、一幅字中都要处理得当才能达到统一调和。否则，就不是一个整体。因此，讲统一调和问题，就是要求解决好每个字的布白距离，字与字间的空白距离，行与行之间的远近距离。王羲之《书法八诀》中说："分间布白，远近宜均"。"分间布白、调匀点画"。王献之名帖《十三行》之妙，在于布白，就是字中之布白，逐字之布白，行间之布白。由此可见，要写一幅比较具有统一调和、富有整体感的字幅，必须力求每一字位置得当均匀，疏密均匀，肥瘦适中。比如"西"、"而"、"目"、"旨"等字，前者宜宽，后者宜窄，点画相应宜肥；"大"、"天"、"万"、"千"与"繁"、"暮"、"辞"等字前者为疏，点画宜丰，分间宜均；后者为密，笔画宜瘦，远近宜均；"长"、"真"、"书"与"既"、"效"、"理"等字，前者要求长短合度，排列距离要匀，后者要求肥瘦调和，左右比例得当。总之，一般规律是，在一字之中，部首小则宜丰，部首大则宜瘦，要大小合宜；在一行之中笔画少者宜丰，笔画多者宜瘦；在一幅字中，则要求疏者丰满，密者瘦劲，间距均匀，疏密相当，这就达到了调和统一之目的。

第四要求变化。楷书的形式外貌、体裁风格与一般常用"实用字"、"美术字"是不同的。"实用字"、"美术字"只要求我们把笔画、结构的形状和位置写得正确无误就可以了，而我们学习楷书则不仅于此，则要求有艺术感、美感、变化感。"平"不能绝对的"平"，"直"不能绝对的"直","圆"不能绝对的"圆","方"不能绝对的"方"。相似而异。一字之中，笔笔变；一行之中，字字变；一幅之中，行行变。字形多种多样，千变万化，千姿百态，不管真、草、隶、篆哪种书体，也不管欧、柳、颜、赵多少名家，无一不是如此。如此方能继承、发展、创新中国之书法艺术，丰富书法艺术之宝库。因此，学习楷书，求其变化，是非常重要的一环。

如果把一幅字比喻一个整体，每个部首点画是最小的细胞，每个字的部首是大一点的细胞，一个字就是一个大的细胞。一幅字由许多细胞组成。所以我们学习楷书，求其变化，也必须从最小的细胞开始。每个字体中的一点、一横、一撇、一捺，研究起来，均不尽相同，各有其态，因此，在学习时，就要因字而异。同样是一撇，在一字中的表现，有的就取直硬势，有的就取曲劲势，如"庐"、"爱"等字的外撇和内撇，"庐"字外撇曲劲、内撇直硬，"爱"字外撇直硬、内撇曲劲；同样是一捺，有的要求伸张，有的要求缩短，如"炎"、"森"等字，上"火"字的撇缩为长点，下"火"字的捺需要伸展，"森"字也是如此；同样是一竖，又有藏锋露锋之分，如"中"、"午"等字，"中"字竖画要求悬针露锋，"午"字的竖画则要求回锋收笔。这些都是变化。如果没有这些变化，千篇一律，就会呆板，失去艺术效果。

点画需要有变化，同样，在字的间架结构和部首的安排上也要有变化。如"吕"、"昌"、"爻"、"棗（枣）"等类型的字，一般要求上部分小，下部分大，这叫"重并仍促"；"兆"、"非"、"蕭（肃）"、"北"等类型的字，一般要求有离合之势；"参"、"须"、"無（无）"、"處（处）"等类型的字，要求点画勿使齐平，鳞羽参差。这些都说明每个字都有变化，笔画部首都不能装在一个固定格式里，所以王羲之说："二字合为一体，重不宜长，单不宜小，复不宜大，密胜乎疏，短胜乎长。"

但是话又说回来，虽然要求变化，然而万变不离其宗，就是要遵循其一定的规律性。这个规律性就是掌握结构字体的统一性，掌握它的变化原则和方法，不能离开这些原则和方法，想怎么变化就怎么变化，随心所欲，故意造作，那就成了非驴非马的东西，无进取求实之意，有哗众取宠之心，那就不但学不到真正的本领，而是走上歧路了。

第五要求生动。楷书一般有形象和精神两个要素。形象是指间架结构的形态，精神是指用笔表现基本点画的精神气象，这就是平时我们常说的形似与神似问题，楷书的生动形象用基本点画的精神气象去体现、去组织；基本点画的精神气象靠用笔技法来表达，反映。所以，我们学习楷书，首要的就是研究间架结构的组织方法，研究用笔的基本技法。这样，以求形象自然，气象生动。汉代蔡邕说："凡欲结构字体，皆画象其物，若鸟之形、若虫食禾，若山若树，若云若雾，纵横有托，运用合度，方可谓书。"晋代卫夫人论书法说："、"画如高峰堕石，磕磕然实如崩也；"一"画如千里阵云，隐隐然其实有形；"丨"画如万岁枯藤；"丿"画如陆断犀象；"乀"如崩浪雷奔；"乚"画如百钧弩发；"勹"如劲弩筋节……每为一字，各象其形，斯造妙矣，书道毕矣。"王羲之也说："作点之法要像大石之当衢，像蹲，像蝌蚪，像瓜瓣；横画像孤舟横江渚；竖画像春笋出寒谷；屈脚'刁'像角弓之张，如鸟、为、写等字；'亻'像鸟立柱顶，如亻彳等部首。"前人这些论述，都说明楷书只有形象的自然，方可出生动的气势，这些，都是书法实践的总结，书法美学的要求。我们学习书法如学习绘画一样，一定要有实体感和运动感。陈绎曾论书法说："胸中有书，下笔自然不俗……行行要有活法，字字须求生动，结字得形体，不如得笔法，得笔法不如得气象。"这个"不如"，就是说，我们学楷书得了形体，得了笔法，但不一定得到生动的精神气象，只有得到生动的精神气象，才能说明是真正达到了形神兼备的艺术境界。

总而言之，我们学习楷书，就是锻炼提高自己的审美能力。书法和绘画尽管同源同宗，但从美学观点上讲则不尽相同，绘画给人的印象更为生动、具体、鲜明，而书法从某种意义上说，则比较含蓄、隐晦、抽象，但并非不需要有美感。正因为如此，学习起来更需要认真领会。书法美的艺术力量，就在于不仅从一笔一画的具体细节上体现出来，而且应该从一字一行乃至一幅的整体上体现出来，所以，学习楷书，必须解决好基本点画和间架结构美的问题。基本点画的美，要求我们处理好每一点一画的体形美和运动美。也就是说，每一点画要给人以形体感觉和运动感觉，好像一个实体，一个运动着的实体，使人能捉得着，摸得到，看得真切，有一个鲜明生动的形象。这就要求我们处理好肥与瘦、力量与气势、坚韧与柔滑等方面的关系，力求达到点画"多骨微肉"、"肥瘦相和"、"骨肉相称"。说到间架结构的美感，则要求我们力求达到平衡对称、多样统一、对比照应的原则。平衡对称是在多样统一中的平衡对称，只有字的多样性而无统一性，给人以杂乱无章的印象，反之，只有统一性而无多样性，又使人感到机械呆板。字的多样性表现在字的各个部分点画的差异性。差异的表现就是对比。而统一性又是表现在字的各部分点画的相互依存、相互联系上。所以，平衡对称是字形的结构美的第一要求，对比照应是达到多样统一的根本法则和重要方法。这些要求和法则、方法，需要我们在实践中认真去摸索总结、体会运用。

作者简介

袁旭临，男，1937 年出生，河北省盐山县人。历任山西省书协副主席、太原市书协主席、太原画院副院长。工诗文、书画、篆刻。书法擅楷、行、草、隶诸体。作品曾多次参加国际、国内重大展览，如第一、三届国展，全国首届中青年书展，北京国际书展等。

我对书法艺术美的求索

——谈笔法的重、动、苍、扭、滚五感

邓明阁

书法艺术是中华民族古老文明的象征，它是举世公认的东方艺术瑰宝，是世界文化的遗产，在世界文明史上放射着绚丽的光辉。

书法属于造型艺术范畴，是线条的表现艺术。它不仅是用线条来表达书法家的精神境界、气质风度、文化素养、思想感情、它也是很典雅的视觉欣赏艺术和实用艺术，它更是我们祖先用自己的聪明智慧和心血凝练而创造的文化艺术，并用刻苦研究、追求融会的精神而取得了艺术桂冠。

书法不要昂贵的材料和工具，只需有笔墨纸砚即可，它是用笔提墨写在纸上的线条组合。通过行笔用墨的韵味、间架结构的变化、曲直疏密的布白、轻重缓急的节奏、起伏跳跃的旋律，形成了给人视觉艺术美的享受。

王朝闻先生对艺术发展变化概括为"无古不成今"。书法艺术原从实用开始，经过发展变化，形成篆、隶、真、行、草五大类，而且每一类都有各种体式和各种风格、流派。

历代名家辈出，前人的独创，就是留给我们今人的宝贵传统艺术，使这门独具特色的艺术代代相传，深受人们喜爱，成为人人热爱、家家皆藏的艺术珍品。

何以谓美？它决定于所处的社会环境，由于时代的发展，人们的审美情趣也必然不断变化。若艺术世代相承，恪守师训，不去创新发展，艺术就僵化，就与社会现实脱节，也与人之审美情趣相悖，而将被人们视为没有时代气息之书作。

从历史观点看，中国书法从古到今发展到如此盛况，独创风格是它的追求目标。所以，学古人之特长是继承，把古人之风格特点传承下去是传统，而吸取众人所长，融自身而变化就是

创新。清人刘熙载将几千年的书法追求概括为一句话"高韵、深情、坚质、浩气缺一不可以为书"。因此，书法创作既是艺术，就必然要创新。书圣王羲之诗中说："适我无非新"。宋代大书家黄山谷曾说："老夫之书本无法"。清代石涛说："笔墨当随时代"。画家黄宾虹对林散之说："学古人要离开古人，有自己独特面貌"。山西书法家老前辈赵铁山说："心中有古人，笔下无古人"。

综上墨林先师之书艺生涯而知，学书从摹仿入手，但临摹绝不是目的，而是学习和创新之途径，只有在继承了前人成就的基础上，创作适应社会发展潮流、顺应人们的审美观念的艺术作品，走前人之未有，而面目一新的艺术风格之路，开宗立派，向艺术高峰去攀登、去求索。

最好的颜色是从自己调色板上调出来的，而不是从瓶子里挤出来的。我学书法，多尊碑学，结合金石篆刻特色，熔篆隶魏楷于一炉，融书刻为一体。马叙伦先生说："能入能出是从事一切学术工作的原理。"故在学书过程中舍其形体面貌，取其意势神态，拙中求美、心领神悟，力求多变、突出个性、外拙内含、尤重似动、刚柔相生，又颇有金石气。还喜用印章构图作书，用作书之笔法刻印。注重点线的变化及大与小、长与短、粗与细、枯与润、干与湿的搭配，并去求索新颖布局、书体神态、行笔气势，使之书墨有韵、笔力内含，以达久看而不厌的艺术境界。

"观大千世界，取万物神韵，得伸屈飞动之理。"在临池之外，还须多看、多想、多琢磨。法国雕塑家罗丹名言之句说："生活中不是没有美，而是缺少发现美的眼睛。"因而，学书法艺术，就多重视字外功夫，也是经长期观察，从生活实践中悟其自然美，应用于书艺中。下列五则，为我学书艺之心得。

一则为笔法重感：在废品堆中可常见短节钢筋棒，很有坚实之重感，如何将其质感运用于书划横竖之间，使写出的笔划为钢筋一样重而实不像面条似的轻而滑，采用取而视之、对而练之，横不求平、竖不求直的方法，久习之坚实重感线条即得。

二则为笔法动感：在夏秋季节的田野中，只要蹲下，就可发现地面上爬行的各类蠕动的蚕蛹小虫，抬头一伸一缩一蠕地往前行，时而直、时而斜、时而曲，直中有曲、动中有涌，从中可领其用笔之动感。

三则为笔法荏感：过去家中生火炉，常劈木柴或枯枝，经常出现很有力的断纹荏刺，有长有短，有尖有钝，时有齐而不整之断头处，将其自然中出现的纹裂纹断现象，琢磨掺以用行笔程中，悟其行书中的飞白、起笔、行笔、收笔中的效果，其笔墨神韵出意外之美哉。

四则为笔法扭感：看过去修建时绑架杆用过的废钢丝中，发现其钢丝线条的弯曲斜直圆的形体自然、挺拔扭劲、左右扭动、斩钉截铁、略有弯曲而美在其中。将此自然形成的力量，用于书写时之笔力，融于笔画之中，凝重而流动，犹如钢丝扭动。

五则为笔法滚感：在劳动中，经常将柴草或树枝捆在一起，用绳拖拽在土路上。在行走过程中，柴草堆或树枝，左翻右滚、前斜后歪、上动下摆、走走停停，在土路上划出自然美的翻滚线条，用于笔肚在纸上拖拉的笔形自然生动、效果甚佳。

书法艺术不应受任何人或任何流派的约束，学诸家长处，走自己道路。吴昌硕诗中说"古人为宾我为主"是书法艺术发展创新的重要观点。徐悲鸿先生曾说："古人之佳者守之，垂绝者继之，不佳者改之，未足者增之，西方画可采入者融之。"这均是对传统文化艺术中美学的继承、巩固、发展、完善之总结。只有这样思考，才能使我国的传统书法艺术不断创新，才可有笔墨当随时代之精神，创作出适合广大群众审美之要求的艺术作品。

作者简介

邓明阁，男，1934 年生，山西平遥县人。山西省展览馆退休干部，高级工艺美术师。出版有《邓明阁书法篆刻集》，邓明阁书法专集《颂寿篇》，《邓明阁篆刻集》，《邓明阁锄砚篇》、《平遥名胜古迹印选》等及论文多篇。

图书在版编目（CIP）数据

文史撷萃：山西省人民政府文史馆员文集／胡安平主编 .
—太原：山西人民出版社，2013.9
ISBN 978 - 7 -203 -08319 -1

Ⅰ.①文… Ⅱ.①胡… Ⅲ.①文化史 – 山西省 – 文集
Ⅳ. ① K 292.5 – 53

中国版本图书馆 CIP 数据核字（2013）第 211860 号

文史撷萃：山西省人民政府文史馆员文集

主　　编：	胡安平
责任编辑：	刘小玲

出 版 者：	山西出版传媒集团·山西人民出版社
地　　址：	太原市建设南路 21 号
邮　　编：	030012
发行营销：	0351 -4922220　4955996　4956039
	0351 -4922127（传真）　4956038（邮购）
E - mail：	sxskcb@163.com　发行部
	sxskcb@126.com　总编室
网　　址：	www. sxskcb. com

经 销 者：	山西出版传媒集团·山西人民出版社
承 印 者：	山西出版传媒集团·山西新华印业有限公司

开　　本：	889mm×1194mm　　1/16
印　　张：	16
字　　数：	350 千字
印　　数：	1 – 1 000 册
版　　次：	2013 年 9 月第 1 版
印　　次：	2013 年 9 月第 1 次印刷
书　　号：	ISBN 978 - 7 -203 -08319 -1
定　　价：	50.00 元

如有印装质量问题请与本社联系调换